Heinz Ohff
Der grüne Fürst

D1917223

SERIE PIPER

Zu diesem Buch

»Der grüne Fürst« erzählt das Leben eines vielbegabten Abenteurers, der, durch und durch Romantiker, keinen Gedanken auf gesellschaftliche Konventionen oder materielle Sicherheiten richtet: Ein skandalumwitterter, dabei melancholischer Draufgänger ist dieser Pückler, ein Verschwender, ein leidenschaftlicher Gartengestalter, ein gefragter Reiseschriftsteller, von seinen Zeitgenossen geliebt und gehaßt. Wir finden ihn auf – vergeblicher – Brautschau in Großbritannien, an der Spitze einer berittenen Truppe im Hohen Atlas, an der Seite der von ihm leidenschaftlich geliebten Machbuba, die er auf dem Sklavenmarkt in Ägypten gekauft und ins heimatliche Muskau gebracht hat – einmal mehr eine Provokation. Eine Biogaphie wie ein historischer Bilderbogen, ebenso farbig wie spannend erzählt.

Heinz Ohff, geboren 1922, war von 1961 bis 1987 Feuilletonchef des Berliner »Tagesspiegel«. Veröffentlichungen u.a.: Gebrauchsanweisung für England (1988), Ein Stern in Wetterwolken (1989), Gebrauchsanweisung für Schottland (1992), Artus (1993), Theodor Fontane (1995), Friedrich Schinkel (1997). Heinz Ohff lebt in Berlin und Cornwall/England.

Heinz Ohff

Der grüne Fürst

Das abenteuerliche Leben des Hermann Pückler-Muskau

Mit 30 Abbildungen

Piper München Zürich

Die Aufnahmen für den Bildteil wurden von
Christiane Hartmann angefertigt.

Von Heinz Ohff liegen in der Serie Piper außerdem vor:
Ein Stern in Wetterwolken (1548)
König Artus (2468)
Theodor Fontane (2483)
Karl Friedrich Schinkel (2965)
Preußens Könige (3359)

Ungekürzte Taschenbuchausgabe
1. Auflage April 1993
10. Auflage September 2001
© 1991 Piper Verlag GmbH, München
Umschlag: Büro Hamburg
Umschlagabbildung: Lithographie von 1847
(Pückler als Reisender in Nordafrika)
Foto Umschlagrückseite: Christiane Hartmann
Satz: Hieronymus Mühlberger GmbH, Gersthofen
Druck und Bindung: Clausen & Bosse, Leck
Printed in Germany ISBN 3-492-21751-6

Inhalt

1. Auftritt des Helden 9
2. Das Sonntagskind 20
3. Der tolle Pückler oder Wie man den Nachteilen hoher Geburt entrinnt 31
4. Jugendwanderungen oder Wozu Tollheit führen kann . 43
5. Heimkehr 62
6. Offizier und Dandy 72
7. Der Park zu Muskau 79
8. Die Schnucke 94
9. Aachen und die Folgen 109
10. Scheidung und Landschaftsgärtnerei 124
11. Auf Brautschau in England 133
12. Das Götterkind 150
13. Briefe eines Verstorbenen 158
14. Tutti-frutti oder Das glänzende Elend 171
15. Bettine 183
16. Nach Afrika 190
17. Die Leiden Griechenlands 204
18. Durch Mehemed Alis Reich 217
19. Der Pascha aus Muskau 229
20. Machbubas Tod 238
21. Nach Branitz 248
22. Der neue Garten 256
23. 1848 264
24. Letzte Reisen – letzte Lieben 271
25. Der Weg zum Tumulus 283
26. Park und Brief 297

Zeittafel 307
Bibliographie 315
Register 318

Read no history: nothing but biography,
for that is life without theory.

Laßt die Finger von Geschichte – lest Biographien,
sie sind Leben ohne Theorie. Benjamin Disraeli

1.

Auftritt des Helden

Was hier erzählt werden soll, ist alles andere als ein Schauerroman. Es beginnt trotzdem schaurig genug.

1815. Ein junger Graf, noch nicht ganz 30 Jahre alt, hat eben einen Entschluß gefaßt, der sein Leben verändern soll und seinen gesamten Besitz, die größte Standesherrschaft in deutschen Landen, dazu. Der Entschluß ist lange in ihm gereift. Jetzt verwirklicht er ihn und setzt an den Anfang eine große pathetische Szene.

Vor den erschreckten Augen seiner Untertanen, meist abergläubischen Hinterwäldlern, steigt er zur Mitternacht in die Gruft seiner Ahnen, um dort über Leben und Tod, Vergangenheit und Zukunft, über sich, seine Herkunft und seine Pläne zu meditieren.

Drei Särge hat der junge Graf vorher öffnen lassen. Mit dem Küster schreitet er zur Geisterstunde beim Schein einer Fackel der Kirche entgegen. Es ist Vollmond. Die Kreuze auf dem Friedhof werfen lange Schatten. Wind heult durch die Kiefern. Immer wieder verschwindet der Mond hinter fliegenden Wolken.

»Woher das unbegreifliche Grauen vor den Toten, die kein Glied mehr rühren können, uns zu schaden«, lesen wir in des Grafen eigenem Bericht. »Woher die nächtlichen Schauer, woher die eisige Furcht vor dem, was einst Leben hatte und uns wieder erscheint ohne Fleisch und Bein? – Wenn man jung ist, will man alle Furcht besiegen.«

Mit einer Handbewegung schickt er den Küster fort, nachdem dieser die knarrende Falltür geöffnet hat. Die Fackel in der Hand steigt der junge Standesherr die morschen Stufen hinab ins düstere Gewölbe. »Mein alter Großvater, der 86 Jahre des Lebens Bürde getragen, war der erste, den ich erblickte. Sein schlohweißes Haar hatte sich in der bleiernen Hülle wieder blond gefärbt.

Sein Haupt lag nicht mehr in der alten Richtung auf dem Kissen, sondern hatte sich seitwärts mir zugewandt, und seine weiß kalzinierten (kalkbedeckten) Augen starrten mich an wie zum Vorwurf, daß ich im jugendlichen Übermute der Toten Ruhe gestört.« Ihm küßt er den eiskalten Schädel und schneidet »eine spärliche Locke von seinem ehrwürdigen Scheitel«.

Im zweiten Sarg streckt sich »unter goldgestickten Lumpen ein langes Gerippe hin«, das eines Feldobristen, der im Dreißigjährigen Krieg unter Pappenheim gegen die Schweden zu Felde gezogen ist – ein weiterer Vorfahr.

Dem gleichen Geschlecht, welches sich, der Sage nach, auf Rüdiger von Bechelaren, den Ritterhelden aus dem Nibelungenlied, zurückführt, gehörte auch die Frau im dritten Sarg an. Sie sei, berichtet unser Graf, »bei ihrem Leben die schöne Ursula genannt« worden. In der lokalen Überlieferung hat sie allerdings als »böse Ursel« überlebt. »Der kleine Totenkopf hatte eine dunkelbraune, häßliche Farbe angenommen; der ganze übrige Körper war mit einem langen, wunderbar erhaltenen Mantel von feuerfarbener Seide mit silbernen Fransen bedeckt. Ich wollte ihn aufheben, doch er kam mir selber zuvor, denn bei der ersten Berührung zerfiel er fast in Staub, und eine Legion Kellerwürmer, Gott weiß, wie hier hereingekommen, wimmelten unter meinen Händen auf den zusammengebrochenen Knochen.«

Lange betrachtet der Graf, auf einem der nicht geöffneten Särge sitzend, »in dumpfer Betäubung« bei flackerndem Fackellicht die lange Reihe seiner Vorfahren. Dann fällt er auf die Knie und betet, »bis das Eis in meiner Brust in schmerzlich-süße Tränen zerschmolz. Was von Furcht, Grausen und allen unheimlichen Gefühlen in mir gewesen, es verschwand vor Gott, und stille sanfte Wehmut blieb allein zurück.«

Gestärkt und getröstet, will man seinen Worten glauben, schreitet der Standesherr zurück in die Welt der Lebenden. Die – von uns übrigens hinzuerfundene – Kulisse von Mond, Wolken und Windgeheul gehört dort gewissermaßen zum Gefühlsrepertoire. Wir befinden uns in Zeiten der Hochromantik mit ihrem Gespenster- und Unheimlichkeitskult. Die Romantiker, zu denen wir den Grafen rechnen müssen, pflegen freilich, als Kehrseite der Medaille, ebenso die Skepsis und ihre zynische Stiefschwester, die Ironie. Unser Graf macht da keine Ausnahme.

Zu seiner großen Freude erregt die mitternächtliche Szene allgemeines Entsetzen nicht nur in seinem Umkreis, denn er sorgt dafür, daß sie weithin publiziert wird. Mutprobe, romantisches Abenteuer und wohl sogar echte Schwermut gehen, wie später noch so oft bei ihm, mit einer Art von früher Public Relation eine sonderbare Ehe ein.

Sein Name erschien und erscheint ohnedies oft in den Zeitungen, vor allem den Klatschspalten, die es damals schon gibt, und die oft den Hauptteil der Gazetten ausmachen. Der Graf erfreut sich eines nicht immer schmeichelhaften Rufs als Luftikus, Casanova, Verschwender und Urheber hintergründiger, mitunter auch böser Scherze, die, hat man das Gefühl, häufig nur dazu erdacht sind, um in die Zeitung zu kommen.

Sein Gruftbesuch, ein bißchen geschmacklos, aber höchst zeitgemäß, erinnert schon damals Zeitgenossen an Szenen aus E. T. A. Hoffmanns »Phantasiestücken in Callots Manier«, die eben erschienen sind. Es kann sogar gut sein, daß sie tatsächlich von ihm stammen, zumindest von ihm angeregt sind. Denn mit dem vielseitigen Dichter-Juristen-Komponisten ist der Graf – man kann getrost sagen: – befreundet, hat so manches Glas im Weinkeller von Lutter & Wegner in Berlin mit ihm geleert.

Das ironische Rüpelspiel folgt dann auch der gespenstischen Szene auf dem Fuße.

Gleichsam zur Nachfeier lädt der Graf die Bevölkerung seines Hauptstädtchens zu einem Ball ins Parktheater. Er selbst kann – angeblich – an dem Fest nicht teilnehmen, weil er erkrankt ist, sitzt jedoch in Wirklichkeit hinter den Gittern seiner verdunkelten Loge und beobachtet die von ihm wohlgeplanten Ereignisse.

Zunächst gerät die Musik außer Rand und Band. Ein Hochländer wird als Walzer, ein Walzer gar als getragene Sinfonie gespielt. Die geladenen Gäste hüpfen verzweifelt herum und stehen – oder sitzen – wenig später ebenso ratlos vor einem Essen im englischen Stil, das ihnen, zum Beispiel durch übergroße, unhandliche Löffel für die Suppe, zusätzlich erschwert wird.

Während des Mahls machen dann angelernte Provokateure die

braven Bürger auf die seltsamen Tischdecken aufmerksam. Sie sind allesamt tiefschwarz, und das Gerücht verbreitet sich, es handle sich um Leichentücher aus der eben vom Grafen aufgesuchten Grabkammer. Sogar das Fleisch, spricht sich herum, stamme daher, was eine allgemeine Flucht der Gäste zur Folge hat, in die hinein der Kronleuchter plötzlich von der Decke stürzt und jemand »Feuer, Feuer!« ruft, was alles unseren Grafen in seiner Loge höchlich amüsiert.

Der Ort der Handlung: Muskau in der Oberlausitz. Über den mit dem Grauen Scherz treibenden Grafen: Hermann von Pückler, ist das Echo geteilt, wohl sogar bis heute. Noch 1906 tönt ein wütender Muskauer Festredner namens Siegfried Braun über die »Doppelnatur« Pücklers: »Meine Damen und Herren! Das sind doch alles keine bloßen gutmütigen Schwabenstreiche, als welche man sie hat hinstellen wollen. Fürst Pückler ist nach allem diesem doch auch kein so vornehmer und tadelloser Charakter ... Hierbei haben allein Wahrheit und Gerechtigkeit das erste Wort zu sprechen. Solange sie gelten, wird der Mensch Pückler keinen anderen Ruhm beanspruchen können als den, daß er jede gute bürgerliche Sitte und Moral mit Füßen trat.«

Der empörte Siegfried Braun weiter: »Um in aller Leute Mäuler zu kommen, fuhr er z.B. in Berlin mit vier starken gezähmten Hirschen die Linden entlang, um dann plötzlich innezuhalten, ein Buch aus der Tasche zu ziehen und sich darin zu vertiefen. Oder er überredet einen völlig durchnäßten Geistlichen, zur Wahrung seiner Gesundheit in den Sonntagsstaat einer Frau Försterin zu schlüpfen, lädt den Vertrauensseligen auf seine Kalesche, saust mit ihm in voller Karriere zur nächsten Stadt und zum Ergötzen aller Einwohner dreimal um die Kirche herum und ähnliches mehr.« Andere haben ebenso geurteilt.

»Seine größte Schwäche«, lesen wir, »war Eitelkeit, und um so mehr, da sie, gegen bessere Erkenntnis, durch eine ganz eigentümliche Anomalie ihre Nahrung nur in äußeren Zufälligkeiten und wahren Lappalien suchte.«

Ein vernichtendes Urteil. Es stammt allerdings vom Verurteilten selbst, was die Sachlage entschieden verändert. Der Graf und spätere Fürst ist sich seiner Schwächen völlig bewußt. Seiner Stärken übrigens auch. Ein trotz des eitel-aristokratischen Gehabes im Grunde melancholischer und kontemplativer Charakter, beobachtet er sich ein Leben lang genau und mit nahezu unbestechlichen Augen. Pücklers stärkster Kritiker ist Pückler selber. Er überschätzt sich nicht, wie er sich ebensowenig unterschätzt. Er kann in einem Augenblick stolz und im anderen bescheiden sein. Die Doppelnatur, die ihm sein nachgeborener Kritiker vorwirft, hält ihn im Gleichgewicht.

Das gilt ebenso für seine berühmt-berüchtigten Jugendstreiche. Romantische Todessehnsucht, in der Gruft der Ahnen theatralisch ausgespielt, und alberner Studentenulk scheinen zwar extreme Gegensätze. Man kann sie aber auch als Ausgleich sehen, als einander bedingend, Kehrseiten, wie sie zur menschlichen Natur gehören. Den Deutschen sollte so etwas eigentlich vertraut sein, wohnen doch, ihrem Lieblings-Goethezitat zufolge, zwei Seelen, ach, in ihrer Brust.

Das ist, was Pückler betrifft, freilich weit untertrieben. Seine in der deutschen Kulturgeschichte einzigartige Persönlichkeit beweist, daß in ihm, wahrscheinlich aber in uns allen (und nicht nur den Deutschen), unzählige Doppelnaturen hausen, ungleiche Paare von oft erschreckender Gegensätzlichkeit.

Was bei ihm verblüfft, ist eben diese Häufung anscheinender Unvereinbarkeiten. In die Romantik paßt er wie maßgeschneidert. Trotzdem bleibt er, getreu dem 18. Jahrhundert, aus dem er stammt, ein Aufklärer, ein überzeugter Rationalist. Herkunft, Erziehung, Titel und Adelsstolz, alles deutlich zur Schau getragen, hindern ihn nicht, politisch liberal zu denken, zu schreiben und zu agieren. Zum Ärger des preußischen Königs Friedrich Wilhelm IV. entpuppt er sich – ein Fürst! – sogar als Demokrat. Zeitweilig bilden er und Alexander von Humboldt im preußischen Staat so etwas wie eine liberal-adlige Opposition.

Pückler, überzeugter Anhänger des französischen Sozialreformers Saint-Simon, aber vor ideologischer Parteinahme zurückschreckend, liebäugelt mit englischen Verhältnissen, einer konstitutionellen Monarchie und einem Parlament aus zwei Kammern, einer für das Volk und einer für den Adel. Seinen Standesgenossen bleibt er suspekt – er, ein Sympathisant der Revolution! Dabei liebt Pückler – Konsequenz ist nicht seine Sache – den Luxus und jagt verzweifelt jedem Orden nach, mit dem er seine ohnedies reich dekorierte Brust schmücken kann.

Gegensätzliches scheint ihn anzuziehen. Er ist eitel und doch selbstkritisch, schadenfroh und menschenfreundlich, verwöhnt und sportlich, hochherzig und dünkelhaft, preußisch gesinnt und vor allem ein Weltbürger – lauter Doppelseelen in seiner Brust. Ein Stutzer und Elegant, erträgt er auf Reisen spielend und ohne Murren die ärgsten Strapazen. Sein Leben lang neigt er zum Katholizismus, tritt aber trotzdem für eine strenge Trennung von Kirche und Staat ein. Sein größtes Kunststück: Daheim der treueste aller Ehemänner und ansonsten ein notorischer Schürzenjäger, versteht er es am Ende sogar, wie wir sehen werden, Monogamie und Vielweiberei unter einen Hut zu bringen.

Eine schillernde Erscheinung, zweifellos. Nicht nur in der kargen Lausitz und unter seinen preußischen Landsleuten, auch wo er sich sonst herumtreibt, am englischen Hof und an dem des türkischen Sultans, in französischen Salons und an der Spitze eines Trupps berittener Beduinen, wirkt er wie ein Kolibri unter Spatzen.

Dabei ist er eine blendende Erscheinung. Eine Reiterfigur, hoch gewachsen und – bis ins Greisenalter – gertenschlank, das Bild eines Aristokraten vom Scheitel bis zur Sohle. Daß sich die Frauen reihenweise in ihn verlieben, kann nicht verwundern.

In die deutsche Kulturgeschichte ist er, aus Gründen, auf die wir noch zu sprechen kommen, hauptsächlich als Schöpfer einer Eis-Leckerei eingegangen. Man kann das nur als ungerecht und ungerechtfertigt bedauern. Pückler war zwar ein großer Feinschmecker vor dem Herrn, aber diese Création stammt nicht von ihm, sondern von einem cleveren Cottbusser Konditormeister, der bat, den erlauchten Namen für seine Erfindung verwenden zu dürfen.

Der Fürst würde sie vermutlich wenig goutieren, jedenfalls nicht so, wie sie heute daherkommt: drei verschiedenfarbige Speiseeissorten zwischen zwei pappige Waffeln gepreßt. Das Originalrezept hatte schon eher Delikatessencharakter. Es sei an dieser Stelle verraten und zur Nachahmung empfohlen, auch wenn es schwierig sein dürfte, die nötigen Zutaten, etwa Koschenille, laut

Fremdwörter-Duden ein aus Weibchen der Scharlachschildlaus gewonnener karminroter Farbstoff, heute in gebührender Qualität aufzutreiben. Man bedenke ferner, daß das Rezept aus Zeiten stammt, in denen es noch keine elektrischen Kühlsysteme gab.

Rezept Fürst-Pückler-Eis (6 Personen)

½ l sehr steif geschlagener Schlagsahne mit 2 gehäuften Eßlöffeln feinem Zucker vermischen. Die Masse in 3 gleiche Teile teilen. Den ersten Teil, der weiß bleiben soll, mit 1 Gläschen Maraschino oder Kirschwaser vermischen, den zweiten mit ⅓ Tasse Erdbeeren rot färben (notfalls mit einigen Tropfen Koschenille nachhelfen), den dritten mit 2 Eßlöffeln in wenig Wasser aufgelöster Schokolade versetzen. 100 Gramm Makronen in kleine Stücke hacken, mit Maraschino oder Kirschwasser durchziehen lassen, unter alle 3 Sorten verteilen. In eine Eiskegelform zuerst die rote, dann die weiße, dann die braune Schicht streichen, diese oben mit einem Blatt weißem Papier abdecken und den Deckel fest anpressen. Die Form sollte in einem Gemisch aus Eis und Viehsalz 2–3 Stunden ganz bedeckt stehen. Sie wird dann in lauwarmes Wasser getaucht, schnell abgetrocknet, geöffnet und gestürzt.

So weit zum kulinarischen Andenken des Fürsten Pückler. Von Eis wird dann auch nicht mehr die Rede sein. Der stets zu Streichen, »practical jokes«, aufgelegte Mann von Hochadel, vielfach begabt auch als Reiter, Sänger, Spieler und Pistolenschütze in immerhin acht geführten Duellen, hat Wertvolleres hinterlassen. Er war einer der bedeutsamsten deutschen, ja europäischen Landschaftsgartengestalter. Seine großen grünen Schöpfungen, die Parks von Muskau, Branitz, Babelsberg, zeugen noch heute von seinem gärtnerischen Können. Und er war ein erfolgreicher und geistvoller Schriftsteller, neben seinem Freund Heine und seinem Feind Börne vielleicht der beste Stilist seiner Zeit in deutscher Sprache. Seine Bücher, einst Bestseller, sind mit wenigen Ausnahmen vergessen. Zu Unrecht, denn bei all seiner Vorliebe für schwer verständliche Fremdwörter und selbsterfundene französisierende Wortungeheuer hat selten ein Feuilletonist die deutsche Sprache mit einer derartigen Eleganz zu handhaben verstanden.

In beiden künstlerischen Metiers war er allerdings kein Vorreiter, kein Avantgardist, eher ein Vollender. Die Gartenkunst im englischen Stil wurde von ihm schon gleichsam in dritter Generation ausgeübt, nach dem Vorbild der von ihm wohlstudierten englischen Gärten William Kents (1. Generation), »Capability« Browns (2.) und Humphry Reptons (3. Generation). Seine Schreibe ist deutlich an Heine geschult, dessen »Reisebilder« er sogar in der Wüste mit sich führte, seine belletristischen Versuche an E. T. A. Hoffmann und Victor Hugo. Kein Neuschöpfer, eher ein Mann der Nachhut.

Seine Zeitgenossen jedoch hält er in Atem mit gigantischen Planungen, gewagten Zeitungsartikeln und Büchern, aber auch Hirschgespannen, Phantasieuniformen, einem Aufstieg im Luftballon sowie der haarsträubenden Provokation, daß er aus Afrika mit einer auf dem Sklavenmarkt erstandenen schwarzen Geliebten heimkehrt.

Der Mann, fand man damals schon, hatte eben sehr viel Geld. Aber auch das ist nur die halbe Wahrheit. Reich war Pückler über lange Strecken seines Lebens nur an Schulden, ansonsten oft bettelarm. Für seine Landschaftsparks, sein luxuriöses Leben und seine Abenteuer hat er mehrere Vermögen zum Fenster hinausgeworfen, und dasjenige seiner Frau Lucie dazu. Ein armer reicher Mann; aber auch damit auf der Höhe seiner Zeit. Denn es war damals modern, Eigentum zu verachten. Oft zitiert Pückler seinen Freund, den Berliner Baumeister Schinkel, der nicht einmal ein eigenes Haus besitzen möchte, weil es ihn belasten würde. Tieck, damals als Erz-Romantiker empfunden und daher dem Zeitgeist am nächsten stehend, spricht in seiner vielgelesenen Novelle »Die Gemälde« von »starrem Eigentum« und der »Grausamkeit des Besitzes«.

Pückler hat sich seines Reichtums immer wieder auf wahrhaft masochistische Weise entledigt, indem er Geld, das er besaß, sogleich in Umlauf brachte, und sei es durch Extravaganzen. Zu Starrsinn und Grausamkeit ließ er Eigentum und Besitz gar nicht erst kommen. Er verschwendete – und er genoß.

Obwohl Melancholiker und überschatteten Gemüts, ist Pückler einer der wenigen Deutschen, die ihr Leben in vollen Zügen und noch als Greis zu genießen verstanden. Die deutsche Kulturgeschichte kennt fast ausschließlich selbstquälerische, umdüsterte Gestalten, denen Lebensgenuß das letzte war, was sie erstrebten.

Pückler macht kein Hehl aus der Tatsache, daß er unter anderem auch ein Genußmensch ist wie der Taugenichts in Eichendorffs Novelle. Ein Sonderkapitel deutschen (oder preußischen) Wesens, das man nicht in irgendeine dunkle Ecke schieben sollte: Eichendorffs Taugenichts als Ideal- und Traumvorstellung, Pückler als dessen Realisierung, Verkörperung des auch geistigen Lebensgenusses.

Wir sind bei der Vorstellung unseres Helden vom romantischen Schauerroman in Gefilde geraten, die mit dem zu tun haben, was man deutschen Volkscharakter nennt. Für manches, was man diesem Volkscharakter meist zurechnet, ohne weiter nachzudenken, setzt Pückler, auch ein Deutscher und sogar ein bewußter Preuße, das exakte Gegenbeispiel. Oder besser gesagt: Er verkörpert einen Strang deutscher Geistesgeschichte, der von anderen, aber auch den Deutschen selbst, gern übersehen wird.

Pückler vertritt wie neben ihm nur noch Goethe die kosmopolitische Tendenz deutscher Kultur und Literatur. Seine Sprachgewandtheit reicht über die deutsche Mutterzunge auf ganz natürliche, beinahe selbstverständliche Weise hinaus. Sie erstreckt sich unter Mißachtung fester Grenzen ins Französische, das er vollkommen beherrscht, aber auch ins Englische, Italienische, Spanische und zurück ins Latein der Antike.

Er strebt gewiß kein Esperanto an, wohl aber versucht er, die babylonische Sprachverwirrung durch eine gegenseitige Form von Sprachdurchdringung herabzumildern. Das gelingt ihm meist sogar auf sehr graziöse Art. Sein Sprachfluß, soviel Fremdes er mitschleppt, bleibt immer elegant – ein kosmopolitisches Parkett, auf dem er sich, geistreich und verspielt, mit Charme zu bewegen versteht. Das geht manchmal, zugegeben, auch fürchterlich daneben. Wie stolz ist er, als er auf seiner Englandreise die Vokabel »bewilder« (irreführen, verblüffen) entdeckt und nun ebenso wortreich wie vergeblich versucht, sie ins Deutsche einzugliedern (»Ich bin doch sehr bewildert«).

Die deutschen Oberlehrer hat das immer empfindlich gestört, ein Grund mehr für sie, Pücklers Bücher zu vergessen. Den deutschen Provinzialen hält er echten kosmopolitischen Sinn entgegen. Er bleibt trotzdem oder eben deshalb – schon wieder die vielzitierten beiden Seelen, ach – ein Patriot. Wie sagt Goethe in seiner Rezension von Pücklers »Briefen eines Verstorbenen«? »Hier wird uns ein vorzüglicher Mann bekannt.«

Aber kehren wir noch einmal zu dem jungen Grafen zurück, der der Gruft seiner Ahnen entstiegen ist. Seine Gedanken – wir folgen seiner eigenen Darstellung – schweifen zurück in die Vergangenheit, deren makabre Hinterlassenschaft er eben in Augenschein genommen hat. Die Fackel ist in seiner Hand erloschen. Er wirft sie zwischen die Grabkreuze und schreitet, die großväterliche Lokke umklammert, den Laternen der Dienerschaft entgegen, die ihn am Kirchhofstor erwartet. Samt Equipage. Sie, das Schloß und der Traum von einem großen Landschaftsgarten, der es umgeben soll, prächtiger als alle bisherigen in Europa und möglichst sogar England, sind Gegenwart.

Noch auf der Heimfahrt wendet er sich in Gedanken der Zukunft zu. Und es kennzeichnet ihn, daß diese Richtungsänderung eine Wandlung seiner Gemütslage um gute 180 Grad zur Folge hat. E. T. A. Hoffmann verschwindet. Pückler, der Realist, der Zyniker und Skeptiker tritt zutage. Er ahnt, daß das feudale Zeitalter sich seinem Ende zuneigt. Er ahnt auch, daß die Zukunft dadurch nicht besser, wohl aber anders werden wird. So manches von den Prophezeiungen des grünen Fürsten ist Wirklichkeit geworden: Er stellt sich vor, daß er 100 Jahre nach seinem eigenen Tode zurückkehrt auf seinen Besitz. Da hat sich vieles, beinahe alles geändert. Die neue Welt scheint rein materialistisch organisiert. »Was seh ich? Schiffbar ist der Fluß geworden, der meinen Park durchströmt; aber Holzhöfe, Bleichen, Tuchbahnen, häßliche, nützliche Dinge nehmen die Stellen meiner blumigen Wiesen, meiner dunklen Haine ein.« Das Schloß sieht er zur Fabrik umgestaltet. Sein Nachfahr ist kein Herr mehr. Sein Besitz »hat sich mit der Zeit wohl unter hundert verschiedene Besitzer verteilt. Wie könnte einer so viel haben und Freiheit und Gleichheit bestehen!«

So stellt Pückler sich also das 20. Jahrhundert vor. Es kommt noch schlimmer. In seiner Zukunftsvision sieht der Fürst seinen »Urenkel« (den es de facto nie geben wird) auf dem Totenbett: »›Der Vater ist tot!‹ höre ich eben den Sohn zu einem anderen sagen. ›Es ist kein Zweifel, fahrt ihn hinaus.‹«

Pückler endet seinen Bericht: »Ach, lieber Leser, welch ein Begräbnis! Du fragst, wohin es mit der Leiche ging? – Nun, natürlich, wo sie am nützlichsten ist: – aufs Feld, als Dünger.«

Die Satire eines Romantikers auf ein allzu rationales oder rationelles Zeitalter, das er voraussieht? Der Ausflug ins Reich der Toten und anschließend das der Nachfahren endet jedenfalls in bitterem Gelächter.

Wenden wir uns Pücklers Gegenwart zu.

2.

Das Sonntagskind

»Sie müssen nämlich wissen, daß heute Sonntag ist«, schreibt der 75jährige Pückler einer jungen Dame, »an welchem Tage ich einst vor langen Zeiten gerade um 12 Uhr geboren ward, ich also ein Sonntagskind bin, das eintreffende Ahnungen hat und Geister sehen kann.«

Zunächst scheint es nicht so, als ob dieses Sonntagskind auch ein Glückskind wäre, eher im Gegenteil. Graf und Gräfin Erdmann von Pückler-Muskau, denen am 30. Oktober 1785 ein Sohn geboren wird, der erste Nachwuchs, sind ein seltsames Ehepaar, bereits zutiefst zerstritten. Feuer und Wasser vertragen sich unter Umständen besser miteinander als diese beiden.

Das ist allerdings durchaus nichts Ungewöhnliches. Aus Liebe wird damals in derart hochgestellten Kreisen selten oder nie geheiratet. Heiraten stellen vielmehr einen Geschäftsvorgang dar, haben ein dynastisches Ziel und ein materielles, die Arrondierung der Familienbesitze. Sie sind exakt vorkalkuliert, wobei auf persönliche Wünsche keine Rücksicht genommen werden kann. Land und Adel haben Vorrang, was zwangsläufig zu lauter mehr oder weniger unglücklichen Ehen führt. Die Schlösser der Duodezzeit – Deutschland besteht aus über 1700 Kleinstaaten – dürften mehr Kummer und Tränen als Glück in Liebesnächten gesehen haben. Die Reichen und Mächtigen müssen sich Reichtum und Macht durch persönliches Unglück erkaufen; man beneidet sie oft zu Unrecht. Als Friedrich Wilhelm, der Kronprinz von Preußen, wenig später aus der Reihe tanzt und sich seine schöne Luise selbst aussucht, ohne Hintergedanken und nur aus Herzensgründen, gerät das ganze Land Preußen vor Freude außer sich. Unter Grafen und Fürsten, geschweige denn Königen, sind unglückliche Ehen die Regel.

Bei unserem Sonntagskind tritt erschwerend hinzu, daß die Ehe der Eltern schon von vornherein durch den Ehevertrag unterminiert worden ist. Und zwar auf eine Weise, die den Kleinen, der auf die Namen Hermann Ludwig Heinrich getauft wird, ebenfalls von vornherein tangiert. Daß sein Vater ihn hassen wird, haben ihm seine beiden Großväter, kein ersprießliches Erbe, in die Wiege gelegt.

Die beiden Großväter, der reiche und mächtige Graf von Callenberg auf Muskau in der Oberlausitz, und der weniger reiche und mächtige Graf Pückler auf Branitz, in der Niederlausitz gelegen, müssen irgendwann um das Jahr 1780 herum im Schloß zu Muskau zusammengekommen sein. Wie wir aus einer betimmten Tatsache wissen, die später verraten werden soll, zogen sich die Verhandlungen über mehrere Tage beziehungsweise Nächte hin. Es ging um das Schicksal ihrer Kinder und, gleichzeitig, ihrer Besitzungen, beides Standesherrschaften, von denen es noch vier in der Lausitz gibt.

Branitz, Stammsitz der Pücklers, ist die größte und angesehenste nicht. Sie besteht aus ein paar Dörfern und einem maroden Schloß in pfannkuchenplatter, dazu ziemlich unfruchtbarer Ebene unweit von Cottbus. Die Pücklers haben dafür andere Qualitäten. Im Lande spielen sie eine gewisse Rolle, die sie sich durch List, Mundwerk und Ellenbogen errungen haben. Auch können sie auf das ehrwürdige Alter ihres Adels verweisen. Im »Gotha«, dem genealogischen Handbuch des deutschen Adels, steht zwar als frühester Vorfahr 1334 ein Nikolaus Pokeler verzeichnet, aber ist dieser Name nicht von Bechelarn abzuleiten, also bis zum Nibelungenlied zurückzuverfolgen? Man glaubt nur halbwegs daran, auch in der Familie Pückler, aber es fördert Prestige und Kreditwürdigkeit.

Wenn letztere nicht schon durch die Standesherrschaft gesichert ist. Solche gibt es längst nicht mehr in allen deutschen Ländern, wohl aber in Sachsen, wozu die Lausitz gehört. In einer Standesherrschaft gilt noch das »alte Recht«. Der Standesherr schaltet und waltet wie ein Alleinherrscher, was für seine »Erbuntertanen«, wie man sie nennt, eine Art von Leibeigenschaft bedeutet. Sie sind »schollengebunden«, das heißt, sie dürfen nirgendwo anders hinziehen, müssen für ihre kümmerlichen Äcker dem Grafen Frondienst leisten und ihn sogar bei allen familiären Veränderungen, etwa Heiraten, um Erlaubnis fragen. Relikte aus dem Mittelalter. Standesherrschaften sind demgemäß, jedenfalls für den Standesherrn, eine lukrative Sache. Um so mehr, als sie in Sachsen nicht einmal Steuern zahlen, wohl aber solche eintreiben dürfen.

Gegen den Muskauer Besitz der Callenbergs ist das Branitz der Pücklers nur eine kleine Klitsche. Die Standesherrschaft Muskau, zehnmal so groß wie Branitz, erstreckt sich über 550 Quadratkilometer, die größte in Deutschland überhaupt. Sogar ein Städtchen gehört dazu mit rund 3000 Einwohnern, Muskau, und die Aufzählung der Namen aller ebenfalls dazugehörenden Dörfer, 45 an der Zahl, würde gut eine halbe Seite füllen. Rund um das Dorf Weißwasser hat sich ferner ein kleiner Industriebezirk entwickelt mit Eisenwerken, Glashütten, einer Kerzenfabrik und einer Brauerei, die Bier bis hin nach Leipzig und Berlin liefert, sowie einer Mühle. Ausgebeutet werden auch die reichlichen Bodenschätze, vor allem Alaun und Braunkohle, sowie die Mineralquellen.

Es handelt sich überdies um einen ausgesprochen hübschen Landstrich, keineswegs so kahl wie die Gegend um Cottbus. Von Kiefern bewachsene Hügelketten bestimmen das Bild der Landschaft, Ausläufer des schlesischen Riesengebirges, dessen schneebedeckte Bergkuppen man bei gutem Wetter sehen kann. Ein lauschiges Flüßchen, die Neiße, schlängelt sich am Schloß Muskau vorbei und durch die Waldungen, die ebenfalls einiges abwerfen. Sind die Pücklers Alleinherrscher auf Branitz, so kann man die Callenbergs mit Königen in ihrem Land vergleichen. Sie besitzen sogar eigene Gerichtsbarkeit, eigene Kirchenhoheit und eine eigene Polizei.

Bewohnt wird ihr Land vorwiegend von Sorben, slawischen Wenden, die als gutmütig, abergläubisch, vielleicht etwas hinterwäldlerisch gelten und teilweise ihre wendische Sprache und Volkstracht erhalten haben. Die Frauen laufen noch mit ihren unter Volkstumsforschern berühmten weißen Häubchen herum, deren aufrechte Spitzenränder die Gesichter wie ein Heiligenschein umrahmen. Selbst der Name Muskau stammt aus dem Slawischen, eine eingedeutschte Form von »Moskwa«, also Moskau.

Diese beiden ungleichen Standesherrschaften sollen nun also durch Heirat vereint werden. Den größten Brocken präsentiert dabei der Muskauer Graf Callenberg. Von ihm wird folglich die Initiative ausgegangen sein. Er besitzt nur ein einziges Kind, eine Tochter, für die er den passenden Mann sucht. Daß seine Wahl auf die Pücklers fällt, erstaunt trotzdem. Sie verkörpern in allem das genaue Gegenteil der Callenbergs und sind im ganzen Land unbeliebt. Gelten die Callenbergs als weltläufig, wenn auch etwas fahrig und nervös, vornehme Herrschaften mit musischen Interessen, so die Pücklers als schroff, ungehobelt, habsüchtig und ausschließlich auf Landwirtschaft ausgerichtet. Zudem sind sie als Schürzenjäger berüchtigt.

Das alles trifft auch auf den Reichsgrafen August Heinrich von Pückler zu, der dem Callenberger im Schloß Muskau gegenübersitzt. Sein Talent als Verführer stellt er bald darauf unter Beweis, als die 24jährige Frau des Gräflich Callenberger Landvogts Petrick schwanger wird und bekennen muß, daß kein anderer als Graf Pückler diese Schwangerschaft während seines geschäftlichen Aufenthalts im Schloß verursacht hat.

August Heinrich von Pückler beugt sich dem Diktat des Callenbergers; ihm bleibt wohl auch nichts anderes übrig. Beschlossen wird die Heirat zwischen Klementine Kunigunde Charlotte Olympia Luise von Callenberg, im weiteren kurz Klementine genannt, und Erdmann von Pückler, Tochter des Muskauer und Sohn des Branitzer Standesherrn. Muskau geht, eine gewaltige Mitgift, auf dieses Ehepaar über. Freilich mit Einschränkungen.

Standesherrin wird Klementine, die Braut, nicht ihr zukünftiger Mann. Da dessen Vater es versteht, sich bei den Verhandlungen mit dem Callenberger höchstselbst als Hausmeier, Verwalter, zu empfehlen, bleibt für den Sohn, Klementines Bräutigam, wenig übrig. Er macht nur äußerlich eine gute Partie. Ihm wird nichts gehören, und er wird nicht einmal das Sagen haben, das hat sein Vater, auch über ihn, übrigens volle 30 Jahre lang. Eine Danaer-Erbschaft.

Man kann verstehen, daß er nur widerwillig seinem Namen, wie der Ehevertrag es fordert, den Namen des Orts seiner Demütigung anhängt und sich in Zukunft Pückler-Muskau nennt. All das beeinträchtigt von vornherein sein Verhältnis zum Erstgeborenen, dem das Erbe ja einmal direkt und ungeteilt zufallen soll.

Als die Ehe am 27. Dezember 1784 geschlossen wird, ist Klementine noch nicht ganz 14, ihr Mann bereits 30. Die Überschreibung der Standesherrschaft erfolgt am 3. Januar 1785. Am 30. Oktober wird, die Freude hält sich in Grenzen, der kleine Hermann geboren. Die Eheleute haben sich bereits gründlich auseinandergelebt; tägliche Kräche sind an der Tagesordnung. Trotzdem stellen sich – auch dies beim Adel nicht unüblich, denn nur Nachkommen garantieren das Fortbestehen der Linie – in rascher Folge weitere Kinder ein: drei Jahre später Carl-August, der aber schon neun Monate später an der Ruhr stirbt, und dann drei Schwestern, eine nach der Mutter benannte Klementine, gefolgt von Bianca und Agnes. Über Erdmann geht in Muskau die Rede, das Kinderzeugen sei das einzige, was er könne und dürfe.

Der Spott des Volkes schlägt sich zuweilen in grölenden Liedern nieder, die aus den Wirtshäusern ertönen und von denen zumindest eines an die 100 Jahre überdauert hat. Noch in den 80er Jahren des vorigen Jahrhunderts will es ein Augen- beziehungsweise Ohrenzeuge in Muskau gehört haben.

Armer Erdmann! Er muß sogar erleben, daß sein Vater, der ihn so sehr kujoniert, mit 71 Jahren noch einmal heiratet, ein Fräulein Auguste von Kracht, mit der er seinem inzwischen 45jährigen Sohn zum Vergnügen der Einwohnerschaft Muskaus im Jahre 1800 noch ein Brüderchen beschert. Kein Wunder, daß Graf Erdmann als finster, mürrisch, verschlossen und geizig gilt. Er gönnt niemandem etwas, nicht einmal seinen Kindern (wofür sein einziger Sohn bittere Rache nehmen sollte). Zu Hause steht er unter der Fuchtel seines Vaters und dem Pantoffel seiner jungen Frau, benimmt sich aber gleichzeitig den Kindern und dem Gesinde gegenüber wie ein Haustyrann. Er wird regelrecht gehaßt, obwohl eher Mitleid am Platze wäre. Hermann hat ihn später als seinen tödlichen Feind bezeichnet, den einzigen, den er in seinem Leben gehabt habe.

Die Mutter, kaum dem Kindesalter entwachsen, bietet ebenfalls weder Schutz noch Hilfe. Sie behandelt den Sohn wie ein Spielzeug, »ohne selbst zu wissen, warum sie mich bald schlug, bald liebkoste«, wie es der 16jährige in einem versöhnlichen Brief an den Vater ausgedrückt hat. Klementine ist Halbfranzösin. Ihre eigene Mutter, eine La Tour de Pin-Montauban, stammte aus der Dauphiné. Von ihr hat sie in der Nähe von Crest in Südfrankreich ein schönes Schloß geerbt, Allex, das sie später bewohnen wird; auch Verwandte hat sie noch dort unten. Ihr Temperament ist lebhaft und unausgeglichen, eine ungemein reizvolle, aber nicht unbedingt angenehme Persönlichkeit. Wo immer sie jemand beschreibt, fällt das Wort »schnippisch«. Der kleine Hermann Pückler ist ihr nicht viel mehr als eine Puppe. Das Sonntagskind wächst ohne Liebe auf, mit allen Nachteilen hoher Geburt, die er dann auch geringgeschätzt – wenngleich gebührend ausgenutzt – hat.

»In den frühen Jahren meiner Kindheit«, heißt es im schon erwähnten Brief, »finde ich mich in den Händen theils dummer, theils roher Bedienten, die mich ziemlich nach Gefallen behandelten.« Später treten Hauslehrer oder vielmehr Hofmeister hinzu, denn unter dem tut man's nicht auf Schloß Muskau. Der Vater treibt sie auf und hat einmal sogar eine glückliche Hand bei einem Mann namens Tamm, dem Pückler noch im Alter seine Reverenz erweist. Der 16jährige: »Hätte ich ihn behalten können, vieles wäre anders; der gute Mann hatte aber den Fehler, zu sagen, was er dachte; Damen wollen lieber geschmeichelt sein; meine Mutter konnte sich mit ihm nicht vertragen, und er ging.«

Der nächste schmeichelt wiederum zu sehr; er verbarg »unter der Maske des Edelmüthigen die niederträchtigsten Gesinnungen«, das heißt, er suchte »meine bisher wenigstens ihrem Gemahl noch treu gebliebene Mutter zu verführen«. Da beißt er überraschenderweise auf Granit und muß gleichfalls gehen. Überraschend kann man den Widerstand nennen, weil Erdmann inzwischen kein Hehl daraus macht, daß er sich über seine unglückliche Ehe von anderen Töchtern des Landes hinwegtrösten läßt.

Der kleine Hermann wird unter solchen Umständen störrisch und heimtückisch. Er macht wohl dem Vater bald das Leben noch schwerer. In einem Brief an seinen Vertrauten, den Hofgerichtsdirektor Hempel, stößt Erdmann den Seufzer aus: »Gott, wie komme ich in solche Familie!!« und fügt hinzu: »Hätte ich nicht den Trost, daß meine Töchter gute Kinder wären, ich müßte verzweifeln.« Besonders Klementine ist sein Liebling. Dem kleinen Hermann bleibt solcher Trost versagt. Von den Bedienten herumgestoßen, von der Mutter gleichgültig behandelt, vom Vater mißachtet, spielt er den »Hofmeistern« üble Streiche. In ihnen zeigen sich zum erstenmal Anzeichen von Exzentrik und Temperament. Pückler ist eigentlich gar kein Pückler, sondern ein echter Callenberg. Etwas »von dem leicht erregbaren französischen Blut der Mutter fließt ebenfalls in seinen Adern«, wie es ein früher Biograph ausdrückt.

Eines Tages sperrt ihn sein derzeitiger Hofmeister zur Strafe in ein Turmzimmer hoch über dem Schloßgraben. Wer je in Muskau war, wird den Turm kennen. Er läßt sich unschwer identifizieren, auch wenn man sich das Schloß selbst damals sehr viel einfacher vorstellen muß. Die vielen Zinnen, Erker und Türmchen hat es erst später, nach den Tagen der Pücklers, erhalten, eine Art von Über-Renaissance, die unwillkürlich an Walt Disney erinnert. 1945, nicht während der Kämpfe, sondern Tage nach dem Einmarsch der Roten Armee, brannte die Anlage ab. Die erstaunlich festen Außenmauern sind jedoch erhalten geblieben, eindrucksvoller gewiß und wohl auch unheimlicher als im zieratüberladenen Zustand vorher.

Unheimlich muß es auch dem renitenten Kind im Turmzimmer gewesen sein. Es ist voller Gerümpel und Spinnweben. Aufgeschreckte Fledermäuse flattern herum. Der Knabe öffnet das Fenster und droht, sich in die Tiefe zu stürzen, aber sein Hofmeister läßt es darauf ankommen.

Der Sechsjährige bewahrt erstaunlich kaltes Blut. Eine Weile geschieht gar nichts, wird es im Dachzimmer nur verdächtig ruhig. Dann ertönt ein lauter Schrei, dem ein heftiger Aufprall auf der Wasseroberfläche folgt. Sofort ist das Schloß alarmiert. Der Eingeschlossene hat ganz offensichtlich seine Drohung wahrgemacht. In fliegender Hast stürzen Hofmeister und Dienerschaft zu den Booten an der Brücke. Was sie aus dem Wasser fischen, ist eine Strohpuppe, der Hermann seine Kleider übergestreift hat. Er wird alsbald aus seinem Karzer befreit.

Dies sein erster überlieferter Streich. Der Junge wird aus ihm gelernt haben, daß man mit Witz und Geschick mehr erreicht als mit bloßem Trotz. Und daß Schadenfreude ein zusätzlicher Lustgewinn sein kann.

Insgesamt aber verläuft seine Kindheit freudlos. Es gibt überhaupt nur zwei Menschen, denen er vertraut und von denen er so etwas wie Liebe erfährt. Im Städtchen lebt die ehemalige Amme seiner Mutter, zu der er sich manchmal vom Schloß hinwegstehlen kann. Und im Schloß selbst wohnt sein Großvater mütterlicherseits, der alte Callenberg, dem er einige Zuneigung entgegenbringt. »Selbst einer Ohrfeige, die er mir einmal gab, denke ich mit mehr Dankbarkeit, als aller gezwungenen Wohltaten meines Vaters, die freilich diesen Namen nicht verdienen«, hat Pückler später selbst bekannt. Der Großvater stirbt, als Hermann eben sieben Jahre alt ist.

»So erreichte ich mein siebentes Jahr«, heißt es im Brief des 16jährigen, »begabt mit allen Fehlern, die aus einer solchen, oft widersinnigen Behandlung entstehen mußten. Meine Mutter, der ich zum Spielwerk zu groß wurde, und die meine Erziehung überhaupt zu ennuyiren (langweilen) anfing, drang nun darauf, daß ich aus dem väterlichen Hause weg sollte.«

Wie immer gibt der Vater nach. Man entledigt sich des Jungen, indem man ihn in eine Erziehungsanstalt der Herrnhuter nach Uhyst schickt, nur wenige Meilen von Muskau entfernt. Dort verbringt er vier fürchterliche Jahre, in denen er die Frömmler der »herrnhutischen Heuchelanstalt«, wie er sie später nennt, gründlich verachten, ja hassen lernt. Der herzlose Pietismus, der in dieser Filiale des berühmten Instituts herrscht, wirkt auf ihn wie »kaltes Wasser auf einen heißen Stein«. Zeitweilig nimmt ihn die Erziehung in Uhyst gegen jede Religion überhaupt ein, womit er sich ein Leben lang herumquält, bis er aus seinem latenten Atheismus, den ihm überzeugte Christen eingebläut haben, im vorgeschrittenen Alter in die katholische Kirche wechselt, der gegenüber er gleichwohl skeptisch bleibt.

»Uhyst«, so Pücklers französischer Biograph August Ehrhard, »hinterließ ihm nur zwei angenehme Erinnerungen: ein Gärtchen, das er mit Liebe bestellte, und eine kleine Kusine, die im Mädchenhaus von Uhyst von Frauen der gleichen Sekte erzogen wurde. 40 Jahre später erinnerte er diese Kusine, die inzwischen die reizende Gräfin von Kielmannsegge geworden war, daß er eines Tages ihr Seidenkleid gestreift und bei dieser Berührung einen seltsamen Schauder empfunden habe.«

Das Gärtchen, das ihm die Herrnhuter zur Pflege geben, könnte tatsächlich so etwas wie die Keimzelle der künftigen Landschaftsgärten gewesen sein. Die Natur und ihr Wachstum bleibt Pückler ein Faszinosum bis zuletzt. Insofern verdankt er, verdanken wir der gestrengen »Brüdergemeine« doch einiges.

Was allerdings den Schauder beim Streifen eines Seidenkleids angeht, so hat Pückler in seinem Brief an Kusine Kielmannsegge augenzwinkernd galant untertrieben. Wir wissen es von ihm selbst, aus einem Brief an eine engere Vertraute. Der frühreife und wohl schon pubertierende Knabe ist in Uhyst bereits erotisch, sogar sexuell weit aktiver. Was er Ada von Treskow über die Affäre mit der ebenfalls nicht mehr unschuldigen kleinen Kusine berichtet, hört sich anders an.

»Ich nun«, lesen wir, »der noch nicht ganz 10 Jahr zählte, verliebte mich sterblich in das fromme schöne Mädchen, und bald machten wir es möglich, uns an zum Teil wunderlichen Orten allein zu treffen und Mund auf Mund und Tränen in den Augen vor Verzückung zu vergehen. Aber unschuldig (...) blieb unsere Liebe nicht. Ich war sehr früh gereift, und schon was man verführt nennt. Mein frommes Mädchen gleichfalls durch Gespielinnen, und auf solche Weise, wie zwei Mädchen, genossen wir, gewissermaßen in aller Unschuld, wenigstens ohne Gewissensskrupel und mit Enthusiasmus Liebe und Wollust unersättlich, wie unbefangene Naturkinder, fast ein ganzes Jahr lang...«

Pädagogik, sieht man daran, läuft oft auf das Gegenteil des Angestrebten hinaus. Wer hätte denn gedacht, daß eine derart prüde Erziehungsanstalt den Keim zu Pücklers schier unersättlicher Sinnlichkeit zumindest mit angelegt haben könnte? Beim Zehnjährigen dürfte die Lieblosigkeit beider Elternteile eine ebenso große Rolle spielen wie der Verdrängungseffekt der Schule. »Verführt« ist er also schon. Wo? Auf Schloß Muskau? Halten wir uns weiter an das, was er selbst verrät.

»Nur *ein* Schmerz trübte unser Glück«, fährt der 75jährige in seinem Brief fort, »der des Abschieds, als man mich in eine andere

Anstalt, das Pädagogium zu Halle, versetzte, wo andere Aventüren mich erwarteten, denn mein Leben ist sehr reich an solchen geblieben.«

Das steht fest. Der Äußerung eines Zeitgenossen zufolge soll Pückler »mehr Liebschaften gehabt haben, als Don Juan und Casanova zusammengenommen«. Aus dem Pädagogium in Halle, wiederum einer Pietistenschule mit Internat, auf der Kinder reicher Familien eine »standesgemäße Ausbildung« erhalten, sind uns nur Freundschaften mit Gleichaltrigen bekannt geworden. In Halle fühlt er sich nicht weniger unwohl als in Uhyst, aber er ist jetzt älter, hochfahrend und aufbrausend, »nicht zu bändigen«, wie ihn die Lehrer bezeichnen, ein »böser Bube«, dies die Charakterisierung des Direktors und »Kanzlers« der Franckeschen Stiftungen, Niemeyer.

Zwei seiner Hallenser Schulfreunde haben sich später als Schriftsteller einen Namen gemacht. Christoph Ernst Freiherr von Houwald aus der Niederlausitz, drei Jahre jünger als Pückler, wurde ein Hauptvertreter der romantischen »Schicksalstragödie«. Stücke von ihm, so »Der Fürst und der Bürger« und »Die Feinde«, sind auf deutschen Bühnen viel gespielt worden. Der Schlesier Karl-Wilhelm Contessa, zwei Jahre jünger, befreundete sich mit E. T. A. Hoffmann, der ihn für die Gestalt des Sylvester in seinen »Serapionsbrüdern« zum Modell nahm. Besonders erfolgreich waren seine Lustspiele (»Magister Rößlein«). In Berlin, wo er, noch keine 40 Jahre alt, 1825 starb, machte er sich auch als Landschaftsmaler bekannt.

Zwei künftige Literaten, musisch interessiert, aus gutem Hause und etwas jünger als Pückler, der sie dominiert haben dürfte. Einer etwaigen homoerotischen Ader in diesem homme à femme hat noch keiner nachgespürt. Sie ist jedoch nicht unwahrscheinlich. Es wäre eher, im Gegenteil, verwunderlich, wenn jemand wie er auf diesem Gebiet überhaupt etwas ausgelassen hätte. In seinen Schriften stößt man oft unvermutet auf Hinweise oder mögliche Hinweise. Im »Südöstlichen Bildersaal« taucht ein geheimnisvoller schöner Jüngling auf, der den Fürsten beim Nacktbaden zu umgarnen versucht. Und in »Mehemed Alis Reich« beschreibt der Reisende Pückler, wie er (»ich liebe die Schönheit in jeder Form«)

im Dampfbad in Kairo vom Anblick eines nackten Beduinen in Ekstase versetzt wird und ihn daraufhin als Diener engagiert. Der im voraus bezahlte Monatslohn erweist sich allerdings als Fehlinvestition, denn der herkulische Muskelmensch ißt zwar für sechs, kann sich aber an keinerlei Arbeit gewöhnen.

Fraglos die größte Hallenser »Aventüre« stellt jenes Spottgedicht dar, das der 13jährige Pückler auf die flatterhafte junge Frau des Kanzlers Niemeyer verfaßt. Hier beginnt sich ein schriftstellerisches und satirisches Talent zu regen. Das Gedicht könnte sich übrigens ebensogut auf seine Mutter beziehen und dürfte unter anderem auch auf deren Leichtfertigkeit und Oberflächlichkeit gemünzt sein. Die Verse machen auf der Schule Furore, und als die Autorschaft herauskommt, fliegt Hermann mit Aplomb vom Pädagogium. Der sensationelle Vorfall beschäftigt noch Generationen späterer Schüler, denen der widerborstige Pückler-Muskau zum heimlichen Helden und Vorbild wird.

Jetzt soll er seine Studien auf der allgemeinen Stadtschule in Dessau fortsetzen. Dessau liegt in Anhalt; das ist nach Sachsen (Uhyst) und Preußen (Halle) nun schon der dritte deutsche Staat, in dem man den Grafensohn vergeblich zu erziehen versucht. Da es in Dessau kein Internat gibt, muß erneut ein »Hofmeister« her und eine Unterkunft gesucht werden, was der vielgeplagte Graf Erdmann ausgerechnet dem Kanzler Niemeyer überläßt. Pückler hat seinem Vater später vorgeworfen, sich den Hofmeister nicht einmal angesehen zu haben. Der rasch in die Höhe geschossene junge Mann ist dem von Niemeyer Erwählten intellektuell haushoch überlegen und tanzt ihm, wie auch seinen Lehrern, auf der Nase herum. Vater Erdmann erhält eines Tages die Nachricht, daß auch in Dessau die Relegierung seines Ältesten bevorsteht. Es bleibt ihm nichts anderes übrig, als ihn ins ungeliebte Muskau heimzuholen. Weitere Schulen in der Nähe und weitere deutsche Staaten fallen ihm nicht mehr ein.

3.

Der tolle Pückler oder Wie man den Nachteilen hoher Geburt entrinnt

Auf Muskau hat sich einiges verändert. Die Mutter ist nicht mehr da. Nach 15jährigem Kampf, tagtäglichem Gezänk, hat Gräfin Klementine aufgegeben und sowohl Schloß als auch Mann und Kinder verlassen. Die Scheidung ist eingereicht; sie wird alsbald ausgesprochen werden. Gegen eine Jahresrente von 6000 Talern, keiner geringen Summe, verzichtet sie auf das von ihr in die Ehe gebrachte Muskau. Nutznießer ist nicht ihr geschiedener Mann, sondern sind ihre Kinder, vor allem Hermann, dem die Standesherrschaft dermaleinst als alleinigem Erben zufallen soll.

Ein letzter Tort, den sie Graf Ludwig Johannes Karl Erdmann antut. Er bleibt unter der Fuchtel seines greisen Vaters, und er muß in absehbarer Zeit den Besitz einem ungeliebten Sohn übergeben, mit dem er nichts als Schwierigkeiten hat und vermutlich weiterhin haben wird. Vieles läßt darauf schließen, daß Klementine ihre Entscheidung weniger aus Mutterliebe trifft, als um ihren Ehemaligen zu ärgern.

Es dauert auch nicht lange, da ist sie schon wieder verheiratet, und zwar mit dem bayerischen Reiteroberst Kurt von Seydewitz, der es noch einmal zum General bringen wird. Im Januar 1800, acht Monate nach der neuerlichen Eheschließung, kommt ihr Sohn Max auf die Welt, in der Familie nur Purzelchen genannt, Pücklers Halbbruder.

Es bleibt nicht der einzige, denn auch der Vater ist seiner Passion treu geblieben. Mit der Geliebten, die an die Stelle Klementines tritt, zeugt er ebenfalls einen Sohn, der auf die Namen Louis Marco getauft wird. Er spielt, im Gegensatz zu Purzelchen, im weiteren Leben Pücklers keine Rolle.

Man sieht: Es weht auf Muskau inzwischen ein anderer, milderer Wind. Die heftigen Vorwürfe, die Hermann zu Hause erwartet, bleiben aus. Man hat genug mit sich selbst und der neuen Situation zu tun. Dem Vater steht mittlerweile der brave Schloßintendant Wolff zur Seite, ein gutmütiger Mann, dessen besänftigender Einfluß auch dem unglücklichen Hermann zugute kommt.

Dem setzen die beiden – was sollen sie anderes tun? – eine Reihe von Hauslehrern vor. Da sie auf diesem Gebiet über keinerlei Erfahrung verfügen, wählen sie die Pädagogen anscheinend auf gut Glück. Die Hauslehrer sind meist rasch wieder verschwunden, weil sie sich nicht bewähren. Keine überaus günstigen Voraussetzungen für die weitere Ausbildung eines dazu renitenten Erben, der langsam selbstbewußt wird.

Da gibt es zum Beispiel einen Herrn Baevenroth, der sich ausschließlich für Pferde und die Tanzkunst interessiert. Sein Nachfolger, Herr Nigmann, bringt dem Jungen dagegen das Klavierspiel und perspektivisches Zeichnen bei, läßt ihn nebenher auch Ovid übersetzen. Der »Lehrplan« bleibt willkürlich und anscheinend dem jeweiligen Geschmack der Erzieher überlassen, die sich am wenigsten für die klassische Bildung interessieren.

Einiges profitiert Pückler immerhin von ihnen. Er behält eine lebenslange Vorliebe für Pferde, von denen er dank Baevenroth tatsächlich viel versteht, sowie für das Theater, denn Nigmann läßt ihn in eigenen improvisierten Inszenierungen auftreten. Wir werden Hermann dann auch demnächst auf den Brettern, die die Welt bedeuten, erleben.

Der einzig kompetente Lehrer dürfte Abbé Perrault gewesen sein, ein französischer Emigrant. Ihm verdankt Pückler sein vorzügliches Französisch. Leider muß er allzubald Muskau wieder verlassen, ironischerweise aus dem gleichen Grund, aus dem sein Zögling vor kurzem Dessau hat verlassen müssen. Perrault begeht den Leichtsinn, eine Satire auf die Geliebte Graf Erdmanns zu verfassen. In einem Abschiedsbrief auf französisch zeigt Pückler, was er bei ihm gelernt hat.

»Es war vorauszusehen«, lesen wir in deutscher Übersetzung, »daß man früher oder später den Verlust eines nützlichen und liebenswürdigen Mannes beklagen würde, dessen einziger Fehler darin bestand, daß er hübsche Verse auf eine Person machte, die ihrer nicht wert war. Voltaire kam wegen schlechter Verse, die er nicht gemacht hatte, auf die Bastille; dann ist es schon besser, Unrecht zu leiden, weil man gute Verse gemacht hat.« Der junge Mann zeigt schriftstellerischen Esprit.

Eine Begabungsprobe anderer Art legt der 15jährige beim ersten Besuch seiner geschiedenen Mutter, nun Gräfin Seydewitz, ab. Mit ihr – sie ist eben 30 und sieht weit jünger aus – beginnt er einen Flirt von derartiger Intensität, daß dem guten Seydewitz angst und bange wird. Klementine, verspielt und kokett, geht nur zu gerne darauf ein, ein geistreich-frivoles Geplänkel mit heftigen Liebkosungen, das, versteht man spätere Andeutungen Pücklers richtig, nur eben am Inzest vorbeiführt. Der stürmische Liebhaber-Sohn muß die Seydewitzens vorzeitig verlassen. Noch lange wird er seiner Mutter verliebte Briefe schicken, und es ist nicht zu entscheiden, ob sie parodistisch gemeint oder dazu bestimmt sind, den Obersten von Seydewitz in Panik zu versetzen. Klementine beantwortet sie auch, eine Weile zumindest, in ähnlich gurrendem Tonfall.

Der Jüngling wird sich des Charmes bewußt, über den er verfügt und den er bald taktisch einzusetzen versteht, wo immer es ihm genehm scheint. In diesem Fall vielleicht, bewußt oder unbewußt, in subtiler Rache an einer Mutter, die vieles an ihm versäumt hat und in der er nun so etwas wie Liebesglut entfacht, wenn sie ihm schon keine Mutterliebe entgegenbringen kann. Eine flüchtige Glut nur, die bald erlischt, als aus ihrem Sohn der »tolle Pückler« wird. Da versteht sie sich plötzlich zum erstenmal mit ihrem geschiedenen Mann.

Der hat übrigens, späte Einsicht, beschlossen, aus dem nüchternen Muskau einen Musenhof zu machen. Gesang und Tanz halten ihren Einzug in die tristen Räumlichkeiten. Nigmann inszeniert auf dem Liebhabertheater Komödien, deren Hauptrollen mit Hermann und seinen heranwachsenden Schwestern besetzt werden. Ansonsten spielen die Schwestern in Hermanns Leben eine geringe Rolle. Sie sind wohl zu jung für ihn und – wie vorher er – auf auswärtigen Schulen zu standesgemäßer Erziehung. Zu den Soireen und Theateraufführungen kommen sie nach Muskau, scheinen auch teilweise am Unterricht der Hauslehrer ihres Bruders teilgenommen zu haben. Dieser konzentriert sich auf Veranlassung Graf Erdmanns zunehmend auf das Fach Religion; dies nicht, weil der Graf übermäßig fromm wäre, sondern weil der künftige Standesherr ordnungsgemäß konfirmiert werden soll. Bei einem jungen Mann, der störrisch alles Transzendente abwehrt, ist das gar nicht so einfach. Der vorzeitig geschaßte Abbé Perrault hat auch auf diesem Gebiet einige Verdienste, die Pückler später freimütig eingestanden hat.

Alles in allem eine erstaunlich friedliche Übergangszeit. Sogar mit dem Vater söhnt Hermann sich – Verstellung? Taktik? – vorübergehend aus. Es gibt keinen ständigen Streit mehr zwischen den Elternteilen, und das für einen tatendurstigen jungen Mann recht öde Lausitzer Landleben läßt sich mit Kostümierungen, Bällen, Klavierabenden und Tanzereien besser ertragen.

Der Musenhof bleibt freilich Episode. Der alternde Graf oder seine Geliebte verlieren rasch die Lust daran. Erdmann ist eben doch ein schwerfälliger Pückler und kein lebensfroher Callenberger. Man zweifelt oft daran, ob er tatsächlich solch ein Scheusal gewesen sein kann, wie der Sohn behauptet, aber einen Wesenszug dürfte der Sohn wohl richtig beschrieben haben: seinen extremen Geiz. An ihm wird Pückler ihn dann auch bald empfindlich pakken. Einstweilen kostet das neuerliche Gesellschaftsleben unter anderem auch Geld. Deshalb wird es im Nu wieder eingeschränkt, um so mehr, als die adligen Nachbarn, geschweige denn die geladenen Muskauer Honoratioren, nicht daran denken, sich durch Gegeneinladungen oder bescheidene Bälle zu revanchieren.

Am Ende ist Pückler froh, als er endlich 16 ist, nach den Usancen der Zeit reif, um auf die Universität zu gehen.

Man schickt ihn nach Leipzig. »Mein Leipzig lob ich mir! Es ist ein klein Paris und bildet seine Leute«, heißt es in Goethes »Faust«, der sieben Jahre später, 1808, erscheinen wird. Bezogen auf Pückler, der 1801 dort eintrifft, wirken die Verse wie eine Parodie. Die Stadt verbildet ihn eher, als daß sie ihn bildet.

Als zukünftiger Herr über soviel Land und so viele Leute soll er die Jurisprudenz studieren. Dies der erste Fehler, denn für dieses Fach ist er, der Luftikus, absolut ungeeignet. Der zweite Fehler: Man gibt ihm wiederum einen Lehrer-Hofmeister mit, den Graf

Erdmann verpflichtet, ohne daß der Kandidat Empfehlungen vorzulegen hätte, ja, wie Pückler später behauptet hat, wiederum ohne ihn auch nur persönlich in Augenschein zu nehmen. Der Mensch heißt Kretschmer und wird von seinem scharfzüngigen Zögling als »läppisch, liederlich, ein Hansnarr« charakterisiert.

Pückler selbst, seine Familie, aber auch seine Biographen sind nicht müde geworden, diesen Kretschmer nach Kräften zu verteufeln. Schon immer war es leichter, andere zum Sündenbock zu machen, als bei sich selbst die Fehler zu suchen. Mag Kretschmer tatsächlich eine windige, leichtsinnige, dazu dumme Kreatur gewesen sein, er kann doch nicht den Muskauer Kronprinzen in derart kurzer Zeit so gründlich verdorben haben. »Verdorben« worden im Sinne bürgerlicher als auch adliger Lebensauffassung ist Pückler bereits durch die Lieblosigkeit seines Elternhauses und die erbärmliche Erziehung in den angeblich so christlichen Instituten.

Aber nun soll Kretschmer an allem schuld sein. »Dieser Elende«, so der Biograph Professor Ehrhard, »führte seinen Zögling öfter in Spielhöllen und an schlechte Orte als zu den Vorlesungen.« Da ist Skepsis am Platze. Der Spielteufel hat den jungen Mann schon seit Schülertagen ergriffen, und er wird seinen Griff bis ins Greisenalter nicht lockern. Pückler bildet da, zumindest in seinen Kreisen, keine Ausnahme. Alle Welt ist spielversessen. Überall an den großen und kleinen Höfen, auf Schlössern, Landsitzen, Gutshöfen wird – meist in eigens dafür eingerichteten Spielsalons – tage- und nächtelang gejeut, selbst auf Muskau. Das Laster des Jahrhunderts hat Kretschmer dem eleganten Jüngling, der von nun an stets nach der neuesten Mode wie ein Dandy gekleidet geht, gewiß nicht erst beibringen müssen.

Auch kann Kretschmer kaum an dem ersten Duell schuld sein, das sein Schüler führt. Es geht um eine Frau, wahrscheinlich sogar eine verheiratete Frau, und verläuft für Pückler erfolgreich. Er ist schon damals – wiederum dank eines zeitweiligen Erziehers, der von Waffen besessen war – ein hervorragender Pistolenschütze. Mag der fehlgeleitete Hofmeister ihn an noch so verruchte »böse Orte« geführt haben. An solchen lernt man keine Frauen kennen, um die man sich duelliert.

Es sind nicht Einflüsse von außen, die Pückler, wie es scheint, auf eine schiefe Bahn bringen. Er selbst wendet sich ganz konsequent von allem ab, was ihm bisher das Leben so schwierig gemacht hat, und geht seine eigenen Wege. Daß er, zunächst wenigstens, die krummen bevorzugt, mag sich aus seiner Jugend erklären, aber auch aus einer Art von Lust an der neugewonnenen Freiheit, die ihm zugleich die Möglichkeit zur Rache an Vater und Familie gibt.

Hineinreden in seine Lebensführung läßt er sich überhaupt von niemandem mehr, nicht von Vater oder Mutter und schon gar nicht von einem Hansnarren. Der wird ohnedies bald entlassen, übrigens von Pückler selbst. Der hochmütige 16jährige hat sich kurzerhand für volljährig erklärt.

Man kann das nach einer solchen Kindheit und Jugend verstehen. Doch mag er sich auch für volljährig halten – erwachsen scheint er noch keineswegs, denn er schlägt bald über alle Stränge. Seine Streiche und Abenteuer streifen vor allem im Finanziellen oft die Grenzen zur Kriminalität. Sie wären bei weniger Hochgeborenen gewiß streng geahndet worden, vermutlich sogar mit Gefängnis.

Dabei nutzt er nicht einmal die fatale Situation aus, in die sein Vater durch die Scheidung geraten ist. Muskau gehört ihm nicht. Die Standesherrschaft wird jedoch in absehbarer Zeit in die Hände seines Sohnes übergehen. Pückler hätte für die enormen Geldausgaben, die er in Leipzig tätigt und die seine monatlichen Zuwendungen von zu Hause weit übersteigen, ohne weiteres Wechsel auf sein künftiges Erbe ausschreiben können, wenn auch mit kräftigen Zinssätzen. Statt dessen scheint er sie ganz einfach auf den Namen seines Vaters auszustellen.

Graf Erdmann ist, wohl auch Sinn dieses nicht ganz legalen Verfahrens, darüber höchst erbost und verweigert zunächst jegliche Zahlungen. Aber da gerät er in eine Zwickmühle. Den Skandal, einen Standeserben als Wechselbetrüger zu entlarven, kann er der Familie nicht antun. Grollend zahlt er dennoch – und öffnet damit endgültig die Schleusen. Immer häufiger treffen fällig gewordene Wechselakzepte auf Muskau ein. Den Nachteilen hoher Geburt, die sich in seinem bisherigen Lebenslauf als eklatant herausgestellt haben, setzt Pückler nun die Vorteile entgegen, nutzt sie schamlos aus.

Das heißt: Ein bißchen unwohl wird ihm doch dabei. So glatt wie vorgestellt verläuft die Sache nicht immer. Hartnäckige Gläubiger rücken auch ihm, keineswegs nur dem Vater im fernen Muskau, zuleibe, was mitunter bedrohliche Formen annimmt. Freiheit, dürfte der überraschte Jüngling damals erfahren haben, ist nie schrankenlos. Auch enthält sie ihre eigenen Unbequemlichkeiten. Wahrscheinlich geht dem Studenten, der sich selten in der Universität sehen läßt, zeitweilig alle Übersicht verloren.

Auf jeden Fall macht er Graf Erdmann einen, wie er meint, positiven Vorschlag zur Güte. Die Juristerei, schreibt er dem Vater, sei nichts für ihn, und er würde sie aufgeben. Statt dessen möchte er auf ein oder zwei Jahre in die Dauphiné nach Frankreich reisen, zu seinem Onkel mütterlicherseits, dem Marquis de Soyans. Der Aufenthalt dort würde nicht mehr als 3000 Franken kosten, er könne dort seine Französischkenntnisse verbessern und überdies sich nach einer geeigneten Frau umsehen, einer möglichst reichen Erbin, was die Zukunft Muskaus erleichtern würde.

Das Thema einer reichen Erbin wird hier zum erstenmal angeschlagen. Es soll in Pücklers Leben beinahe leitmotivisch wiederkehren. Zunächst einmal versucht er, seinen Vater bei dessen Geiz und Geldgier zu packen. Er bietet ihm gleichzeitig so etwas wie einen Waffenstillstand an, und man sollte erwarten, daß Graf Erdmann nur zu gern darauf einginge, wäre er doch, für eine Weile wenigstens, den lästigen Heranwachsenden los.

Pückler erweist sich überdies in seinem Brief als geschickter Psychologe. Natürlich wird den Vater stören, daß es sich beim französischen Onkel um einen Verwandten seiner geschiedenen Frau handelt. Also macht Hermann die Mutter nach Kräften schlecht, indem er ihr alle Erziehungsfehler in die Schuhe schiebt: »Du, lieber Vater, warst zu jener Zeit zu sehr mit Sorgen, Kummer und Geschäften überhäuft, um ein aufmerksames Auge auf ein Kind zu haben, das du bei seiner Mutter gut aufgehoben glaubtest.«

Nun ist Graf Erdmann der letzte, dem man Honig um den Bart schmieren könnte oder sollte. Aus Muskau ertönt alsbald ein schroffes Nein zu derartigen Plänen des ungeratenen Sohnes, dem vielmehr die monatliche Apanage auf 100 Taler gekürzt und dringend anempfohlen wird, die Studien fortzusetzen.

Der Erfolg ist gleich Null. Vater Pückler erreicht nichts weiter, als daß ihn Sohn Hermann in Zukunft weder einer Frage noch einer Antwort mehr würdigt und der Strom fälliger Wechsel aus Leipzig weiter anschwillt. Er soll sich noch verstärken, als er statt aus Leipzig aus Dresden kommt.

Denn statt sich mit Kretschmer, der Jurisprudenz und lästigen Gläubigern herumzuschlagen, hat Pückler, ohne seinen Vater zu benachrichtigen, sowohl Ort als auch Beruf gewechselt. Er ist in Dresden als Leutnant ins feinste sächsische Regiment der Gardes du Corps eingetreten und führt nun das schneidige Leben eines Gardeoffiziers. Roß, Montur, Koller und Dreieckshut mit Federn, alles in den Farben Rot und Gold, muß man bei der Gardekavallerie selbst kaufen und unterhalten, nicht gerechnet die Kosten für Burschen, Stallung und entsprechende Lebensführung. Sie sind erheblich und fließen allesamt dem Grafen Erdmann in Schecks und Schuldverschreibungen zu, die fein säuberlich mit seinem eigenen Namen versehen sind.

In Dresden macht sich der schmucke rot-goldene Gardeleutnant bald als »toller Pückler« stadtbekannt. Er lernt mit dem Degen ebensogut umzugehen wie mit der Pistole, denn die nächsten Duelle – wiederum wegen seiner zahllosen Liebschaften – ficht er mit ritterlicher Waffe aus, behält auch durch einen gegnerischen Hieb lebenslang eine deutlich sichtbare Narbe an der einen Wange.

Zum allgemeinen Liebling der Dresdner wird er durch eine sonntägliche Eskapade. Er sprengt auf seinem prächtigen Pferd durch die Spaziergänger an der Brühlschen Terrasse, gibt seinem Roß die Sporen und setzt mit ihm über die Brüstung der Elbbrücke, acht Meter tief, in den Strom. Unversehrt gelangen beide schwimmend ans Ufer.

Andere Streiche begeistern weniger die Bürger als die Kameraden. Während eines Hofballs im Winter belegt er sämtliche verfügbaren Mietswagen und schickt sie in die entfernte Neustadt auf der anderen Elbseite. Die feinen Damen und Herren müssen in ihren Festgewändern durch einen heftigen Gewitterregen zu Fuß nach Hause gehen. Von Pückler großzügig belohnt, sind es die Droschkenkutscher zufrieden.

Damit offenbar immer noch nicht ausgelastet, tritt Pückler, obwohl dies Offizieren streng verboten ist, als Schauspieler auf, vorwiegend in Schauerdramen. Zeitweise steht er bei einer reisenden Truppe, die in einem Dorf der Umgegend gastiert, in festem Engagement. Einmal spielen alle seine nächsten Kumpane mit, und er gibt anschließend Komödianten und Gardisten in einer Scheune ein fröhliches Bankett.

Kein Wunder, daß der »tolle Pückler« häufig im Arrest sitzt, den er mit einer weiteren Leidenschaft verbringt, dem Kartenspiel. Auch das kostet Geld. »Ich erhalte die gröbsten Briefe von Deinen Gläubigern«, schreibt ihm sein empörter Vater, »die mir sagen und vorwerfen, ich gäbe Dir eine große Pension und nehme daher Teil an Deinen Betrügereien usw. (...) Wo ich hinreise, muß ich unter fremdem Namen reisen, sonst riskiere ich, überall von Deinen wütenden Gläubigern angefallen zu werden.«

Sogar an die geschiedene Frau scheint Erdmann sich gewandt und sogar ein offenes Ohr gefunden zu haben. Der Sohn treibt es, auch nach Klementines Ansicht, entschieden zu weit. Sie ermahnt ihn mehrfach in Briefen, auf die er, wenig später, aus Prag spöttisch antwortet: »Obgleich meine gnädige Mutter mich für einen Pfuscher in allen Dingen hält, so ist mir doch gerade noch genug Verstand geblieben, um durch solches Lob nicht eitel zu werden.«

Als Vater Erdmann jedoch juristische Schritte vorschlägt, befindet sie sich sofort wieder auf der Seite ihres Sohnes. Er bleibt, Erdmann zum Trotz, ihr alleiniger Erbe. Sogar eine demütigende Vormundschaft lehnt sie ab. Graf Erdmann muß, beraten unter anderem auch vom Muskauer Oberamtshauptmann, auf andere Weise versuchen, den ungebärdigen Verschwender zu bändigen. Zunächst schickt er ihm mehr Geld, was der Sohn allerdings nur als einen »Tropfen auf dem heißen Stein« empfindet. Dann schickt er ihm den Hofgerichtsdirektor Hempel, seinen besten Freund.

Ihn kennen wir schon; Graf Erdmann hat ihm einst seine Klagen über die Familie vorgetragen. Jetzt schickt er ihn, an seiner statt, auf eine Art Canossa-Gang. Erdmann kriecht vor seinem Sohn nun doch zu Kreuze: Hempel ist beauftragt, Pücklers dringendste Schulden in Dresden zu bezahlen, freilich auch, dem ungeratenen Sprößling ins Gewissen zu reden. Pückler kennt den freundlichen Mann seit frühester Jugend und empfängt ihn auf schmeichelhafte Weise mit einem Sektfrühstück. Mehrfach wird auf sein Wohl getrunken, und es kann gut sein, daß der brave Hempel ein bißchen mehr Champagner zu sich nimmt, als er vertragen kann.

Danach erscheinen, einer nach dem anderen, die Hauptgläubiger, Hermanns Wechsel in Händen, die vom Kommissionsrat auf Heller und Pfennig beglichen werden. Von der anschließenden Gardinenpredigt, die Pückler sich lächelnd angehört haben dürfte, ist uns nichts überliefert.

Danach gab es vermutlich eine rauschende Siegesfeier, denn bei den »Gläubigern« handelt es sich ausnahmslos um Hermanns Kumpane, bei den »Wechseln« um eigens angefertigte Fälschungen. Leutnant Graf Pückler hat seine eigenen Schulden kassiert. Er ist, für den Augenblick wenigstens, wieder flüssig. Nirgends findet sich ein Hinweis darauf, in welchem Zustand der ernüchterte Hofgerichtsdirektor seinem Herrn wieder unter die Augen getreten sein mag, mit leerem Beutel, aber ungetilgtem Schuldenberg.

Man kann das als eine Kleinstadtposse im Duodez-Deutschland sehen. Das schadenfrohe Gelächter Pücklers, seiner Kumpane und vielleicht sogar Mutter Klementines glaubt man über alle Zeiten hinweg zu vernehmen. Anders als üblich folgt hier nun dem Possenspiel die Tragödie. Obwohl in Dresden keiner dem charmanten Draufgänger ernstlich böse sein kann, wächst ihm die Sache zusehends über den Kopf.

Noch vor kurzem hat Vater Erdmann bei seinem Versuch, Hermann unter Vormundschaft zu stellen, geklagt: »Bei den jetzigen Gesinnungen meines Sohnes ist es gewiß, daß, wenn ein Jude mit 1000 Louisdors käme, er ihm den ganzen Wald zur freien Disposition überließe, und wäre dieser ruiniert, so wäre auch die Herrschaft auf immer verloren.«

Bei einem jüdischen Geldverleiher namens Hensel steht Pückler zwar relativ hoch in Schuld, aber der ist beileibe nicht der schlimmste Wucherer. Die christlichen Kaufleute, Bankiers und Standesgenossen, die er angepumpt hat, reagieren weit unfreundlicher, so ein Graf Münster, ein Herr von Berger, der Rittmeister Leyser, Adjutant Kretschmann und viele andere. Sie nutzen die Lage, in die der forsche junge Mann geraten ist, schamlos aus.

Der Trick, den sie anwenden, scheint damals üblich. Unser Held wird viel später, beim Verkauf von Muskau, trotz einschlägiger Erfahrung noch einmal auf ihn hereinfallen. Man gibt nur einen Teil der verlangten Summe in Geld, den Rest in Form von angeblichen Werten, die der Schuldner unbesehen übernehmen muß. Pückler besitzt durch solche Methode bald unter anderem zwei kranke Windhunde, ein häßliches, nicht einmal vollständiges Meißner Porzellanservice, eine wacklige alte Kutsche und 30 silberne Uhren. Letztere muß er vom Dresdner Uhrmacher Müller in Kauf nehmen, wobei dieser Geldgeber, nach Pücklers eigener Einschätzung, mit einem Sechstel seiner Forderungen reichlich hätte abgefunden sein müssen. Der gesamte Krempel, darunter auch zwei Pferde, erweist sich als unverkäuflich.

Wiederum scheint ein Possenspiel stattzufinden, diesmal das vom betrogenen Betrüger. Für Pückler beginnt sich jedoch eine Katastrophe anzubahnen. Er gerät in Panik und sieht keinen anderen Ausweg mehr, als schleunigst Reißaus zu nehmen. Eilig quittiert er, von einem Tag auf den anderen, seinen Dienst. Wie es scheint, läßt man den trouble-maker nicht ungern ziehen, versieht ihn sogar noch mit dem Titularrang eines Rittmeisters, und selbst die vielen Gläubiger lassen sich vertrösten. Wenn nicht, müssen sie, da fast alle satisfaktionsfähig, mit einer Duellforderung rechnen, und die vermeidet man gern bei solch einem Haudegen.

Am 15. September 1804 verläßt der in den Zivilstand zurückversetzte Rittmeister Dresden und begibt sich zunächst ins vertraute Leipzig. Da der Rittmeistertitel mit keinerlei Einkünften verbunden ist, muß er sich die notwendigen Mittel für den Lebensunterhalt auf seine inzwischen üblich gewordene Weise besorgen. Wieder hagelt es Wechsel auf Muskau; der künftige Standesherr genießt in Leipzig immer noch fast unbegrenzten Kredit. Trotzdem werden ihn die Gläubiger auch von dort vertreiben, nach Prag und anschließend nach Wien. Die geplagte Familie befürchtet – zu Recht, wie sich zeigen wird – das Schlimmste.

Ihr und der ganzen Standesherrschaft Muskau steht der 30. Oktober 1806 bevor, der Tag, an dem Hermann von Pückler volljährig werden wird. Dann kann er endgültig schalten und walten, wie er will.

Zum Glück für die Familien Pückler und Seydewitz, für Vater, Mutter, Schwestern, stellt sich jedoch der junge Mann, ehe es dazu kommt, wieder einmal selbst ein Bein. Er muß verschwinden, fliehen, untertauchen. Erst nach vier Jahren wird er wieder an die Oberfläche kommen. Eine Atempause für Muskau und Graf Erdmann. Eine Atempause auch für Hermann selbst.

4.

Jugendwanderungen oder Wozu Tollheit führen kann

Ehe wir Hermann weiter begleiten und seiner Beinahe-Flucht durch halb Europa folgen, müssen wir einen Blick auf die politische Lage und Muskau werfen. Daß Pückler am 14. September des Jahres, in dem er mündig werden soll, aus sächsischen Diensten tritt, liegt zwar in der Hauptsache an den Schulden, die auf ihm lasten. Es hat aber auch wohl etwas damit zu tun, daß es höchstwahrscheinlich bald Krieg geben und er sich dann auf der für ihn falschen Seite befinden wird.

1806. Napoleon, Kaiser der Franzosen, beherrscht so gut wie den ganzen Kontinent. Er ist ein überragender Feldherr, gegen den kein Kraut gewachsen scheint, und kein schlechter Regent. In seinem Gefolge führt er außer seiner Familie – aus jeder Schwester macht er eine Prinzessin, fast jedem Bruder verleiht er ein Königreich – doch auch eine gerechtere Ordnung, die von den Idealen der Französischen Revolution geprägt ist. Man sollte ihn nicht, wie später üblich geworden, als bloßen Tyrannen sehen. Er ordnet Europa neu, durchweg zu Europas Vorteil. Und Länder, die er nicht schlagen kann oder will, zwingt er zum Bündnis mit Frankreich.

Nur der Friedenskönig der Preußen, Friedrich Wilhelm III., hat es, die schöne Luise an seiner Seite, verstanden, sein Land jahrelang aus den Napoleonischen Wirren herauszuhalten. Aber die Schaukelpolitik, die allein so etwas möglich macht, scheitert am Ende doch. Zwischen den Fronten einer pro- und einer antifranzösischen Allianz kann Preußen sich nicht in der Schwebe halten. Kaum hat Pückler Leipzig in Richtung Prag verlassen, erfolgt eine überstürzte Kriegserklärung Friedrich Wilhelms, am 14. Oktober schlägt Napoleon Preußen vernichtend bei Jena und Auerstedt, am 27. Oktober zieht er – König und Königin befinden sich auf der Flucht in den Osten ihres Landes – in Berlin ein.

Pückler ist zwar als Lausitzer sächsischer Staatsbürger. Seine Sympathien liegen aber auf seiten Preußens. Schon früh tendiert er eigentlich mehr nach Berlin als nach Dresden. So vermeidet er es durch seinen Entschluß, auf sächsischer Seite an einem Krieg gegen Preußen teilnehmen zu müssen.

Denn der Kurfürst von Sachsen ist mit Napoleon verbündet, was auch Folgen für Muskau hat. Dort führt immer noch Vater Erdmanns eigener Vater das Regiment, obwohl der Greis die Zügel langsam in andere Hände legen muß, vor allem in die des Intendanten Wolff.

Der hat es schwer genug, denn zu den jährlichen 6000 Talern an Klementine und den ungezählten Forderungen der Gläubiger Hermanns, die man auf 100 000 Taler schätzen darf, sind 60 000 Taler Kriegskontributionen hinzugetreten, mit denen Muskau belastet wird. Als General Berthier, von Napoleon zum Fürsten von Wagram erhoben, später auch noch das winzige Land mit 4000 Württembergern belegt, die untergebracht und verpflegt werden müssen, steht es vor dem völligen Ruin. Äcker und Vorratskammern werden von den verbündeten Truppen, die sich wie Feinde benehmen, buchstäblich kahlgefressen.

Hermann muß diese Sachlage bekannt sein, denn er hat, von Leipzig aus, Muskau wenigstens einmal kurz aufgesucht. Mit der Familie ist er seither noch verstrittener als zuvor, denn Vater wie auch Schwestern haben ihm verschwiegen, daß man in Bautzen, wo sich das sächsische Erbschaftsgericht befindet, sogar mit Zustimmung der Mutter, Klage gegen ihn eingereicht hat. Er soll wegen Verschwendungssucht entmündigt werden.

Das erübrigt sich zwar bald; in Bautzen wird die Klage nicht einmal angenommen. Es handle sich, heißt es zur Begründung, bei den Pücklers »um die erste Familie in der ganzen Lausitz«, und da werde der Kurfürst seine Zustimmung ganz gewiß nicht geben. Kurfürst Friedrich August III., bald von Napoleons Gnaden König Friedrich August I., hat im übrigen die Abenteuer des tollen Pückler in Dresden mit wohlwollendem Schmunzeln verfolgt. Er ist selbst kein Freund von Traurigkeit, und seine Finanzen halten sich in ähnlicher Unordnung wie die des jungen Mannes, der in allen Gazetten von sich reden macht.

Dennoch bleibt in Pückler ein Stachel zurück. Die Briefe, die er dem gutmütigen Intendanten Wolff aus Wien schreibt, klingen geradezu kleinlaut. Er führe jetzt ein geregeltes Leben, behauptet er, fange sogar an, die alten Schulden abzutragen, brauche aber jetzt doch etwas Geld. Seinem Vater schickt er, um ihn milde zu stimmen, überdies eine mehr oder weniger kostbare Tabaksdose (die er wahrscheinlich bei irgendeinem Wechselhandel hat in Kauf nehmen müssen). Erdmanns Antwort aus Muskau: »Ich danke Dir zwar recht sehr für die schöne Dose, allein ich hätte lieber gewünscht, daß Du das Geld behalten hättest. Du wirst es brauchen, und ich bin an schlichte Sachen gewöhnt. Meine Achtgroschendose tut mir die nämlichen Dienste.«

Bei der Mutter hat er mit Bettelbriefen mehr Glück, erhält aber zugleich ein für ihn geradezu absurdes Angebot. Um seine verzweifelte Finanzlage und die Muskaus zu überwinden, solle er doch Hofmeister ihres kleinen Max und dessen Lehrer werden. »Gott, welche verlockende Zukunft stellst Du mir in Aussicht!« verspottet er sie in seinem Antwortbrief aus Wien. Er werde dann »dauernd Deinen liebenswürdigen Umgang genießen und alle Tage besser werden«, indem er ihr nacheifere, dabei seinem Stiefbruder nur zu gerne etwas von seiner »hohen Weisheit abgeben«.

Pückler fühlt sich in Wien wohl. Die Stadt ist, Napoleon zum Trotz, lebenslustig geblieben. Daß er ausgerechnet hier ein geregeltes Leben begonnen haben will, klingt allerdings unwahrscheinlich, denn wir finden ihn schon wieder in Liebeshändel und nachfolgende Duelle verwickelt. Immerhin ist er hier auf der »richtigen«, der anti-napoleonischen Seite. Kaiser Franz hat eben, aus Protest gegen die Rheinbundfürsten, die sich Frankreich angeschlossen haben, die römisch-deutsche Krone niedergelegt und bereitet sich als Franz I. von Österreich auf einen neuen Krieg gegen Napoleon vor. Der wird zwar wenig später, 1809, dem tapferen Andreas Hofer und dem Sieg bei Aspern zum Trotz, kläglich verlorengehen, aber als Pückler sich in Wien aufhält, ist man noch frohgemut.

Erstaunlicherweise hat keiner der vielen Biographen Pücklers auf diese andere, gleichsam patriotische Seite seines Verhaltens hingewiesen. Alle waren sie ausschließlich von seinem zweifellos gigantischen Schuldenberg fasziniert. Wien bietet sich für ihn als Schlupfloch zwar geradezu an. Aber die Stadt scheint doch mit Bedacht gewählt. Wahrscheinlich wäre Pückler sogar in kaiserlich-österreichische Dienste getreten und hätte am Krieg als Offizier teilgenommen, wäre er nicht, wie im vorigen Kapitel angedeutet, in jene Affäre gestolpert, die ihn nun auch aus Österreich vertreibt. Als »Affäre Colloredo« ist sie in die damalige Sensationspresse eingegangen.

Ausgangspunkt war, wie man sich denken kann, ein galantes Abenteuer, das zu einer Pistolenforderung des Prinzen Löwenstein führt. Die Sache kann jedoch, noch am Austragungsort, gütlich beigelegt werden. Da Prinz Löwenstein dringend in Staatsangelegenheiten nach München reisen muß, bittet er Pückler, ihm möglichst rasch dorthin zu folgen, damit seine Abreise nicht falsch ausgelegt wird.

Pückler geht darauf ein, obwohl er wieder einmal schlecht bei Kasse ist. Als auch aus Muskau das erwartete Reisegeld auf sich warten läßt, wirft ihm Graf Colloredo-Mannsfeld, Löwensteins Sekundant, Wortbruch vor und nennt ihn öffentlich einen Feigling. Der zögert nun natürlich nicht, auch Colloredo zu fordern, was dieser jedoch, damit eine zweite Beleidigung der ersten folgen lassend, ablehnt und sich, als wäre nichts geschehen, auf seine Güter begibt.

Verweigerung von Genugtuung unter Satisfaktionsfähigen ist etwas, was Pückler nach damaligen Ehrbegriffen nicht auf sich sitzenlassen darf. Er reitet Colloredo nach und stellt den Grafen in seiner Kutsche bei Mariahilf. Dort bearbeitet er ihn ebenso schimpflich wie kräftig mit der Reitpeitsche. Die Szene erregt ungeheures Aufsehen, denn bei dem Malträtierten handelt es sich um den Sohn des Reichskanzlers.

Aus Wien hat sich Pückler dadurch selbst herauskatapultiert. Mit geborgten 80 Dukaten flieht er eiligst nach Augsburg. Dort erreicht ihn zwar eine Ehrenerklärung Prinz Löwensteins, aber aus Furcht vor dem österreichischen Kanzler wagt keine Zeitung, sie zu veröffentlichen. Pückler läßt sie selbst heimlich drucken und schickt das Schriftstück Freunden sowie allen Beteiligten. Das verschlingt sein letztes Geld, zieht aber einen Schlußstrich unter die

Tor- und Tollheiten der vergangenen sechs Jahre. Er nimmt, wie es scheint, bewußt Abschied von seiner halbstarken Periode. Ein anderer Pückler beginnt sich abzuzeichnen.

Der ist genauso exzentrisch und sprunghaft wie der alte, aber trotzdem entschlossen, der Welt zu beweisen, daß er mehr kann, als ein Schmarotzerleben führen. Zunächst allerdings ist er bettelarm. Von München aus bittet er Wolff flehentlich um wenigstens 1000 Taler. Der Vater läßt ihm 500 zukommen mit dem Befehl, sofort nach Muskau zurückzukehren.

Er hätte keinen Vorschlag machen können, der Pücklers Wünschen weniger entsprochen hätte. Nach Muskau steht ihm nicht der Sinn. Er will sich in der Welt umsehen, obwohl diese rundum in Flammen steht. Egal, er beschließt so etwas wie eine Bildungsreise, und zwar eine, die er nicht als privilegierter Sproß des Hochadels unternimmt, sondern als Mensch wie andere Menschen auch. Er will sich den Wind um die Nase wehen lassen, wie er gerade weht. Kein unehrenhafter Entschluß.

Die nächste Bitte, die Wolff zugeht, ist die um einen Reisepaß. Er möge auf einen Sekretär namens Hermann ausgestellt werden, ohne jeden Titel und sogar ohne jedes »von«. Zugleich handelt er eine Art von Jahressalär aus, 1200 Gulden jährlich, für seine Begriffe und Gewohnheiten eine geradezu kümmerliche Summe. Wie um seine Wandlung auch vor sich selbst kundzutun, beschließt er gar, die in München gemachten Schulden selbst zu bezahlen. Dafür verkauft er alles, was ihm von seiner hochtrabenden Offizierszeit geblieben ist, und zwar, die Liste hat er, eitel wie er ist, selbst überliefert: seine goldene Uhr, den Galadegen, sämtliche Pistolen, seine Achselstücke (aus echtem Gold), eine Kassette mit diversen Parfüms, eine Sèvres-Tasse sowie sein Reise-Etui, in damaliger Zeit ein kostspieliger Gebrauchsgegenstand. Nur ein paar weniger wertvolle Sachen schickt er nach Muskau, dann begibt er sich, anonym und als kleiner Sekretär Hermann, auf Schusters Rappen nach Ulm.

Der tolle Rittmeister beweist sich als Asket. Er trägt nur Gepäck bei sich, was er selbst tragen kann, gönnt sich nur einen Extra-Rucksack, in dem er Bücher unterbringt, denn er will sich unterwegs auch bilden. Unter den Bänden befinden sich zuoberst eine lateinische Grammatik und eine Kirchengeschichte. Er wird bald Zeit und Gelegenheit haben, beides eingehend zu studieren.

In Zukunft putzt sich der Grafensohn die Schuhe selbst und lernt, wie man Kleider ausbürstet. Er leistet sich nur selten ein Gefährt, sondern legt sparsam die größten Strecken zu Fuß zurück, mitunter in Märschen von zehn Stunden. Die Affäre Colloredo scheint der gewiß erlösende Umkehrpunkt gewesen zu sein. Noch als sie längst vergessen ist, wandert er, da allerdings nicht mehr als Sekretär Hermann, sondern unter seinem richtigen Namen Pückler (ebenfalls ohne »von«), durch Frankreich, die Schweiz und Italien, über die Alpen und zurück. Die selbst auferlegte Askese als Ausweg. Das freiwillige Überstehen von Strapazen als Erfolgserlebnis. Oft genug wird er die Mühsal, die Geldknappheit, die wechselnden Reisegenossen verfluchen, aber dennoch verbissen an dieser Art der Selbsterziehung festhalten. Die Jugendwanderungen haben begonnen.

Das läßt sich erst einmal schwierig an. In Ulm ist er im dritten Stock einer baufälligen Behausung bei einem Fabrikanten von Spielkarten billig untergekommen. Die Möbel sind wurmstichig, die beiden Kammern unheizbar, die Treppen mühsam zu erklimmen. »Was mich am meisten ärgert«, schreibt er an einen alten Kameraden aus Dresden namens Welk, »ist, daß der Zufall gewollt hat, daß der Herr des Logis ein Kartenmacher ist, so daß ich selbst in der Retraite (dem Rückzug), in die mich jene schändlichen Werkzeuge des Jammers gebracht haben, mich durch den Lärm ihrer Verfertigung in meiner Ruhe gestört sehe.«

Aber das ist nicht das Schlimmste. Auch nicht, daß er eine Dienstmagd beschäftigt, die er charakterisiert als »ein Amphibium, halb Mensch, halb Tier«. Einmal schickt er sie mit einem Doppel-Louisdor, um ein Viertelpfund Zucker zu holen. Die Magd kehrt schwer beladen mit einem voluminösen Sack zurück; sie hat für das gesamte Geld Zucker gekauft.

Es macht ihm anscheinend nichts aus, daß er zum Frühstück Kaffee-Ersatz trinken und sich beim Abendessen mit Schwarzbrot in Wasser begnügen muß. Bei einem Stück Rindfleisch, das er sich mittags einmal leistet, beißt er sich einen Zahn aus – für einen verwöhnten Adligen dies alles ganz gewiß ein Verzicht, der ihn ehrt. Sein Zimmer ist zudem so kalt, daß es ihm selbst im Gewölbe des Doms angenehmer vorkommt; auch steigt er, um warm zu werden, gern auf den damals noch unvollendeten Turm des Münsters. Mut zur Entbehrung besitzt Pückler genug. Aber es hilft ihm nichts. Er ist derartiges nicht gewohnt. Er wird krank.

Da liegt er in seinem Dachstübchen, durch dessen Ritzen der Wind pfeift, ohne Geld für einen Arzt oder eine Medizin und mit einem Latein- und einem Kirchengeschichtsbuch als alleiniger Unterhaltung.

Er wendet sich nun doch brieflich an die Mutter und klagt ihr sein Leid. Das geschieht, ganz wie früher, in oft äußerst frivolen Liebesbriefen, die von häßlichen Anspielungen auf die Lebensweise Klementines nur so triefen. Hochachtung vor der Mutter dürfte Pückler schwergefallen sein. Sie ist inzwischen für ihre Eskapaden bekannt, hat sich eben erst lange in Paris aufgehalten und nur ungern bewegen lassen, zu ihrem Mann zurückzukehren, der in Neumarkt in der Oberpfalz in Garnison liegt.

Es entspinnt sich ein reges Hin und Her von Briefen, die Pückler im Bett verfaßt, wobei er darüber klagt, daß er sich das Papier, auf die er sie schreibt, kaum leisten könne. Dabei treten auch wieder die alten gegenseitigen Vorwürfe zutage. »Was Du mir über meine Erziehung schreibst«, lesen wir einmal in einer Antwort Pücklers, »so mußt Du am besten wissen, daß ich Gott sei Dank so gut wie keine erhalten habe, und jetzt scheint es mir etwas zu spät, daran zu denken. Dann sprichst Du von den großen Plänen, die Du einst für mein Wohl gefaßt hast und die durch meine Schuld gescheitert sind. Hier gestehe ich beschämt, daß mein Gedächtnis versagt. Der einzige Plan, dessen ich mich entsinnen kann, ist der, den Du im Verein mit meinem Vater gefaßt hast, das wieder zu nehmen, was Ihr mir einst gegeben hattet, und dieser Plan ist Euch, so dünkt mich, ziemlich gelungen. Worüber beschwerst Du Dich also, liebe Mama?«

Den Briefwechsel zwischen Mutter und Sohn kennzeichnen Wut, Ironie, aber auch immer wieder Zärtlichkeit. Der kranke Pückler möchte mit ihm offensichtlich aus einem weiteren Kapitel seines Lebens, der unglücklichen Jugend, eine Quintessenz ziehen. Die Briefe dürften für ihn einen ähnlichen Stellenwert haben wie die Ehrenerklärung des Prinzen Löwenstein. Daß Pückler diesen Schlußpunkt in wirklichem Elend setzt, gibt ihm exemplarischen Charakter.

Die Mutter: »Armer Hermann, wie bist Du zu bedauern! Du hast alles, um glücklich zu sein, und bist es doch nicht, weil Du nicht die rechten Mittel wählst, um es zu werden.«

Der Sohn: »Gott, wie die poetische Ader bei Dir sich wieder regt! Welche schwungvollen Worte entströmen Deiner Feder! ›Armer Hermann!‹, das trifft genau zu, denn man fände schwerlich einen, der ärmer ist als ich (...). Ich möchte wohl wissen, welche Mittel ich anwenden soll, um glücklich zu werden. Ich bin krank, ohne Geld, habe gerade soviel Verstand, um zu merken, daß ich nur ein Tropf bin, von der Natur nur sehr kümmerlich ausgestattet, ohne hübsches Gesicht und vorteilhafte Gestalt, auch ohne Vernunft, wie Du sagst, und doch soll ich alles besitzen, um glücklich zu sein.«

Der etwas weinerliche Ton wirkt besser als alle Vorwürfe. Hat die Mutter bislang nichts als kluge Ratschläge gegeben von der Art, Hermann möge sich doch als Legationssekretär (Botschaftsattaché) bewerben oder sich im Heilbad Neumarkt, also bei ihr, auskurieren, schickt sie endlich Nützlicheres: Geld. Pückler will kein Botschaftsattaché werden, eher schon Botschafter (»Warum nicht Kammerdiener?«, schreibt er zurück). Er will auch nicht in die Oberpfalz, geschweige denn zu seiner Mutter. Hartnäckig hat er sich eine lange und beschwerliche Reise in den Kopf gesetzt, auf der er die Krankheit in der Schweiz zu kurieren gedenkt, in Bad Pfeffers.

Mutter bleibt Mutter. Gräfin Klementine gibt nach, und da gleichzeitig eine kleine Zulage Wolffs eintrifft, kann Hermann seine Schulden bezahlen und sich auf den Weg machen.

Von Ulm, dem »abscheulichsten Fleck auf Erden, wenn nicht der Hölle gleich, so doch dem Fegefeuer«, begibt er sich zunächst nach Stuttgart. Er muß sich unterwegs gut erholt haben, denn zum Erstaunen des Fährmanns badet er im Neckar, der noch Eisschollen führt.

Seinen Leichtsinn hat er freilich beileibe nicht ganz abgestreift. Als er in Tübingen zum erstenmal in seinem Leben eine Eilpost sieht, die nach Konstanz geht, ist die Verführung groß, und er besteigt sie. Eilposten werden damals nach französischem Vorbild eben in deutschen Landen eingeführt. Sie sind teurer als die sogenannten Ordinari-Postwagen, schneller, achtfach gefedert und fahren ohne Rücksicht auf das jeweilige Wetter tatsächlich nach festen Fahrplänen, auf die man sich verlassen kann (sogar wenn die Kutsche unbesetzt bleibt). Die Eilwagen oder Schnellposten gelten als fortschrittlich und luxuriös. Mit ihnen scheint die von Ludwig Börne heftig beschimpfte »deutsche Postschnecke« endgültig überwunden. An Geschwindigkeiten und Bequemlichkeiten, wie sie wenig später die Eisenbahn bietet, wagt noch niemand zu denken.

Pückler, für jederlei Luxus anfällig, steigt auch gleich im besten Hotel von Konstanz ab, im »Blauen Hecht«. Aber dann besinnt er sich, schon beginnt ihm das Geld wieder knapp zu werden, und er wird sparsamer. Den ersten Teil der Reise über Zürich, den Gotthard, den Lago Maggiore bis Mailand und zurück in die Schweiz, in 14 Tagen rund 500 Kilometer, legt er zu zwei Dritteln zu Fuß zurück. Reisegenosse dabei ist ein junger deutscher Arzt, der sich ihm angeschlossen hat. Mit Dr. Müller, einem Duzfreund Schleiermachers, diskutiert Pückler beim Wandern über Plato, Religion und Naturphilosophie, was die beiden nicht daran hindert, auf dem Rückweg am Grimselpaß in den Berner Alpen waghalsige Klettertouren zu unternehmen. Leider muß der neugewonnene Freund schon bald von Luzern aus nach Deutschland zurückkehren.

Nie wieder hat Pückler von ihm gehört. Erst nach Erscheinen seines ersten Buchs, der »Briefe eines Verstorbenen«, erhält er 1831 einen Brief aus Bremen. Der 80jährige Dr. W. C. Müller hat die beiden ersten Bände gelesen und, obwohl sie anonym erscheinen, sofort erraten, daß sie wohl vom einstigen Reisebegleiter seines Sohnes stammen. Der Sohn, teilt er nun mit, ist schon 1811 als Arzt des Französischen Hospitals in Bremen während einer Epidemie gestorben.

Der Brief wühlt, wie wir an seiner Antwort sehen, viele Erinnerungen in Pückler auf und könnte ihn angeregt haben, Auszüge aus seinem penibel geführten Tagebuch von damals ein paar Jahre später, 1835, unter dem Titel »Jugend-Wanderungen« zu veröffentlichen. Sie widmet er seinem zweiten Reisegefährten, Alexander von Wulffen, mit dem Pückler ein Leben lang in freundschaftlichem Kontakt bleibt. Wulffen ist Sachse, wie damals ja auch Pückler, tritt aber, ganz wie dieser, später als Offizier in preußische Dienste und bringt es zum Adjutanten des Prinzen Karl. Karl, ein Sohn Friedrich Wilhelms III. und der Königin Luise, schätzt den Gartengestalter Pückler und zieht ihn hinzu, als er seinen Landsitz Klein-Glienicke ausweitet. Die Berufung Wulffens dürfte von Pückler mit in die Wege geleitet worden sein.

Denn Wulffen hat er viel zu verdanken, vielleicht sogar sein Leben. Der Landsmann, den er – wie Müller – durch Zufall trifft, erweist sich von vornherein als höchst verläßlicher Freund. Mit dem Gewaltmarsch nach Mailand hat Hermann sich doch wohl zu viel zugemutet, oder die Ulmer Krankheit ist immer noch nicht ganz überwunden; auf einer Wanderung der beiden nach Bern erleidet Pückler einen Schwächeanfall und spuckt plötzlich Blut. Wulffen bringt ihn, das heißt, halb trägt er ihn, nach Luzern zurück. Dort machen die Ärzte ernste Mienen und konstatieren eine Lungenentzündung. Sie schicken ihn nach Montpellier im Süden Frankreichs, wo sich die Ärzte noch besorgter äußern. Sie verschweigen dem jungen Deutschen nicht, daß sie ihn für einen Todeskandidaten halten.

Das sagen auch deren Kollegen in Bern, wohin Pückler nun doch, freilich in der Postkutsche, zurückkehrt, in der Hauptsache, weil er dort das von Wolff übersandte Geld in Empfang nehmen will. Er findet es mit einem Brief vor, in dem Wolff ihm die finanzielle Lage Muskaus in bewegten Worten mitteilt. Vater Erdmann steht nun endgültig vor dem Ruin, und er, Wolff, könne dem jungen Herrn – das Leitmotiv ertönt zum zweitenmal – nichts Besseres raten, als sich nach einer reichen Erbin – Mindest-Mitgift: 100 000 Taler – umzusehen.

Pückler hat andere Sorgen. Er sei ein »Bettelgraf«, schreibt er seiner Schwester Klementine, dazu, wie er seine Mutter in dramatischen Worten wissen läßt, durch ihre Schuld todkrank, denn sie lasse ihn ohne Geld, wenn er in der Fremde auf der Straße blutspeiend zusammenbreche.

Trotzdem erweist er sich wieder einmal als wahres Stehaufmännchen, denn bald darauf setzt er mit Wulffen die Wanderung fort. Die beiden durchstreifen, aus Geldmangel immer zu Fuß, Lyon, Nîmes, Arles, dürfen für ein paar Sou mitunter auf Müller-Eseln reiten (deren einer Pückler an einer Brücke abzuwerfen versucht; Tier und Reiter kollern in den Straßenstaub), benutzen dann doch die Diligence, den Eilpostwagen, nach Marseille, wo Pückler seinen 23. Geburtstag feiert. Von Nizza aus setzen sie nach Genua über, ihr Schiff wird von englischen Korsaren verfolgt, denen es nur knapp entkommt; England befindet sich ja im Krieg mit Frankreich. Sie durchstreifen, mitten im Winter, Italien und gelangen nach Rom, wo Pückler, der ärmlichen Verkleidung müde, nun doch wieder als Graf in großer Phantasieuniform auftritt.

Eine abenteuerliche Reise, auf der ihnen nicht nur von englischen Schiffen Gefahr droht, sondern auch von Briganten (Banditen) und Insurgenten (Aufständischen), auf deren schaurige Spuren sie überall stoßen. Manch eine Einladung zu weiteren Reisen müssen sie ablehnen. Der Stoßseufzer »... wenn wir nur mit Geld genug zu einer so weiten Reise versehen gewesen wären. Aber der Mangel dieses leidigen Metalls hat uns schon manchen Reiseplan vereitelt«, kehrt in den »Jugend-Wanderungen« immer wieder.

Die »Jugend-Wanderungen« gelten allgemein als Pücklers schwächstes Werk. Das Motto, unter dem er sie erscheinen läßt, klingt allerdings von vornherein bescheiden genug. Es lautet: »Nichts ist so neu, als das, was in Vergessenheit geraten ist.« Der reifere Pückler wird die Schwächen des jungen Tagebuchschreibers erkannt haben. Er kann noch keine Originalität für sich beanspruchen; vieles liest sich reichlich fremdenführerhaft im Stil damaliger Reiseliteratur, trocken und aufzählend.

Auch dürfte der junge Reisende das Tagebuch unter dem Gesichtspunkt baldiger Veröffentlichung verfaßt haben. Er bemüht sich – leider allzu häufig – um Objektivität. Dabei ist Subjektivität, jetzt wie später, seine eigentliche Begabung. Überall, wo sie durchschlägt, gelingen ihm überzeugende Landschaftsschilderungen und Genreszenen aus dem Volksleben. Und wo er, meist nur zaghaft, ganz persönlich wird, gibt es Stellen, die man nicht so leicht vergißt, etwa die, wie er auf einem Boot am Schloß der Mutter, Allex, vorbeifährt, ohne eine Gelegenheit, es aufzusuchen.

Einer der literarischen Höhepunkte ist die Beschreibung einer Seeschlacht vor Neapel, zu deren Beobachtung der russische Gesandte von Bibikoff seinen Gästen, unter ihnen der neu uniformierte Graf Pückler, das Essen vom Speisesaal auf den Balkon tragen läßt. Beim Tafeln sieht man zu, wie die Engländer eine französische Fregatte zusammenschießen, die sich in letzter Not als halbes Wrack in den Hafen retten kann. Nachdrücklich ist auch die Schilderung eines Aufstiegs zum Krater des Vesuvs während einer Eruption:

»Wir begaben uns jetzt nach einem anderen Teil des Berges, wo sich neben uns in drei breiten Strömen die Lava zischend den Berg hinab ergoß. Sie bildete an manchen Stellen hohe Feuerfälle, die sich flammend über die Felsen in die Tiefe stürzten, wo ein kleines Tal von ihnen angefüllt, wie ein brennender See erschien. Die Erde bebte fortwährend, und es war so heiß, daß man nicht lange auf einem und demselben Platz stehenbleiben konnte, ohne sich ernstlich die Sohlen zu verbrennen; oft sahen wir nahe bei uns unvermutet kleine Spalten in der dünnen Erdrinde entstehen, und erblickten dann, kaum einen Fuß tief, das allgemeine Feuer unter unseren Füßen. Deutlich hörten wir sein dumpfes unterirdisches Brausen, bald stärker, bald schwächer aufkochend, und der Schwefelgeruch, welcher überall mit den Rauchwolken aus der Erde drang, wurde manchmal so heftig, daß er uns fast den Atem benahm; besonders erhitzte ein glühender Wind, der von den Lavaflüssen herkam, rund umher die ganze Atmosphäre und fiel peinvoll auf die Lungen.«

Pückler ist ein glänzender Beobachter, was ihn zum vorzüglichen Prosaschriftsteller macht. Und daß er Mut besitzt, hat noch nie jemand bezweifelt. Hier scheint er geradezu tollkühn: »Wir blieben im Krater bis gegen Morgen, wo die Eruption immer am heftigsten zu werden pflegt, und tranken fleißig, durch Wasser gemildert, die mitgenommenen Lacrime Christi auf die Gesundheit Plutos und aller Götter des Tartarus. Sooft wir eine Bouteille geleert hatten, warfen wir sie in die glühende Lava, deren Hitzegrad so heftig war, daß das Glas, sobald es die Lava nur berührte, schon fast in demselben Augenblick geschmolzen mit dahin floß.«

Den Grund für solch eine Tapferkeit vor Naturkatastrophen

erfahren wir auch: »Ich hätte geglaubt, der Hölle nahe zu sein, wenn wir nicht ein paar so hübsche und so liebenswürdige Weiber bei uns gehabt hätten, daß man bei ihrem Anblick wohl ans Sündigen, aber als Strafe höchstens ans Fegefeuer denken konnte.«

Hier zeigt er sich wieder, der »tolle Pückler«. Noch in der Buchausgabe der »Jugend-Wanderungen« muß er gestehen, über Rom und Neapel (außer der Szene auf dem feuerspeienden Berg) nichts aufgeschrieben zu haben, denn »wie manche Leute, wenn sie verliebt sind, nichts essen können, so habe ich von jeher in gleichen Zuständen außer Liebesbriefen nichts mehr schreiben können«.

Ursache dieser zeitlichen Lücke in seinen Tagebüchern ist eine Gräfin G..., mit der er aus Rom auch zum Ausbruch des Vesuvs nach Neapel eilt. »Die Gräfin G... ist ein wahrer Engel! und ich fürchte, ich werde über diese lebendige Schönheit alle Antiquitäten und sonstige Naturwunder im Stich lassen.«

Was prompt geschieht. »Glücklicherweise«, erklärt Pückler dazu, »daß die große Passion, welche mich dort ergriff, italienischer Natur war, d.h. in drei Monaten geboren, erwachsen und geendet.« Was bei ihm allerdings, sei hinzugefügt, keineswegs nur in Italien die Regel darstellt.

Hinter dem »G...« versteckt sich Gräfin Julie von Gallenberg aus Wien, Beethovens große Liebe. Pückler hat sie in der Villa Malta, dem Haus des preußischen Gesandten Wilhelm von Humboldt und seiner Frau Karoline, kennengelernt. Sie bleibt jedoch nicht seine einzige Passion, eine weitere etwa befällt ihn in Neapel, so daß die Leser von damals über zwei der bedeutendsten Städte Italiens so gut wie nichts erfahren.

Wir dürfen umgekehrt daraus schließen, daß es beispielsweise in Piacenza, Parma, Modena, Bologna, Pisa, Livorno, Florenz, Siena und nicht einmal Venedig Leidenschaften gegeben hat. Denn sonst läßt Pückler keine Stadt aus, keine wichtige Persönlichkeit, keine Oper wie auch keinen Spieltisch. Er lernt in Rom und anderswo eine Menge einflußreicher Leute kennen. Menschenkenntnis erwirbt er sich vor allem durch seine Reisebekanntschaften.

Reisen vor dem Bau der Eisenbahnlinien ist teuer, mühsam und nicht ungefährlich. Wer irgend kann, bleibt am heimischen Herd.

Reisehandbücher, die es damals schon reichlich gibt, empfehlen, vor Antritt jeder Reise sein Testament zu machen, und die Mitnahme guter Feuerwaffen.

Wer reist überhaupt? Nur eine bestimmte Kategorie von Menschen. Das sind Kaufleute, Diplomaten, Händler, Kuriere, Boten sowie junge Adlige auf der sogenannten »Kavalierstour«. Hinzu kommen die »unehrlichen« Berufe der Vaganten, Gaukler, Spielleute, Hausierer, zu schweigen von den Straßenräubern, Dieben und Deserteuren. Eine sehr gemischte Gesellschaft. Der Normalmensch reist nicht. Als Pückler zum erstenmal unterwegs ist, hat selbst der frühe Touristenstrom aus England aufgehört, durch die Schweiz und Italien zu fließen. Napoleon liegt im Krieg mit England, er beherrscht Europa, obgleich sich die Engländer – wir haben es eben in Neapel erlebt – die Seeherrschaft gesichert haben.

Bei Reisebekanntschaften heißt es vorsichtig sein. Mit Dr. Müller und Alexander von Wulffen, wandernden Studenten, hat Pückler Glück. Etwas weniger schon mit dem ehemaligen Schulkameraden aus Halle, der ihn nach Müllers Abschied ein paar Tage begleitet. In Bern trifft er zwei Kumpane aus Dresden, den Grafen Hohenthal und Herrn von Carlowitz, die über die Wandlung ihres alten Spezies vom Verschwender zum armen Teufel vor Staunen außer sich geraten. Dem Hohenthal begegnet Pückler peinlicherweise sogar ein zweitesmal, als dieser mit dem Prinzen Schönburg, ebenfalls einem Bekannten, diesmal von der Universität Leipzig, in komfortabler Kutsche auf der Chaussee von Clarens nach Vevey vorüberfährt. Hermann marschiert, die Jacke über der Schulter, mit Wulffen in sengender Sonne die gleiche Straße per pedes entlang.

Dem unangenehmsten Zeitgenossen begegnet er aber in Rom auf der Heimfahrt in den Norden im Vetturin, einer billigen Lohnkutsche, die von drei Mauleseln gezogen wird. »Mein Reisegefährte (ich hatte glücklicherweise nur einen), der so lang ich ihn sitzend sah, ein Zwerg schien, verwandelte sich auf der ersten Station in einen Riesen, sobald er aufstand. Obgleich er hiernach also fast nur aus Kopf und Beinen bestand, so überzeugte mich doch bald der unmäßige Appetit, mit dem er ein Frühstück (das ich ihm auf der ersten Station mit mir zu teilen anbot) mit der größten Unverschämtheit, während ich hinausgegangen war, allein verzehrte, daß zwischen Kopf und Beinen der Magen auch noch gehörig Platz gefunden hatte.«

Das Vetturin ist ein sargähnlicher Kasten, der, von Maultieren gezogen, nur langsam vorankommt, »während man unaufhörlich von Wolken Staubes umhüllt wird, und die entsetzliche Hitze im verschlossenen Wagen, in dem ein paar kleine Fensterchen kaum soviel Luft eindringen lassen, als zum Atemholen nötig ist, fast den Grad des kochenden Wassers erreicht«. Kein Wunder, daß dem Zwerg-Riesen das heruntergeschlungene Frühstück nicht bekommt. Pückler kann sich kaum noch im letzten Moment in Sicherheit bringen, als »mein Nachbar schon die Überbleibsel seiner Mahlzeit im Wagen umherverteilte«. Sein Kommentar: »So ward ich zum zweitenmal das traurige Opfer meines Frühstücks.« Sein nächster Reisegefährte, ein Italiener, der sich ihm anschließt, belügt und bestiehlt ihn von vorne und hinten.

Wulffen hat bereits in Rom von ihm Abschied genommen. Er selbst verläßt es, weil ihn der Spieltisch wieder einmal aller Mittel beraubt hat. Wolff kann aus Muskau kein Geld mehr schicken, Graf Erdmann scheint ernsthaft erkrankt, und in der Kasse herrscht totale Ebbe. Als Julie von Gallenberg ihn brieflich dringend um 300 Taler bittet, muß er sie sich selbst pumpen. Auch betrügen ihn wohl seine Genossen in den römischen Spielkasinos. Bei einem Baron Hahn will er eines Tages eine Spielschuld kassieren, aber man sagt ihm, der Herr sei ausgegangen, obwohl dessen Kopf oben am Fenster erscheint. »Offenbar lassen Sie beim Ausgehen den Kopf zuweilen zu Hause«, schreibt Pückler – und streicht ihm die Schuld.

Jetzt wird Schmalhans wieder Küchenmeister. »Es ist wahr«, muß er in einem Brief an seine Mutter, noch aus Rom, zugeben, »mein Vater ist etwas genau, aber ich kann ihm eigentlich seine Strenge nicht verdenken, da er schon 50000 Taler Schulden für mich bezahlt hat, und ich ein paar Jahre darauf wieder eben so viele gemacht hatte.«

So nimmt er auch Kontakt mit dem Vater wieder auf. Dieser bittet ihn sogar beinahe flehentlich, doch endlich nach Muskau zurückzukommen. Der Großvater liege im Sterben, ihm selbst gehe es nicht gut, und die Töchter schickten sich an, das Haus zu verlassen. Sein Liebling Klementine will den Grafen Kospoth, Bianca den Prinzen Schönaich-Carolath heiraten. Es wird einsam um ihn; er scheint sich tatsächlich nach dem ungeliebten Sohn zu sehnen.

Dessen Sehnsucht hält sich zwar in Grenzen, aber es bleibt ihm am Ende nichts anderes übrig, als sich langsam auf die Rückreise zu machen. In Bologna hält ihn eine Weile die Oper, in Venedig die Lagunenromantik, in Turin eine 14tägige Krankheit auf. Über vier Monate bleibt er in Straßburg. Da sich in seinem Tagebuch keine Zeile über diesen Aufenthalt findet, dürfte es sich um eine erneute »Passion« handeln, wahrscheinlich mit gleich drei verheirateten Frauen. Von ihnen ist die Rede in einem Brief an Julie von Gallenberg. Ein Vierteljahr Paris hängt er noch dran, obgleich Mutter Klementine, mit der er sich dort verabredet hat (sie ist mittlerweile 39), schon wieder abgereist ist. Mit ihr hoffte er, eine Erbschaft ausgeben zu können, die sie von einem französischen Onkel gemacht hat. Jetzt befindet sie sich in Sachsen, um eine weitere Erbschaft anzutreten, diesmal die ihres Schwiegervaters. Was wiederum heißt: Hermann erlebt die französische Hauptstadt – er sieht sie zum erstenmal – unter bedrängten finanziellen Verhältnissen, obwohl der inzwischen ernstlich erkrankte Vater 600 Taler geschickt hat. Sie sind rasch dahin – für eine Kutsche mit Lohnbediensteten, für Wein, Weib und Spiel. Die Stadt, in der er Mutter Klementine eine ganze Erbschaft verprassen sah (»wobei ich gern etwas geholfen hätte«), gefällt ihm deshalb fürs erste nur soso lala.

Am Ende der Reise, die als Flucht begann, vor der Affäre Colloredo, aber auch wohl vor der eigenen Tollheit, scheint Pückler wieder ganz der Grafensohn. Eine grundlegende Veränderung seines Charakters, seiner Vorlieben und Eigenschaften war auch wohl nicht zu erwarten.

Die Reise hat ihm, Voraussetzung für jeden Prozeß der Reife, trotzdem etwas Unschätzbares eingetragen: Selbsterkenntnis. Seine scharfe Beobachtungsgabe und sein fast noch schärferer Intellekt machen nicht mehr vor der eigenen Person halt. Im Gegenteil, sie zergliedern diese noch unbarmherziger als den Mitmenschen. Sie werden es auch in Zukunft tun; man muß lange suchen in der deutschen Geistesgeschichte, ehe man auf einen selbstkritischeren Geist stößt.

An dieser Wandlung, eigentlich einem bewußten Hervortreten vorhandener Eigenschaften, haben die Strapazen, Krankheiten, Freuden und Leiden der Jugendwanderungen großen Anteil. Vorzüge und Schwächen seines Charakters und seiner Lebensführung sind – für ihn wahrscheinlich zum erstenmal – deutlich ins eigene Bewußtsein gerückt. Das stärkt Pücklers Selbstvertrauen, obwohl oder weil es die vorhandenen Fehler einbezieht.

Auf der positiven Seite verbuchen kann der nun bald 25jährige auch einen entschiedenen Gewinn an Menschen- und Völkerkenntnis. Noch im hohen Alter wird er sich, was sein jeweiliges Gegenüber betrifft, nach den Erfahrungen seiner Jugendjahre richten. Als asketischer Anonymus ist Pückler ja auch nie wieder gereist. Lebenslang bleibt ihm ferner eine sanfte Vorliebe für alles Französische, denn die Franzosen vereinen, als erste in Europa, Kultur und Zivilisation, wie er meint, bruchlos miteinander. Den Deutschen steht er in Zukunft mit skeptischem Mitleid gegenüber. Sein Schlüsselerlebnis dürfte eine recht gewagte Kutschfahrt zu einem Gefecht bei Neapel gewesen sein, das sich Engländer und Franzosen liefern. Unterwegs stößt er auf einen deutschsprechenden Schwerverwundeten, der von einem Trupp Hannoveranern, die auf seiten Englands kämpfen, in eine Schlucht gestürzt worden ist. Er bringt den Ohnmächtigen nach Neapel und sorgt, daß er ärztliche Hilfe erhält. »Wie sonderbar, dachte ich: Hier am Ende Europas, wo Franzosen und Engländer Krieg führen, sind es doch nur Deutsche verschiedner Länder, die für jene gegeneinander kämpfen! Armes Vaterland!«

Es gibt auch negative Seiten, die zutage getreten sind. Pückler wird sie in Zukunft nicht mehr übersehen. Der Leichtsinn ist ihm angeboren; er muß in Zukunft versuchen, sein Temperament zu zügeln. Dabei könnte ihm eine gewisse Gespaltenheit entgegenkommen, die sich ebenfalls kraß abgezeichnet hat. Es gibt einen Pückler reiner Lebensbejahung, der enthusiastisch und optimistisch in vollen Zügen zu genießen versteht. Ihm diamentral entgegengesetzt aber einen extremen Melancholiker, der immer wieder durchschlägt, depressiv bis zu Selbstmordgedanken. Die meisten der vielen Krankheiten auf dieser Reise dürften durch die Umstände verursacht worden sein. Aber es plagen ihn auch schon seit Kinderzeiten heftige Anfälle von Migräne. Und, zweifellos, gibt es bei ihm hypochondrische Züge. Dann leidet sogar sein Urteil, wird grämlich, oft sogar bösartig. Der charmanteste aller deutschen Männer kann auch der unleidlichste sein.

Es sind dies nur zum Teil Hypothesen, die wir als Quintessenz der »Jugend-Wanderungen« aufzählen. Aus unzähligen Briefen, Tagebuchblättern, Notizen, aber nicht zuletzt den Büchern, die er schreiben wird, geht hervor, daß Pückler selbst derartige Gedanken gehabt und derartige Schlüsse gezogen hat. Er hat sich selbst gründlich kennengelernt, was einer bestandenen Bewährungsprobe gleichkommt. Von den »Jugend-Wanderungen« bleibt in Pückler bis ins hohe Alter etwas vom Sekretär Hermann zurück.

Muskau sieht er, so scheint es, mit einigem Schaudern entgegen. An seine römische Passion, die Gräfin Gallenberg, richtet er einen Brief, in dem er das Muskauer Leben als »inmitten von Wäldern, in einer Art von Wüste« schildert, »wo es nur Wölfe, Wildschweine, Bauern und Dummköpfe gibt«. Da werde er wohl »tüchtig Sauerkraut essen, mein Zimmer im Sommer heizen, mit niemandem sprechen, ich werde lesen, sofern ich das Glück habe, ein Buch zu finden, ich werde soviel wie möglich schlafen und ich werde das schöne Klima von Neapel vermissen, die süßen Ketten, die ich dort trug und besonders die Göttin, deren eifrigster Anbeter ich war und ewig sein werde«.

Was Muskau betrifft, so ist dies eine Karikatur. Gute Karikaturen haben es allerdings an sich, daß sie mit Übertreibung Wahrheiten umreißen, halbe oder sogar ganze.

Daran wird die angesprochene Göttin nicht gezweifelt haben. Auch nicht daran, daß sie trotz aller Treueschwüre nicht das einzige Anbetungsobjekt dieses Kavaliers geblieben ist und bleiben wird. An Göttinnen herrscht, wie sie weiß, in Pücklers Olymp kein Mangel.

Zunächst sucht er jedoch, noch ehe er endgültig in die Muskauer Einöde zurückkehrt, zum Abschluß der Reise einen männlichen Olympier auf, der ganz entscheidend das weitere Leben des Jugendwanderers mitbestimmt.

5.

Heimkehr

Bei Goethe in Weimar ist Pückler schon einmal gewesen, noch als Heranwachsender. Große und berühmte Leute werden damals aufgesucht wie Sehenswürdigkeiten. Betrachtet man in Pisa den Schiefen Turm, so mit gleicher Selbstverständlichkeit in Weimar, wenn man kann, einen Mann wie Wieland oder in Berlin den alten Nicolai.

Es ist erstaunlich, welch Pensum an unangemeldeten Besuchern Nicolai, Wieland, Görres, Jean Paul oder Klopstock, vor allem jedoch Johann Wolfgang von Goethe klaglos auf sich genommen haben. Den Besucherstrom hielt freilich die Tatsache in Grenzen, daß, wie gesagt, damals weit weniger gereist wurde als heute. Im übrigen galt es als Ehre, von Fremden aufgesucht zu werden. Und wer kein Empfehlungsschreiben vorweisen konnte, wurde ohnehin meist schon vom Sekretär oder einer Bediensteten abgewiesen.

Auch Pückler hat während seiner ersten größeren Reise bei einer ganzen Reihe von Zelebritäten angeklopft. So in Chaillot nahe Paris beim Grafen Barras, der zunächst für die Französische Revolution, dann gegen Robespierre und später für Napoleon zu Felde gezogen ist und dem die Deutschen ihren Spitznamen für das Militär verdanken; er stammt aus den Rheinbundstaaten, aus denen die Franzosen viele Rekruten »zum Barras« geholt haben. Als Politiker gescheitert, widmet der Mann sich ganz den Naturwissenschaften und den einzigen Mitbewohnern seines Hauses, einem zahmen Wolf und einem zahmen Fuchs. Pückler bewundert ihn sehr dafür, aber auch, daß Barras es geschafft hat, als Lebemann und homme à femme die schwierigsten Zeitläufte zu überstehen.

Enttäuscht wird er von Pestalozzi, den er in Yverdon heimsucht. Er entpuppt sich als freundliches Männchen, den sein pausenloser, hochgestochener Redefluß unerträglich macht. Die weltweit berühmte pädagogische Anstalt findet der junge Graf so verkommen und schmutzig wie das Lehrpersonal. Auch bedeutende Leute sollte man, meint er nun, nie nach ihren Lobrednern beurteilen.

In Rom hat Pückler sich Zutritt beim Bankier Torlonia verschafft, dessen Villa ein Jahrhundert später von Mussolini bezogen werden wird, sowie zum Atelier des Bildhauers Thorvaldsen, dessen Ruhm zeitweise sogar den Michelangelos überstrahlt. Nicht zu vergessen den Spielsalon der Fürstin Chigi, an dem ein Geistlicher die Karten segnend austeilt, und eine Privataudienz beim Papst Pius VII., ganz kurz ehe Napoleon den Kirchenstaat auflöst und ihn gefangen setzt.

Nur vor Madame de Staël ist Pückler im letzten Augenblick zurückgeschreckt und doch lieber am Schloß Coppet am Genfer See, in dem sie als Emigrantin lebt, vorbeigezogen. Der Grund: Für eine so erlauchte Dame scheinen ihm seine Reiseklamotten doch zu staubig und abgerissen.

Nun also, zum Abschluß, Goethe, der Größte, nicht nur in Pücklers Vorstellung. Bei ihm braucht er kein Empfehlungsschreiben. Der Dichterfürst schätzt den jungen Adligen sehr, ist geradezu in ihn vernarrt. Wahrscheinlich erzählt der Besucher dem Hochverehrten von seinem Tagebuch und einem in Marseille begonnenen Manuskript, seinen ersten schriftstellerischen Versuchen. Er erhofft sich mit Goethes Hilfe eine Veröffentlichung, vor allem aber wohl klingende Münze. Doch der winkt ab und lenkt Pücklers Blick auf ein anderes Betätigungsfeld.

Goethe hat vor 30 Jahren in Weimar an der Ilm einen Landschaftsgarten geschaffen, auf den er immer noch – zu Recht – ein bißchen stolz ist. Den zeigt er dem schwärmerischen jungen Naturfreund, für diesen ein unvergeßliches Erlebnis, wahrscheinlich nicht weniger bedeutsam als die gesamte verwegene Bildungsreise.

»Verfolgen Sie diese Richtung«, lautet sein Ratschlag. »Sie scheinen Talent dafür zu haben. Die Natur ist das dankbarste, wenn auch unergründlichste Studium, denn sie macht den Menschen glücklich, der es sein will.« Selten hat sich Pückler so getreulich an eine Empfehlung, die nicht von ihm selbst stammt, gehalten.

Zunächst allerdings geht es zurück nach Muskau, ins Land der

Wölfe, Wildschweine, Bauern und Dummköpfe. Dem heimgekehrten verlorenen Sohn schlachtet man freudig etliche Kälber, wofür vor allem der immer um Ausgleich bemühte Intendant Wolff sorgt. Die Aussöhnung mit dem leidenden Vater fällt nicht schwer. Dessen Vater ist eben erst im April 90jährig gestorben, zu spät, als daß Erdmann aus seiner Alleinverwaltung des Familienbesitzes noch hätte Nutzen ziehen können.

Auch Wolffs Stern verblaßt langsam, denn Hermann hat, noch auf Reisen, brieflich darauf gedrungen, endlich einen ihm genehmen Verwalter einzusetzen. Die Wahl scheint merkwürdig, aber da sowohl Vater als auch Wolff sofort und ohne Widerspruch auf sie eingehen – was sie gewöhnlich bei den Vorschlägen des leichtsinnigen Sohnes nie tun –, kann Pücklers Mann kaum derart ungeeignet gewesen sein, wie es zunächst scheint. Seine Wahl fällt auf einen frommen Dichter, Leopold Schefer.

Da er in Pücklers Leben wenn auch keine große, so doch hilfreiche Rolle spielt, sollten wir uns ihn näher ansehen. Die Mitwelt sah in ihm einen religiösen Schriftsteller, dessen »Laienbrevier« man ebenso ernsthaft diskutierte wie seine Hinwendung zu dem, was er einen »sinnenfrohen Pantheismus« nannte. Pückler hat seine Werke hochgeschätzt, in seinem Buch »Tutti-frutti«, von dem noch die Rede sein wird, tritt er als »unser großer Dichter Leopold« auf. In die Literaturgeschichte ist er freilich nur als Fußnote eingegangen, als »Verfasser schwülstiger Gedichte und weitschweifig-umständlicher Romane«.

Dieser Schefer, 1784 in Muskau geboren, also ein Jahr älter als Pückler, muß, seinen schwärmerischen Erzeugnissen zum Trotz, über einen ausnehmend klaren Kopf verfügt haben, weniger ein Literat als ein Praktikus. Alle von ihm überlieferten Urteile zeigen, ebenso wie die literarischen, vor allem jedoch finanziellen Ratschläge, die er Pückler gibt, Realitätssinn und kühlen Verstand. Ein Mann, ganz wie Pückler selbst, mit Doppelcharakter oder sogar mehreren Janusknöpfen. Pückler wäre ohne ihn zweifellos weniger gut über die Runden gekommen.

Die beiden sind Jugendfreunde, was Pückler betrifft, der einzige, den er besitzt. Ihm vertraut er, und ihm, einem genauen Rechner, kann er vertrauen. Von 1808 bis zur gelinden Entzweiung zwischen ihnen, 1845, fungiert Schefer als Generalinspektor der Pücklerschen Besitzungen. Sein Büro, in dem er sie verwaltet und seine Gedichte schreibt, befindet sich im Schloß, wo er auch zeitweilig wohnt.

Mehr als das. Bei einem trüben Muskau-Besuch, 1806, also vor einigen Jahren, hatte Pückler seinen Vertrauten zu einer Fußwanderung auf die Schneekoppe überredet. Aus dem Tagebuch, das Schefer führt, wissen wir einiges über Pückler, was dem Image, das er sich zu geben versuchte, entschieden widerspricht. Er habe mehr oder weniger planlos in den Tag gelebt, behauptet der Fürst später, und nie eine Entscheidung getroffen, die über ein paar Tage hinausreichte.

Das mag im Kleinen, Unbedeutenden zutreffen. Schefer schildert uns einen anderen Pückler, der sein Leben im Großen höchst planvoll vorausgestaltet haben muß. Schon auf der Wanderung erzählt ihm der Freund, er wolle bis zum Tode seines Vaters Deutschland verlassen (damals hatte er eben von seiner drohenden Entmündigung erfahren), um durch die Welt zu reisen: »Teutschland, Frankreich, England, Spanien und er wird einen Tritt nach Afrika thun zu den Säulen des Herkules, dann zurück nach 2–3 Jahren durch die Schweitz, wo er mich dann in Rom finden wird, um ganz Italien und Sizilien mit ihm zu bereisen, von da gehen wir nach Griechenland, Kleinasien, Phönizien, Judaea und Aegypten.« Auch mit dem künftigen Erbantritt Hermanns befassen sich die beiden und bereden Schefers weitere Rolle in Muskau.

Jünglingsträume reifen selten; so bleibt auch dieser unerfüllt. Die Traumroute, die der damals noch so unerfahrene Möchtegern-Reisende aufstellt, entspricht jedoch beinahe derjenigen, die er durch sein ganzes Leben hindurch hartnäckig verfolgen wird, allerdings allein, ohne Schefer.

Der wird aber, getreu der Absprache, tatsächlich Muskaus Verwalter. Und den Orient bekommt er auch zu sehen. Pückler schickt ihn als eine Art Kundschafter voran, finanziert ihm eine mehrjährige Reise, dies wohl nicht nur aus Freundschaft. Er schafft sich – wir greifen vor – zugleich einen kritischen Mahner vom Halse, der immerfort rät, sich in Muskau auf die Landwirtschaft zu konzentrieren, indes Pückler aus seinem Ländchen einen

Landschaftsgarten machen möchte. Außerdem aber macht Pückler, der gern auf mehreren Hochzeiten tanzt, sich Hoffnungen auf einen preußischen Botschafterposten, möglichst im Orient, denn ihn lockt die Kostümierung als Pascha. 1819 meldet dann auch der Jugendfreund aus Konstantinopel, der dortige Gesandte, Graf Sladen, habe seinen Abschied eingereicht. So verschieden die beiden Söhne Muskaus sein mögen, bis ins hohe Mannesalter bleibt ihre Freundschaft bestehen.

Sie erweist sich für Pückler schon jetzt als nützlich, weil er sich weit mehr in Berlin aufhält, während Schefer in Muskau nach dem Rechten sieht. Schon kurz nach seiner Heimkehr hat Hermann eine kleine Wohnung gemietet, Ecke Unter den Linden – Friedrichstraße, die er im Laufe der Zeit erheblich ausweitet. Trotz eines verlorenen Krieges und dem Tod der populären Königin Luise, um die ganz Preußen trauert, ist Berlin das richtige Pflaster für ihn. Hier verkehrt er in den höchsten Kreisen, auch beim eben aus dem ostpreußischen Asyl heimgekehrten und kurz darauf verwitweten König Friedrich Wilhelm III., also bei Hofe, wo er sich durch seine freisinnigen Reden die ersten Feinde macht, unter anderem den Finanzminister Wittgenstein, einen undurchsichtigen Mann, und den Kronprinzen, den späteren Friedrich Wilhelm IV. Aber er besucht auch die politischen und kulturellen Salons, kleidet sich nach neuester Mode und fährt natürlich in eigener Kutsche mit eigenen Lakaien.

Da er auch den für ihn so verhängnisvollen Spieltischen nicht fernbleibt, muß er bald wieder Bettelbriefe schreiben, wie gewohnt an Wolff, weil Schefer sich erst noch einarbeitet.

»Zu meinem heutigen Geburtstag«, so Pückler am 30. Oktober 1810, »habe ich das Vergnügen, noch einen Reichstaler in der Tasche zu haben und einige noch schuldig zu sein. Dazu soll ich heute und morgen mich in einer Assemblee (Versammlung) einfinden, wo es fast nicht zu vermeiden steht, zu spielen. Verliere ich nun über einen Taler, so muß ich mich entschuldigen wie der dumme Junge aus Meißen, daß Papa noch kein Geld geschickt hat und ich zuvor nicht bezahlen kann.«

Das meiste Geld kosten allerdings, seiner ersten Biographin Ludmilla Assing zufolge, »die schönen und liebenswürdigen Frauen«. Ludmilla, Germanistin, eine Nichte Varnhagen von Enses, drückt es folgendermaßen aus, freilich im Rückblick, weit später: »In seinem weiten Herzen fand eine wahrhaft demokratische Gleichberechtigung Raum: diadem-geschmückte Fürstinnen, Princessinnen, Gräfinnen, Hoffräulein, Künstlerinnen, bürgerliche Kleinstädterinnen und elegante Weltdamen, Zofen und Mädchen aus dem Volk, schöne und häßliche, alte und junge lockte er gleichmäßig in seine Netze, und zwar zu allen Zeiten seines Daseins. Viele dieser Beziehungen waren für ihn nur eine Art Schachspiel. Daß die Zahl seiner Opfer ungeheuer groß war, bezeugen die sorgfältig von ihm aufbewahrten und geordneten Briefwechsel ...«

Der Biographin, übrigens eine überzeugte Demokratin und Freundin des italienischen Freiheitshelden Mazzini, tun sich Abgründe auf: »... man kann es oft kaum begreifen, was alles sich die zarten und anmuthigen Wesen, die ihm auf rosa Spitzenpapier ihre Gefühle aussprachen und denen er ihre Bekenntnisse entlockte, sich von ihm gefallen ließen. Man muß sich oft mit Abscheu abwenden von dem Abgrund der dunklen Entsetzlichkeiten, die er seinen Freundinnen in diesen Briefen auszusprechen wagte, die er mit dämonischer Freude in Abschrift den empfangenen Briefen beizulegen pflegte und sorgfältig als psychologisches Material aufbewahrte.« Ein paar dunkle Entsetzlichkeiten haben wir ja schon aus Briefen an Ada von Treskow zitiert.

Sie sind für uns heute so entsetzlich nicht. Mag Pückler ein Flattergeist sein, er behandelt seine »Freundinnen« nicht wie Wesen vom anderen Stern, sondern in selbstverständlicher Gleichberechtigung. Sie werden ihm, um einen Modeausdruck von heute anzuwenden, Lustobjekte gewesen sein, bleiben aber in erster Linie Mensch, wovon eben die von Ludmilla kritisierten Briefstellen Zeugnis ablegen.

Vielleicht trifft zu, was vor ein paar Jahren der Sekretär Hermann über sein zweites Ich, den Grafen Pückler, in seinem Tagebuch gesagt hat: »Es fehlt ihm nicht an Verstand, aber er zeigt ihn gewiß nur da, wo es besser wäre, ihn zurückzuhalten.«

Dem Genußmenschen, der sich in Berlin die Hörner abstößt, schaut weiterhin der Sekretär Hermann über die Schulter. Dem

Don Juan steht kein lustiger Leporello zur Seite, sondern ein unerbittlicher Kritiker: »Ich hörte von ihm Äußerungen des verdorbensten Charakters und sah Züge eines edlen Herzens, Wallungen der Weisheit und der reinsten Natürlichkeit, die den Augenblick darauf der geschmacklosesten Unnatur und den Handlungen des größten Thores Platz machten. Wie Frau von Genlis vom Ritter Ogièr sagt, fand ich ihn immer zur warmen Verehrung der Tugend gestimmt, aber das Laster gefiel und besiegte ihn, wenn es seine Verdrehung unter einer originellen geistreichen Form verbarg.«

Er mißbilligt ferner »auf der einen Seite eine weit getriebene Eitelkeit, und auf der anderen noch weiter getriebenes Mißtrauen zu sich selbst...«, eine »beklagenswerte Disposition, die ihn selbst sehr unglücklich und für Andere langweilig macht«. »Er ist satirisch, und greift gern an, oft nicht ohne Erfolg; erhält er aber eine treffende Antwort, so vergeht ihm gewöhnlich die Sprache, und erst nach einer Viertelstunde fällt ihm ein, was er hätte erwidern sollen.«

Mitten im Hin und Her des Berliner Highlife trifft ihn am 10. Januar 1811 die Nachricht vom Tod seines Vaters. Noch nicht 26 Jahre alt, ist Pückler Standesherr von Muskau und nunmehr frei, zu tun und zu lassen, was er will. Sein voller Titel: Graf Hermann von Pückler-Muskau, Baron v. Groditz und Erbherr zu Branitz.

Zur Übernahme hält der neue Reichsgraf eine Rede. Er gedenkt des Verstorbenen und fährt fort: »Mir ist nun diese Herrschaft zugefallen – das Leben, das immer fortschreitet, duldet keinen Stillstand, und seine Geschäfte wollen ununterbrochen verwaltet, mit Gleichmut getan sein, gleichviel, was jeder in seinem Innern verberge.« Bis hierher ist sie wenig originell. Aber dann wendet er sich an die Geistlichkeit, die verblüfft von ihrem jungen Herrn erfährt, die Bestimmung des Menschen sei es, auf Erden glücklich zu sein. Sollte diese Ansicht ihrer theologischen Meinung nicht entsprechen, so »hindern Sie wenigstens nicht die Aufklärung und üben Sie Toleranz...!«

Das sind ungewöhnliche Töne aus hochherrschaftlichem Mund; »Freigeisterei« nennt man so etwas damals. »Wir wirken alle zu einem Ganzen«, verkündet Pückler weiter, »zu einem Ziel, es soll gut auf der Erde werden, daran arbeiten alle Sekten der Christen, ja selbst unwissend Mahomedaner, Feuerdiener und Heiden.«

Dem Hofgericht tritt er noch unverblümter entgegen. »Prozesse«, sagt er, »wünsche ich soviel als möglich vermieden. Der ist der beste Arzt, welcher mit gelinden Mitteln Krankheit vorbeugt.« »Nur die Wahrheit soll gelten!« heißt es zum Abschluß, ehe man zum Treueid schreitet.

Ein vortreffliches Credo, dem der junge Herr alsbald mit Schefers Hilfe die Praxis folgen läßt. Sie hat am besten August Trinius umrissen, dessen »Märkische Streifzüge« gegenüber Fontanes Wanderungen ungerecht schnell in Vergessenheit geraten sind. »Emsig vertiefte er sich jetzt in den Organismus der einzelnen Verwaltungszweige«, berichtet Trinius, fügt aber hinzu: »... ebenso ernsthaft freilich auch in das Studium freigebiger Frauenherzen.«

Bei ersterem stößt er auf die Tatsache, daß sein Vater bei der Verwaltung des mütterlichen Erbes der Kinder kräftig in seine eigene Tasche gewirtschaftet hat, für den sonst so liberalen Pückler ein fluchwürdiges Verbrechen. Seinen Groll gegen ihn hat er mit ins Grab genommen. Noch 17 Jahre später schreibt er seiner Mutter, der Gräfin Seydewitz: »Ich habe ein zu klares Beispiel, wie die Väter nicht handeln sollen, und der Himmel verzeihe mir's, aber bei diesem Kapitel läuft mir jedesmal die Galle über.«

Was das zweite betrifft, so findet sich der Graf im bis dato ungeliebten Muskau bald von Berlin und seiner Damenwelt abgeschnitten. 1812 marschiert Napoleon gegen Rußland, die preußischen Truppen zunächst als Verbündete an seiner Seite. Die Lausitz wird zum Durchzugsgebiet der von den Franzosen aus aller Herren Länder rekrutierten Truppen. Für die Gegend hat das noch katastrophalere Folgen als zu Erdmanns Zeiten. Mit den Finanzen geht es weiterhin bergab, der Schloßrasen wird zum Exerzierplatz degradiert, und das Schloß bis auf die letzte Kammer mit Einquartierung belegt. Der Graf muß sich oft buchstäblich seiner Haut wehren.

So läßt er den Koch des Generals de Saint-Sulpice mit Aplomb aus der Schloßküche hinauswerfen, in die er sich ohne zu fragen einquartiert hat. »Ihr Küchenchef, Herr General, ist das Gegenteil von Don Quichotte«, versetzt er Saint-Sulpice, als dieser kurz darauf erscheint. »Was soll das heißen?« fragt Saint-Sulpice. »Das soll heißen, daß Don Quichotte die Wirtshäuser für Schlösser hält und Ihr Koch die Schlösser für Wirtshäuser.«

So jedenfalls die von Pückler verbreitete Anekdote. Ein anderer General treibt »die Humanität so weit, mich jeden Mittag regelmäßig zum Diner in meinem eigenen Hause einzuladen«. Auf jeden Fall ist Pücklers ständige Anwesenheit in Muskau erforderlich, wo seine Frankophilie auf eine harte Probe gestellt wird.

Hören wir den »Sekretär Hermann« noch vor wenigen Jahren: »Wenn man die Franzosen, diese Beherrscher der Welt, unparteiisch und in der Nähe betrachtet, kann man sich über die Bescheidenheit, Höflichkeit und Mäßigung nicht genug wundern, die diese Nation im allgemeinen nach der Unterjochung des größten Teils von Europa, nach all ihren glänzenden Siegen, in immer gleichem Grade beibehalten hat. Wer würde den groben Übermut der Deutschen ertragen haben können, wenn sie sich in dem Fall der Franzosen befänden ...« Eine wahrhaft prophetische Vorstellung. Hermann geißelt im gleichen Atemzug »die plumpe Grobheit der Engländer«, den lächerlichen, »mit niedrigem Sklavensinn« gepaarten Stolz der Russen und »die elende Kriecherei der Deutschen«.

Den Franzosen bewahrt er seine Zuneigung. Gewalttätig benehmen sich vor allem die mit Frankreich verbündeten Hannoverschen Truppen, und es ist ein Franzose, General Vandamme, der einschreitet. Vandamme packt den schuldigen Hannoveraner so hart an, daß Pückler Mitleid bekommt und für ihn um Milde bittet. General Kirschner bestraft einen weiteren Übeltäter mit Arrest. Und jener General, der den Grafen im eigenen Haus zum Mittagessen geladen hat, kehrt sogar nach dem Zusammenbruch der Großen Armee im russischen Winter 1812 zurück nach Muskau, erschöpft und zerlumpt (»Der letzte Feldzug war verdammt kalt«). Pückler pflegt ihn und kleidet ihn lachend neu ein.

Trotzdem treibt der Standesherr auf Muskau ein doppeltes Spiel. Mag er, selbst zu einem Viertel französischer Herkunft, die Franzosen hochschätzen, er bleibt doch so etwas wie ein deutscher

Patriot mit deutlicher Hinneigung zu Preußen. So bietet er dem Zaren an, in der Lausitz ein Freikorps aufzustellen, erhält aber keine Antwort. Da er anschließend als Freiwilliger in den Stab des Generals Wittgenstein eintritt, seinen Dienst aber nicht antreten kann, weil er an Typhus erkrankt, läßt ihn General Berthier auf Muskau streng bewachen.

Den Typhus haben die Truppen ins Land geschleppt. Er dezimiert die Bevölkerung, die ohnedies hungert, weil sie die Soldaten ernähren und versorgen muß. Die Soldaten wiederum verwüsten das Land, das sie ernähren und versorgen soll. Ein heilloser Zustand, und es kennzeichnet Pückler, daß er den mutigen Entschluß faßt, die Dinge von oben anzupacken.

Obwohl vom Typhus genesen und mit Hausarrest belegt, fährt er eben nach Bautzen. Dort hat Napoleon gerade eine Schlacht gewonnen und mit ihr das Land Sachsen zurückerobert, das er schon beinahe verloren hatte. Pückler versucht, zum Kaiser vorzudringen, aber der läßt ihn kurzerhand verhaften. Wahrscheinlich hätte er Pückler sogar erschießen lassen, denn dieser konspiriert nachgewiesenermaßen mit den Alliierten. Nur die Fürsprache des Generals Radet, den er aus Rom kennt, dürfte ihn gerettet haben.

Hat der Graf mehr Mut gezeigt als seine Standesgenossen, so zeigt er jetzt mehr Klugheit. Er nimmt Reißaus, zunächst nach Weimar, wo er bei der Familie Schopenhauer Unterschlupf findet. Und dann schlägt er eine Volte über alle Fronten dieser verwirrten Welt hinweg. Er nimmt Partei gegen Napoleon, gegen das geliebte Frankreich. Auf preußischer und russischer Seite macht er die Befreiungskriege mit.

Damit hat er endgültig heimgefunden.

6.

Offizier und Dandy

»An den Freiheitskriegen beteiligte sich Pückler, wie es scheint, mit Tapferkeit und Auszeichnung«, lesen wir beim Literarhistoriker Julian Schmidt, einem liberalen Mann, der 1848 mit Gustav Freytag seine Zeitschrift »Die Grenzboten« herausgab. Die Formulierung klingt verdächtig vage. »Wie es scheint«, wirkt im Deutschen nicht sehr überzeugend.

Tatsächlich hat uns Pückler, sonst eifersüchtig auf Mit- und Nachwelt bedacht, nur wenig von seinen Kriegstaten überliefert, und dieses wenige auch noch durch seine frühe Biographin Ludmilla Assing, die im Verdacht steht, seine Lobrednerin gewesen zu sein. Alle Unterlagen, die sie benutzte, sind verschollen, schlummern eventuell unter dem Nachlaß Varnhagen von Enses, ihres Onkels, in Krakau oder sonstwo. Vieles hat sie sich überdies mündlich von ihm selbst berichten lassen, und da ist bei Pückler immer einige Skepsis angebracht.

Allerdings deutet die nach Beendigung der Kriegshandlungen reich geschmückte Ordensbrust des Grafen auf einige persönliche Tapferkeit, wie er sie ja auch vorher schon in seinen Duellen bewiesen hat. Seine Beförderung zum Oberstleutnant könnte ferner beweisen, daß Pückler auch als Truppenführer kein Versager war, noch dazu bei so kurzer militärischer Karriere.

Erst nach der Völkerschlacht bei Leipzig, Napoleons entscheidender Niederlage im Oktober 1814, ist er als Major in russische Dienste getreten. Der Krieg war dann vorläufig schon mit dem Einmarsch in Paris im folgenden März beendet, der jäh zurückgekehrte Napoleon dann am 18. Juni 1815 bei Belle-Alliance (Waterloo) endgültig besiegt. Bedenkt man weiter, daß Pückler zunächst vom Fürsten Repnin, dem russischen Generalgouverneur von Sachsen, mit der Bildung einer sächsischen Landwehr beauftragt wird, den Auftrag aber nicht ausführen kann, weil ihn in Schlesien die dort grassierende Typhusepidemie erwischt und er sich erst mal auskurieren muß, kommt man auf höchstens ein halbes Jahr Kriegsdienst.

Nach seiner Genesung finden wir ihn als Generaladjutant des Großherzogs von Weimar in den Niederlanden, wo er an den Kämpfen um Antwerpen teilnimmt und, nun als Truppenkommandeur, mit den Engländern das Dorf Merxen erstürmt. Kurz darauf liegt er mit weimarisch-sächsischer Kavallerie vor Kassel und bleibt beim Angriff, der blutig verläuft, neben einem anderen Offizier als einziger unverwundet.

Kassel fungiert noch als Hauptstadt jenes Königreichs Westfalen, auf dessen Thron Napoleon seinen Bruder Jérôme gesetzt hat, den keineswegs unpopulären »König Lustik«. Und Pückler wäre nicht Pückler, wenn er im eroberten Kassel nicht sofort das Haus des Generals Vandamme aufgesucht hätte, der ihm in Muskau den Weinkeller geleert hat und dem nun gleiches geschieht. Viele der aus deutschen Klöstern requirierten Fässer gehen auch, will man Pückler trauen, an die betreffenden Klöster zurück. Oder sollte der Graf und spätere Fürst, in dem auch etwas vom Münchhausen steckt, diese Anekdote für die gutgläubige Ludmilla erfunden haben?

Besser verbürgt ist jene Attacke, die er in Belgien, das damals noch zu den Niederlanden gehört, mit 120 Kavalleristen gegen 700 Franzosen reitet, die über mehrere Geschütze verfügen. Die waghalsige Sache geht daneben, General Maison gelingt es, den Haufen zu umzingeln, der sich unter Pücklers Führung nachts durch einen Gewaltritt der Umklammerung entziehen kann.

Wir wissen über diese strategische Tat Pücklers so gut Bescheid, weil sie ihm den Posten eines Verwalters des Departements Dyle mit Sitz in Brügge einbringt, während Napoleon auf Elba seine überraschende Rückkehr auf den europäischen Kontinent vorbereitet. Auch als Militärgouverneur muß er sich bewährt haben, denn die dankbare Bevölkerung – nach anderen Quellen der Magistrat – der Stadt Brügge gibt ihm beim Abschied ein Ehrengeschenk von 1000 Dukaten auf den Weg. Er leitet sie sofort zur Verteilung an die Truppe durch seinen Chef, den General von

Borstell, weiter, nicht ohne spontan aus eigener Tasche noch 1000 Austern für den General hinzuzufügen.

Am Ende befindet er sich wieder beim Großherzog Karl August von Sachsen-Weimar, jetzt als Verbindungsoffizier zum Zaren Alexander I. von Rußland. Als solcher zieht er, mit an der Tete, siegreich in Paris ein, die Stadt, in der er vor vier Jahren unter ärmlichen Umständen seine Jugendwanderungen beendet hat.

Er begleitet auch anschließend an der Seite Karl Augusts die beiden Monarchen, Zar Alexander und König Friedrich Wilhelm III. von Preußen, nach England, wo in London eine große Siegesfeier und Parade stattfindet. Nachdem er seinen Abschied genommen hat, begibt er sich keineswegs nach Muskau zurück, sondern bleibt noch eine Weile in England; die meiste Zeit im Clarendon, dem damals luxuriösesten (und teuersten) Hotel nicht nur in London, sondern des gesamten britischen Königreichs. Schefer muß alle möglichen Hebel in Bewegung setzen, um die nötigen Gelder über den Kanal zu schicken.

Auch über diesen ersten Aufenthalt Pücklers im von ihm heißgeliebten, zum Vorbild genommenen und später bisweilen bitterböse verleumdeten England sind wir erstaunlich wenig informiert. Leistet ihm zunächst sein Freund Graf Putbus noch Gesellschaft, so bewegt er sich alsbald in der englischen Upperclass-Gesellschaft, als gehöre er dazu. Den ihm vom Zaren verliehenen Wladimir-Orden an der Brust, den er später noch im tiefsten Afrika tragen wird, läßt er nichts aus, was der englische Hochadel bereithält. Aus dem preußischen Kriegshelden wird ein vollendeter Dandy.

Wie ein englischer Landjunker geht er im roten Rock auf die Fuchsjagd, vergnügt sich am Whisttisch, wo es oft um erschrekkend hohe Summen geht, beteiligt sich leidenschaftlich beim Wetten auf vollblütige Pferde, deren er bald einige selbst besitzt, und flirtet natürlich mit unzähligen Ladies, wobei er wie auf dem Festland keinen Unterschied zwischen Dame der Gesellschaft und deren Kammerzofe macht. Es bleibt auch selten nur beim Flirt.

Erneut taucht das Leitmotiv »reiche Erbin« auf, wie noch häufig, wenn er sich in finanziellen Schwierigkeiten befindet. Schefer klagt sein Leid: Das Land ist nicht nur bis aufs Äußerste ausgepowert, es hat auch Mißernten gegeben, und Holz ist kaum mehr zu schlagen in den Kiefernwäldern um Muskau. Selbst die Bierbrauerei liegt darnieder. Einen derart kostspieligen Aufenthalt des Landesherrn kann man sich im Grunde gar nicht leisten. Um so mehr als seine persönliche Anwesenheit dringend erforderlich sein dürfte.

Denn die Lausitz gehört durch Beschluß des Wiener Kongresses inzwischen nicht mehr zu Sachsen, sondern zu Preußen, womit die Treue bestraft werden soll, die Sachsen dem gestürzten Napoleon entgegengebracht hat. Für die Niederlausitz, die der Provinz Brandenburg zugeschlagen, und die Oberlausitz mit Muskau, die der Provinz Schlesien einverleibt wird, hat das, zunächst wenigstens, verheerende Folgen. Ab sofort gelten nun auch hier die Stein-Hardenbergschen Reformen, vor allem die erst 1811 durchgeführte Befreiung der Bauern von jeglicher Leibeigenschaft.

Auf ihr beruht jedoch die alte Standesordnung. Jetzt ändern sich schlagartig Besitzverhältnisse und Verfügungsrechte des Standesherrn über Land und Leute. Da bleibt vieles unklar und führt zu jahrelangen Prozessen; die meisten Gutsherren und Großgrundbesitzer stehen durch die plötzliche Umwälzung der bisherigen sozialen Ordnung vor dem Ruin.

Nun hat Pückler zwar mit den preußischen Reformen zum Ärger seines Vaters immer sympathisiert. Aber konnte er dessen Klagen und diejenigen des braven Wolff in seinen tollen Tagen noch leichtfertig beiseite schieben, so trägt er jetzt die Verantwortung allein. Und Schefer schlägt Töne an, die der Altersgenosse nicht überhören kann und die ihm den Spaß am Dandytum doch zu trüben beginnen. Zwar erweist sich der schwülstige Dichter als überragender Lavierer, dem es sogar gelingt, immer wieder Gelder für die spleenigen Abenteuer in England aufzutreiben, aber er macht auch kein Hehl aus der prekären Lage Muskaus.

So knüpft Pückler bald engere Bande zu einer wohlhabenden Lady Landsdown, die bereit ist, dem amüsanten, charmanten und etwas exzentrischen jungen Grafen die Hand zu reichen und ihm – nebst Vermögen – in die preußische Oberlausitz zu folgen. Sogar ein Ehevertrag scheint bereits aufgesetzt, als sich die Heirat zu guter Letzt – wir wissen nicht, warum – doch noch zerschlägt.

Zehn Jahre später rechnet Pückler die Verluste zusammen, die er durch die politischen Umstände erlitten hat, und fügt der Aufstellung den ironischen Kommentar hinzu: »Als der liebe Gott mich preußisch werden ließ, wandte er sein Antlitz von mir.« Das Leitmotiv beginnt stets in hellstem Dur und endet jedesmal mit Mollklängen.

Pückler und England. Da zeigt sich erneut seine Doppelnatur. Als Dandy unter Dandies gleicht er in diesem Augenblick einem notorisch leichtsinnigen Abenteurer, dessen Untertanen fern auf dem halbzerstörten Kontinent im Elend leben und deren Geld er verpraßt. Ebenfalls rund zehn Jahre später steigt ihm die Schamröte ins Gesicht, als er Irland besucht und das dortige Elend von jenen »absentees« verursacht findet, den – meist englischen – Großgrundbesitzern, die ständig abwesend sind und aus ihren Ländereien nur Geld schlagen.

Ein »absentee«, sei gleich hinzugefügt, ist er trotzdem über weite Strecken seines Lebens geblieben; es kann eben keiner aus seiner Haut. Aber da regt sich auch ein anderer Pückler, ein nicht weniger besessener, jedoch in die Zukunft planender, bedächtiger, engagierter, weiser. Vielleicht daß er sich der Worte erinnert, die ihm einst Goethe auf den Weg gegeben hat. Zur Suche nach Vergnügen am Spieltisch, auf der Rennbahn oder im Bett tritt die Suche nach der eigenen musischen Begabung. Pückler studiert, keineswegs nebenher, sondern sehr ernsthaft und systematisch, die englischen Landschaftsgärten. Da unternimmt er weite und strapaziöse Reisen, skizziert Wegeführungen, die ihm gefallen, studiert Pläne der oben schon genannten großen Gartengestalter William Kent, »Capability« Brown und Humphry Repton.

Unter anderem sieht er sich eingehend Stourhead in Englands grünster Grafschaft an, Wiltshire. Stourhead gilt als die Keimzelle des englischen Landschaftsgartens überhaupt, der erste Versuch, so etwas wie unbeschnittene, freiwachsende, dennoch veredelte Natur zu gestalten. In den 40er bis 60er Jahren des 18. Jahrhunderts angelegt, eine Gemeinschaftsarbeit des reichen Londoner Bankiers Henry Hoare II., des Malers und Gartengestalters William Kent und des Architekten Henry Flitcroft, besteht Stourhead damals schon seit zwei Menschenaltern, ein Stück Poesie aus

Wald, Wiese, Strauch und Tempel, sanft um einen langgestreckten künstlichen See gebreitet.

Mit dem jetzigen Besitzer, Sir Richard Colt Hoare, führt Pückler ausgiebige Gespräche über das ideale Verhältnis zwischen Grünfläche, Wasser und solitären Bäumen, auch wohl über die vielen Rhododendren, die Sir Richard dem Park hinzugefügt hat und die bisweilen noch heute den Unwillen puristischer Parkomanen erregen. Pückler hat das aus dem Himalaja stammende Gewächs in seinen eigenen Anlagen nur selten verwendet.

Colt Hoare macht auf den jungen Lausitzer Grafen großen Eindruck nicht nur wegen seiner wohlgepflegten und nach mitteleuropäischen Begriffen riesigen Gartenanlagen, sondern auch wegen seiner reichhaltigen Bibliothek und seiner Tätigkeit als Reiseschriftsteller. Die beiden sind einander ähnlich, auch in ihrem deutlichen Hang zur Exzentrik.

Als Pückler wenig später seinen ersten eigenen Landschaftsgarten in Angriff nimmt, wird Stourhead sein heimliches Vorbild, während sein zweites Meisterwerk, Branitz, eher durch Blenheim angeregt sein dürfte. Wie einst Goethe geht er als Autodidakt an die Arbeit, hat sich jedoch bei seinem Englandaufenthalt intensiv vorbereitet. Bei allem Hang zu Tändelei und Vergnügungssucht ist er sich nicht zu schade, in grüner Schürze als Gärtner unter Gärtnern zu arbeiten. Auch weil er auf solche Weise hinter manche Geheimnisse kommt, die außerhalb Englands unbekannt geblieben sind.

Karl von Holtei schreibt in seinen Erinnerungen mit dem seltsamen Titel »Simmelsammelsurium«, man habe Pückler häufig »forcierte Anglomanie« vorgeworfen. Er verteidigt ihn übrigens mit dem ebenso seltsamen Argument, daß der Graf und spätere Fürst doch »ein ächter deutscher Gentleman« geblieben sei. Viel bewundert worden ist der anglophile deutsche Gentleman, weil er erfolgreich schon alte, hochgewachsene und sogar blühende Bäume zu verpflanzen verstand, was deutsche Gärtner für unmöglich hielten und was ihnen dann auch selten gelang. Pückler hat sich seine Methode in England besorgt, wo selbst gewöhnliche Haus- und Gartenfrauen mehr vom Blühen, Wachsen und Gedeihen der Natur und ihrer Pflege verstehen als auf dem Kontinent gelernte

Gärtner. Das heißt: Er hat – wie er später gesteht – mit mehr oder weniger hohen Bestechungsgeldern sowie Überredungskünsten den Fachleuten so manches Geheimnis entlockt.

Dasjenige vom Verpflanzen alter Bäume hat er nicht gelüftet, andere dagegen freigebig verraten. So empfahl er dem Prinzen Karl, bei Neuanpflanzungen jedem Schößling ein Stück Aas beizugeben, einen toten Hund oder eine tote Katze. Er kann das in Stourhead gelernt haben, in Longleat oder Wilton oder wo immer er sich mit erstaunlicher Lernbegier umsieht. Ist aus einem preußischen Offizier unversehens ein englischer Dandy hervorgegangen, so mausert sich dieser wiederum zum Gärtner.

Fast ein Jahr hält es ihn auf dem englischen Pleasure-ground. Dann geruht er endlich, Schefers flehentliches Bitten zu erhören. Im April 1815 kehrt er endlich nach Muskau zurück; eine Anzahl englischer Vollblutpferde folgt ihm auf dem Fuße.

7.
Der Park zu Muskau

Als Pferdezüchter war Pückler, vielleicht späte Frucht seiner Erziehung, ebenfalls nicht unbegabt. Man erinnere sich an den Hofmeister Baevenroth, den Pferdenarren, dem er seine hippologischen Grundkenntnisse verdankt. Jetzt holt er sich aus England – woher auch sonst? – einen versierten Trainer, was sich sogar auszahlt. Sein Rennpferd Sledmere gewinnt ein mit immerhin 70 000 Gulden dotiertes Derby in Wien.

Weniger lukrativ verläuft eine Wette, die im Juli 1819 ganz Berlin in Atem hält. Da schwingt sich wieder der tolle Pückler in den Sattel, der die Strecke von Zehlendorf im Süden Berlins bis zum Brandenburger Tor auf seinem Vollblutroß Sprightly in 30 Minuten zurücklegen will. Die Strecke wird umsäumt von Neugierigen, die auch tatsächlich etwas Spannendes zu sehen bekommen. Denn der Gaul stolpert schon nach 100 Schritten und lahmt erheblich. Trotzdem schafft es der ebenso geschickte wie brutale Reiter, das Brandenburger Tor in 27½ Minuten zu erreichen. Sprightly, das auch noch einen Wagen hinter sich herzieht, ist selbst mit drei Beinen noch schneller als jedes andere Berliner Pferd. Den Jubel der Menge genießt der junge Muskauer Graf in vollen Zügen.

Weniger begeistert ist Schefer, der angesichts zweier horrender Mißernten dringend rät, sich endlich auf die Landwirtschaft zu konzentrieren. Aber gegen den überzeugten Utopisten kommt der ökonomisch denkende Dichter und Verwalter nicht an. Die Realität gilt Pückler nichts, der Traum ist alles. Also räumt er, seinen finanziellen Verhältnissen zum Trotz, das alte Schloß auf, nicht nur vom Keller bis zum Dachboden, was alles in englischem Stil neu möbliert und tapeziert wird, sondern auch, was die Außenmauern betrifft. Aber die halten herkömmlichen Versuchen, sie einzureißen, stand. So läßt der Graf das eigene Schloß von großen Rammböcken mit jeweils 20 Mann berennen wie bei einer mittelalterlichen Belagerung. Da geben sie endlich nach. Pückler lacht sich halbtot über den Anblick, ein Lachen, in das Schefer wiederum nicht mit einstimmen kann.

Er mißbilligt auch, daß die Diener neue Livreen erhalten und englische Perücken dazu. Die Kosten sind enorm. Ihretwegen müssen zu oft ungünstigsten Bedingungen Kredite aufgenommen werden; ein ungeheurer Schuldenberg beginnt sich zu türmen.

Aber nicht genug, daß der 35jährige, von König Friedrich Wilhelm III. protegierte Geheime Oberbaurat Karl Friedrich Schinkel nach Muskau gerufen wird, um Entwürfe für einen kompletten Umbau des Schlosses zu liefern (die aus Geldmangel nicht ausgeführt worden sind), nein, der anscheinend unersättliche Landesherr plant noch Größeres (und Kostspieligeres). Er will aus dem kargen Muskau eine Art von Arkadien machen, ein Gartenreich, das nicht seinesgleichen hat, ein Super-Stourhead an der Neiße.

Trotz aller Proteste Schefers und angesichts unhaltbarer Zustände in der neupreußischen Lausitz erläßt Pückler am 1. Mai 1815 seinen berühmten Aufruf zur »Anlegung eines Parkes, zu dem ich notwendig, wenn etwas Ganzes daraus entstehen soll, den ganzen Distrikt zwischen der Straße nach Sorau und dem Dorf Köbeln, der Neiße auf der einen und den Braunsdorfer Feldern auf der anderen Seite, eigentümlich besitzen muß«. Das gewaltige Areal möge ihm »gegen vernünftige Bedingungen« abgetreten werden, wofür er verspricht, den Bürgern von Muskau ein Rathaus, ein neues Stadttor sowie ein Schützenhaus auf seine Kosten zu bauen.

»Der neue Herr«, drückt es Ehrhard aus, »flößte nicht nur den Geistlichen Sorge ein.« Hat er diesen gepredigt, die Bestimmung des Menschen auf Erden sei Lebensgenuß, so verlangt er von seinen Untertanen, daß sie ihm nahezu ihr gesamtes Land übereignen. Für gutes Geld freilich, das der Graf aber nicht einmal besitzt. Schefers Berechnungen zufolge werden die vorhandenen flüssigen Mittel kaum dazu ausreichen, auch nur die Hälfte der Ländereien zu erwerben.

Eine neue Tollheit, so scheint es. Man wehrt sich in Muskau heftig dagegen; das Unternehmen zieht einen Rattenschwanz von

Prozessen hinter sich her, von denen manche jahrelang laufen und hohe Kosten verursachen.

Es ist dies auch die Zeit weiterer Extravaganzen. Geschildert wurde schon die nächtliche Szene in der Gruft der Ahnen, von Byron inspiriert, wie manche meinen, eher aber wohl im Weinkeller von Lutter & Wegner mit E. T. A. Hoffmann ausgeheckt. Nebenher läßt Pückler ein Hirschgespann zähmen, das er in den Stallungen seiner Berliner Wohnung hält, die bald einem Palais gleicht. Das Muskauer Festessen auf schwarzen Leichentüchern wird inszeniert und der unglückliche Prediger in Frauenkleidern einige Male um die Dorfkirche herumgefahren. »Practical jokes« nennt man so etwas in England.

Sie machen den Muskauer Grafen bald berühmt oder berüchtigt, wie immer man es nimmt, zunächst in Berlin, wo er bald als Dandy und Lebemann stadtbekannt ist. Dann weit über die preußische Hauptstadt hinaus, wofür die Gazetten sorgen, die nur zu gern über derartige Extravaganzen berichten.

Eine der aufsehenerregendsten soll uns Pückler selbst erzählen, eine gute Gelegenheit, Stil und Schreibgewandtheit des späteren Schriftstellers kennenzulernen. Im Oktober 1816 (nach Pücklers eigener, aber wohl unrichtiger Angabe im September 1817) startet er auf dem Berliner Gendarmenmarkt zum Vergnügen der immer sensationsbedürftigen Hauptstädter zu einer Ballonfahrt. Er hat das Wort:

Die Luftfahrt

Ich war kaum von einer schweren Krankheit halb genesen, als Herr Reichhard nach Berlin kam und auch mir seinen Besuch machte, um sich Empfehlungen zu verschaffen.

Herr Reichhard ist ein gebildeter Mann, und seine Erzählungen erweckten eine große Lust in mir, auch einmal im Reiche der Adler mich umzusehen.

Wir wurden bald einig, er gab seinen Ballon her, und ich trug die Kosten, beiläufig gesagt, eine nicht ganz unbedeutende Ausgabe, denn sie kam mich auf 600 Reichstaler zu stehen. Das mir bevorstehende Vergnügen war aber wahrlich nicht zu teuer dadurch bezahlt.

Der Tag, den wir wählten, war einer der schönsten, kaum ein Wölkchen am Himmel zu erblicken. Halb Berlin hatte sich auf Plätzen und Straßen versammelt, und mitten aus der bunten Menge erhoben wir uns, sobald ich die Gondel bestiegen, langsam gen Himmel. Diese Gondel war freilich nicht größer als eine Wiege, die Netze aber, die sie umgaben, verhinderten jeden Schwindel, wenigstens kann ich nicht sagen, daß mich, ungeachtet meiner Schwäche nach eben überstandener lebensgefährlicher Krankheit, auch nur das mindeste unangenehme Gefühl angewandelt hätte.

Wir stiegen so allmählich auf, daß ich noch vollkommen Zeit hatte, mehreren Damen und Herren meiner Bekanntschaft freundliche Winke und Grüße aus der Höhe zuzusenden. Nichts Schöneres kann man sich denken als den Anblick, wie nach und nach die Menschenmenge, die Straßen, die Häuser, endlich die höchsten Türme immer kleiner und kleiner wurden, der frühere Lärm erst in ein leises Gemurmel, zuletzt in lautloses Schweigen überging und endlich das Ganze der verlaßnen Erde gleich (...) sich unter uns ausbreitete, die prächtigen Linden (Unter den Linden) nur noch einer grünen Furche, die Spree einem schwachen Faden glich, dagegen die Pappeln der Potsdamer Allee riesenmäßige, viele Meilen lange Schatten über die weite Fläche warfen.

So mochten wir mehrere tausend Fuß gestiegen und einige Stunden sanft fortgeweht worden sein, als sich ein neues, noch weit grandioseres Schauspiel vor uns entfaltete. Rundumher am Horizont stiegen nämlich drohende Wolken schnell nacheinander empor, und da man sie hier nicht wie auf der Erde bloß an ihrer untern Fläche, sondern im Profil in ihrer ganzen Höhe sah, so glichen sie weit weniger gewöhnlichen Wolken als ungeheuren, schneeweißen Bergketten von den phantastischsten Formen, die sich alle über uns hinwegstürzen zu wollen schienen.

So rückten sie, ein Koloß den andern drängend, von allen Seiten uns umzingelnd, immer näher heran. Wir aber stiegen noch schneller und waren schon hoch über ihnen, als sie endlich in der Tiefe zusammenstießen und wie ein von Sturm bewegtes wogendes Meer sich über- und durcheinander wälzten und die Erde bald gänzlich unserem Blick entzogen. Nur zuweilen zeigte sich hie und da ein unergründlicher Schacht, vom Sonnenlichte grell erhellt wie der Krater eines feuerspeienden Berges, und schloß sich dann wieder durch neue Massen, die in ewigem Gären bald blendend weiß, bald dunkel schwarz, fort und fort hier sich hoch übereinandertürmten, dort bodenlose Spalten und Abgründe bildeten.

Nie habe ich auf Bergen etwas Ähnliches erlebt. Denn auf solchen Standpunkten wird man durch das große Volumen des Berges selbst zu sehr gehindert und kann daher irgend Vergleichbares nur in der Entfernung oder einseitig gewahren, hier aber wird nichts von dem erhabnen Himmelsschauspiel dem Auge entzogen.

Höchst seltsam ist auch das Gefühl totaler Einsamkeit in diesen von allem Irdischen abgezogenen Regionen. Man könnte sich fast schon auf dem Wege hinüber glauben, als eine Seele, die zum Jenseits aufflöge. Die Natur ist hier ganz lautlos, selbst den Wind bemerkt man nicht, da man ihm keinen Widerstand leistet und mit dem leisesten Hauche fortgeweht wird. Nur um sich selbst drehte zuweilen die kleine Wiege mit ihrem kolossalen Ball sich, gleich einem Vogel Rock (aus 1001 Nacht), der sich im blauen Äther schaukelt.

Voller Entzücken stand ich einmal jählings auf, um noch besser hinabzuschauen. Da bemerkte Herr Reichhard kaltblütig, ich möchte das nicht tun, denn bei der Eile, mit der alles gegangen, sei der Boden der Gondel nur geleimt und könne leicht abgehen, wenn nicht behutsam mit ihm verfahren würde.

Man kann sich denken, daß ich unter solchen Umständen mich fortan so ruhig wie möglich verhielt. Die erwähnte Eile schien auch bei der Füllung obgewaltet zu haben sowie bei der Ballastprovision (Sandsäcken als Ballast), denn wir fingen bereits an zu sinken und mußten mehrere Male von dem sparsam werdenden Ballast auswerfen, um wieder zu steigen.

So hatten wir fast unvermerkt uns in das Wolkenmeer getaucht, das uns nun ringsum wie dichte Schleier umgab, durch welche die Sonne nur wie der Mond schien, eine Ossianische Beleuchtung (wie in der pseudo-keltischen Ossian-Sage) von seltsamer Wirkung, die eine geraume Zeit anhielt. Endlich verteilten sich die Wolken und schifften nur noch einzeln am wieder klaren, azurnen Himmel umher. Als sollte nun unsrer glücklichen Fahrt auch keins, selbst der seltensten, Ereignisse fehlen, so erblickten wir jetzt erstaunt auf einem der größten Wolkengebirge eine Art Fata Morgana, das treue Abbild unserer Personen und unsres Balles, aber in den kolossalsten Dimensionen und von bunten Regenbogenfarben umgeben. Wohl eine halbe Stunde schwebte uns das gespenstige Spiegelbild fortwährend zur Seite, jeder dünne Bindfaden des uns umgebenden Netzes zum Schiffstaue angeschwollen, wir selbst aber gleich zwei unermeßlichen Riesen auf dem Wolkenwagen thronend.

Gegen Abend ward es wieder trübe in der Höhe. Unser Ballast war verbraucht, und wir fielen mit beunruhigender Schnelle, was Herr Reichhard an seinem Barometer wahrnahm, denn der Empfindung ward nichts davon kund.

Ein dichter Nebel umgab uns eine Weile, und als wir nach wenigen Minuten durch ihn herabgesunken waren, lag plötzlich von neuem die Erde im hellsten Sonnenschein unter uns, und die Türme von Potsdam, die wir schon deutlich unterscheiden konnten, begrüßten uns mit ihrem freudigen Carillon (Glockenspiel).

Unsere Lage war jedoch diesem festlichen Empfang gar nicht angemessen. Schon hatten wir beiderseits, um uns leichter zu machen, unsere Mäntel herausgeworfen sowie einen gebratnen Fasan und zwei Bouteillen (Flaschen) Champagner, die wir zum Abendessen mitgenommen, und wir lachten im voraus bei der Voraussetzung, welches Erstaunen diese Meteore bei den Landbewohnern erregen würden, wenn etwa einem oder dem andern auf dem Felde Schlafenden der gebratne Fasan ins Maul oder der Wein vor die Füße fiele, oder gar auf den Kopf, wo der Champagner statt heiteren Rausches als vernichtender Donnerkeil wirken könnte.

Wir selbst aber waren, gleich jenen Gegenständen, im vollkommensten Fallen begriffen und sahen dabei nichts weiter unter uns als Wasser (die vielen Arme und Seen der Havel), nur hier und da mit Wald untermischt, auf den wir uns möglichst zu dirigieren suchten. Der Wald erschien mir aus der Höhe nur wie ein niedriges Dickicht, dem wir uns jetzt mit größter Schnelle näherten. Es dauerte auch nicht lange, so hingen wir wirklich in den Ästen eines dieser – Sträucher. Ich machte schon Anstalt zum Aussteigen, als mir Herr Reichhard zurief: »Um Himmels willen! Rühren Sie sich nicht, wir sitzen fest auf einer großen Fichte!« So sehr hatte ich in kurzem den gewöhnlichen Maßstab verloren, daß ich mehrerer Sekunden bedurfte, ehe ich mich überzeugen konnte, daß seine Behauptung vollkommen wahr sei.

Wir hingen indes ganz gemächlich in den Ästen des geräumigen Baumes, wußten aber durchaus nicht, wie wir herunterkommen sollten. Lange riefen wir vergeblich um Hilfe, endlich kam in der schon eingetretenen Dämmerung ein Offizier auf der nahen Landstraße hergeritten. Er hielt unser Rufen zunächst für irgendeinen ihm angetanen Schabernack und fluchte gewaltig. Endlich entdeckte er uns, hielt höchst verwundert sein Pferd an, kam näher und schien immer noch seinen Augen nicht trauen zu wollen, noch zu begreifen, wie dieses seltsame Nest auf die alte Fichte geraten sei. Wir mußten ziemlich lange von unserer Höhe perorieren (laut und mit Nachdruck sprechen), ehe er sich entschloß, nach der Stadt zurückzureiten, um Menschen, Leitern und einen Wagen zu holen. Zuletzt ging alles gut vonstatten, aber in dunkler Nacht erst fuhren wir in Potsdam ein, den wenig beschädigten, nun leeren Ballon in unsern Wagen gepackt und die treue Gondel zu unsern Füßen. Im Gasthofe »Zum Einsiedler«, der damals nicht der beste war, hatten wir leider reichliche Ursach, den Verlust unsres mitgenommenen Soupers bitter zu beklagen, da wir keine andere Würze des neuen als den Hunger auftreiben konnten.

Acht Tage nachher brachte mir ein Bauer meinen Mantel wieder, den ich noch besitze, und fünfzehn Jahre darauf, als ich mit einem preußischen Postmeister in ein ziemlich lebhaftes pour parler (Meinungsaustausch) geriet, weil er mich über die Gebühr auf Pferde warten ließ, sah mich dieser plötzlich mit der freundlichsten Miene von der Welt an und rief: »Mein Gott! Sie sind ja der Herr, den ich aus dem Luftballon gerettet habe – jetzt erkenn ich Sie an Sprache und Gesicht! Da mußten Sie noch länger auf Pferde warten«, setzte er lächelnd hinzu, »also beruhigen Sie sich jetzt nur.« Was eine solche Erinnerung nicht tut! Der Mann, der früher auch den Befreiungskrieg mitgefochten, kam mir nach der gemachten Eröffnung nun höchst liebenswürdig vor, und von Erzählung zu Erzählung übergehend, warteten zuletzt die Pferde, jetzt durch meine Schuld, so lange, daß das ungeduldige Blasen des Postillions mich mehrere Male mahnen mußte, ehe ich, dem biedern Veteranen die Hand drückend, wahrscheinlich den letzten Abschied von ihm nahm ... –

So weit Pücklers Bericht, dem der Luftschiffer Reichhard nach Erscheinen des Buches »Tutti-frutti«, aus dem er stammt, heftig widersprochen hat. Aber darüber später.

Obwohl der arme, reiche und tolle Graf sich soeben eine Lebensaufgabe gesetzt hat, die sowohl seine finanziellen als auch seine bisher gezeigten gärtnerisch-künstlerischen Mittel weit übersteigt, schwankt er zwischen Muskau und Berlin hin und her. Der Snob fühlt sich auf dem Großstadtpflaster sicherer. Dort ist er bereits eine vielbeschwatzte und angestaunte Persönlichkeit, elegant, witzig, immer für die eine oder andere Sensation gut.

Fährt er mit seinem Hirschgespann die Straße Unter den Linden herauf und hinunter, um abschließend im Café Kranzler einzukehren, erregt er die Aufmerksamkeit sowohl des feinen als auch des ordinären Publikums, welch letzteres ihn in Gestalt der Erz-Berliner Gassenjungen mit Pferdeäpfeln bewirft.

Das feine Publikum reagiert gelassener, naserümpfend oder bewundernd. Bewundert wird »Graf Hirsch«, wie man ihn alsbald nennt, vor allem von drei Damen, in deren Nähe er sein ungewöhnliches Gespann verdächtig oft lenkt oder lenken läßt. Das Imponiergehabe hat Erfolg. An die drei Grazien kommt Pückler mit seinen Hirschen bald heran und macht ihnen den Hof.

Wer freilich das eigentliche Ziel seiner Wünsche ist, bleibt unklar. Daß der Graf es mit seiner Werbung diesmal ernst meint, scheint allen selbstverständlich. Pückler ist eben 30, also in jenem Alter, in dem Angehörige des Hochadels in den Stand der Ehe zu treten pflegen. Eine Weile erregt die Berliner Gesellschaft nichts intensiver als die Frage, auf wen er es abgesehen haben könnte. Auf Lucie von Pappenheim, die etwas dickliche, in Scheidung lebende Tochter des Staatskanzlers Hardenberg, des neben dem König (in Wirklichkeit, wie man sagt: über ihm) mächtigsten Mannes im Staate, auf deren Tochter Adelheid oder gar die Dritte im Bunde, die Pflegetochter Helmine?

Es werden sogar Wetten abgeschlossen; die meisten auf die Hübscheste, Helmine. Pückler selbst scheint bis dato unentschieden. Wir können uns denken, warum. Er hätte wahrscheinlich am liebsten alle drei.

Das zweite Ich seiner Doppelnatur sieht ganz anders aus. Auf seinem Stammsitz Muskau gilt Pückler zwar als gestrenger Herr, der unnachgiebig Schulden eintreibt und stete Arbeit sowie klare Rechnungslegung verlangt, aber auf dem zukünftigen Gartengelände, das sich trotz aller Schwierigkeiten langsam zusammenfügt, scheint er ein anderer Mensch. Da wird er zum Gärtner, der ohne Zögern selbst mit anpackt. Mehr als das: Da wird er zum Künstler.

Nun hat er die Landschaftsgärtnerei zwar in England systematisch studiert. Trotzdem ist es bewundernswert, wie es dem Unerfahrenen gleichsam auf Anhieb gelingt, ein Meisterwerk zu entwerfen und zu realisieren. Seine ersten Pläne hat er später nur in geringfügigen Details korrigieren müssen.

Man mag da von Naturbegabung sprechen oder von in England erworbener Inspiration aus zweiter Hand. Der Muskauer Landschaftsgarten, den er in 30jähriger Arbeit in einer dafür denkbar ungeeigneten Gegend buchstäblich aus dem Boden stampft, sucht seinesgleichen auf dem Kontinent. Nur weniges läßt sich ihm an die Seite stellen, von Sckells Englischer Garten in München, des Dessauer Fürsten Franz Schöpfung Wörlitz oder Lennés »Insel Potsdam«, und schließlich in seiner ausgewogenen Schönheit Pücklers zweites Opus magnum, der Park von Branitz. Ihn wird erst der 60jährige in Angriff nehmen.

Dem hochfahrenden 30jährigen gelingt es sogar, innerhalb der Landschaftsgartenentwicklung einen eigenen und unverkennbaren Stil zu entwickeln. Er basiert auf Vorbildern, gewiß. Pückler ist kein Avantgardist, vielmehr Vollender jener weiträumigen, an die Natur angelehnten, durch und durch romantischen Parkgestaltung, die nach ihm keine Höhepunkte mehr gefunden hat. Lenné, sein großer Konkurrent in Preußen (und Widersacher), mußte sich am Ende seines Lebens als Generaldirektor der Königlichen Gärten vorwiegend den kleinen Grünflächen widmen, nach denen die erschreckend wachsenden Großstädte verlangten.

Pückler ist von beiden der altmodischere. Gebührt Lenné und seinen Schülern das Verdienst, den Volkspark geschaffen zu haben, die Erholungs- und Freizeitfläche für den kleinen Mann im industriellen Zeitalter, so beharrt Pückler auf dem klassischen Edelmaß und dem »Rasen, der wie das Gold ist einer Ikone«.

Der Englische Landschaftsgarten bedeutete Anfang des 18. Jahrhunderts ja eine Revolution, die der amerikanischen und Französischen Revolution auf ästhetische Weise voranging. Bis dahin galt in ganz Europa das französische Vorbild, wie es seinen Höhepunkt in Le Nôtres Gärten in Versailles und Fontainebleau, aber auch den Tuilerien seinen künstlerischen Höhepunkt gefunden hat: die total unterworfene Natur mit geometrisch geformten Bäumen, Büschen und Blumenbeeten, von Buchsbaum eingefaßt und breiten Kieswegen durchzogen. In Versailles oder Schönbrunn kommt man sich winzig klein vor: Alles läuft, an hochspritzenden Fontänen und unzähligen allegorischen Standbildern vorbei auf das Schloß des Herrschers zu, ein Symbol absolutistischer Herrschaft – oder Tyrannei.

Dagegen erhoben sich, angeregt durch die Ideen des Naturphilosophen Rousseau, vor allem in England, einflußreiche politische Schriftsteller aus dem erstarkten Großbürgertum. Zwei politische Gegner vor allem stellten die Forderung nach einem gleichsam demokratischeren Parkgarten, Alexander Pope, der konservative Homer-Übersetzer, und Joseph Addison, der liberale Essayist. Addison setzte der Gleichförmig- und Regelmäßigkeit französischer Gärten das Ideal von »irregularity, assymetry, wildness« entgegen.

Gingen die Schriftsteller voran, folgten ihnen die Künstler (und als letztes die Gärtner) auf dem Fuße. Ab Mitte des 18. Jahrhunderts griff die Bewegung auch auf den Kontinent über. Überall wuchsen aus französischer Geometrie natürliche Ideallandschaften mit frei wachsenden Bäumen, wohlgestalteten Durchblicken, künstlichen Seen, eine Art von befreiter Natur, Symbol eines veränderten Zeitgeistes.

Er machte selbst vor den Aristokraten nicht halt. Sie wurden sogar – in England wie auch bald auf dem Kontinent – zu den Hauptträgern dieser Entwicklung, denn Parks und Gärten kosten viel Geld.

Da stehen zwei Zeitalter einander gegenüber, das feudale, aus dem Pückler kommt, und das demokratisch-republikanische, das

Lenné vertritt, obwohl er es persönlich nicht mehr erlebt hat. Aber man richte nicht vorschnell.

Auch Pückler ist, seiner hohen Herkunft zum Trotz, so etwas wie ein heimlicher Demokrat, was er auch in seinen Landschaftsgärten zum Ausdruck bringt. Obwohl er sie aus eigenen Mitteln finanziert (oder sich diese zusammenpumpt) und er sie auf eigenem Grund errichtet, stehen sowohl Muskau als auch später Branitz von vornherein der Öffentlichkeit zur Verfügung, mit Ausnahme des »Pleasure-ground«, der Rasen- und Blumenfläche direkt am Schloß. Sie setzt sozusagen die Innenräume fort, läßt sie allmählich in die Natur übergehen. Der Demokrat Pückler öffnet seine Gärten auch für das Volk (was ihm allerdings die demokratischer Sympathien meist unverdächtigen Könige von Preußen bereits vorgemacht haben). Der Feudalherr Pückler führt in den europäischen Landschaftsgarten jenen Pleasure-ground ein, der eine Weile – bei William Kent und »Capability« Brown – sogar in England verpönt, weil allzu »aristokratisch« im Aussehen war.

»Die Stadt Muskau (3100 Einwohner) zieht sich, lang hingestreckt, sanft steigend und fallend, als fast nur eine Hauptstraße, zwischen einer prächtig bewaldeten Hügellehne und dem Schloßpark hinan«, beschreibt es ein Chronist, »und ist vom Fürsten durch geschicktes Gruppieren und Bepflanzen so trefflich verdeckt, daß man tatsächlich während des Lustwandelns unter den Bäumen des Parkes nicht das geringste Anzeichen ihrer allernächsten Nähe empfängt, bis auf einige Gebäude, wie die Kirche und die Brauerei, welche zugleich als Staffage der fort und fort wechselnden Landschaftsbilder dienen.«

Die Beschreibung von August Trinius, 1887 verfaßt, trifft, mit einigen Einschränkungen, noch heute zu. Muskau hat immer noch an die 3000 Einwohner. Obwohl der Park im Zweiten Weltkrieg erheblich gelitten hat – jenseits der Neiße sah man noch bis vor kurzem die Umrisse der Schützengräben –, verdeckt der diesseits des Flusses wiederhergestellte Park weiterhin das Dorf, es hin und wieder gleichsam als ferne Hintergrundkulisse nutzend.

Pücklers Gartenstil beruht auf der Sensibilität, mit der er auf die Umgebung eingeht. Was er verändert – und unter seinen Händen verwandelt er so gut wie alles, die gesamte Landschaft –, nimmt doch immer Bezug auf das, was vorhanden bleibt. »Er ist, was die Bestimmung und Natur des Parkes anlangt«, schreibt Gustav Meyer in seinem 1860 erschienenen »Lehrbuch der schönen Gartenkunst«, »mit Repton gleicher Meinung, daß nämlich der Park wohl Natur, aber auch zum Gebrauch und Vergnügen des Menschen eingerichtete Natur darstellen soll. Demnach hält er es, abweichend von dem Begriffe eines englischen Parkes, nicht bloß für zulässig, sondern auch für erwünscht, wenn die Hinzuziehung eines Vorwerkes, einer Mühle oder Fabrik in den Park zu ermöglichen sei, wodurch ein solcher an Abwechslung und Belebung nur gewinnen könne.«

Pückler bezieht in den Park aber auch Romanhaft-Romantisches ein, zum Beispiel eine Einsiedelei, für die er, per Zeitungsannonce, einen besoldeten Eremiten sucht. Der findet sich auch, ein »alter Gardist mit ungeheuerer Nase«, haust eine Weile im Park, ist aber eines Tages, der Maskerade überdrüssig, plötzlich verschwunden.

Meyer lobt vor allem auch Pücklers Methode des Verpflanzens älterer Bäume. Damit habe die Gartenkunst »ein Mittel erhalten, nicht nur von vornherein den Pflanzungen größere Höhe und mehr Abwechslung sowie den Anlagen überhaupt ein scheinbar höheres Alter und zugleich eine bestimmte malerische Wirkung zu verleihen«. Es ist dies, laut Meyer, »auch ein Mittel, einen bestimmten Effekt und die malerische Haltung (...) für viele Jahre im wesentlichen festzuhalten, weil starke Bäume innerhalb einiger Jahre wenig an Form und Ausdehnung sich ändern, und gegen die jüngeren Pflanzungen einen weiten Vorsprung behalten«.

Ebenso pfleglich geht Pückler mit dem vorhandenen Baumbestand um. Da findet er nicht viel, außer Sandkiefern, aber es sind doch einige uralte, sehr ausdrucksvoll gewachsene Eichen vorhanden, Nachkommen wohl jener heiligen Bäume der Wenden, deren Opferplätze und Tempel sich hier befunden haben.

Die altehrwürdigen Eichen integriert Pückler in seine Anlage, sowohl diesseits der Neiße als auch am anderen Ufer, das steil ansteigt. Die besonders schöne »Hermannseiche« (nicht nach ihm, sondern nach seinem Großvater Graf Hermann von Callenberg benannt) gibt es heute noch. Sie steht unter polnischem Naturschutz.

Denn mitten durch Pücklers Park zieht sich seit Kriegsende die deutsch-polnische Grenze. Hat man den Landschaftsgarten auf seiten der ehemaligen DDR akribisch, vielleicht sogar ein bißchen zu pedantisch, wieder hergerichtet, wird er auf polnischer Seite als Forst genutzt. Zum Teil hat man ihn auch ganz einfach verwildern lassen. Daß trotzdem diese Teile bis heute die Hand eines überragenden Landschaftsgärtners verraten, ja, daß man ihn als ganz besonders idyllisch empfindet, beweist erneut die Stärke und die Nachhaltigkeit der Pücklerschen Landschaftsgestaltung.

Die Neiße selbst, inzwischen einer der verdrecktesten Flüsse, die man sich vorstellen kann, hat der Graf in mühseliger Schaufelarbeit eines Heers von Arbeitern umgeleitet und dadurch über Generationen und zwei Weltkriege hinweg ein paar Quadratkilometer Boden vor der Abtretung bewahrt. Der Fluß floß ihm zu unästhetisch gerade dahin, außerdem brauchte er das Wasser zur Anlage zweier Teiche und eines Seitenbächleins nebst Stromschnellen.

Muskau wird tatsächlich, dank Pücklers leichtsinniger Sturheit, zu einem kleinen Arkadien, zum größten deutschen Landschaftspark, der Ausdehnung, aber auch seiner künstlerischen Bedeutung nach. Eine jahrzehntelange Arbeit, die der Graf natürlich, zusätzlich zu seinen anderen Aktivitäten, nicht allein leisten kann. Wie für den Eremiten gibt er Annoncen auf, in denen er erfahrene Landschaftsgärtner sucht. Auf diese Weise stößt Jakob Heinrich Rehder zu ihm, ein 26jähriger Holsteiner, der unter Daniel Rastedt in Eutin sein Handwerk gelernt hat, in einem der frühesten deutschen Landschaftsgärten nach englischem Vorbild. Er wird als Muskauer Gartendirektor Nachfolger des alten Hofgärtners Hahnemann, der noch zur Zeit Friedrichs des Großen in den Gärten von Sanssouci seine Laufbahn begonnen hatte. Mit Rehder wird Pückler noch einmal einige der wichtigsten Gärten in England aufsuchen, ihn aber auch ins Theater führen und in die geliebten Spielhöllen. Standesunterschiede gibt es bei Pückler nicht, zumindest nie seinen Gärtnern gegenüber. Rehder ist bald sein enger Vertrauter, tritt mehr und mehr an die Stelle Schefers, der vorläufig noch Pücklers unbequemer Mahner bleibt.

Nach Rehders Tod 1852 rückt sein Sohn Paul Julius nach, dann ein Gärtner, der in Muskau ausgebildet worden ist, Eduard Petzold. Ihn, der schon mit 16 Jahren in seine Muskauer Schule eintrat, zieht Pückler bei eigenen Arbeiten noch viel später zu Rat.

Petzold ist es auch, der nach Pücklers Abschied von Muskau den Park in seinem Sinn weiter ausbaut und betreut. Von Petzold stammt im übrigen die erste biographische Studie über den gräflichen Landschaftsgärtner. Er nennt Pückler in ihr – oft zitiert und oft moniert – den »Goethe der Landschaftsgärtnerei«.

Zu hoch gegriffen? Noch 30 Jahre später stößt der gealterte Pückler auf Spuren, die sein Einsatz für den Landschaftsgarten und seine Gärtnerschule hinterlassen haben. Als er 1845 Thüringen bereist, entdeckt er in einem Gut namens Neuhof durch Zufall einen Park, den einer aus Muskau angelegt hat (»Eichler, glaub' ich«): »Bis auf Weniges vortrefflich und gehalten wie in England.«

Schon am nächsten Tag führt ihn der Fabrikant Eichel in Eisenach stolz durch eine besonders prächtig geratene, ähnliche Anlage hoch über der Stadt. Pückler vertraut seinem Tagebuch an: »Es that mir wirklich recht wohl von dem Besitzer zu hören, wie alle diese hier seit noch nicht vielen Jahren entstandenen Naturverschönerungen ganz allein, wie er sagte, dem Impuls zu verdanken seien, die mein Gartenwerk, verbunden mit dem in Muskau gegebenem Modell, nicht nur hier, sondern in ganz Deutschland hervorgerufen habe.« Er fügt hinzu: »So ist doch mein vielfach schweres und leidenvolles, aber rechtes, weil uneigennütziges Streben, nicht ohne seine Belohnung geblieben.«

Als »Erdbändiger« hat Rahel Varnhagen Pückler bezeichnet. Ihr Mann, Varnhagen von Ense, nennt den Muskauer Garten »ein Gedicht, den größten und fruchtbarsten Werken schöner Kunst vergleichbar«. Und in einem Bericht, den Preußens Kultusminister, Freiherr von Altenstein, angefordert hat, schreibt Friedrich Forster 1832: »Die Natur hat sich dankbar gegen den erwiesen, der sich ihrer in ihrer Dürftigkeit so freigebig und mit so viel Liebe annahm. Das Nadelholz ist verschwunden, die Hügel sind mit Laubholz bedeckt, aus dem sich der Ahorn, die Ulme, die Eiche mit beherrschenden Gipfeln hervorheben; in gefälligen Windungen durchströmt der Fluß einen grünen Wiesengrund, durch Abzugsgräben sind Wasserfälle, kleine Seen, Springbrunnen gebildet, und in die Gegend ist eine Mannigfaltigkeit der Aussichten gebracht, daß man auf den Spaziergängen durch den Park durch eine Bildergalerie der schönsten Claude Lorrains, Poussins und Ruysdaels zu gehen meint.«

Kehren wir noch einmal zum vielgepriesenen »Volkspark« zurück, auf dessen Rasenflächen man Grillen, Fußballspielen und Bier aus Dosen trinken kann. Es fragt sich, ob dieser für das »Volk« so sehr viel nutzbringender sein sollte als der altmodische Landschaftsgarten, der zwar diese Möglichkeiten nicht bietet, den man aber zur Erholung durchwandern kann wie ein betretbares Bild.

8.

Die Schnucke

Eines fällt Pückler sein Leben lang schwer; sich ständig auf eine einzige Sache zu konzentrieren. Nie bleibt er lange bei der Stange, nutzt jede Möglichkeit zu Ablenkung oder Unterbrechung, tritt mitten in der Arbeit an einem Projekt eine meist längere Reise an, deren Route er mehrfach ändert, kehrt dann aber stets zum einmal Begonnenen zurück. Er scheint ständig auf dem Sprung.

So hält es ihn auch nach dem Beginn der Arbeit am Landschaftsgarten beileibe nicht in Muskau. Dort hat er das Notwendigste angegeben, die Wegeführung. Petzold: »Wenn (Pückler) ein neues Terrain zur Anlage bestimmt hatte, so waren es zuerst die Wege, welche er absteckte und gleich und soweit planieren ließ, daß sie auch begangen und befahren werden konnten. In Führung der Wege war er ein großer Meister. Mit Recht behauptete er, sie seien die unsichtbaren Führer, welche den Beschauer unbemerkt auf die schönsten Punkte leiteten...«

Petzold verrät nicht, wie der Meister die Wege absteckt, indem er nämlich ihre Führung mit dem Spazierstock ins Erdreich ritzt, ehe er sich daran macht, die Ausmaße der Pflanzungen festzulegen. Er kann, wenn die detailgenauen Skizzen gefertigt sind, alles getrost für eine Weile seinen Hilfskräften überlassen. Vom rein Gärtnerischen und Biologischen versteht ein Fachmann wie Rehder weit mehr als er selbst. Wir finden ihn also wenig später wieder auf den Berliner Boulevards, bei Hofe, wo er von König Friedrich Wilhelm III. wohlgelitten ist, sowie an der Seite der drei Grazien, die er zur Zeit umbuhlt.

Sie müssen wir uns jetzt etwas näher ansehen. Lucie Reichsgräfin von Pappenheim geborene Hardenberg ist am 9. April 1776 in Hannover geboren und damit neun Jahre älter als Pückler. Sie soll, als sie den Pappenheimer heiratete, mit 20, eine Schönheit gewesen sein und ist es immer noch, wenn auch eine mittlerweile etwas in die Breite gegangene. Zeitgenossen schildern sie als sehr helle Blondine mit großen blauen Augen, leicht gekrümmter Nase und hoheitsvollem Wesen, ganz der Typ einer adligen Dame von Welt.

Ihre Ehe mit dem Reichsmarschall und Regierenden Grafen zu Pappenheim ist gescheitert. Ihr sind ein Sohn und zwei Töchter entsprossen, von denen aber nur eine Tochter am Leben blieb, Adelheid. Sie wächst, 1797 geboren, also zwölf Jahre jünger als Pückler, bei der Mutter in Berlin auf. Zeitgenössische Quellen preisen vor allem ihre »blühende Jugend«, weshalb man annehmen darf, daß die Stieftochter Helmine (»anmutig und schön«) die hübschere von beiden ist.

Helmine, von Pückler als »sylphidenartiges Geschöpf« charakterisiert, umgibt ein Geheimnis, das keiner je gelüftet hat. Dem Stadtklatsch zufolge stammt sie aus einem Verhältnis der früher äußerst leichtlebigen, jetzt eher prüden Lucie mit Pappenheims Kutscher. Andere wollen dagegen wissen, ihr Vater sei jener General Bernadotte, der es mit Napoleons Hilfe als Karl XIV. Johann zum König von Schweden und später auch Norwegens gebracht hat. Lucies schillernde Vergangenheit läßt aber nach Ansicht vieler hochgestellter Berliner auch die Vermutung zu, der eine oder andere Prinz von Preußen komme als Vater Helmines in Frage. Genaueres weiß man allerdings nicht.

Auf jeden Fall wird Helmine vom derzeitigen König Friedrich Wilhelm III. heftig umworben; er muß sich jedoch, früh verwitwet, ein paar Jahre später mit der Gräfin Auguste Harrach trösten, die er zur linken Hand heiratet. Helmine gibt ihm einen Korb, klugerweise, denn der Stern der verstorbenen Königin Luise ist noch nicht verblaßt – wer möchte mit ihr in Idealkonkurrenz treten?

Immerhin hat der König das sylphidenartige Geschöpf, das nach einer eventuellen Heirat zur Fürstin von Breslau erhoben werden sollte, wenigstens vorher zu einem Fräulein von Lanzendorf und damit hoffähig gemacht. So können alle drei im Berliner Stadtschloß und in Potsdam verkehren, denn Lucie und Stiefschwester Adelheid genießen dieses Privileg schon von Geburt an.

Wen nun, dies die Berlin allgemein interessierende Frage, wird

Graf Pückler an den Traualtar führen? Seine Entscheidung fällt überraschend aus, obwohl eigentlich niemand überrascht sein sollte, der Pückler auch nur ein wenig kennt. Er macht, wie könnte es anders sein, sogar seine Eheschließung zum Gag. Ein – von ihm selbst kolportiertes – Gerücht besagt, der Graf habe sich bei Freunden erkundigt, was in Berlin und Preußen wohl das größte Aufsehen erregen würde. Die häufigste Antwort darauf sei gewesen: die Wahl der Ältesten. »Dann nehme ich sie!« soll Pückler ausgerufen haben.

Aber auf welche Weise er sich immer entschieden haben mag, er macht Lucie tatsächlich einen Antrag. Erst nach ungläubigem Staunen, heißt es, wird er dann doch geschmeichelt angenommen.

Wahrscheinlich eine abgekartete Sache. Was Pückler reizt, dürfte die Tatsache sein, Preußens allmächtigen Staatskanzler auf diese Weise zum Schwiegervater zu bekommen. Ganz gewiß erhofft er sich von Hardenberg eine diplomatische Karriere, wie er sie schon lange anstrebt und noch über Jahrzehnte hinweg weiter anstreben wird. Überdies ist allein Lucie, im Gegensatz zu Adelheid und Helmine, im Besitz eines stattlichen Vermögens – eine reiche Erbin! Die Verlobung findet am 20. November 1816 statt, vier Wochen nach der aufregenden Ballonfahrt. Dabei ist Lucie noch keineswegs von ihrem bisherigen Ehemann Pappenheim geschieden. Adelheid und Helmine sollen tagelang nicht in der Öffentlichkeit erschienen sein, wie man sagt, ihrer verweinten Augen wegen.

Zweifellos handelt es sich nicht um das, was man eine Liebesheirat nennt. Einer engen Freundin gegenüber äußert er sich: »Als wir uns heiratheten, war sie zwar, aufrichtig gestanden, etwas verliebt in mich, ich aber nicht im Geringsten in sie, und sagte es ihr auch unumwunden, daß ich unsere Verbindung nur als eine Konvenienzheirath (Vernunftehe) ansähe und mir jede Freiheit vorbehielte.«

Er hat es ihr wahrscheinlich noch unverblümter gesagt, als schriftlich überliefert, denn er schreibt ihr fünf Jahre später: »Ich fühlte deutlich, daß Dein Herz und Dein Verstand grade so sind, wie ich sie brauche für meine Individualität, um ganz glücklich dadurch zu werden; wäre nur die ehemals jugendliche Schönheit noch damit vereinigt für meinen sinnlich künstlerischen Sinn, so fehlte nichts mehr, und die Vollkommenheit wäre da, die zu erreichen dem Menschen nicht beschieden ist.«

Mit anderen Worten: Pückler behält sich, da Lucie aus dem begehrenswerten Alter heraus, jedwede Untreue vor, zu der sie selbst kaum noch Gelegenheit haben wird. Ehrt es ihn, daß er es frei und offen ausspricht? Sehr galant kann man das Verhalten gegenüber seiner Ehefrau jedenfalls – vorerst – nicht nennen. Verrückt ist er, wie sich nur zu bald herausstellt, in Wirklichkeit nach Helmine, nimmt auch ganz selbstverständlich an, daß diese mit der Mutter, Stief- oder Pflegemutter – was immer sie sein mag –, auf Schloß Muskau einziehen wird.

Zunächst einmal gilt es jedoch, Lucies Scheidung vom Reichsmarschall Pappenheim abzuwarten. Der Schicklichkeit halber, auf die er sonst wenig Rücksicht zu nehmen pflegt, zieht er sich nach Muskau und Lucie sich in ihre Berliner Stadtwohnung zurück.

In den Brautbriefen aus »Muskaucastle« fällt zum erstenmal die Anrede: »Liebe Schnucke.« Sie scheint abgeleitet von einem albern-verliebten Wortspiel mit dem Namen Lucie: Lucie, Luziege, Ziege, Heidschnucke. Als »Schnucke« ist Lucie dann auch in die Kulturgeschichte eingegangen, obwohl Pückler den Kosenamen unendlich zu variieren versteht, Schnucki, Herzensschnucke, Schnuckilein, vielgeliebtes Schnuckentier. Dies zeigt durchaus so etwas wie Liebe zueinander, und es erwächst daraus eine Vorliebe für das namengebende Tier: Solange die Pücklers auf Muskau residieren, grast eine Heidschnuckenherde neben dem eingezäunten Pleasure-ground. Für seinen Landschaftsgarten in statu nascendi entwirft der Graf dann auch gleich noch ein zusätzliches »Schnuckental«.

Die Heirat mit Lucie gehört überhaupt, wie sich herausstellt, zu einer der vernünftigsten Taten im Leben Pücklers. Sie wird ihm schon als ferne Braut in Berlin zur besten Ratgeberin, auf die er zuweilen sogar hört; und später geht sie mit ihm lange Zeit buchstäblich durch dick und dünn. Von ihr empfängt er, was er nie gekannt hat, Nestwärme und beinahe mütterliche Liebe oder Zugeneigtheit. Pückler vergilt es ihr durchaus; mag er ein denkbar schlechter Ehemann sein, so führt er doch mit seiner Schnucke eine gute Ehe. Allen Eskapaden zum Trotz, die noch reichlich folgen, fühlt er sich bei ihr zu Hause. Aus der »Konvenienzheirat« wächst im Laufe der Zeit eine Kameradschaftsehe.

Der Briefwechsel zwischen den beiden Brautleuten bleibt trotzdem merkwürdig. Bis zur Hochzeit möchte Pückler das Schloß völlig umgewandelt und den Park so weit wie möglich fertiggestellt haben (was ihm beides nicht gelingt). Mit Feuereifer geht er zu Werke, und es dürfte selten Liebesbriefe gegeben haben, in denen so oft, beinahe ausschließlich, von Geld die Rede ist und die Angebetete derart ununterbrochen statt mit Liebesbeteuerungen mit zeit- und geldraubenden Aufträgen überschüttet wird.

»Frau Kommissionär Schnucke«, beginnt zum Beispiel ein parfümierter Brief auf farbigem Papier, »wird ergebenst gebeten, mit rückkehrendem Wagen 50 Pfund bestes, englisches Reygras (Roggengras) und 10 Pfund feinen, niedrigen, weißen Kleesamen besorgen zu lassen.« Ein Kommissionär ist übrigens jemand, der gewerbsmäßig Waren in eigenem Namen für fremde Rechnung ankauft, weshalb Pückler das Wort hier nicht ganz richtig anwendet, denn bezahlen muß Lucie Grassamen und sonstige Gegenstände, darunter sogar Juwelen, von ihrem eigenen Geld. Und obwohl er an Personal bereits über einen Haushofmeister, einen Offizier, zwei Kammerdiener in Zivilkleidung, zwei Jäger und zwei Diener in Livree verfügt, schickt er Lucie in Berlin auf die Suche nach einem Koch, einem Kammerdiener, vier Zofen, einem Portier, der möglichst auch Tapezierarbeiten verrichtet, sowie einem Konditor namens Maret.

Daß ihm, wie immer, das Geld knapp wird, scheint ihn nicht zu kümmern. Mit den Arbeiten am Park sind mittlerweile 200 Leute zu rund 100 Talern täglich beschäftigt, dazu ein Heer von Handwerkern aus Berlin, Tischler, Parkettleger, Schlosser, Maler, Dekorateure, im Schloß. Zudem treffen täglich bestellte Lieferungen ein, Hausrat aus Berlin, Spiegelscheiben aus Boppard am Rhein, Lampen und Klingelschnüre aus Hamburg, Wandbespannungen und Möbelstoffe aus Frankfurt, Teppiche aus England und aus Paris gar für 500 Taler, die allein der Transport kostet, Gipsabgüsse berühmter Bildwerke und Statuen. Lucie soll, auf Pücklers Anweisung, ferner dem preußischen Staat eine Sammlung von Kupferstichen wegschnappen, die für 2000 Taler zum Verkauf steht.

Da gleichzeitig das alte Festungswerk niedergerissen und das Theater wiederhergestellt wird, sogar spielt (bei freiem Eintritt für jedermann), herrscht auf Muskau bald ein Chaos, das seinem Urheber zuweilen über dem Kopf zusammenschlägt. »Auf diese Art«, tröstet er sich, »ist in einem Tage erzwungen worden, was vielleicht sonst einen Monat gedauert hätte...«

Am nächsten Tag kommen dann aber die Kutschen, natürlich aus England, darunter ein Galawagen und eine Postchaise, zusamt vier Paar Füchsen als Zugpferde und vier neuen Reitpferden. Nur der englische Kutscher, der überzogene Forderungen stellt, wird heimgeschickt. Pückler sucht statt dessen einen deutschen Riesen, aber vergeblich. Obwohl er »aut Caesar aut nihil – Alle Halbheiten sind mir verhaßt« neuerdings zu seinem Motto erklärt, muß er sich mit einem Mann von normalem Körpermaß zufriedengeben.

Die Schnucke beobachtet diese Aktivitäten aus der Ferne mit einer Mischung aus Spaß und Entsetzen. Eine äußerst verwöhnte Frau und von einem Vater erzogen, der ganz wie ihr Künftiger daran gewöhnt ist, das Geld mit vollen Händen aus dem Fenster zu werfen, steht sie Pückler an Leichtsinn und Verschwendungssucht nicht nach. Sie schickt ihm sogar Geld, soviel sie nur kann, aber da sind ihr Grenzen gesetzt. Vermögensverwalter der Gräfin ist ein Hamburger Bankier, Johann Baptist Sigismund Dehn, der Verschwendern wie Pückler gegenüber extrem mißtrauisch ist. Als dieser einen Kredit über 2000 Pfund Sterling für Einkäufe in London erbittet, nein, verlangt, weigert er sich, obwohl Lucie dem zustimmt.

So bedankt sich Pückler in einem Brautbrief für Mandelkleie und ein Petschaft sowie 200 mitgesandte Friedrichsdor, »aber, verzeih, beste Schnucke, diese sind nur ein Liqueurgläschen auf einen heißen Stein«. Ihm wird wohl selbst bisweilen mulmig, denn ein andermal schreibt er: »Daß Du Geld mitbringst, ist sehr zweckmäßig, denn ich habe keins. Die beiden letzten Wochen betrugen zusammen 5800 Taler Ausgaben. Künftig müssen wir für Alles bestimmte Summen festsetzen, und darüber nicht hinausgehen, sonst werden wir schleunigst bankerott.«

Gute Vorsätze, aber wenig nütze, wenn man nahezu im gleichen Atemzug für seine Tafel Butter aus Holstein, Gänseleberpastete aus Toulouse, Konfitüren aus Paris bestellt. Die langen Handschuhe, mit denen Pückler die 100 Damen der Muskauer Gesellschaft versehen haben will, muß wiederum Lucie in Berlin besorgen (und bezahlen). Für ihren künftigen Einzug probt der auf einmal ungeheuer arbeitsame Bräutigam mehrere Male die vorgesehenen Festlichkeiten in großer Garderobe im Schloßtheater, wo er den Gästen auch feine Umgangsformen und vornehmes Benehmen an der Tafel beibringen läßt. Auf den Witz mit den schwarzen Tischdekken verzichtet er diesmal, obwohl er ihn gern wiederholt hätte, denn die »Leichentücher« sind inzwischen von Motten zerfressen.

Man sollte meinen, der Schloßherr wäre mit all dem voll ausgelastet. Aber dem scheint nicht so: Im Juni lädt er leichtsinnigerweise auch noch seine Familie zu Gast, die seine Tatkraft bewundern soll. Also erscheinen eines Tages seine Mutter, die Gräfin Seydewitz, sein Halbbruder Max sowie beide Schwestern in Begleitung ihrer Ehemänner und machen das Tohuwabohu auf Muskau vollkommen.

Mit der Mutter versteht er sich diesmal gar nicht. Zweimal gibt es Krach, einmal weil er ihr als Vorgriff auf die künftige Erbschaft eine hohe Geldsumme abverlangt, das andere Mal wegen der von ihm eingeführten ungewöhnlichen Tischsitten. Auf das Frühstück am Morgen (bei Pückler: Mittag) folgt nach seinen Anweisungen die Hauptmahlzeit erst um zehn Uhr abends. »Eine neue und sehr praktische Sitte«, wie er findet, weil sie ihm wohl entspricht, denn er leitet bis in die sinkende Dämmerung die Arbeiten am Landschaftsgarten und braucht zum Umziehen nie weniger als eine geschlagene Stunde. Nahezu entwürdigend finden es die hungrigen Familienmitglieder, die sich den einen oder anderen Imbiß aus der Küche holen müssen.

Es gibt auch einen dramatischen Zwischenfall. Auf einem Ausflug wird Pücklers Schwester Bianca, jetzt Prinzessin Schönaich-Carolath, aus ihrem Wagen geschleudert und klammert sich verzweifelt an das Gefährt mit den scheuenden Rossen. Max, das zum Manne gereifte Purzelchen, rettet sie, indem es ihm gelingt, die Stiefschwester im letzten Augenblick auf sein Pferd zu ziehen.

Als die Familie Muskau wieder verläßt, ist sie entzweiter als zuvor und Hermann nach wie vor ihr schwärzestes Schaf. Ihm bringt ein weiterer Besuch dann noch weit mehr Verdruß. Dehn erscheint persönlich, um, besorgt über Lucies dauernde Vorschußforderungen, bei ihrem künftigen Ehegatten selbst nach dem Rechten zu sehen. Pückler reagiert psychologisch nicht ungeschickt, indem er den unnahbaren Edelmann spielt und seine Verschwendungssucht parodistisch noch übertreibt. Da Lucie in Berlin auf seinen Rat hin ebenso verfährt, bleibt dem verwirrten Bankier unklar, was Dichtung und was Wahrheit sein mag.

Ein bißchen stutzig scheint Lucie immerhin geworden. Zum erstenmal verweigert sie ihrem Bräutigam schroff weitere Gelder für einen exotischen Tierpark, den er – aut Caesar aut nihil – auf einmal zusätzlich anlegen möchte. Pückler hat, wohl vorgewarnt, nicht selbst gewagt, bei ihr anzufragen, sondern seine Mutter gebeten. »Deine Antwort an meine Mutter wegen der 20 000 Taler«, lautet seine Rüge an die Schnucke, »ist nicht ganz Deiner gewöhnlichen Feinheit angemessen.«

In welche Form Lucie ihre Antwort gefaßt hat, ist uns leider nicht bekannt. Pückler hat alle ihre Briefe vernichtet und von Lucie das gleiche verlangt. Das heißt: Seine eigenen Briefe sammelt er eifersüchtig und legt sie wohlgeordnet ab, nur Lucie muß verbrennen, was sie zu Papier bringt, alle Notizen und Entwürfe für ihre Briefe. Noch bis nach der Scheidung, bis 1833, verfährt sie so, aus unterwürfigem Gehorsam oder aus Gewohnheit.

Es zeigt sich in diesen Tagen auch, was Pückler unter der »inneren Treue« versteht, die er Lucie als Grundlage für ihre kommende Ehe anempfohlen hat. Daß er manchmal nicht mehr weiß, wo ihm der Kopf steht, ist nur zu verständlich. Vielleicht bei einem Mann seines Temperaments auch die Tröstungen, die er sucht und findet.

Da sind mit den Verwandten eine ganze Menge weiterer Personen in seinem Schloß erschienen; hohe Herrschaften pflegen damals mit einer Art von Hofstaat zu reisen, Freunden, Vertrauten sowie deren Personal. Wer sich manchmal beim Besuch alter Schlösser über die vielen Zimmer und Gelasse wundert – darum! Im Familientroß befindet sich auch eine wohl etwas robuste Schönheit, die er nur »dama soldata« nennt, was sowohl Soldatenfrau als auch soldatische Frau heißen kann. Ihren Namen hat er nicht verraten. Aber seiner Braut gesteht der Bräutigam, daß er diese dama soldata verführt hat. »Um 12 Uhr Nachts. Himmel! wie zerbrechlich ist das menschliche Herz. Schamrot werfe ich mich Dir zu Füßen, süße Schnucke, und verberge mein Gesicht in Deinem Schoß!«

Bedauerlicherweise ist uns Schnuckes Antwort aus den eben erwähnten Gründen unbekannt geblieben. Pückler nimmt die Gelegenheit wahr, dem Geständnis gleich einen Hinweis auf die völlige Unabhängigkeit anzuhängen, die er sich ausbedungen hat. »Verspreche mir also«, fordert er, »nie Dich meinen Einfällen so zu widersetzen, daß ich es merke.« Ein Versprechen, an das sich Lucie, wie wir sehen werden, erstaunlich lange hält, bis ihr Pücklers Treiben dann doch etwas zu bunt wird.

Die Scheidung von Pappenheim verzögert sich über Gebühr. Sind es die Schulden, ist es die Arbeitslast, was beides zu drücken beginnt, ist es die Furcht vor der Zukunft mit einer nicht gerade heißbegehrten Frau? Pückler wird es bang und bänger. Der eben noch himmelhoch Jauchzende scheint plötzlich zu Tode betrübt, erleidet einen seiner häufigen Anfälle von Melancholie, die ihn an Selbstmord denken lassen. Schon auf den Jugendwanderungen hat er der Mutter in einem Brief aus Italien gestanden, die Pistole an den Kopf gesetzt zu haben. Damals ging die Pistole nicht los. Jetzt zieht er sich häufig in sein Jagdhaus zurück, das ein paar Stunden Ritt von Muskau entfernt liegt, und gibt sich seiner trüben Laune hin.

Er neigt auch zur Überreaktion, vor allem, was den Garten betrifft, der zähe Arbeit verlangt. Pückler hat sich von Anfang an nicht gescheut, Mißlungenes in seinen Anlagen mit der Axt gleich wieder abschlagen zu lassen. Jetzt pflanzt er rund um einen riesigen Holunderstrauch, den Stolz seines Parks, zum Schmuck eine Reihe von Büschen, die ihm tags darauf schon nicht mehr gefallen. Also ordnet er an, sie wieder wegzunehmen. Der Gärtner beseitigt, ein Mißverständnis, alles, auch den geliebten Holunderstrauch.

»Denke Dir meine Verzweiflung«, schreibt er an Lucie, »als ich den andern Tag hinkomme, und den ganzen Busch ausgerodet finde, die Stämme in großen Haufen zum Verbrennen aufgeschichtet. Ich muß eine schreckliche Miene gemacht haben, denn Aufseher und Arbeiter liefen davon, wie ich auf sie zuschritt, welches mir auch sehr lieb ist, denn ich glaube wirklich, ich hätte den Kerl ermordet. Indessen habe ich mich bezwungen, und da nur Dummheit, nicht Bosheit schuld ist, es dabei bewenden lassen. Ich muß aber fort, um ein wenig Gras darüber wachsen zu lassen.«

In der Einsamkeit des Jägerhauses legt sich der Groll, schlägt wieder in skurrile Einfälle um. »Deine Idee, uns hier auf dem Jagdhause trauen zu lassen, gefällt mir sehr«, teilt er ihr aus seiner Lieblingsklause mit. »Es ist hier in der Nähe auf einem meiner Dörfer ein höchst lächerliches Subjekt von Pfarrer, den ich alle Woche zweimal herkommen lasse, um ihn zum Narren zu haben. Pour la rareté du fait (wegen der Ungewöhnlichkeit solchen Vorgangs) müssen wir uns von diesem trauen lassen, denn um Gottes willen nichts Lugubres (Trauriges) bei dieser Zeremonie, sonst laufe ich davon, denn auch hierin bin ich wie ein Mädchen und habe von jeher vor dem Heiraten eine gewaltige Angst gehabt. So aber werden wir Mühe genug haben, uns das Lachen zu verbeißen.«

Die Scheidung ist ausgesprochen, aber der Hochzeit steht ein Weiteres im Wege: die Ehe der Tochter Adelheid mit dem Grafen und späteren Fürsten Carolath. Da gibt es differierende Wünsche der Familien für den Ehevertrag, was Pückler wieder hoffen läßt, Adelheid könne mit der Mutter zu ihm ins Schloß ziehen. »Wie schade ist es, daß wir nicht in der Türkei leben«, läßt er die Stieftochter in spe wissen, »ich nähme Euch Beide, und die Verlegenheit der Wahl hörte dann wenigstens auf, und ein zweiter (Graf von) Gleichen hausten wir fröhlich in Muskau.«

Er hofft jetzt auf Helmine und gibt sich ansonsten seinen trüben Gedanken hin, denn die Carolaths einigen sich endlich auf ein Heiratsdatum, wodurch auch das seine näher rückt. »Mich ekelt der Luxus, die Sünde und das ganze Leben an«, schreibt er an Lucie und fügt hinzu: »Wenn ich am 6. Juli noch lebe, werde ich den Wagen schicken.«

Er lebt noch am 6. Juli und selbst noch am 12., als seine Zukünftige in der aus England importierten Prachtkarosse auf Muskau eintrifft. Zu seiner großen Enttäuschung, aus der er kein Hehl macht, kommt sie allein. Die 16jährige Helmine hat sie in ein

Internat gesteckt. Die Bevölkerung empfängt die neue Herrin mit obligatem Jubel. Ein Fest jagt das andere, was sich mit Bällen, Festessen und Feuerwerk am 9. Oktober wiederholt, als die offizielle Hochzeit stattfindet, die keineswegs im Jagdhaus begangen wird, sondern eher einem prunkvollen Staatsakt gleicht.

Die Flitterwochen werden in Paris verbracht. Sie verlaufen nicht ungetrübt, denn Pückler kann Helmine nicht vergessen und bedrängt seine Frau jetzt schon, sie nach Muskau kommen zu lassen. Noch sechs Jahre später erscheint ihm seine Hochzeitsreise als ein Alptraum.

Arme Schnucke! Ludmilla Assing, in ihrer Zeit eine durchaus emanzipierte Frau, weist immer wieder darauf hin, daß uns am Ende Pückler selbst und kein anderer seine Fehler und seine Untugenden bekannt und überliefert hat, man ihn daher nicht vorschnell verurteilen sollte. Kaum wieder in Deutschland, sucht er Linderung seiner offensichtlich ehrlichen Liebesqualen in Teplitz, Aachen, Potsdam, Weimar, vor allem aber in Berlin, während er Lucie in der Lausitz zurückläßt. In Berlin fährt er wieder im hirschbespannten Wagen bei Kranzler vor, wirklich und wahrhaftig Helmine zur Seite. In sie hat sich inzwischen auch E. T. A. Hoffmann sterblich verliebt. Offen und unwidersprochen nennt er Helmine Pücklers Geliebte und rächt sich an seinem Lutter-&-Wegner-Freund, indem er ihn in seiner Novelle »Das öde Haus« keine sehr sympathische Rolle spielen läßt als »Graf P., dessen Sonderbarkeit und Verschwendungssucht die Grenzen erreichen, die den Weltmann vom Dandy trennen«, wie es eine Hoffmann-Biographin ausdrückt.

Lucies Los an der Seite eines solchen Mannes scheint nicht beneidenswert. Sie ist zwar sichtbar stolz auf ihren schlanken, eleganten, auf jedem Parkett glänzenden Mann, aber eben selbst schon eine etwas rundliche, matronenhafte Erscheinung. Auf Muskau lebt sie wie in der Verbannung, versucht – zunächst vergeblich –, Helmine zu verheiraten und sie dadurch Pückler zu entziehen. Da wirft er sich seiner Frau zu Füßen: »Ich kann nicht mehr allein stehen, Ihr Beide seid mir nötig wie Wasser und Luft. Versuch es nur nie, mich von ihr zu trennen, und um Gottes Willen verheirate sie nicht – glaube mir, es wäre um mich geschehen!«

Und weiter: »Du bist mir fast Alles in der Welt, nur in Einem liebe ich eine Andere, Du wünschst mir alles Glück, uneigennützig, willst Du also nicht lieber mir das, was mir noch fehlt, durch eine Andere geben, als mich dessen ganz berauben? Sei also konsequent, das heißt, ganz gut, und ich werde für das, was mir die Andere gibt und Du nicht geben kannst, weil nichts auf der Welt vollkommen ist, doch nur Dir dankbar sein.«

Eine herzzerreißende Klage, von der man annehmen darf, daß sie ehrlich ist. Pückler mag ein schwacher Mensch sein und ein lasterhafter dazu, aber kein Lügner. Im Gegenteil, man könnte das, was er ohne Umschweife seiner Frau beichtet, eher als zu offen und ehrlich bezeichnen und eine barmherzige Lüge hin und wieder vorziehen.

Lucie widmet er jedoch ein volles, fast kindliches Vertrauen, eine eigene Form von Zärtlichkeit, die sie auch bald begreift. Sie ist seine Schnucke, ja, seine »Mama«, wie er sie häufig nennt (sie selbst hat für ihn den Kosenamen »Lou« gefunden). Ihr teilt der Egozentriker alles mit, was ihn bewegt. Auf Reisen schreibt er ihr fortan Abend für Abend endlose Briefe, in denen er minuziös schildert, was ihm an Land, Leuten, Gärten, Abenteuern begegnet ist, von letzteren selbst die amourösen. Lucie kann sich von ihm immer an seinem Leben unmittelbar beteiligt fühlen. Das Vertrauen, das er ihr entgegenbringt, ist grenzenlos, und wie Liebe Liebe erwecken kann, so wohl auch Vertrauen Vertrauen. Die beiden verbindet bald ein festes Band, fester, möchte man hinzufügen, als das einer erotischen Liebe. Pückler hat, für Monogamie nun einmal nicht geschaffen, durch seine Heirat eine Gefährtin gefunden, die beste, die er in seinem langen Leben finden wird.

Lucie bleibt, zugegeben, auch nicht viel anderes übrig, als die Rolle zu übernehmen, die der Ehemann ihr bietet. Denn eine andere gibt es für sie nicht mehr; Frauen ziehen in dieser Zeit immer das bitterste Los. Der Vater, Staatskanzler Hardenberg, ist tief enttäuscht über die Scheidung vom Pappenheimer und die Wahl des Lausitzer Hallodris. Er kümmert sich fortan so gut wie überhaupt nicht mehr um sie, ignoriert ihre Kontaktversuche und enterbt sie sogar. Der Schwiegersohn dürfte ihm unangenehm, seiner eigenen Person zu ähnlich sein.

Ganz ignorieren kann er ihn freilich nicht. Er schneidet ihn wohl, wo er kann, aber Pückler spielt bald bei Hofe die Rolle eines einflußreichen Oppositionellen. Der König, Friedrich Wilhelm III., in allem das genaue Gegenteil des Muskauer Grafen, nämlich schlicht, unauffällig, einfach, unverwöhnt, ein harter Arbeiter und Frühaufsteher, mag ihn ausgesprochen gern; Gegensätze, so ein vertrautes Sprichwort, ziehen sich an. So findet Pückler besonders mit seinen Klagen, die preußische Verwaltung betreffend, bei ihm ein offenes Ohr. In dieser Zeit bilden Pückler und Alexander von Humboldt, die einander ebenfalls ungemein schätzen, so etwas wie eine innere preußische Adels-Opposition.

Beide sind glänzende (sowie weitschweifige) Redner. Als Sprecher der unzufriedenen Neu-Preußen, wenn auch ohne Amt, stört wiederum Pückler die Kreise Hardenbergs empfindlich, der in der Metternich-Ära von seinen Reform-Ideen abgerückt ist, indes Pückler immer »linker« wird, verkehrt er doch in Rahel Varnhagens intellektuell-oppositionellem Salon mit unsicheren Kantonisten wie Varnhagen von Ense, Gutzkow, Laube und Pfuel, die vom König – pfui! – die längst versprochene Verfassung fordern und ein Parlament nach englischem Vorbild. Daß er mit den Ideen der demokratischen, ja revolutionären Literatur des »Jungen Deutschland« sympathisiert, verkündet er selbst lauthals. Er kann es sich, derart hochgestellt, als einer der wenigen im Polizei-Staate auch leisten.

Wie es auf Muskau zugeht, soll uns am besten ein Zeitgenosse erzählen: »Genie und Schönheitssinn, Reichtum an Mitteln und vollendete Gastfreundschaft schufen nun für Tausende hier ein unvergeßliches, bewundertes Heim. Gekrönte Häupter, Helden des Schwertes und der Feder, Philosophen, Dichter, Maler, Staatsmänner, Sänger, Architekten, selbst das fahrende Volk landstreichernder Künstler hielten in Muskau Einzug, den Reiz dieses Erdenwinkels zu erhöhen und dem Sagenstoff für die Umwohner neue Nahrung zu geben.«

Der Glanz wird noch strahlender, als im Frühjahr 1822 aus dem Grafen ein Fürst wird. Da Friedrich Wilhelm III. in seiner über 40jährigen Regierung nur drei Adlige in diesen höchsten Stand monarchischer Rangordnung erhoben hat, Blücher, Hardenberg und Pückler, setzt es herbe Kritik in der Presse und bei Hofe. Zwei der Ernannten gehören der gleichen Familie an. Zudem hat sich Pückler durch seine Freisinnigkeit den Haß einflußreicher Kreise zugezogen, zu denen man Wittgenstein rechnen muß, den Wirtschafts- und Finanzminister, sowie den Thronfolger, den späteren Friedrich Wilhelm IV. Aber Hardenberg, der erstaunlicherweise hinter dieser ehrenvollen Ernennung steht, weiß schon, was er tut.

Er muß die mit Preußen höchst unzufriedenen Lausitzer Grundbesitzer besänftigen, weshalb er Pückler, deren Protagonisten, auf seine Seite ziehen möchte. Der hat schon mehrere Male beim Schwiegervater angeklopft und um einen Botschafterposten gebeten, möglichst in Konstantinopel beim türkischen Sultan, an der »Goldenen Pforte«. An diesen Hof, meint er, passe niemand besser als er, womit er, wie sich herausstellen wird, wahrscheinlich sogar recht hat. Aber für einen preußischen Botschafter dürfte er Hardenberg viel zu unberechenbar sein. Und republikanisch eingestellt. Ein Ablenkungsmanöver des schlauen Staatskanzlers.

Die Erhebung zum Fürsten lenkt dann den eitlen Aristokraten tatsächlich nachhaltig ab. Sie erfolgt angeblich, um ihn für die vielen Nachteile zu entschädigen, die er nach der Übernahme der Lausitz durch Preußen erlitten hat. Zwei Jahre zieht sich die langwierige Prozedur hin, die Pückler dazu nutzt, neue Livrees für die Dienerschaft zu bestellen, für sich und Lucie neue Wagen und in der Hauptsache ein neues Wappen zu entwerfen, in dem alle seine hauptsächlichen Interessengebiete zum Ausdruck kommen sollen, »die Park-Passion, die Bau-Passion, die Pferde-Passion, der Raufsinn, das Phantastische und der Farbensinn«. Seine vornehmliche Passion für schöne Frauen findet keine Erwähnung.

Mit anderen Worten: Pückler freut sich wie ein Kind. Etwas ernüchtert wird er, als ihm am 29. Juni die Rechnung für die Ausstellung des Diploms zugestellt wird. Sie beläuft sich auf 4000 Taler, »auch eine kleine Knacknuß«, wie er stöhnt, denn eine solche Summe bringt er schon längst nicht mehr ohne weiteres auf.

Wann immer ihm ein Problem über den Kopf wächst – Geld, Helmine, Politik, Garten –, begibt er sich auf Reisen. Er ist keine

Kämpfer-, eher eine Ausweichnatur; ein guter Diplomat wäre er ohne Zweifel geworden, wenn Schwiegervater Hardenberg ihn gelassen hätte. Auf eine Reise, kurz vor dem Fürstentitel angetreten, wollen wir ihn begleiten.

Die Schnucke bleibt, mit genauen Anweisungen versehen, auf Muskau zurück. Ihr wird die ehrenhafte Aufgabe zuteil, ihn bei der Oberaufsicht der Arbeiten im Großpark zu vertreten.

9.

Aachen und die Folgen

Obwohl das Reisen immer noch anstrengend, teuer und zeitraubend ist, befindet Pückler sich fortan ständig auf Reisen. Seine Muskauer und Berliner Angelegenheiten absolviert er sozusagen auf Stippvisiten. So wird er es auch später auf Branitz halten: Kaum ist er da, ist er auch schon wieder weg, und kaum ist er weg, ist er – oft jedenfalls – auch schon wieder da. Dabei zieht er einen langen Schweif von Spielschulden und geknickten Frauenherzen hinter sich her.

So auch auf dieser Reise, die ihn ins geliebte Paris, dann nach Brüssel und anschließend auf das Schlachtfeld von Waterloo führt. In Waterloo hatte Wellington sein Hauptquartier, nach dem die Briten also den Schlachtort benennen, indes Blücher in Belle-Alliance residierte, weshalb die Deutschen diesen schwer aussprechbaren Namen gewählt haben. Waterloo oder Belle-Alliance ist zu einem Lieblingsziel sowohl englischer als auch preußischer Touristen geworden. Hier hat sich entschieden, wie die Welt in den nächsten 100 Jahren aussehen wird.

1815 haben in Paris Alexander I., Zar von Rußland, Friedrich Wilhelm III., König von Preußen, und Franz I., Kaiser von Österreich, eine »Heilige Allianz« geschlossen. Heilig, weil nach dem Sieg über Napoleon alles im streng christlichen Sinn auf europäischer Basis weitergeführt werden sollte. Ihr sind mittlerweile alle europäischen Monarchen beigetreten, mit Ausnahme des türkischen Sultans, den man nicht gefragt, und des britischen Prinzregenten, der abgelehnt hat. Auf diese Weise ist auch das besiegte Frankreich durch den zurückgeholten Bourbonenkönig Ludwig XVIII. an der Heiligen Allianz beteiligt.

Ihren ersten großen Nachkriegskongreß plant sie in Aachen. Man erhofft – oder befürchtet, je nachdem – von ihm eine Revision der Beschlüsse des Wiener Kongresses vor drei Jahren. Die Ergebnisse: Frankreichs Talleyrand erreicht den Abzug aller Besatzungstruppen und eine Herabsetzung der Kriegsentschädigung, aber der wahre Sieger ist Österreichs Metternich, der durch schlaue Diplomatie versucht, den liberalen Einflüssen besonders der süddeutschen Staaten, die – man denke! – sogar schon Verfassungen haben, entgegenzuwirken. Im gleichen Jahr, in dem Pückler preußischer Fürst wird, wird Metternich österreichischer Staatskanzler. Ihm soll es gelingen, die ganze Heilige Allianz zu einer unheiligen zu machen, nämlich zu einem Zusammenschluß von Polizeistaaten.

Es gibt auch viele Geheimverhandlungen. So schließen Rußland, Österreich, Preußen und das trotz Beitrittsweigerung prominent vertretene Großbritannien ein Bündnis gegen Frankreich, falls es dort zu einer erneuten Revolution kommen sollte.

Von allen Seiten reisen die Großen der Welt in die alte deutsche Kaiserstadt. Auch Pückler setzt große persönliche Hoffnungen auf diesen Kongreß. Er möchte heraus aus der Lausitzer Enge, heraus auch aus Preußen in die freie, weite Welt, irgendeinen Posten ergattern als Gesandter, Botschafter, Sonderbeauftragter, Verbindungsmann vielleicht der Heiligen Allianz zum Sultan in Konstantinopel. Insgeheim hofft er auch, auf eine Goldmine zu stoßen, wie sie während politischer Neuordnungen sich überraschend auftun können, denn Geld braucht er dringender als alles andere – Muskau ist so gut wie pleite.

Seine Hoffnungen sind keineswegs unbegründet. Die Höchsten aller vertretenen Länder kennt er, die meisten sogar sehr gut. König Friedrich Wilhelm III. von Preußen findet den amüsanten Grafen sympathisch. Friedrich Wilhelm redet nicht viel und hat es gerne, wenn andere ihm die lästige Konversation auf möglichst unterhaltsame Weise abnehmen. Preußens mächtigster Mann, Fürst Hardenberg, ist sogar Pücklers Schwiegervater und dem Allermächtigsten von allen, Metternich, hat er schon als toller Gardeoffizier in Dresden imponiert. Beim Zaren von Rußland war er im Krieg Ordonanzoffizier, wobei er auch auf den Oberbefehlshaber der Besatzungsmächte in Frankreich, den Herzog von Wellington, gestoßen ist. Er kennt sogar den französischen General Maison, seinen Kriegsgegner vor Brügge (dessen Napoleon-Begeisterung er teilt), und den englischen Außenminister Castlereagh (der ihn seit seinem ersten London-Aufenthalt schätzt). Bei so vielen Beziehungen, meint Pückler zu Recht, müßte sich doch auch für ihn etwas auftun.

Um so mehr als er fast besser noch mit den Damen der genannten Persönlichkeiten bekannt sein dürfte, die, wie üblich, nun statt in London, Paris, Berlin, Wien in Aachen ihre Salons abhalten, in denen hinter den Kulissen Karrieren gemacht – oder zerstört – werden. Mit den meisten steht er auf sehr vertrautem Fuß, sogar mit Lady Castlereagh, der auffälligsten Erscheinung nicht nur der Londoner Gesellschaft. Pückler schildert sie: »Ihre Toilette, ihre Figur, ihre Konversation, alles war nur aus einem Stück. Mit ihrem tiefen Organ, ihrer kolossalen Gestalt, ihrem ungeheuren Busen, ihren bei jedem Wort auf dem Haupt nickenden Straußenfedern, erschien sie wie die Amme von Altengland. (...) Wer ihr aber vollends im Negligé, in zwei bis drei Unterröcke gehüllt, ein großes rotes Tuch um den Mund gebunden und einen breitkrempigen Hut auf den Kopf gestülpt, begegnete, hätte darauf geschworen, den verkleideten Falstaff aus den ›Lustigen Weibern von Windsor‹ in eigener Person vor sich zu sehen.«

Pückler kennt, wie es scheint, alle Welt und Lady Castlereagh sogar im Unterrock. Von einem französischen Friseur um, wie er meint, zehn Jahre verjüngt, macht sich der Glücksritter frohgemut auf den Weg nach Aachen.

Das heißt: Er hat einen Coup vorbereitet; denn es wird nicht ganz einfach sein, unter so vielen Berühmtheiten gebührendes Aufsehen zu erregen. Pücklers Idee: Er läßt von Brüssel einen Wagen voranschicken, der nichts enthält außer seinen vielen Papageien, von denen er sich angeblich nicht trennen kann.

Das geht – kein gutes Omen – schief, weil unterwegs ein Pferd zusammenbricht und die exotischen Vögel viel zu spät in Aachen eintreffen, als Pückler selbst schon da ist, zu schweigen von seinem Schwiegervater Hardenberg, der eigentlich überall auf sich warten läßt.

Er bereitet Pückler die zweite, empfindlichere Enttäuschung, über die dieser sich bitter bei Lucie beklagt: »Dein Vater affichiert (läßt wissen) mich nicht sehen zu wollen, gibt große Diners, ohne mich zu bitten, und wenn ich ihn besuchen will, hat er stets eine Konferenz. Du kannst denken, daß dieses Betragen sogleich von dem ganzen Haufen der Übrigen imitiert wird, und selbst die Bedienten mich mit verdrießlichen Gesichtern empfangen. Alles dies macht den Aufenthalt für mich etwas penibel.«

Lucie kann da wenig helfen, denn Hardenberg hat nur allzu oft affichiert, von seiner Tochter nach ihrer Heirat überhaupt nichts mehr wissen zu wollen. Will er nicht alle seine Felle wegschwimmen sehen, muß Pückler versuchen, auf andere Weise an seinen störrischen Schwiegervater heranzukommen. Das gelingt ihm zwar überraschend gut, aber mit den dazu notwendigen Intrigen geht kostbare Zeit verloren, zudem er auch Abend für Abend beim Fürsten Metternich um furchterregend hohe Summen spielt und als Hahn im Korb sämtlicher Salons eine ganze Reihe von Romanzen anknüpft.

Das Sprichwort »Glück im Spiel, Pech in der Liebe« wird von ihm gründlich Lügen gestraft. Er hat, diesmal wenigstens, ungewohntes Glück im Spiel, gewinnt in neun Tagen 3300 Franken, genießt aber dennoch, wie wir sehen werden, sein gewohntes Glück in der Liebe. An Hardenberg heißt es, sich auf raffinierte und ein wenig degradierende Weise heranpirschen.

Gegen Pückler eingestellt ist vor allem Christian, der Sohn des Staatskanzlers aus einer früheren Ehe. Er spekuliert auf den Posten eines preußischen Gesandten in Kopenhagen, den auch Pückler ins Auge gefaßt hat. Wo es ihnen gelegen scheint, schwärzen sich die Rivalen gegenseitig an: Pückler nennt Christian »einen Tropf«, Christian verhindert, daß Pückler Zugang bekommt zum Fräulein Hähnel, die eine wichtige gesellschaftliche Rolle in Aachen zu spielen beginnt, weil der Herzog von Richelieu sie bei Soireen häufig am Arm führt.

Fräulein Hähnel stammt aus Mecklenburg, und ihr Beruf ist der einer Hellseherin. Kein anderer als Fürst Hardenberg hat sie, eine Art Mätresse, mit sich nach Aachen gebracht, außerdem natürlich seine angetraute Frau, die nun schon dritte, eine ehemalige Sängerin.

Auf ihre Weise ist die Hähnel, bald pro forma von Hardenberg mit einem adligen Tunichtgut namens Kimsky verheiratet, hochbegabt. Frühere Hardenberg-Biographen bezeichnen sie gern naserümpfend als »Tochter eines Uhrmachers«, was aber ja gewiß keine Schande ist. Gründlich gebildet, spricht sie Französisch, Englisch und Italienisch, alles fließend, und kann sich mit Blücher außerdem in waschechtem Plattdeutsch unterhalten.

Den Anhängern des Mesmerismus, der damals große Mode wird, gilt sie sogar als eine Art Star. Der wenige Jahre vorher gestorbene badische Arzt Franz Mesmer hatte ein halb astrologisches, halb elektrisches Phänomen entdeckt, das er »tierischen Magnetismus« nannte und aus dem er eine eigene Heilmethode entwickelte. Sie bestand aus »magnetischem Streichen«, für das der Patient in eine Art Trance versetzt wurde, eine Frühform von Hypnose, die man aber noch nicht so nannte. Man schrieb dies vielmehr okkulten Kräften zu, von wo der Weg nicht weit war zur Hellseherei. Fräulein Hähnel, die diese ausübt, hat sich von einer Musterpatientin des Mesmer-Schülers Wohlfahrt in den Status einer Hohenpriesterin des Mesmerismus hochgestapelt. Sie ist übernervös, launisch und reichlich hysterisch.

Hardenberg hat einen Hang zu Mystik und okkulter Geheimnistuerei. Obwohl die tierisch-magnetische Pythia keineswegs schön gewesen sein soll, macht er sie zu seiner Geliebten und verfolgt eingehend eine weitere Behandlung durch Dr. Koreff, ebenfalls ein Mesmer-Anhänger.

Auch Dr. Koreff, ein Jugendfreund der Hähnel, gehört dem sonderbaren Gefolge des preußischen Staatskanzlers an. Er ist Arzt, hat lange in Berlin, dann in Paris praktiziert und gilt als ein umstrittener Mann. Ob die gegen ihn erhobenen Vorwürfe der Spionage, Scharlatanerie und politischer Drahtzieherei zutreffen oder nicht – es haben sich Apologeten gefunden –, soll uns ebensowenig kümmern wie Pückler, der es wohl oder übel nun über diese Leute versucht. Dr. Koreff ist jedenfalls ein belesener, witziger und amüsanter Mann, ein Gesellschaftslöwe, der vortrefflich hochgestellte Leute parodiert, die er behandeln durfte. Am besten macht er den Viel-, Lang- und Schriftdeutschredner Alexander von Humboldt nach.

Wenn es um seinen Ehrgeiz geht, graut Pückler so leicht vor

nichts. Brav besucht er die Séancen der Hähnel und lobt die Verse, die Koreff ihm vorliest, der sich überdies für einen Dichter hält. Leicht wird es dem sonst so arroganten Grafen nicht gemacht, aber Ende gut, alles gut. Als Geliebte und deren Herzensfreund Hardenberg von dessen Schwiegersohn vorzuschwärmen beginnen, ist dieser wieder persona grata. Plötzlich erhält er die ersehnten Einladungen zu den Diners und gilt bald im Hause Hardenberg als selbstverständlicher und täglicher Gast.

»Ich muß Dir mitteilen, liebe Schnucke«, schreibt er seiner Frau, »daß ich bei Deinem Vater anfange, in Gunst zu kommen. Ich werde sichtlich protegiert von Koreff (...) und Deines Vaters Kälte ist auf einmal geschmolzen.« Koreff zu Ehren gibt Pückler ein großes Essen mit acht Gästen, die zwölf Flaschen Wein konsumieren und 600 Austern. Lumpen lassen hat sich Pückler nie.

Nachdem er Christian in der Gunst Hardenbergs verdrängt zu haben scheint, sieht er sich schon auf dem Posten eines Gesandten in Konstantinopel, ist ihm Kopenhagen längst nicht mehr gut genug. Er will mit lauter Gelehrten im Gefolge an den Bosporus ziehen, dort weite Reisen auf arabischen Pferden unternehmen und seiner Schnucke, die skeptisch bleibt, türkische Seidenschals schicken. »Ich gehe wie Bonaparte nach Ägypten!«

Das wird er zwar tatsächlich tun – eine weitere Hellseherin, bei der er verkehrt, die »Aachener Pythia« Marianne Lenormand, prophezeit ihm, er werde bald in den Orient kommen und berühmt werden. Alles richtig, aber einen Botschafterposten gibt Hardenberg ihm am Ende doch nicht.

Kurze Zeit darauf scheint der in Madrid frei zu werden, aber schließlich bleibt doch der bisherige Gesandte. Dann stirbt Goltz, der preußische Botschafter in Paris, und wieder ist Pückler Feuer und Flamme für die reizvolle Aufgabe, sein Land an der Seine zu vertreten – es wird nichts draus. Inzwischen würde ihn schon Kassel reizen; er hat es nötig: 10 000 Taler Gehalt sind kein Pappenstiel. Aber ihn verfolgt weiter das Pech oder die Skepsis seines Schwiegervaters. Mag er sich – wahrscheinlich zu Recht – als geborener Diplomat fühlen, er wird nie einer werden.

Vorerst zeigen sich jedoch Aachen und der Kongreß von ihrer freundlichsten Seite. Pückler wird vom Kaiser in Privataudienz empfangen, eine Ehre, die seiner Eitelkeit schmeichelt, wie auch die Tatsache, daß Preußens König geruhen, ihn in seine Suite, sein Gefolge aufzunehmen, wodurch ihm nun alle Türen offenstehen.

Man darf das wörtlich nehmen. Als Baron von Alopeus, ein Finne, der in diplomatischen Diensten sowohl Rußland als auch Preußen vertreten hat, eine Gesellschaft bei der Pariser Bankiersgattin Madame Récamier besucht, besucht Pückler dessen Frau, einst eine große Liebe von ihm. Aus irgendeinem Grund kehrt Alopeus vorzeitig heim und erwischt, wie es scheint, beide in flagranti. Jedenfalls schickt er seine Gattin, wie es heißt: »in einer elenden Kutsche«, schon am nächsten Tag nach Berlin zurück.

Alte Lieben rosten selten bei Pückler. Es kommen jedoch genügend neue hinzu, auch während des Kongresses in Aachen. Mit gleich vier hübschen Pariserinnen aus zwei Generationen entspinnt sich sogar eine Art von Liebesroman. Nichts ist Pückler lieber, als eine Mutter-Tochter-Konstellation, bei der er alles in der Schwebe lassen kann. Bei den vier Damen handelt es sich um Sophie Gay, eine Romanschriftstellerin sowie eine der ersten Journalistinnen der Zeitungsgeschichte, ihre 14jährige Tochter Delphine (die frühen Ruhm mit ihrem Theaterstück »Lady Tartuffe« erlangen soll), eine weitere Tochter, noch ein Kind, namens Isaure, sowie eine Freundin, die beinahe genauso heißt, nämlich Edmée Sophie Gail. Mit Sophie Gay, Sophie Gail und Delphine – Isaure ist noch zu klein – unternimmt Pückler fröhliche Kutschpartien oder Wald- und Wiesenwanderungen, wobei er mit seinem nahezu perfekten Französisch glänzt. Als sich Sophie Gail vor allen anderen beim Springen über kleine Gräben hervortut, erklärt er Sophie Gay: »Kein Wunder, hat sie doch ein L mehr als Sie!« Ein L läßt sich aussprechen wie »une aile« = »einen Flügel«.

Dürfen wir Pückler trauen, der seiner Lucie unumwunden von dieser Bekanntschaft berichtet, so ist es nicht er, sind es die Frauen, die zu ihm in Liebe fallen.

Als erste trifft es Sophie Gail, eine Sängerin und Komponistin. Sie liebe ihn »mit Geist und Herz«, gesteht sie dem flotten Kavalier und lädt ihn gleichzeitig zu einem »Orakel«, denn sie versteht das Kartenlegen fast so gut wie Madame Lenormand. Auf eine Weissagung mehr oder weniger kommt es, sollte man meinen,

Pückler nicht an, aber Sophie Gail schreckt zurück, als sie die Karten liest. »Lesen Sie meinen Tod?« fragt Pückler. Sie antwortet: »Nein, den meinen.«

Sophie Gail ist tatsächlich ein knappes Jahr später in Paris an einer Lungenentzündung gestorben, wie Sophie Gay in einem Brief behauptet, mit Pücklers Namen auf den Lippen. Sophie Gay verfällt dem Charme des Grafen als nächste, und zwar lebenslang. Sie bleibt ge- und verstört zurück, versucht den preußischen Luftikus verzweifelt bei sich zu halten, was sich in unzähligen Gedichten, aber auch endlosen Briefen mit leidenschaftlichen Liebeserklärungen äußert. Ihr Leben scheint ihr so gut wie zerstört. »Ach«, soll ihre Freundin auf dem Totenbett gesagt haben, »wüßte er unsere Freundschaft nur voll zu würdigen, er würde sie nicht so vernachlässigen!«

Auch als Liebhaber zeigt Pückler eine verblüffende, wenngleich wenig kavaliersmäßige Offenheit. Delphine, die 14jährige, gesteht er Lucie in einem Brief, habe er in allen ihren Reizen »von Kopf bis Fuß beschwärmt, nur nicht die Zähne«, weshalb er sie nie auf den Mund geküßt habe. Als Moral seiner Unmoral hält er eine gleichfalls verblüffende Erkenntnis bereit: »Alle Liebe ist egoistisch, wenigstens die irdische, und am Ende wird der liebe Gott sich auch selbst noch lieber haben als uns.«

Die Affäre zu viert hat für den chronisch verliebten Grafen ein Gutes: Er denkt weniger an Helmine. Trotzdem überfällt ihn hin und wieder erneute Raserei nach – streng genommen – seiner Stieftochter. Einmal schlägt er, wie immer in irdischen Dingen außerordentlich egoistisch, Lucie vor, doch mit Helmine nach Aachen zu kommen, von wo aus man zu dritt nach Italien ziehen könnte, nach Marseille, Bordeaux oder wo immer er Gesandter werden würde. Lucie weigert sich, wie ihr Vater Hardenberg den Gesandtenposten verweigert, was die Sache erledigt.

Aachen bringt Pückler nicht viel ein, aber es hat seine Folgen. Bei diesen spielt Schwiegervater Hardenberg eine ausschlaggebende, wenn auch reichlich traurige Rolle. Kaum ist der Kongreß der Heiligen Allianz friedlich auseinandergegangen und kaum hat er die Muskauer Gartenarbeiten überprüft, zieht es Pückler erneut nach Berlin, obwohl er an der Stadt kein gutes Haar läßt. Aber dort geht er jetzt bei Hardenberg aus und ein, der ihm sogar das Du anbietet, dort sieht er Helmine wieder und entbrennt in neuer Liebe (Lucie schickt das ungezogene Töchterlein sofort zu Schwester Adelheid), dort verkehrt er vor allem im Salon der Rahel und entdeckt ein neues Talent. Er läßt sich als Sänger ausbilden und tritt als solcher öffentlich auf. Auch Frau Alopeus sieht er wieder, ihrem eifersüchtigen Gatten zum Trotz. Sie ist freilich an der Tuberkulose erkrankt und bis zum Skelett abgemagert.

In Berlin tut er ein übriges. Er verhandelt, höchst geschickt und nicht ohne Erfolg, im Namen der Lausitzer Großgrundbesitzer mit den zuständigen Ministerien in Steuer- und Hypothekenangelegenheiten sowie um eine Entschädigung für die Kriegsfolgelasten. Sein hartnäckiger Kampf gegen die Bürokraten in »Sandomir«, wie er Berlin jetzt nennt, trägt ihm bei allen Neu-Preußen und einsichtigen Geistern Hochachtung ein, macht ihn jedoch unbeliebt bei Hofe. Besonders der junge Kronprinz wittert in ihm einen Atheisten und, schlimmer noch, Republikaner. Ersteres fälschlich, zweites nicht ganz zu Unrecht, wie wir sehen werden.

Geradezu Entsetzen erregt Pückler, als er im Landtag für die Rechte des besiegten Königreichs Sachsen eintritt. Er macht auch sonst aus seinem Herzen keine Mördergrube. Die Lausitz, sagt er, sei früher eine sächsische Kolonie gewesen und heute eine preußische. Er spricht Dinge aus, die man sonst nur außerhalb Preußens auszusprechen wagt. Dies macht verständlich, weshalb Hardenberg seinen Schwiegersohn nicht, wie er plötzlich doch wohl vorhat, als Vertreter Preußens nach Konstantinopel schicken kann.

Er läßt ihn dafür eine nicht so hochpolitische, gleichwohl diffizile Aufgabe verrichten. Die Sachlage ist – wie alles bei Hardenberg – einigermaßen kompliziert:

Dem alten Herrn, der früher mit Menschen und Mächten umgegangen ist wie mit Marionetten, sind im Alter die Fäden aus der Hand geglitten. Mit 71 gebrechlich, launisch, eigensinnig und überdies taub, so daß er das meiste falsch versteht, macht er, einst eine strahlende Erscheinung, jetzt eine eher lächerliche Figur. Selbst der gutmütige König unterzeichnet längst nicht mehr alles bedingungslos, was ihm sein Staatskanzler vorlegt. Politisch im Fahrwasser Metternichs ins Zwielicht geraten, sind auch seine häuslichen Verhältnisse unerträglich geworden. Über sie wird in Berlin viel gewitzelt: über die zänkische Gattin und die herrschsüchtige, durchtriebene Mätresse, die dem Alten das Leben schwermachen, indes sie ihn beide mit Dr. Koreff und die Fürstin wohl auch mit dem Fürsten Wittgenstein betrügen.

Man stellt sich Preußen immer so spartanisch diszipliniert vor, »hart aber gerecht«, wie es sich selbst gern sah oder gesehen hätte. Das war es jedoch selten, selbst im Militärischen nur zeitweilig. Es hatte ein viel bunteres Gesicht – wie übrigens auch seine Fahnen, die keineswegs streng schwarz-weiß waren, zumindest noch nicht –, zeigte sich vielfältiger, manchmal verrotteter und, auch das, menschlicher, als es in die Geschichte eingegangen ist.

Fürst Hardenberg gerät noch mehr in die Zwickmühle, als die Fürstin ihn türenknallend verläßt (eine fürchterliche Szene, die den König ebenso aufregt wie Hardenberg). Dr. Koreff, der angeblich in Karlsbad kuren will, bringt sie nach Teplitz und reist tatsächlich, wohl der Tarnung halber, nach Karlsbad weiter.

Hardenberg möchte sich nun scheiden lassen, aber das lehnt Friedrich Wilhelm III. aus moralischen Gründen entrüstet ab. Und nun ist es die Siegerin, die Hähnel, jetzt Frau von Kimsky, die mit einem Skandal droht. Wieder kommt es zu öffentlichen Szenen, deren Zeuge halb Berlin wird. So wendet Hardenberg sich in letzter Not an einen Mann, der bewiesen hat, daß er mit verzwickten Angelegenheiten umgehen kann – an seinen Schwiegersohn. Da stößt er nicht auf taube Ohren.

Pückler packt alsbald seine Reiseutensilien, was bei ihm nicht ganz einfach ist, denn er besitzt deren unglaublich viele, luxuriöse, meist aus England stammende Spezialkoffer und -kisten. Dann macht er sich, angeblich wegen eines Fußleidens, auf nach Teplitz. Fürstin Hardenberg ist ihm zwar immer gewogen gewesen, tritt ihm aber jetzt mit allen Zügen einer Megäre entgegen, erleidet wohl einen schweren hysterischen Anfall und droht, nach Berlin zurückzukehren. Das, muß ihr Pückler vorsichtig mitteilen, möge sie besser bleiben lassen, denn dort würde sie Ärger mit der Polizei bekommen.

Auch dies ein bißchen merkwürdig, denn ihr steht ausgerechnet der bisherige Liebhaber, Fürst Wittgenstein, vor. Aber der hat, wie bei ihm zu erwarten, eine rasche Kehrtwendung vollzogen. Wittgenstein ist ihrer längst überdrüssig geworden und sieht die Ex-Geliebte nur ungern an der Seite des Staatskanzlers, der sie seinerseits gern loswäre. So hat man gemeinsam beschlossen, die lästige Dame kurzerhand aus Preußen auszuweisen. Pückler erfährt davon auf ungewöhnliche Weise, nämlich noch im Bett liegend, vor dem Frühstück und unfrisiert.

Da wird plötzlich seine Hoteltür aufgerissen und herein stürzen die Fürstin Hardenberg und, zu seinem Staunen, mit ihr Dr. Koreff. Der hat in Karlsbad erfahren, daß auch er auf allerhöchsten Regierungsbeschluß aus Berlin ausgewiesen sei und Wohnung in Bonn zu nehmen habe. Bonn ist damals noch keine Ersatz-Hauptstadt, sondern ein unscheinbares Universitätsstädtchen, dessen Alma Mater im übrigen auch erst seit ein paar Jahren besteht. Koreff sinkt laut schluchzend an Pücklers Bett in die Knie und bittet, sich für ihn in Berlin einzusetzen, die Ausweisung rückgängig zu machen oder sie wenigstens in einen Studienauftrag zu verwandeln. Eine Szene wie aus einem schlechten Film.

Denn Koreff hat plötzlich nur sein eigenes Fortkommen im Sinn, während ihn das seiner Freundin nicht mehr zu kümmern scheint. Wie Pückler Koreff besänftigt hat, ist nicht überliefert. Der nun auch vom letzten Menschen verlassenen Fürstin kann er jedoch geistesgegenwärtig einige Zugeständnisse entringen. Sie geht auf das von Pückler mitgebrachte Angebot ein: endgültige Trennung, 12 000 Taler jährlich und Wohnsitz in Dresden.

Hardenberg ist überglücklich. Der Schwiegersohn, der ihm aus der Patsche geholfen hat, wird in diesen Tagen zum Fürsten erhoben (in Berlin munkelt man: wegen seines Eingriffs in die häuslichen Verhältnisse des Staatskanzlers), und Hardenberg persönlich gibt das Diner zur Titelverleihung. Geladen sind unter anderem Gneisenau, der freudig in den Toast einstimmt, den der Hausherr auf den neuen Fürsten ausbringt, und Wittgenstein, der zurückhaltender reagiert.

Aber außer der Rangerhöhung erhält Pückler keine Belohnung. Für ihn hängt der Himmel voller Wolken. Der Garten geht zwar der Vollendung entgegen, aber die Sorgen haben zugenommen.

Seine Briefe unterzeichnet der Fürst statt mit Pückler-Muskau häufig mit Pückler-Murrkau.

Die vielen Prozesse wegen des Landerwerbs sind meist mit einem Vergleich zu Ende gegangen. Den wichtigsten jedoch, gegen den Holzhändler Riemann, verliert er. Das schränkt seine ohnehin kargen Mittel weiter ein. Zum Glück haben er und Lucie sich inzwischen mit deren Bankier Dehn aus Altona angefreundet, der zum gerngesehenen Gast auf Muskau geworden ist. So skeptisch und unnahbar er einst schien, hilft er jetzt dem bedrängten Ehepaar mit Rat und sogar Tat: Er borgt Geld aus seinem Privatvermögen.

Am 26. November stirbt Hardenberg in Genua. Noch am gleichen Tag hatte er den dortigen preußischen Konsul empfangen und ihm Richtlinien gegeben. Dabei war seine Italienreise keineswegs offizieller Natur, sondern auf Drängen der Kimsky angetreten. Dem begleitenden Arzt, Dr. Rust, zufolge, hatte diese den Staatskanzler – wie er durchblicken läßt: planmäßig – überanstrengt. In Mailand zwang sie den Greis, die 158 Stufen zum Dach des Domes zu ersteigen, und setzte ihn oben dann eine volle Stunde dem eiskalten Luftzug aus. Kurz vor seinem Tode, lesen wir in einer Biographie, »saß Hardenberg röchelnd im Lehnstuhl. Als er seine Geliebte sah, richtete er sich hoch auf und warf ihr einen so furchtbaren Blick zu, daß sie ohnmächtig hinsank.« Aber das mag Legende sein.

Pückler hat sich wenigstens Hoffnung gemacht auf 100 000 Taler aus der Erbschaft, aber Lucie und er erhalten keinen Pfennig. Erstens ist Lucie formell enterbt, und zweitens stellt sich heraus, daß der gute Staatskanzler ähnlich verschuldet war wie sein leichtsinniger Schwiegersohn. Hardenberg hat in den zwölf Jahren seiner Kanzlerschaft zwar auf jedwedes Gehalt verzichtet, sich aber ausbedungen, daß die preußische Staatskasse für ihn auch persönlich aufkommt. Für den Staat ein schlechtes Geschäft. Hardenbergs Schulden bei seinem Tode belaufen sich auf 540 000 Taler.

»Glänzendes Elend ist vielleicht die schwerste Last hienieden«, schreibt Pückler 1823 an seine Schnucke. So etwas wie glänzendes Elend ist mittlerweile auf Muskau eingezogen. Das letzte Reitpferd wird verkauft, ein Großteil der Dienerschaft entlassen. Lucie rät zur Sparsamkeit auch bei Beleuchtung und Heizung. »Miß mir Holz und Licht nicht zu knauserig zu, denn bei meiner Neigung zur Schwermut ist das Licht mir ebenso notwendig wie die Luft.« Daß es nicht so weitergeht, wenn man bei Einkünften von jährlich 12 000 Taler 40 oder sogar 50 000 Taler ausgibt, sieht am Ende selbst er ein.

Aber das Sparen liegt ihm nun einmal nicht. Wo ansetzen? Wenn er in Berlin den alten Wanderfreund Alexander von Wulffen wiedertrifft, soll er dann etwa nicht ihm zu Ehren ein würdiges Diner gemeinsam mit den Freunden abhalten dürfen? Und lassen sich die Arbeiten am Muskauer Landschaftsgarten ganz einfach einstellen? Sie sind ja sein Leben! Eine volle Million Taler hat er bereits in den Garten gesteckt, was man als Verschwendung bezeichnen, aber auch als einzigartiges Geschenk an die Nachwelt verstehen kann.

Der König versteht es übrigens, nüchtern, wie er ist, noch anders. Friedrich Wilhelm verleiht Pückler einen Orden dafür, weniger für die ästhetisch-musischen Qualitäten seiner Tätigkeit als für ihren äußerlichen Nutzen. In diesen kargen Zeiten mit dauernden Mißernten und beginnender Arbeitslosigkeit sogar auf dem Lande, lebt fast ganz Muskau vom Bau des Gartens, so etwas wie ein frühes Arbeitsbeschaffungsprogramm.

Trotzdem: »... die Sorge steht wie ein Gespenst schon jahrelang mir ewig zur Seite«, bekennt er Lucie, und auch, daß er mit Gedanken an Freitod spielt.

Die feierliche Einweihung des im Gesamtkonzept wahrscheinlich bedeutendsten englischen Landschaftsgartens außerhalb Englands findet am 23. Juni 1823 statt. Auch Lucie, die wir ja bei Pücklers Aufbruch nach Aachen als Gartenaufsicht verlassen mußten, hat ihr Teil dazu beigetragen. Als man beim Betrieb des nahen Alaunbergwerks und der Umwandlung der Landschaft zufällig auf eisenhaltige Mineralquellen stieß, ist sie aktiv geworden. Dem Landschaftsgarten ihres Mannes fügt sie eine komplette Badeanlage hinzu. Das hat zwar wieder eine Menge Geld gekostet, aber man verspricht sich auch große Einnahmen davon in naher Zukunft.

Leider vergeblich. »Das Hermann-Friedrichs-Bad zu Muskau«,

so ein alter Reiseführer, »aus Moor- und stark eisenhaltigen Mineralbädern, Dampf-, Kiefernadel- und Wellensturzbädern in der Neiße bestehend, ebenso einem Trinkbrunnen, den Hermannsbrunnen, besitzend, ist von einer so vorzüglichen Heilkraft, welche nach den Aussprüchen bedeutender Sachkundigen, der von Marienbad und Franzensbad gleichkommt«. Hinzugefügt wird: »Wenn Muskau als Bad trotzdem noch immer nicht in weiteren Kreisen die ihm gebührende Anerkennung fand, so ist der Grund einerseits wohl in dem früheren Mangel günstiger Verkehrswege, wie den Anforderungen der Zeit sich anpassenden Einrichtungen des Badewesens zu suchen gewesen.« (1887)

Den Pücklers hat das Bad, das Muskau heute stolz im Namen führt, wenig oder nichts eingebracht. Sie haben Mühe, die zur Einweihung erschienenen Gäste standesgemäß zu bewirten.

Es erscheint, allerdings erst nach dem allgemeinen Trubel, sogar der Kronprinz. Der spätere Romantiker auf dem Königsthron lobt das Parkgelände über alle Maßen, betrachtet aber mißbilligend das neue, etwas pompös geratene Fürstenwappen am Schloß.

»Seit wann tragen die Pücklers einen Adler im Wappen?« will er wissen.

Die Antwort lautet, ganz Pückler: »Ebenso lange wie die Hohenzollern, Königliche Hoheit!«

An eine diplomatische Karriere in Preußen ist danach nicht mehr zu denken. Der Schuldenberg würde jedes andere Ehepaar ins Armenhaus zwingen. Das Bad erweist sich als Fehlinvestition, obwohl Pückler ein Meisterstück an Public Relation liefert, ehe diese auch nur erfunden ist. Ein Mensch namens Weisflog, Journalist, preist – für 100 Taler und freie Wohnung – die Heilwirkung der Quellen in der Berliner Abendzeitung und die Prospekte, mit vielen bunten Bildern versehen, hält sogar Goethe für eine glänzende Idee.

Aber über dem nun so bildschönen Muskau kreisen die Geier. Pückler versinkt in tiefste Melancholie, Sophie Gay zufolge »der eigentliche Grund seiner Seele«.

Sie dürfte die einzige seiner vielen Geliebten gewesen sein, die das erkannt hat. Fast alle anderen sind am äußeren Bild, an seinem Snobismus, seinen mondänen Selbstinszenierungen hängen geblieben. Vielleicht hat ihn Sophie Gay – mit Ausnahme der mütterlichen Schnucke – am tiefsten geliebt. Sie ist dann auch, wie es zu gehen pflegt, am schnödesten von ihm behandelt worden.

10.

Scheidung und Landschaftsgärtnerei

Am 31. Oktober 1823, einen Tag nach seinem 38. Geburtstag, findet Pückler morgens auf seinem Schreibtisch einen Brief Lucies. Er trägt die Überschrift: »Todesurtheil der Ärmsten auf Erden.« Als er ihn liest, bricht er in Tränen aus.

So ganz unvorbereitet kann er trotzdem nicht gewesen sein. Fürst und Fürstin, »Lou« und »Schnucke«, haben es sich angewöhnt, die letzten Abendstunden bis spät in die Nacht im vertrauten Gespräch zu verbringen. Da wird, wie wir aus Pücklers Tagebuch wissen, alles beredet, was Gott und die Welt, vor allem jedoch Muskau betrifft. Beide wissen längst, daß die Herrschaft nur durch eines zu retten sein wird: durch Scheidung und anschließende lukrative Heirat des Fürsten. Eben dies schlägt Lucie jetzt – in allen Texten über Pückler fällt hier das Wort: edelmütig – vor.

»Indem ich also Dir Deine Freiheit zurückgebe und bestimmt erkläre, daß ich von Dir geschieden zu sein verlange«, heißt es im Brief, »bezeuge ich Dir nochmals: daß ich Dir das höchste, das einzig wahre Glück meines Lebens verdanke – Dein geistreicher, liebenswürdiger Umgang, Dein fester, männlicher und doch so sanfter Charakter, haben es mir gewährt, und mehr noch als Alles Dein tiefes, edles Gemüth, Dein gutes, weiches Herz. Daß Deine Gesinnungen der Art sind, daß kein Wechsel, kein Ereigniß sie zu verändern und aufzulösen vermag, das glaube ich, und nur in dieser festen Überzeugung fühle ich die Kraft, Dir ein Opfer zu bringen, das mir zwar unendlich schwer wird, ohne welches ich aber doch keine Beruhigung mehr finde.«

Tränenblind ist nicht nur Pückler, sondern sind auch alle anderen, die erstaunlich rasch von solchem Großmut erfahren, zum Beispiel der König, der ja seine Einwilligung zur Scheidung derart hochgestellter Persönlichkeiten im Staate geben muß.

Auch Pücklers Antwortbrief wird nicht verschwiegen. Der Fürst zögert, das Angebot anzunehmen – »sein edles Herz verbot es ihm«, um eine Quelle aus dem 19. Jahrhundert zu zitieren. Seine Natur, schreibt er selbst, sei »bizarr, aber nicht vulgär«, eine vortreffliche und wohl lange ausgefeilte Formulierung.

Ganz sicher fällt Lucie die Entscheidung schwer, und es ist auch durchaus möglich, daß Pückler geweint hat; er ist ohnehin nahe am Wasser gebaut. Der Stil des Schreibens, auf breite Wirkung berechnet, weist jedoch auf ihn als Autor. Die Wirkung bleibt auch nicht aus. König Friedrich Wilhelm, der sich so hartnäckig geweigert hat, der Scheidung Hardenbergs zuzustimmen, gibt in diesem Fall nach. Das Ehepaar selbst scheint ihn bei einer gemeinsamen Visite überredet zu haben.

Eine abgekartete Sache also, zwischen den beiden und auch wohl mit dem König. Man will sich trennen, um zusammenbleiben zu können, eine typische Pückler-Idee.

»We Germans are odd people«, erklärt er die Situation etwas später einer englischen Freundin. Aber es sind weniger die Deutschen, die auf derart verrückte Ideen kommen, als eben die Pücklers. Bei näherem Ansehen scheint die Idee allerdings gar nicht so verrückt. Lucie ersetzt ihrem Lou längst Mutter, Schwester, Bruder, ist sein bester Kamerad und gibt seiner »sonderbaren Seifenblasenexistenz«, wie er es selbst ausdrückt, Halt und Konsistenz. Für Lucie sieht es ähnlich aus: Sie hat auf der Welt wenig mehr als Muskau und Pückler, der auch nach allen Eskapaden zu ihr zurückkehrt wie ein Schiff in den Hafen. Er poussiert eben eine Sängerin, Henriette Sontag, die in einer Oper Aubers namens »Der Schnee« auftritt.

Ein Leben ist lang, eine Biographie kurz. Daher scheint es meist so, als ob bald nach diesem Brief die Scheidung ausgesprochen wird und Pückler sich auf den Weg nach England macht. Aber dem ist nicht so. Ehe man hier aktiv wird, müssen noch einige Prozesse verloren werden, unter anderem einer gegen einen Verwandten, Graf Sylvius Pückler, und muß ein Bankhaus zusammenkrachen, das des Herrn Beneke (Verlust: 12 000 Taler). Zwischen Brief und Trennung, die nicht als solche gedacht ist, vergehen ganze drei Jahre.

In dieser Zeit sieht Pückler sich, ganz sicher im Einverständnis mit Lucie, zunächst einmal in Berlin um. Das geschieht zwischen lauter Muskauer Katastrophen. Als er am gleichen Tag einen Prozeß verliert und vom Zusammenbruch des Bankhauses Beneke erfährt, soll er abends in einem Salon singen. »Du kannst Dir denken, wie singerig mir zumute ist«, schreibt er Lucie, tritt aber trotz allem auf; the show must go on.

Auch die Brautschau. Eine 16jährige mit 300 000 Talern Mitgift kommt nicht in Frage, weil sie erst nach Volljährigkeit über ihr Geld verfügen kann. Eine andere »kleine Person«, wie die Pücklers sie getauft haben, schreckt im letzten Augenblick vor der Tatsache zurück, daß der Galan, der sie zu umgarnen sucht, noch gar nicht geschieden ist. Auch Hamburg, eine Hafenstadt mit zum Teil sehr wohlhabenden Handelsherrn, wird kurze Zeit Ort angestrengter Suche, die aber vergeblich bleibt.

Inzwischen gehen die Arbeiten in Muskau auch nach der Eröffnung weiter. Ein Landschaftsgarten ist, wie ein gotischer Dom, nie vollendet; er verlangt ständige Pflege und Ergänzung. Obwohl Pückler, als Gartenfachmann hochgeachtet, schon häufig für fremde Landschaftsgärten hinzugezogen wird, holt er sogar noch Hilfe aus England. Und zwar, ungeachtet der Kosten, bittet er keinen Geringeren als den berühmten Humphry Repton. An seiner statt erscheint der Sohn, John Adey, da dessen Vater schon vor fünf Jahren gestorben ist. John Adey wird in Muskau, aber auch an Pücklers Seite in Klein-Glienicke tätig, dem ehemaligen Herrensitz Hardenbergs, den Prinz Karl gekauft hat, der Sohn des derzeitigen Königs und der verstorbenen Königin Luise, selbst ein passionierter Parkomane. Repton jr. bewundert den deutschen Gartenfürsten und teilt dies auch nach England mit, was Pückler bei seinem Aufenthalt später einige Türen öffnen wird.

Ein weiteres wichtiges Ereignis fällt in diese Zwischenjahre, wie sie nachträglich erscheinen. Viel Verwunderung erregt in Muskau die Tatsache, daß der Fürst sich plötzlich so häufig in jene »Cottage« am Jagdschloß zurückzieht und dort mitunter Tage und Nächte in völliger Einsamkeit verbringt. Er wird nicht einmal von einem hübschen weiblichen Wesen begleitet, sondern nur von Pferd und Hund sowie, mitunter, einem gezähmten Kranich. Wilde

Gerüchte ranken sich, wie von Pückler wohl auch beabsichtigt, um diese geheimnisvolle Klausur. Was dort, immerhin ein paar Stunden Ritt vom Schloß entfernt, geschieht, ist jedoch vergleichsweise harmlos. Der Fürst schreibt ein Buch. Und zwar, wie viele bis heute meinen, sein bestes.

Es gewinnt rasch Gestalt. Ganze Nächte hindurch und »am Schreibtisch essend« arbeitet der Autor an ihm. »31 Seiten Foliopapier« schreibt er voll, wie er stolz verkündet. Sein einziges Sachbuch wird allerdings viel später erscheinen, nachdem sein erster Reisebericht ein Erfolg geworden ist. Da sehr kostspielig mit Atlas, Plänen sowie Stichen von August Wilhelm Schirmer ausgestattet und darum viel zu teuer, wirft es, im Gegensatz zu den Reisebüchern, keinen Gewinn ab. Ihn erzielen dafür nahezu regelmäßig noch heute Faksimile-Ausgaben des kostbaren Werks. Auch verstärkt es die Reputation des Fürsten als Gartenfachmann.

Spätere Kritiker Pücklers haben seine Schriften oft, wie etwa Immermann, »oberflächlich und auf den Effekt berechnet« gefunden. Die »Andeutungen über Landschaftsgärtnerei«, so der überraschend bescheidene Titel, haben alle Kritiker ausnehmen müssen. Zweifellos sind sie sein seriösestes Buch, so etwas wie das Credo eines großen Garten- und Naturfreunds. So bescheiden, wie der Titel scheint, ist er jedoch nicht. Er bezieht sich auf ein ähnliches Grundlagenwerk Humphry Reptons, »Observations on the Theory and Practise of Landscapegardening«, und setzt sich ihm an die Seite.

Reptons Arbeit, schon 1802 erschienen, als Pückler noch Leutnant der Gardes du Corps in Dresden war, inzwischen auch ins Deutsche übersetzt, hat allerdings seine Mängel. Der vielbeschäftigte englische Landschaftsgärtner war immer in Zeitnot und hat das Buch auf Dienstreisen unterwegs in der Kutsche geschrieben, was man ihm anmerkt. Pückler nimmt sich in seinem Jagdhaus die notwendige Muße. Sorgfältig feilt er am Text und gliedert ihn übersichtlich.

Trotz seines Hangs zu komplizierten, meist französisierenden Fremdwörtern, erweist er sich als glänzender Stilist. Das Ganze wirkt wie aus einem Guß und verrät eingehende Erfahrung im Umgang mit Gärten. Alles wird ex cathedra, von höchster Ebene, ausgesprochen; nie vergißt man bei der Lektüre, daß hier ein erlauchter, wenngleich ungemein leutseliger Aristokrat plaudernd informiert und belehrt.

Auch Pücklers spätere schriftstellerische Erfolge gehen auf diesen unnachahmlichen Stil zurück, der den Leser gleichsam von oben herab anspricht, ihn aber trotzdem in alles, die größten und die kleinsten Begebenheiten, einbezieht. Der unnahbare Fürst wird zum Vertrauten, um gleich im nächsten Augenblick wieder ins Unnahbare zu entrücken. Gesalzen werden die Ausführungen mit einer gehörigen Portion Ironie – selten in der deutschen Literatur –, die auch vor dem Erzähler selbst nicht haltmacht.

Das gilt schon für dieses ungewöhnliche Sach- und Lehrbuch. So beschreibt die zweite »Abteilung« unter anderem drei Spazierfahrten durch den Park von Muskau. Pückler setzt »sofort den geneigten Leser in den Gartenwagen (eine sogenannte Ligne, auf der mehrere Personen nebeneinander Platz haben und sich nach allen Seiten frei umsehen können)«. Der geneigte Leser fühlt sich unwillkürlich als Gast des wohlwollenden Fürsten, der dann alles selbst erklärt.

Das Buch hat zwei »Abteilungen«. Die erste, »Andeutungen für Landschaftsgärtnerei im allgemeinen«, stellt ein Lehrbuch dar. Mit gewissen Einschränkungen könnte man es noch heute beim Anlegen eines Parks im englischen Stil so benutzen. Aber wo werden zu Ende des 20. Jahrhunderts noch Landschaftsgärten errichtet? Die Welt ist dafür zu eng geworden. Es wäre allerdings viel leichter, sie zu pflegen. So war der 6. Abschnitt der ersten Abteilung, »Über Anlegung von Park-, Wiesen- und Garten-Rasen«, schon bei Erscheinen des Buches überholt. Verfaßt hat ihn übrigens der brave Rehder, der von Rasenpflege mehr versteht als sein Herr. Verlangt Rehder noch ganze Kolonnen von Arbeitern mit Sicheln und Sensen, so erfanden die Engländer bereits 1832 den ersten mechanischen Rasenmäher, für den Landschaftsgarten eine erhebliche Erleichterung und Verbilligung.

Aber sonst erfährt man aus erster Hand, was man zu tun und zu lassen hat, will man einen solchen anlegen und erhalten. Pückler geht da ganz systematisch vor. Umrissen wird von der Grundidee in Einzelkapiteln Ausdehnung und richtiges Maß, die Art der Einfassung oder Umschließung, die notwendig ist, aber nicht stören darf, die Gruppierung von Gebäuden und Anpflanzungen, die Wahl der Baumarten (möglichst nur einheimische), das Führen der Wege, Alleen (keine Birken oder Pappeln!), der Einbezug von Wasser, Inseln, Felsen. Man erfährt, welche Bergarbeiten oder Planierungen notwendig werden und was zur weiteren Pflege bereitgestellt werden muß. Für jeden, der auch nur ein bißchen an Natur und deren Verschönerung interessiert ist, eine spannende Lektüre.

Die drei anschließenden Wagenfahrten in der 2. Abteilung stellen dann den Muskauer Park und seine Entstehung vor. Der fürstliche Cicerone hält dabei auch eine Lobrede auf den Baumeister Schinkel, wohl wissend, daß er bedauerlicherweise – das leidige Geld! – so wenig von dessen Plänen für Schloß und Park hat realisieren können.

Freilich: Während der Kutschfahrt scheinen Schinkels Entwürfe wie von Zauberhand tatsächlich verwirklicht, so auch auf August Wilhelm Schirmers beigegebenen Stichen. Der Park, den Pückler vorführt, ist nicht der damals vorhandene und schon gar nicht der heutige, sondern eine Mixtur aus Dichtung und Wahrheit. Auch seine Träume sieht der Fürst schon deutlich vor Augen und weiß sie zu schildern, als seien sie Fleisch und Blut oder vielmehr Baum, Gebüsch und Tempel.

Die Reise führt, wie immer bei Pückler, von Muskau nach Utopia, das eine nicht ohne das andere zu denken. Vielleicht sind dies die einzig richtigen Dimensionen für einen Landschaftsgarten. Sie sind es ja auch für jedes Kunstwerk.

Keine Zweifel gibt es bei Pückler darüber, daß ein Landschaftsgarten unter die Kunstwerke gerechnet werden muß. Man könnte, heißt es zum Beginn der 2. Abteilung, »die höhere Gartenkunst mit der Musik vergleichen, und wenigstens ebenso passend, als man die Architektur eine *gefrorene* Musik genannt hat, sie eine *vegetierende* (vegetative) Musik nennen. Sie hat auch ihre Symphonien, Adagios und Allegros, die das Gemüt durch unbestimmte und doch gewaltige Gefühle gleich tief ergreifen.«

So hektisch er lebt, der Natur tritt er gelassen gegenüber. Alle seine Anlagen, sagt er, seien so berechnet, daß sie nach 150 Jahren den höchsten Grad ihrer Entfaltung erreicht haben. Auch das eine neue Dimension. Nach eineinhalb Jahrhunderten gelten rote oder schwarze Zahlen nichts mehr, gilt nur noch die Leistung, das Werk.

Das Gartenwerk wird dem Prinzen Karl auf Klein-Glienicke gewidmet, wohl in der Hoffnung, daß dieser ihm daraufhin den weiteren Ausbau des Landschaftsgartens bei Potsdam überträgt. Aber den hat Lenné einst für Hardenberg begonnen, und Prinz Karl ist gut beraten, ihn diesem auch zu lassen. Auf gelegentlichen Besuchen darf Pückler Klein-Glienicke immerhin durch eine kleine Kette künstlicher Teiche und einige kissenartige Blumenbeete bereichern.

Um auch einmal zu kritisieren: Blumenbeete zählen zu Pücklers ausgesprochenen Schwächen. Besitzt er sonst einen erstaunlich sicheren Geschmack, so läßt sich dies von seinem Farbensinn beim besten Willen nicht sagen. Wie er später in Branitz die geschwungenen Brückengeländer mit knallbuntem Glas bestückt (das glücklicherweise die unruhigen Zeiten nicht überstanden hat), so sind die Kissenbeete, die er auf den Rasenflächen des Pleasure-grounds von Muskau verteilt, überladen von Schnörkeln, Ornamenten und girlandenförmigem Durcheinander. Seine Farbe ist Grün, zu dem hin und wieder das Blau der Wasserflächen tritt, die er so meisterhaft zu integrieren weiß. Wie er sich ein Leben lang nach Vorderasien sehnt und es dann auch bereisen wird, scheint sein Farbensinn bei Blumenrabatten und Inneneinrichtungen – schreiend und laut – schon im Vorgriff orientalisch. Was seinen Landschaftsgärten keinen Abbruch tut.

Im Gartenbuch bietet er uns zum Schluß »eine Ansicht meines Cottage im Garten des Jagdschlosses, ein stiller, einsamer Ort, von wo auch ich jetzt dem freundlichen Leser, wenn er so weit bei der trockenen Materie ausgehalten hat, den herzlichsten Abschied zurufe«. Man fühlt sich geradezu hinauskomplimentiert.

Verlassen wir also die Gartenidylle und kehren wir, wie Pückler selbst mit Pferd und Hund und zahmem Kranich, aus seinem Jagdschloß in die herbe Wirklichkeit zurück. Die Sorgen sind nicht weniger geworden. Schefer, den wir etwas aus den Augen verloren haben, wird wieder die Verwaltung der Herrschaft und ihrer gründlich zerrütteten Finanzen übernehmen müssen. Denn der Fürst bereitet sich in Berlin auf eine weite Reise vor.

Für sie gilt es, die notwendigen Mittel bereitzustellen. Heimlich verkauft sind schon ein Großteil des Silberzeugs und der Juwelen. Bewundern kann man freilich noch die prächtigen Equipagen, in denen der Fürst auffallend häufig in letzter Zeit Unter den Linden entlang zum Königlichen Schloß kutschiert; dies aus keinem anderen Grund als dem, auch diese möglichst preisgünstig verkaufen zu können.

Einen Tilbury erwirbt Prinz Karl für 40 Friedrichsdor, was immerhin 200 Talern entspricht. Als alle Pücklerschen Wagen ihre neuen Besitzer gefunden haben, kommen die letzten Pferde an die Reihe, zu allerletzt jene hübsche braune Stute, von der sich der Fürst nur wieder unter Tränen trennt. Auch Lucie kratzt, mit Schefers Hilfe, aus allen möglichen Winkeln und Ecken Geld zusammen, denn das Ziel ist jetzt klar. Weder in Berlin noch in Hamburg soll die reiche Erbin weiterhin gesucht werden, sondern im Land, wo derartige Erbinnen, wie man sagt, nicht die Ausnahme, sondern die Regel sind, in England.

Mittelpunkt des Berliner Stadtklatsches ist nämlich derzeit ein Herr von Biel, dessen Finanzen sich in ähnlichen Verhältnissen befunden haben wie diejenigen Pücklers. Bis er sich aus London die Nichte des Bankiers und Staatsmanns Baring als Ehefrau geholt hat, plus 35 000 Pfund Sterling an Mitgift. Und Baron Baring besitzt selbst drei Töchter, die mit einer noch höheren Mitgift rechnen können.

Pücklers Entschluß steht fest. Er wird sich die Baring-Töchter ansehen und prüfen, ob sich eventuell in England nicht noch etwas Besseres findet. Ein Jurist namens Bennewitz entwirft drei Scheidungsverträge, die Lucies Zukunft sichern. Pückler läßt sie mehrfach verändern, stets zu Lucies Gunsten. »Aber wenn Ihre Frau Gemahlin sich wieder verheiratet!« soll Bennewitz »mit komischer Beharrlichkeit« immer wieder ausgerufen haben. Doch das hält Pückler für ausgeschlossen. Er hofft vielmehr, mit der reichen Engländerin, heiße sie Baring oder anders, und seiner Schnucke auf Muskau so etwas wie eine Ehe zu dritt führen zu können. Auch

Lucie scheint von einer derartigen Möglichkeit überzeugt, zu der freilich nicht zwei gehören, sondern drei.

Am Ende wird dann doch die Zeit knapp, die Gläubiger drängen. Man hat trotzdem genügend Mittel zusammengetragen, daß der Fürst drüben fürs erste standesgemäß auftreten kann.

Kein Grund zur Übereilung. Das geschiedene Ehepaar verbringt vielmehr noch einige Monate zusammen in Muskau, die sich wie zweite Flitterwochen anlassen. Dann gibt Lucie ihrem »Freunde«, wie er nun heißt, das Geleit bis Bautzen. Am 7. September 1826 nehmen die Geschiedenen »unter tausend Küssen, Tränen und Umarmungen dramatischen Abschied« voneinander.

Schon am Tag danach schreibt Pückler seiner Lucie aus Dresden den ersten Brief. Er beginnt:

Meine teure Freundin!

Deine Liebe bei unserem Abschied in B... hat mir so wohl und weh getan, daß ich mich noch nicht davon erholen kann. Immer steht Deine kummervolle Gestalt vor mir, ich lese noch den tiefen Schmerz in Deinen Blicken und Tränen, und mein eigenes Herz sagt mir nur zu sehr, was Du dabei empfunden haben mußt. Gott gebe uns bald ein so freudiges Wiedersehen, wie der Abschied traurig war!

Bis dahin werden jedoch über zwei Jahre vergehen.

11.

Auf Brautschau in England

Pückler ist nicht zu beneiden. Er steht unter Erfolgszwang. Wenn er in England die heißersehnte reiche Erbin nicht findet, wird er Muskau aufgeben müssen. Lucie hat er untröstlich zurückgelassen und sich selbst auf eine Reise ins Ungewisse begeben.

Drüben, jenseits des Kanals, in London wird er mit allem Pomp auftreten müssen; nicht weniger als 20 Hemden, 30 Halstücher, ein chinesischer Schlafrock, indische Pantoffeln sowie mehrere Uniformen befinden sich in seinem Gepäck. Selbst den verwöhnten Engländern scheint das ein bißchen viel – overdone –, und da der Fürst mit diesen und anderen Zahlen weidlich – man kann es nicht anders nennen: – angegeben hat, spottet man über den aristokratischen Dandy in Londons eleganten Gazetten bereits, ehe dieser auch nur eingetroffen ist. Wer im 19. Jahrhundert reist, führt gewöhnlich nur das Nötigste mit, schon wegen der vielen Zollschranken und der Kosten für jedes Gepäckstück.

Andererseits ist der Fürst knapp bei Kasse. Der Erlös aus den Muskauer Verkäufen reicht nicht weit, und Schefer kann nur mit Maßen weiteres Geld schicken. Pückler sieht voraus, daß er bei Landsleuten wird pumpen müssen (was sich auch schon bald als notwendig erweist). Nicht einfach, großspurig zu erscheinen, wenn es schon am Kleingeld mangelt.

Seine Lage hat verzweifelte Ähnlichkeit mit der eines Hochstaplers. Im übrigen stehen ihm immer noch seine schlechten Erfahrungen aus seinem England-Aufenthalt vor zehn Jahren vor Augen. Mary Arabella, die verwitwete Marchioness of Lansdowne, ließ ihn damals, obwohl schon der Hochzeitstermin feststand, auf schmähliche Weise sitzen, was, wie er – zu Recht – befürchtet, in der Londoner Gesellschaft unvergessen geblieben ist. Kein Wunder, daß er sich England zögernd nähert.

In Dresden und Leipzig gilt er erst einmal noch etwas unter alten Bekannten, vor allem aber in Weimar beim Großherzog, dem er im Krieg als Adjutant gedient hat. Auch empfängt ihn der 77jährige Goethe und erkundigt sich eingehend nach dem Muskauer Garten, von dem ihm Wunderdinge berichtet worden sind. Er hat ihn am Ende bei Pücklers erstem Besuch angeregt. Der Fürst, findet Goethe, »zieht an und wird angezogen«. »Mit hoher Ehrfurcht und Liebe verließ ich den großen Mann«, drückt es Pückler aus, »den dritten im Bunde mit Homer und Shakespeare, dessen Name unsterblich glänzen wird, so lange deutsche Zunge sich erhält.«

Er reist zunächst im eigenen Wagen mit eigener Dienerschaft, schon wegen des vielen Gepäcks. Da dies die kostspieligste Art des Reisens sein dürfte, muß er sich jedoch bald einschränken und die üblichen Kutschen oder Eilposten benutzen, auch eine ganze Reihe von Bediensteten nach Hause schicken, zusätzlich zu jenem Lakai, der ihn verläßt, weil es in England keine dicken Suppen gibt.

Über Wesel geht es, unter ständigen nervösen Migräneattacken, an denen der Fürst mehr denn je leidet, nach Rotterdam und von dort zu Schiff nach London. Kein guter Einstand: Statt der üblichen 20 Stunden dauert die Überfahrt 40, und zu guter Letzt strandet man auch noch auf einer Sandbank in der Themse. Es dauert sechs Stunden, ehe die Flut das Schiff wieder flottmacht.

Was Meerespassagen angeht, entwickelt sich Pückler ohnehin zum Pechvogel. Stets setzt ein Sturm ein, sobald er Schiffsplanken betritt, und immer wird er seekrank. Die Lausitz, von allen Weltmeeren weit entfernt, züchtet keine Seeleute.

Wie nicht anders zu erwarten, enttäuscht ihn zunächst auch London. Er hat Lampenfieber, auch wohl so etwas wie Zukunftsangst, und außerdem schreibt man Oktober. Da ist die englische Hauptstadt leergefegt von Eleganz und Equipagen, denn den Winter verbringt der Hof im Seebad Brighton, gefolgt von der gesamten feinen Gesellschaft oder was sich dafür hält.

Trotzdem wird London – neben dem nahen Brighton – Pücklers Hauptquartier für die nächsten beiden Jahre. Er steigt zunächst im feudalen Hotel Clarendon im vornehmsten Westend ab, wo er schon früher gewohnt hat, muß aber bald mit billigeren Unterkünften vorliebnehmen und wohnt zeitweilig – höchst vergnügt, wie man hinzufügen muß, denn so etwas mag er – bei drei jungen Putzmacherinnen nahe Bond Street.

Doch schon vom Clarendon aus macht er sich auf die Suche nach einer lukrativen Heirat. Der nimmermüde Freier absolviert in acht Monaten nicht weniger als 1400 Morgenvisiten, rund vier pro Tag. Das heißt, er stürzt sich mit Vehemenz in die selbstgesetzte Aufgabe, klopft an jede Tür, die ihm geeignet scheint, besucht Bälle, Theateraufführungen, Spielkasinos und sogar den grundhäßlichen, schieläugigen Herzog von Cumberland, den er schon aus Berlin kennt und den er nicht leiden kann.

Cumberland, Ernest Augustus mit Vornamen, ist ein Bruder des regierenden Königs George IV. und residiert, da er mit zwei weiteren Brüdern in Göttingen erzogen worden ist, sowohl in der preußischen als auch der britischen Hauptstadt. Er gilt als erzreaktionär, grob und unverschämt, denn er sagt »jedem unverblümt die Wahrheit«, was ja im Deutschen – wie auch im Englischen – einer Beleidigung gleichkommt. Als ihn 1810 sein Kammerdiener zu ermorden versuchte, war man sowohl in Berlin als auch London unverhohlen enttäuscht, daß das Attentat mißlang. Er ist mit Friederike, der Lieblingsschwester der Königin Luise, verheiratet und wird rund zehn Jahre später, nun als Ernst August, König von Hannover. Als solcher reitet er immer noch in Bronze auf dem hannoverschen Bahnhofsvorplatz.

Der Grobian empfängt Pückler mit dem deutsch-englischen Satz: »Na, da kommt ja der fortune-hunter.« Es kann gut sein, daß Cumberland diesen Ausdruck geprägt hat, unter dem der Name des Fürsten immer wieder in den Spalten englischer Revolverblätter auftaucht. »Fortune-hunter« heißt Glücksjäger, auch Mitgiftjäger, was wieder einmal unter Beweis stellt, wie gut es der künftige König von Hannover versteht, auf beleidigende Weise exakt die Wahrheit zu sagen. Er scheint hinter den Kulissen der Londoner Gesellschaft leidenschaftlich gegen den liberalen Preußen intrigiert zu haben. Ernst August wird dann auch nach seiner Krönung alsbald die hannoversche Verfassung, das sogenannte »Staatsgrundgesetz« von 1833, aufheben und die »Göttinger Sieben«, die dagegen protestieren, unter ihnen die Brüder Grimm, aus seinem Staat vertreiben.

Es gibt erfreulichere Anlaufstellen. Bülow, der preußische Gesandte in London, läßt sich sogar anpumpen, nicht jedoch Nathan Meyer Baron de Rothschild, »den man mit dem Sultan verglichen hat, weil dieser der Herrscher aller Gläubigen und jener der Gläubiger aller Herrscher sei«. Pückler schätzt ihn hoch, einesteils weil der Baron, ganz wie zunächst er selbst, ein merkwürdiges Gemisch aus deutschen und englischen Redewendungen spricht, andererseits weil er alle »Kreditbriefe« (Schecks) des Fürsten ohne Wimpernzucken annimmt. Zwar läßt er Pückler wissen, »daß kein armer Teufel nach England käme, der nicht von ihm etwas haben wollte«, aber es entwickelt sich zwischen beiden rasch so etwas wie augenzwinkernde Freundschaft. Als einer der seltenen Gäste wird Pückler bei den Rothschilds sogar zum Familiendinner geladen. Einmal fällt es ihm schwer, ins Haus zu gelangen, weil die Einfahrt von einem Wagen voller Silberbarren versperrt wird, an dem sich Pückler bewundernd vorbeiquetschen muß.

Ein Grund, warum das literarische Werk des Fürsten später in Vergessenheit geriet oder nur in sehr gekürzter und überarbeiteter Form herauskam: Preußen war nie ganz frei von antisemitischen Zügen. Pückler aber gehört zu den ausgesprochenen Philosemiten, von denen es in Preußen durchaus auch einige gab; zudem zieht er die in Rahel Varnhagens Salon versammelten kritischen Geister den streng »national« gesinnten Konservativen vor. In seinen Schriften ist diese pro-jüdische Einstellung nicht zu übersehen. Also wurden sie bis 1933 nur selten und im Dritten Reich so gut wie gar nicht aufgelegt. Die erste vollständige Ausgabe der Briefe aus England, nach der Originalauflage, ist erst 1986 erschienen.

Man muß sich den Lausitzer Fürsten in London wieder als Dandy unter Dandies vorstellen. Mondän gekleidet, mit pechschwarz gefärbten Haaren, amüsant und außerordentlich gut aussehend, wird er bald zum festen Bestandteil der High-Society. Alle Türen öffnen sich ihm. Der elegante, wenngleich umstrittene Ausländer ist überall dabei, wo die Spitzen der Gesellschaft sich versammeln. Unermüdlich erneuert er alte Bekanntschaften und schließt neue, wobei er geschickt seinen – nicht allzu guten – Ruf im Lande ausnutzt; jeder möchte den berühmt-berüchtigten »fortune-hunter« doch mal sehen und ein paar Worte mit ihm wechseln. Auf diese Weise schmückt Pückler jede Einladung, Soiree, Premiere, jeden adligen Ball, jedes Galadiner. Bald regnet es Einladungen, vor allem vom Lande, wo die »Gentry«, der niedere Adel, ebenfalls neugierig zu werden beginnt. Es sind sogar seriöse Einladungen darunter, von Besitzern Englischer Landschaftsgärten, die in Fachzeitschriften über den Muskauer Park gelesen haben.

Zudem ist Pückler als preußischer Fürst derart hochgestellt, daß König George IV. ihn offiziell empfangen muß, in seinem merkwürdigen, an 1001 Nacht erinnernden orientalischen »Pavillon« zu Brighton. Auch zu staatlichen oder halbstaatlichen Gelegenheiten wie etwa dem alljährlichen Inaugurationsbankett des Londoner Bürgermeisters wird er wie selbstverständlich als Gast geladen.

Lauter glänzende Voraussetzungen für das, was Pückler anstrebt, sollte man meinen. Aber dem ist nicht so, denn die Töchter des Landes bleiben ihm zu seinem großen Kummer mehr oder weniger verschlossen; da ist man vorgewarnt, durch die Zeitungen und im Hochadel durch den Herzog von Cumberland, den mephistophelischen Feind des Mitgiftjägers.

»Der Himmel gebe mir endlich ein Wild, was der Mühe wert ist«, klagt Pückler brieflich seiner Lucie, »und ist es kein Edelhirsch, so müssen wir uns eben mit einem Häschen begnügen.« Doch so viel er auch »auf Anstand« geht – »keine üble Benennung«, lobt er selbst die eigene Formulierung –, es will sich weder ein Edelhirsch noch, fürs erste wenigstens, auch nur ein Häschen zeigen.

Mit König George IV. versteht er sich gut. Die beiden sitzen zwar nicht in einem Boot, sind aber einander in Temperament und Charakter ähnlich. George ist 65, ein durch Genußsucht und mancherlei Ausschweifung frühzeitig gealterter und verfetteter Mann. Den Thron hat er erst vor sieben Jahren bestiegen, beim Tode seines Vaters, George III., der ihn nicht weniger als 60 Jahre innehatte. Allerdings war dieser zeitweilig geistig umnachtet; zweimal mußte sein Sohn für ihn als Prinzregent einspringen, das letzte Mal zwischen 1811 und 1820, in Zeiten tiefer wirtschaftlicher Rezession. Schon aus diesen Jahren der sogenannten »Regency« stammt seine Unbeliebtheit.

Unbeliebt waren alle vier Könige aus dem Hause Hannover, die aufeinanderfolgten und alle Georg hießen, woran in der Hauptsache ihr als sehr liederlich empfundener Lebenswandel schuld war. Dabei sind die Engländer letztlich so schlecht mit ihnen nicht einmal gefahren. Die vier hannoverschen Georgs hatten ihre Meriten.

George I. brachte seinen Hofkomponisten Händel nach London und machte ihn damit zum Engländer. George II. akzeptierte in Sir Robert Walpole den ersten Premierminister in heutigem Sinn neben sich und kann als Vorläufer der konstitutionellen Monarchie gelten. Georg III. verlor zwar die amerikanischen Kolonien, war aber ein als Vorbild empfundenes treusorgendes Familienoberhaupt (seine Frau, Caroline von Mecklenburg-Strelitz, gebar ihm neun Söhne und sechs Töchter, was ihm den Spitznamen »Farmer George« einbrachte). Und unter unserem George, im Regency, einer der musisch fruchtbarsten Epochen englischer Kulturgeschichte, erhielt London sein hauptstädtisches Gesicht – Regent's Street!

Verschweigen wir auch nicht ihre Nachteile. Mit Ausnahme Georges III. waren alle unverbesserliche Schürzenjäger, dabei nicht allzu gescheit, aber jähzornig und streitsüchtig. Die beiden ersten Georgs sprachen nicht einmal Englisch, sondern mußten sich in einer Art von Küchenlatein mit ihren Ministern verständigen.

Eines jedoch konnten sie alle, ganz besonders George IV.: repräsentieren. Wo ein Georg hofhielt, da war der Mittelpunkt Englands. Sie haben insgesamt das Gesicht dessen geprägt, was man bis heute unter einem Gentleman versteht.

Das gilt sogar noch für den alten, dicken, den vierten Georg. Pückler hat ihn schon als flotten Prinzregenten gekannt, als schönen Mann und großen Spieler vor dem Herrn mit ständig wachsendem Schuldenberg, als champagnertrunkenen Lebemann. Jetzt ist er entsetzt, als er ihn bei der Parlamentseröffnung wiedersieht: »Er sah blaß und geschwollen aus, und mußte lange auf seinem Throne sitzen, ehe er genug zu Atem kommen konnte, um seine Rede abzulesen. Währenddem warf er einigen begünstigten Damen freundliche Blicke und herablassende Grüße zu.«

Auch später, in Brighton, erlebt Pückler in der Umgebung eine

Reihe peinlicher Vorkommnisse. Bei einem Ritterschlag trifft George mit dem Schwert daneben und statt der Schulter des Geehrten dessen Perücke, was eine langanhaltende Staubwolke zur Folge hat. Und um ihn aufs Pferd zu hieven, haben Ingenieure ein Mittelding zwischen Kran und Fahrstuhl entworfen, in dem der König zappelt wie ein Frosch im Storchenschnabel.

Trotzdem, wenn auch schwer vorstellbar, gilt George IV. seinen Bewunderern, die er durchaus hat, nach wie vor als »Europas vornehmster Gentleman«. Dem schmeichelhaften Satz lassen sie allerdings, zeitgenössischen Quellen zufolge, einen weniger schmeichelhaften folgen, der mit »wenn auch« beginnt: »wenn auch ein schlechter Sohn, ein schlechter Ehemann, ein schlechter Vater, ein schlechter Mensch, ein schlechter Monarch und ein schlechter Freund.«

Pückler bewundert an England neben der Schönheit der Landschaft, dem Parlamentarismus und dem Können der Shakespearedarsteller Kean, Kemble und Young am meisten die absolute Meinungsfreiheit, die dort herrscht. Seit den von Metternich 1819 diktierten »Karlsbader Beschlüssen« steht in Preußen, wie überall auf dem Kontinent, alles unter strenger Zensur, werden unliebsame Zeitungen unterdrückt, erhalten Redakteure und Schriftsteller Berufsverbot, gelten selbst leidenschaftlich vaterländisch gesinnte Männer wie der Turnvater Jahn oder Ernst Moritz Arndt als verdächtige Subjekte, zu schweigen von E. T. A. Hoffmann, den nur ein vorzeitiger Tod vor einer Verurteilung rettet, oder Görres, der nach Frankreich fliehen muß.

Hauptleidtragende der allgemeinen Meinungsfreiheit in England sind freilich der König – und Pückler. Unerbittlich ziehen Karikaturisten und Satiriker über sie her. England erlebt eine erste, nie wieder übertroffene Blüte politischer und sozialkritischer Karikatur. Zeichner wie Georges Cruikshank werden nicht müde, den König inmitten seiner Mätressen als chinesischen Mandarin, als Cellospieler oder Bassisten darzustellen, wobei sie nicht versäumen, des Königs gichtige Dickbäuchigkeit oder den übermäßig ausladenden Hintern seiner letzten Konkubine, Lady Conyngham, gebührend zu übertreiben.

George bricht, wenn er derartige Blätter zu Gesicht bekommt, in Tränen aus. Er, der Gentleman mit der raffiniert verfeinerten Etikette, würde alles tun, um nur seinen Untertanen zu gefallen. Aber das wird ihm bis zu seinem Tod im Jahre 1830 nicht mehr gelingen.

Auch Pückler mag mitunter vor Zorn über die respektlosen Cartoonisten und Witzblattschreiber gebebt haben. Da man den Umlaut in seinem Namen in England nicht aussprechen kann, nennt man ihn kurz »Prince Pickle« (Fürst Sauergurke), und im ersten Roman des Charles Dickens, den »Pickwickiern«, tritt er als »Graf Smorltork« auf, der schlecht Englisch spricht, alles falsch versteht und trotzdem aus seinen Notizen dicke Bücher über England zusammenschustert. Weder in seinen Briefen noch in seinem späteren Werk ist Pückler jemals auf solche Sottisen eingegangen, obwohl es letztlich eine Ehre sein dürfte, in diesem besten aller Dickens-Romane einen wenn auch ungünstigen Auftritt zu haben.

Die Krone setzt dem allem ein Parodist auf, der behauptet, Pückler sei in Wahrheit ein unehelicher Sohn Napoleons. Man nimmt das im Volk und selbst beim Landadel wörtlich, begrüßt den Gast außerhalb Londons häufig mit französischen Trikoloren oder der Marseillaise, beschimpft ihn auch mitunter als Spion aus Paris.

Was Wunder, wenn Pückler in seinen Briefen an Lucie munter zurückspottet und manches über den englischen Volkscharakter verlauten läßt, was er, nach eigenem Eingeständnis, später, als diese Briefe in Buchform erscheinen, bedauert hat. Seine eigentliche Aufgabe, die Jagd nach einer reichen Erbin, verliert er dabei nie aus den Augen. Sie zwingt ihn, seine Suche über London hinaus zu betreiben. Er geht auf zuweilen lange Reisen, wobei freilich auch Neugier eine Rolle spielt, die Tatsache, daß er noch längst nicht alle wichtigen Landschaftsgärten Englands gesehen hat, auch eine steigende Vorliebe für die »Gentry«, den Landadel, unter dem er sich wohler fühlt als in der Hofgesellschaft.

Wenn er sich in London oder Brighton einsam fühlt – oder eben keine zärtlichen Bande, innerhalb oder außerhalb seiner Aufgabe, zu knüpfen versucht – reitet er gern nach Cobham Hall, wo der alte Lord Darnley residiert. Humphry Repton hat dort einen mustergültigen Landschaftsgarten mit Pleasure-ground geschaffen.

Lady Darnley, die er in London schon gleich in den ersten Tagen kennenlernt, ihrerseits eine »Parkomanin«, lädt ihn ein, beides zu besichtigen. Die Darnleys führen – wie die Gentry im allgemeinen – ein gastfreies Haus. Sie sind bekannt für ihre Jagden und Feste, die manchmal wochenlang dauern.

Cobham Hall liegt an der Ostküste, nahe Rochester, in der Grafschaft Kent. Der Ritt dorthin von London muß Stunden gedauert haben. Bei Pücklers erstem Besuch leidet der alte Lord Darnley an einem Anfall von Gicht und kann nicht an der Tafel teilnehmen. Pückler macht dem Kranken mit anderen Gästen einen Höflichkeitsbesuch.

»Lord D...«, berichtet er, »lag in der Mitte des Salons auf einem Sofa, mit einem schottischen Mantel zugedeckt, und setzte mich durch seine Anrede etwas in Verlegenheit. ›Sie erkennen mich nicht‹, sagte er, ›und doch haben wir uns vor 30 Jahren gar oft gesehen.‹ – Da ich nun in jener Zeit noch im Flügelkleide (Kinderkleidchen) umherschwebte, so mußte ich um nähere Erläuterung bitten, war aber gar nicht erfreut, mein Alter – denn Du weißt, daß ich noch prätendiere (vorgebe), nicht älter als dreißig Jahre auszusehen – so genau vor der ganzen Gesellschaft deklinieren (entschlüsselt) zu hören. Übrigens mußte ich Lord D...s Gedächtnis bewundern, denn er erinnerte sich aus jener Zeit, wo er mit dem Herzog von Portland bei meinen Eltern auf dem Lande gewesen war, so sehr jeder Kleinigkeit, daß es selbst *mir* das Andenken schon längst vergessener Dinge von neuem auffrischte. Welche Originale es damals gab, und wie lustig man in jener Zeit alle Arten von Amüsements aufgriff, bestätigte mir seine Erzählung auf ganz unterhaltende Weise.«

Diese Stelle gehört zu den wenigen in Pücklers literarischem Werk, in denen er so etwas wie Heimweh zeigt und auf sein Elternhaus mit einer gewissen Nostalgie zurückblickt. So selbstbewußt und manchmal protzig er auftritt, so verlassen muß er sich bisweilen wohl doch in England gefühlt haben. Einem Glücksritter bringt man vielleicht Bewunderung, aber keine menschliche Wärme entgegen.

Sie umgibt ihn in Cobham Hall, bei sozusagen alten Bekannten, die er dann mehrfach aufsucht, auch wenn der erste Abend bezeichnenderweise wie folgt endet: »Für die Nacht erwartete mich heute auf meiner Stube ein vortreffliches chinesisches Himmelbett, groß genug, um als Sultan mit sechs Weibern in seinem weiten Raum schlafen zu können, aber allein fror ich in der großen Kälte darin wie ein Eiszapfen, ehe die eigene Wärme durchdrang, denn der entfernte Kamin gab keine.«

Cobham Hall dient heute als Mädchenpensionat, aber das sechsschläfrige chinesische Himmelbett und der »entfernte Kamin« sind immer noch vorhanden. Ich habe sie bei Fernsehaufnahmen für einen Pückler-Film dort noch 1989 gesehen.

Nach Lord Darnleys Genesung hat Pückler mit ihm Landschaftsgarten und Umgebung noch oft hoch zu Pferd durchstreift. Eine Erhebung in der Nähe heißt bis heute bei den Darnleys »Puckle Hill«. Sein Pech: Ausgerechnet bei einer Garden-party auf dem Pleasure-ground von Cobham Hall lernt ihn der junge Dikkens kennen, der im nahen Rochester aufwächst; die Folgen sind bekannt.

Dennoch dürfte sich der »fortune-hunter« nirgendwo anders so wohl und so zu Hause gefühlt haben wie bei Lord und Lady Darnley. Vielleicht noch bei Lord Egremont, dem exzentrischen Kunstsammler auf Petworth House in West Sussex, wo er auf einer seiner längeren Reisen aber nur kurz verweilt.

Wir können nicht alle Landsitze, Gärten, Parks, Spieltische, Bäder, Kirchen und, last not least, Boudoirs aufzählen, die Pückler besucht hat. Er konzentriert sich bei seiner Suche ohnehin auf London und Brighton. Die Reisen absolviert er sozusagen im Eiltempo, obwohl die »Diligence«, die Eilpostwagen des vorzüglichen britischen Kutschensystems, seine alte Wander- und Reiselust wieder beflügelt: »Wenn ich die Ehre hätte, der ewige Jude zu sein (...), so würde ich ohne Zweifel einen großen Teil meiner Unsterblichkeit auf der Landstraße zubringen, und dies namentlich in England (...). Dazu, gestehe ich, geht es mir zum Teil wie dem Doktor Johnson, der behauptete: das größte menschliche Glück sei, in einer guten englischen Postkutsche mit einem schönen Weibe rasch auf einer guten englischen Chaussee zu fahren.«

Unterwegs interessieren den Fürsten im übrigen nicht nur »die schönen Weiber«, wenngleich diese vor allem, sondern auch Land und Leute sowie Parks. Die erste, nur viertägige Reise führt ihn von London nach Epping in Essex, wo er zwei Landschaftsgärten besucht, die zweite dauert rund fünf Wochen, vom 25. Dezember 1826 bis zum 31. Januar 1827, und führt ihn über Watford, Woburn, Warwick, Birmingham, Chester in die Midlands, wobei er auch Stratford-on-Avon, die Shakespearestadt, Oxford und bei Aylesbury die berühmten Gärten von Stowe besucht. In ihnen hat einst »Capability« Brown bei William Kent sein Handwerk gelernt.

Nach Zwischenspielen in Brighton und Cobham Hall geht es dann nach Richmond zum Stoke Park, einem weiteren Werk »Capability« Browns, sowie Windsor, Tagesausflüge, denen eine knapp vierwöchentliche Fahrt in den Norden des Landes folgt. Vom 7. September bis zum 5. Oktober 1827 bereist Pückler Scarborough, Whitby, Flamborough Head, Ripon, Harrogate, Leeds und Sheffield, ein für damalige Verhältnisse enormes Pensum, mit York als nördlichstem Punkt.

Die darauf geplante Reise nach Schottland muß ausfallen, was Pückler bis ans Ende seines Lebens bedauert hat. Bis hinein in den Januar 1828 liegt der Fürst krank in Brighton oder rekonvaleszent in London, von wo er sich nur kurze Ausflüge nach Hatfield in Hertfordshire und natürlich Cobham Hall gestattet.

Seine längste Unternehmung dauert dann fünfeinhalb Monate. Der Fürst reist über Cheltenham und Worcester nach Wales und setzt von Holyhead über nach Dublin, unnötig zu sagen – »eine widerwärtigere Seefahrt kann man nicht bestehen!« –, daß die Passage rauh ausfällt, »zehn Stunden wurde ich, zum Sterben krank, umhergeworfen«. Noch lange danach scheint ihm, »als schwanke Irland ein wenig«.

Irland wird in der Hauptsache von Dublin aus nach Süden durchstreift, zum ersten weil sich dort die schönsten Landschaftsgärten befinden, zum anderen, weil 30 Meilen von Glengariff entfernt Daniel O'Connell, der Führer der katholischen Emanzipations- (wir würden heute sagen: Bürgerrechts-) Bewegung, verborgenen Hofstaat hält. Zum Entsetzen der englischen Oberschicht sucht Pückler ihn in halsbrecherisch-abenteuerlicher Weise mehrfach auf. Er sympathisiert mit den Freiheitsbestrebungen der Iren und erfährt zu seiner Beschämung, daß viel Elend auf der Grünen Insel durch die sogenannten »absentees« verursacht wird. Das sind – meist englische – Landbesitzer, die ihr Land zwar gründlich auspowern, aber sich weder darum kümmern noch auch nur dort blicken lassen. Ihr Geld geben sie munter in London, Paris oder Baden-Baden aus. Was das arme Muskau betrifft, so muß der liberale Sympathisant mit den entrechteten Iren bekennen, auch nichts anderes zu sein als ein absentee, ein Abwesender. Nicht jeder lernt jedoch, wie er, dazu. »Hochmütig durch Geburt und Erziehung und liberal durch Nachdenken und Urteil«, hat er sich wenig später (in »Tutti-frutti«) analysiert.

Sein nachdenkliches Ich läßt ihn den Schattenseiten des englischen »Way of Life« nicht ausweichen. Er besucht in York nicht nur das Münster und die umliegenden Herrensitze, sondern auch das Schuldgefängnis, das es in England – im Gegensatz zu Preußen – noch gibt und in dem die Ärmsten der Armen schmachten, ohne Hoffnung, je daraus erlöst zu werden. In Birmingham sieht er die Vor-, aber auch die Nachteile der einsetzenden industriellen Revolution mit Luftverschmutzung, Umweltzerstörung und Ausbeutung der Arbeitskräfte: »Die armen Arbeiter«, schreibt er Lucie, »sind doch mitunter übel dran! Sie verdienen zwar hinlänglich (...), aber bei manchen Arbeiten ist ein Geruch auszustehen, den der ungewohnte Besucher kaum minutenlang ertragen kann.«

Das ist die eine Seite. Die andere, sein von Geburt und Erziehung geformtes Ich, macht sich, um es burschikos auszudrücken, einen flotten Lenz, genießt das Leben auf Feudalsitzen wie dem von ihm besonders geschätzten romantischen Warwick, oder ebenso feudal-luxuriösen Kurorten wie Cheltenham, vor allem jedoch in jedem Himmelbett, feudal oder nicht, das sich ihm bietet.

Da macht er wie immer keinen Unterschied zwischen reich und arm, hoch und niedrig, nicht einmal jung und alt – oder sagen wir: mittelalterlich, geschweige denn verheiratet oder ledig. Auf Anstand nach Liebe nimmt Pückler jedes Wild. Man hat sogar den Eindruck, daß er zeitweilig gar nicht mehr auf die Vermögensverhältnisse der betreffenden Damen achtet. Manche hätte er, wie er selbst zugibt, auch ohne einen Pfennig Mitgift nur zu gern geheiratet – wenn sie ihn genommen hätten. Aber Albions Damen haben ihren eigenen Stolz.

Ihr Herz verlieren viele an den hochgewachsenen preußischen Aristokraten. Auch seine unzähligen Affären sind bald Stadtgespräch der Londoner Gesellschaft. »Einer, der es mit dem König aufnehmen kann«, höhnt eine Klatsch-Gazette.

Es sei hier auch darauf verzichtet, alle Namen – soweit bekannt – zu nennen. In seinen häufigen, übermäßig dicken und daher enorme Portokosten verschlingenden Briefen an Lucie in Muskau verschweigt er keinen, verbirgt ihn bestenfalls hinter einem Anfangsbuchstaben und einigen Pünktchen.

Das gerät oft nahe an einen handfesten Skandal. Zunächst mit Sarah Austin, dann, stärker noch, mit Lätizia Wyse. Sarah Austin, eine begabte Schriftstellerin und Übersetzerin, die lange auf Malta, aber auch in Frankreich und Deutschland gelebt hat, macht ihm mit tränenreichen hysterischen Ausbrüchen das Leben schwer. Die Freundin der Brüder Grimm, Rankes, Alexander von Humboldts und Heinrich Heines schreibt ihm ferner unerträgliche Liebesbriefe, was sie erst aufgibt, als Pückler – wenig galant – droht, diese zu veröffentlichen. Dennoch hat Sarah Austin ihrem Hermann, wie sie ihn nennt, ihre volle Liebe bewahrt.

Schlimmer ergeht es ihm mit einer Nichte Napoleons, die den englischen Diplomaten Sir Thomas Wyse geheiratet hat und diesem nicht zum erstenmal Hörner aufsetzt. Lätizia Wyse, eine maskuline und sehr selbstbewußte Erscheinung, leidet an einer Gemütskrankheit, die von einem Tag auf den anderen ausbrechen kann. Da sie Pückler, den angeblich illegitimen Sohn Napoleons, von vornherein gleichsam als Vetter wie ein Familienmitglied behandelt, kommt es rasch zu engerem Kontakt. Als die Affäre – wie bei Pückler üblich, ebenso rasch – zu Ende geht, droht sie mit Selbstmord. Der Schauplatz ist eine Kutsche, die sich auf dem Weg zu einem Fest befindet. »Dabei zog sie ein Fläschchen Opium oder Blausäure aus ihrem Busen«, berichtet Pückler, »und versicherte, daß sie dieses noch vor Nacht auszuleeren entschlossen sei.« Der Fürst, dem derartige Szenen nicht unbekannt sind, beruhigt die Schluchzende, entwindet ihr das Fläschchen und wirft es zum Fenster hinaus.

Er glaubt die Sache damit erledigt, soll sich jedoch täuschen – eine Lätizia Bonaparte beläßt es nicht bei leeren Drohungen.

Am nächsten Tag erfährt er, ausgerechnet von Rothschild: »Heute früh hat sich die W... im Serpentine-River ersäuft, ist nachher von einem vorbeigehenden Bedienten herausgefischt und schon mehrere Stunden, ehe unsereins aufsteht, unter großem Volkszulauf nach ihrer Wohnung zurückgebracht worden.«

»Mein Gott, ist sie tot?« will Pückler ausgerufen haben. »Ich glaube nicht«, erwidert Baron Rothschild, »sie soll, wenn ich recht hörte, wieder zu sich gekommen sein.« Pückler fährt sofort zur ihm gut bekannten Wohnung der Wyse, wird aber dort nicht vorgelassen. Die Herrschaft sei auf den Tod krank, versichert der Diener.

Unglücklicherweise trifft Pückler am Abend in einer »großen Gesellschaft bei der Marquise H...« auf seinen notorischen Gegner, den Herzog von Cumberland. »Oh, Pückler, was zum Teufel haben Sie da schon wieder angestellt!« brüllt der ihm durch den ganzen Raum entgegen. »Es steht schon in der Zeitung, daß sich die Wyse Ihretwegen ersäuft hat!«

Pückler: »Meinetwegen, Euer Königliche Hoheit! Was für ein Märchen!«

Cumberland: »Leugnen Sie es nur nicht, ich sah Sie ja selbst solus cum sola (allein zu zweit) mit ihr im Wagen – alle Welt ist davon unterrichtet, und ich habe es auch schon nach Berlin an den König geschrieben.«

Pückler: »Nun, diese fremde Sünde auf meinem Konto fehlte mir noch.«

Sie wird seinem Konto zugebucht, in London, wo der gesamte Blätterwald ins Rauschen gerät, in Berlin vom König, der den Brief – wahrscheinlich vielsagend schmunzelnd – ad acta legt.

Im gleichen Brief, in dem er Lucie den Wortwechsel mit Cumberland mitteilt, deutet Pückler, wenn auch auf umständliche Weise, an, daß die Brautschau zum Scheitern verurteilt sein dürfte: »Irgendwo sagt Lord Byron von sich, seine Seele habe nur in der Einsamkeit ihren vollen freien Wirkungskreis gehabt. Diese Wahrheit paßt auch, sehe ich, auf geringere Leute, denn mir geht es nicht anders.«

Auf vieles ist Pückler in England gestoßen – auf eine reiche Erbin nur einmal beinahe. Immerhin scheint ihm im Mai 1827, einem gesellschaftlich besonders aktiven Monat (»mehr als 40 Einladungen liegen auf meinem Tisch, fünf bis sechs zu einem Tag«), Fortuna einigermaßen gewogen. Es tun sich gleich vier Möglichkeiten auf: die Tochter eines Arztes, hübsch und wohlerzogen (Mitgift, wie damals üblich, für einen eventuellen Ehevertrag bei den Brauteltern zu erfragen: 50 000 Pfund Sterling), eine Kaufmannstochter, sehr hübsch und sehr dumm (40 000 Pfund Sterling), eine adlige Dame, leider häßlich (100 000 Pfund Sterling) und eine weitere Adlige, hübsch, sanft und klug (25 000 Pfund Sterling). Das sind jedoch alles Summen, die nicht ausreichen würden, Muskau zu retten. Eine Weile schwankt Pückler – besser wenig, als gar nichts –, ob er nicht trotzdem zugreifen soll, entscheidet sich aber dagegen. »Ach Schnucke! hättest Du doch nur 150 000 Taler, ich heiratete Dich gleich wieder!« lautet sein nach Muskau gerichteter Stoßseufzer.

Nur einmal kommt er seinem Ziel nahe. Da gibt es einen steinreichen Juwelier mit dem vielversprechenden Namen Hamlet in Birmingham, der nicht zögert, seiner Tochter Harriet zuzureden. Harriet besitzt ein eigenes Vermögen von 200 000 Pfund, das ihr bei einer Heirat zufällt, und sie hat sich in den vornehmen Ausländer bis über beide Ohren verliebt. Vater Hamlet sähe seine Tochter nur zu gern als Fürstin und ist durchaus bereit, seine Zustimmung zu geben.

Pückler spielt mit offenen Karten. Er gesteht dem Juwelier, daß sein Besitz, hochverschuldet und mit Hypotheken belastet, nur durch das Geld saniert werden kann, das seine Zukünftige in die Ehe bringt. Und Harriet scheint er sogar gestanden zu haben, daß seine geschiedene Frau weiterhin ein Wohnrecht im Schloß Muskau behalte. Beides scheint kein Hinderungsgrund.

Aber dann erfährt man beim Rechtsanwalt, daß nach englischem Recht Pücklers Scheidung ungültig ist. In Großbritannien kann der König keine Ehen scheiden. Und es gibt nur einen einzigen Scheidungsgrund: eheliche Untreue. Der wäre zwar, was Pückler betrifft, reichlich vorhanden, hat aber bei der Scheidung von Lucie keine Rolle gespielt. Eine erneute Heirat Pücklers wäre nach englischem Recht Bigamie.

Da zuckt nun Harriet Hamlet doch zurück. Man kann es verstehen, auch wenn spätere Biographen die »Stockengländerin« dafür als »dumm und zimperlich« heruntergemacht haben. Ihr eigener Vater beschwört sie, es sich noch einmal zu überlegen; am Ende werde sie durch eine Heirat preußische Staatsbürgerin, für die preußische Gesetze gelten, keine englischen mehr. Aber vergeblich. Der reiche Juwelier nimmt, Pückler zufolge, »mit Tränen Abschied von mir und ich von seinen 200 000 Pfund Sterling«. Sie wären noch heute – rund 600 000 DM – ein ansehnliches Kapital.

Außer Spesen nichts gewesen, könnte man – etwas anachronistisch – die Ergebnisse der Reise Pücklers nach England zusammenfassen. Auf der Haben-Seite finden sich immerhin eine ganze Reihe wertvoller Dinge, die man aber nicht in klingende Münze umsetzen kann, wenigstens nicht gleich. Der Fürst hat sein Englisch vervollkommnet und ein funktionierendes Parlament, eine konstitutionelle Monarchie mit republikanisch-demokratischen Zügen erlebt. Seine politischen Auffassungen findet er bestätigt und wird sie bis ans Ende seines Lebens behalten. Überdies kommen seine gründlicheren Erfahrungen mit englischen Landschaftsgärten, intensiver noch, englischen Gärtnern, in Zukunft dem Park Muskau wie auch später dem in Branitz zugute.

Um so mehr als Pückler zeitweilig seinen Lieblingsgärtner und Stellvertreter Rehder zum gemeinsamen Studium englischer Gartenpraktiken herübergeholt hat. Der brave Eutiner wird von Pückler sogar ins Theater und auf Empfänge mitgenommen.

Im übrigen hat dieser noch mehr Pech mit der christlichen Seefahrt als sein Herr. Zweimal kentert das Schiff, auf dem er die Rückfahrt antritt. Er wird zwar jedesmal gerettet, muß sich aber mühsam und mittellos zu seinem Herrn nach London durchschlagen, der auch nicht eben über unerschöpfliche Geldreserven verfügt.

Dafür hat er viel zu viel Pech im Spiel und ebensoviel Glück in der Liebe, was beides sehr kostspielig sein kann. Falschspielen gilt damals nicht einmal als Kavaliersdelikt, sondern ist – behauptet jedenfalls Pückler – in der feinen englischen Gesellschaft gang und gäbe. Von der Liebe war bereits ausführlich die Rede. Man darf hier einschieben, daß er mit Sarah Austin und manch anderer von ihm Enttäuschten nach wie vor verzweifelt Briefe tauscht und daß

Lätizia Wyse ins Leben zurückgerufen werden konnte. Er wird sie sechs Jahre später im Salon der Madame Récamier in Paris überraschend wiedersehen.

Das sind Liebeleien, die Pückler zwar keineswegs verschmäht, flüchtige Abenteuer, aber doch nicht, was er eigentlich sucht und braucht und nur so selten findet: die große, einmalige, die unsterbliche Liebe. Leicht entflammbar liebt er, ganz und gar Romantiker, das hoch auflodernde Feuer. Er will verbrennen, wie damals in Neapel.

Eine Sehnsucht, die ihm sogar in England erfüllt wird. Findet er in diesem Land schon nicht das große Geld, so doch die große, feurige, alles verbrennende Liebe, die ihn sogar von seinem schwärmerischen Traum, Helmine zu besitzen, endgültig befreit. Er trifft in England merkwürdigerweise auf eine Preußin vom Rhein, eine alte Bekannte sogar, auf Henriette Sontag.

12.

Das Götterkind

Börne mit leicht ironischem Unterton über die Sontag: »Man hat sie so genannt: die Namenlose, die Himmlische, die Hochgepriesene, die Unvergleichliche, die Hochgefeierte, die himmlische Jungfrau, die zarte Perle, die jungfräuliche Sängerin, die teure Henriette, liebliche Maid, holdes Mägdelein, die Heldin des Gesanges, Götterkind, den teuren Sangeshort, deutsches Mädchen, die Perle der deutschen Oper.« Es handelt sich um Originalzitate zeitgenössischer Musikkritiker, über die sich Börne mokiert. Trotzdem fügt er hinzu: »Ich sage zu allen Beiwörtern *ja*, aus vollem Herzen. Selbst nüchterne Kunstrichter haben geurteilt: ihre reizende Erscheinung, ihr Spiel, ihr Gesang könnte auch jedes für sich verglichen werden, so habe man doch die Vereinigung aller dieser Gaben der Kunst und der Natur noch bei keiner anderen Sängerin gefunden.«

Der vermutlich bedeutendste Zyniker deutscher Zunge urteilt nach eigener Anschauung. Die Sontag hat eben ein Gastspiel in Frankfurt am Main absolviert, wozu die Eintrittspreise verdoppelt wurden, »und das sagt viel«, meint Börne, »denn uns Frankfurtern, so reich wir auch sind an Geld, ist jede ungewöhnliche Ausgabe eine unerträgliche«. Trotzdem hat man sie gefeiert wie eine Königin, und »was eine wochentägliche deutsche Stadt in so festliche Bewegung bringen konnte, ohne daß es der Kalender oder die Polizei befohlen, das mußte etwas Würdiges, etwas Schönes sein«.

Seit Pückler Henriette Sontag im Königstädtischen Theater zu Berlin im »Schnee«, einer Oper von Auber, gehört und gesehen hat, ist sie ein Weltstar geworden, der erste, dem die begeisterten Berliner die Pferde ausspannen und Wagen samt Sängerin triumphal nach Hause ziehen. Was ihnen die Londoner anläßlich eines Gastspiels an der Themse prompt nachmachen.

In Berlin hat Pückler die Gefeierte nur flüchtig kennengelernt. Überdies fand er ihren Gesang damals reichlich seelenlos. Jetzt, als er sie auf einem Empfang, den der preußische Gesandte von Bülow gibt, wiedertrifft, ist er fasziniert von ihrer mädchenhaften Erscheinung, für die das Beiwort »allerliebst« sich schon so gut wie eingebürgert hat. In gewohnter Offenheit schreibt er seiner Lucie: »Sie müßte wohl eine allerliebste Mätresse abgeben.« Der Wolf bekommt lange Zähne.

Den Erfolg der Sontag führt man gewöhnlich auf zwei Eigenschaften zurück, die sie ihren Kolleginnen voraushat: die Zierlichkeit ihrer Figur (keine mächtige Brunhilde, sondern ein zartes, zerbrechliches Wesen) und die Natürlichkeit ihres Auftretens. Opern- und Konzertkritiker pflegen sich in ihren Rezensionen geradezu zu überschlagen. »Sie war das holdeste, liebenswürdigste, einfachste deutsche Mädchen«, schreibt einer, »mit einem runden, lachenden Gesichtchen, blauen, sanften, lebhaften Augen, blondem Haar und gewinnendem Wesen, stets heiter, voll Laune und Muthwillen, aber von den Grazien umweht in jeder Bewegung...« Weiter zugeschrieben werden dem Wunderwesen unbedingte Zuverlässigkeit, Kollegialität und jene persönliche Würde, die ein Star haben muß. Bei der Sontag grenzt sie an Unnahbarkeit. Oder ist es Raffinesse?

Ein Glückskind der Romantik, so recht nach dem Herzen eines Publikums, das, der grandiosen Bühnenpersönlichkeiten müde, sich entzückt einer anscheinend ganz natürlichen, bürgerlich-tugendhaften Erscheinung zuwendet. Sie glänzt dann auch hauptsächlich in Opern von Carl Maria von Weber, der ihr seine »Euryanthe« sozusagen auf den Leib geschrieben hat. 1806 in Koblenz geboren, Komödiantenkind, ist sie eben 22, kann aber, von Erfolgen verwöhnt, auf eine schon längere Karriere zurückblicken.

Nach dem frühen Tod des Vaters ist sie an der Seite der Mutter in Darmstadt mit acht Jahren zuerst aufgetreten, besucht mit elf das Pariser Konservatorium, wird mit 15 nach Prag verpflichtet und mit 16 in Wien ein Star. Die Berliner geraten 1825, da ist sie 19, geradezu aus dem Häuschen, als sie, von Holtei ans Königsstädter Theater, eine Privatbühne, geholt, auch in der Königlichen Oper Triumphe feiert, bald darauf in Paris und auf Gastspielen in ganz Europa. Ihre Wirkung auf diese musikselige Zeit kann man kaum überschätzen. Erst Jenny Lind, die »schwedische Nachtigall«, wird sie in den Schatten stellen; aber die ist zu diesem Zeitpunkt eben sieben Jahre alt.

Ein einfaches »Wild« für einen liebestrunkenen Mann stellt sie allerdings nicht dar. Im Gegenteil: Henriette Sontag gilt eher als prüde. Stets ist sie von ihrer Mutter begleitet, selbst einer begabten Sängerin, mit der sie alle Rollen einstudiert und die ihr auch als Anstandswauwau – Pückler würde sagen: »als Chaperone« – dient.

Aber wo ein starker Wille vorhanden ist, wie, zumal in Liebesdingen, beim Fürsten Pückler, findet sich der Weg von selbst. Die Mutter tritt in London nicht in Erscheinung. Entweder hat sie ihre Tochter diesmal nicht begleitet oder ist anderweitig abgelenkt. Man befindet sich im Ausland, wo ein Landsmann oft willkommener ist als daheim. Man hat, wenn auch beschränkte, gemeinsame Erinnerungen, kann über Berlin, Leipzig, Prag reden. Zudem wird Pückler bald herausgefunden haben, was alle Welt weiß: Die Sontag besitzt so etwas wie einen Adelstick. Sie fliegt auf jedes »von« und jeden höheren Titel, wird übrigens wenige Jahre später, 1830, von Friedrich Wilhelm III. selbst in den Adelsstand erhoben werden. Ein charmanter Fürst hat bei ihr vielleicht noch am ehesten Chancen.

»Auch mir«, schreibt er, »schien sie bald die schwachen Seiten anzumerken und unterhielt mich ohne die mindeste scheinbare Absichtlichkeit, doch nur von dem, was passend und angenehm zu hören für mich sein konnte. Die vaterländischen Töne fielen dazu aus so hübschem Munde wie Perlen und Diamanten in den Fluß der Rede hinein, und die allerschönsten blauen Augen beschienen sie wie eine Frühlingssonne hinter leichten Wolkenschleiern.«

Pückler hat Glück. Am folgenden Tag schon, am 28. April 1828, tritt der berühmte Edmund Kean als Richard III. auf, wofür der Sontag eine herzogliche Loge zur Verfügung steht. »Wollen Sie mich vielleicht dahin begleiten?«

»Daß eine solche Einladung jeder anderen vorging«, verrät der überraschte Pückler, »versteht sich von selbst.«

Kean auf der Bühne zu erleben, gleicht, dem Dichter Coleridge zufolge, Shakespeare beim Licht züngelnder Blitze zu lesen. Nicht so für Pückler. »Nie habe ich noch weniger von einer Vorstellung gesehen und gehört als von der heutigen«, gesteht er, und trotzdem habe ihm »keine kürzer geschienen«. Er schreibt dies in einem seiner kürzesten Briefe, kaum ein paar Zeilen lang, an Lucie, »denn eben geht Helios (die Sonne) auf und ich zu Bette«. Den ganzen »Richard III.« hindurch »fand kaum eine Pause in unserer Unterhaltung statt«, man amüsiert sich anschließend auf einem Ball »der fashionablen Lady Tankarville« und wer weiß, wo sonst noch. Es hat, so scheint es, beide gepackt.

Der anbrechende Mai läßt sich als ein wahrer Wonnemonat an. Henriette Sontag und Pückler sind von morgens bis abends und darüber hinaus zusammen. Von einem Fest, an dem sie gemeinsam auf dem Landsitz einer Herzogin teilnehmen, heißt es: »Es war schon Mitternacht vorbei, als das Frühstück endete.«

Bei einer Aufführung des »Don Giovanni« turteln beide hinter den Kulissen, und bei einem der vielen privaten Konzerte, die Henriette Sontag gibt, oft vier am Tag für hohe Honorare, sitzt der Fürst in der ersten Reihe und ist beglückt, als er »eine kleine Rose am Busen der lieblichen Henriette, die ich ihr heute früh gegeben (...) als einzigen Schmuck auf ihrem schwarzen Kleid« erblickt.

Die liebliche Henriette sagt, was sie sonst nie tut, sogar eine Probe ab, um mit Pückler nach Richmond, einem hübschen Städtchen an der oberen Themse, zu reiten. »Sie war den ganzen Tag allerliebst, harmlos wie ein Kind und lustig wie ein Reh, aus dem langweiligen Zwang und dem Gewimmel, das sie täglich umgibt, einmal befreit zu sein.«

Ein weiterer Ausflug geht in die andere Richtung, nach Greenwich. Pückler erwartet die Geliebte mit den Pferden vor der Stadt.

»Der gelbe Wagen ließ lange auf sich warten und ich ängstigte mich nicht wenig, daß etwas dazwischengekommen sein möchte. Es war auch so, aber ehrlich hielt das liebe Mädchen ihr gegebenes Wort. Endlich sah ich den alten Kasten langsam auf uns zukommen, sprengte heran, hob die Liebliche auf ihren Zelter und dahin flogen wir (denn sie reitet kühn wie ein Mann) in die duftende Mailuft hinaus, wie ein paar lustige Vöglein flatternd und kosend. Bis es dunkel ward, wurde geritten, umhergewandert und dies und jenes besehen. Beim Schein der Lichter und Sterne zugleich aßen wir bei offenen Fenstern in dem (...) heimlichen Stübchen über dem Fluß, und erst um 11 Uhr in der Nacht nahm uns der Wagen wieder auf zur Heimfahrt.«

Die Fahrt von Greenwich nach London muß so etwas wie der Höhepunkt dieser Liaison gewesen sein. Pückler kommt auch in späteren Briefen an Henriette immer wieder darauf zurück.

Seine Quintessenz: »Wahr ist es, der Himmel schuf dieses Wesen aus ganz besonderem Stoff! Welche Mannigfaltigkeit und welche Grazie in jeder wechselnden Nuance! Scheu oder zutraulich, böse oder gut gestimmt, boudierend (schmollend), hingebend, gleichgültig, sanft, spottend, gemessen oder wild – immer ergreift sie, wie Schiller sagt, die Seele mit Himmelsgewalt! Und welche Selbstbeherrschung bei der höchsten Milde, welch festes kleines Köpfchen, wenn sie will, wieviel Herzensgüte und dabei doch wieviel kecke Schlauheit!«

Nach dieser Eloge klingt es merkwürdig, wenn Pückler den Brief an seine Geschiedene mit den beruhigenden Sätzen schließt: »Aber, gute Lucie, es ist Zeit, daß ich ende, nicht wahr? Du möchtest zuletzt gar denken, ich sei närrisch oder verliebt, oder beides zugleich.« Wenn jemals jemand närrisch verliebt gewesen sein dürfte, dann hier. Im übrigen läßt sich aus Pücklers Schilderung der Angebeteten auch schließen, daß die Sontag am Ende ihre Diva-Allüren gehabt haben mag.

Der Fürst würde dem wahrscheinlich nicht einmal widersprechen, denn die große Liebe endet abrupt und schmerzlich.

Er hat eine ganze Weile überlegt, ob er nicht Henriette einen Heiratsantrag machen sollte, zögert jedoch, ihn zu stellen. Es geht dabei nicht um Vermögen oder Mitgift, sondern um den Standesunterschied, der ihm zu groß scheint – kann er wissen, daß der Preußenkönig aus bestimmtem Grund schon längst erwägt, aus der Sontag eine Sontag von Lauenstein zu machen?

Als Pückler seinem Herzen dann doch einen Stoß gibt, erlebt er sein blaues Wunder. Der Antrag wird, darf man ihm glauben, unverzüglich in wohlgesetzten Worten zurückgewiesen. »Ich habe einen Augenblick vergessen können«, hört er die Geliebte sagen, »daß ich einen anderen wahrhaft und innig liebe, wenngleich die

Zeit der Leidenschaft für ihn vorbei ist. Ich bin aus einem Traum erwacht, und nichts kann mich von nun an wieder dahin zurückführen. Wir müssen von diesem Augenblick an für immer vergessen, was geschehen ist!«

»Dabei war sie blaß, kalt wie Eis, eine Ruhe und Hoheit über sie verbreitet, die ich fast unheimlich nennen möchte – so ganz ein völlig anderes Wesen, daß während mein Herz blutete, meine Phantasie vor ihr schauderte«, berichtet Pückler weiter. Nach diesem unvermuteten Korb bringt er vier Tage »wahrhaft in der Hölle und ratlos« zu: »Ich habe gefühlt, daß Seelenleiden größer sein können als alle Körperschmerzen; ich habe verstanden, was die Fabel des Orestes sagen will, den unablässig die Furien verfolgen.« Zeitweise ist er überzeugt davon, ihm habe irgend jemand einen Liebestrank eingeflößt; nie wieder hat Pückler eine Abfuhr so nachhaltig berührt.

Des Rätsels Lösung könnte einer mäßigen Operette des 19. Jahrhunderts entstammen. Die Sontag ist bereits hochadelig verlobt, und zwar mit dem 25jährigen sardinischen Gesandtschaftsattaché Graf Carlo Rossi, der es, wie man sagt, auf die 200 000 Taler abgesehen hat, die Ersparnisse des Gesangstars. Graf Rossi soll ein stattlicher Mann gewesen sein, »namentlich in Generalsuniform«, wie ein Zeitzeuge hinzufügt. Als Operettenheld könnte er aber wohl nur mit Yul Brynner besetzt werden, denn sein Kopf ist, wie der gleiche Gewährsmann berichtet, kahl wie eine Billardkugel.

Die heimliche Trauung erfolgt schon im nächsten Jahr, bleibt aber nicht lange geheim, da Henriette bei einem unglücklichen Sturz vorzeitig ein Kind zur Welt bringt. In einer derart peinlichen Situation kann man das »göttliche Jetterl«, wie sie in Wien, oder »Jettchen«, wie sie in Berlin genannt wird, nicht sitzen lassen. König Friedrich Wilhelm adelt die Vielgeliebte, und die Heirat kann, nun einigermaßen ebenbürtig, öffentlich bekanntgegeben werden.

Seine große Irland-Reise tritt der Fürst nicht zuletzt an, um dieses Götter- oder Teufelskind zu vergessen. Aber was den eigentlichen Zweck des ganzen Unternehmens angeht, ist sein Elan dahin. Ein kurzes Liebesabenteuer auf der Grünen Insel mit einer verheirateten Dame, die er nur »die schöne Afrikanerin« nennt, weil sie einige Jahre in den Kolonien verbracht hat, kann daran nichts ändern.

Die Dame ist mit einem überzeugten Orangisten verheiratet, der die Engländer mit Gewalt aus Irland vertreiben möchte. Da er auch von seiner Frau verlangt, sich für den Ernstfall zu schulen, versucht Pückler, ihr wenigstens das Pistolenschießen beizubringen. Aber als sie zum erstenmal abdrückt, sinkt sie ihm ohnmächtig in die Arme.

Von Irland aus kehrt Pückler nur noch kurz am Silvestertag 1828 nach London zurück. Den Neujahrstag verbringt er in der festlich geflaggten altehrwürdigen Kathedrale von Canterbury, ein trauriger Pilger, der noch am gleichen Tag nach Dover weiterreist und am 2. Januar 1829 in Calais eintrifft. Ein Geschlagener kehrt auf den Kontinent zurück.

In Calais begibt er sich, vielleicht ein symbolischer Akt, zu Beau Brummell. Der gealterte Dandy ist wegen seiner Spielschulden aus England verbannt worden. Jetzt lebt er verarmt und einsam in Sichtweite seiner Heimat, in die er immer noch von seinem einstigen Freund Georg IV. zurückgerufen zu werden hofft. Der ehemalige Modekönig Londons befindet sich bei Pücklers Besuch noch bei der zweiten Toilette (»drei sind deren früh nötig») und »im geblümten Schlafrock, eine Samtmütze mit Goldquasten auf dem Kopf und türkische Pantoffeln an den Füßen, sich selbst rasierend«. Ein hilfloser Mann, der weniger in der Gegenwart als in der Vergangenheit lebt. Und dessen Zukunft ungewiß bleibt.

Vielleicht sucht Pückler mit Absicht diesen traurigen Anblick. Vom Snob zum Bettler, wird ihm hier deutlich vor Augen geführt, ist es oft ein kurzer Schritt. Brummell, nur sieben Jahre älter als er, hat seine volle Sympathie. In Lebensstil und -auffassung sind beide einander ähnlich. »Und wirklich«, findet Pückler hintersinnig, »die englische Nation sollte billig etwas für den tun, der die gestärkten Halsbinden erfand! Wie manche sah ich in London mit schwer wiegenden Sinekuren (Pfründen) – die weit weniger für ihr Vaterland getan haben.«

Anschließend treibt der Fürst sich noch ein wenig in Paris herum. Wer beeilt sich schon mit der Heimkehr, wenn er mit leeren

Händen zurückkommt? Am 10. Februar 1829 zieht Pückler wieder in Muskau ein. Erreicht hat er nichts. »Das Opfer zweier Lebensjahre, einer kummervollen Trennung und den Aufwand einer großen Summe Geldes« sind umsonst gewesen.

Zum Fiasko tritt überdies die Blamage. Haben die englischen Blätter zum Abschied den preußischen Glücksjäger noch einmal kräftig durch den Kakao gezogen, wird er auch in der Heimat ähnlich empfangen. Herr Professor Gans, Ordinarius der Jurisprudenz an der Berliner Universität und wie sein enger Freund Varnhagen von Ense nebenbei schriftstellerisch und journalistisch tätig, hat in der »Augsburger Allgemeinen« einen Witz, so etwas wie einen verfrühten Aprilscherz, gelandet. Und da Eduard Gans, Schüler Hegels und Lehrer von Karl Marx, bis heute als äußerst seriös gilt, hat alle Welt den Spaß ernstgenommen. Nun liest man in fast allen europäischen Zeitungen, Fürst Pückler-Muskau habe nach dem Scheitern seiner englischen Hoffnungen um die Hand der schwarzen Kaiserin von Haiti angehalten.

Pückler hat viel Humor und kann sympathischerweise über sich selbst lachen. Ob auch in diesem Falle, steht dahin.

Noch bedrängt ihn das Bild der verführerischen kleinen Teufelin Henriette Sontag. Immer wieder versucht er, Kontakt mit ihr aufzunehmen, immer wieder kann der eifersüchtige Graf Rossi ein neuerliches Zusammentreffen verhindern.

20 Jahre später, 1848, ist sie noch unvergessen. Da legt Pückler auf seinem Stammsitz Branitz eine »Blaue Laube« an, später »Kiosk« genannt, und stellt zwischen die rosenbewachsenen Gitterwände eine vergoldete Büste der Liebesgöttin Venus. Es handelt sich dabei um Ludwig Wichmanns Porträt der Henriette Sontag. Ein galantes Kompliment für eine verlorene Geliebte.

13.

Briefe eines Verstorbenen

Aus dem Fiasko der Englandreise wird überraschenderweise doch noch ein Triumph.

Das Zauberkunststück gelingt Pückler unter tatkräftiger Mitarbeit seiner Lucie und ihrer beider intellektuellen Freunde Rahel und Karl August Varnhagen von Ense. Sie haben während der Abwesenheit des Fürsten bereits erhebliche Vorarbeit geleistet, an der auch Leopold Schefer beteiligt gewesen sein dürfte. Aus Pücklers unzähligen Reisebriefen an Lucie ist ein Buchmanuskript entstanden, flüchtig redigiert, aber so gut wie druckreif.

Lucie hat sich in den vergangenen beiden Jahren vor allem mit Rahel angefreundet. Ihre Temperamente ergänzen einander: rasch mit dem Wort und eifrig bestrebt, liberale Gesinnung im Staat zu verbreiten, durchaus extrovertiert die eine, Rahel, wissensdurstig, philantropisch, nie jedoch ihre hohe Stellung vergessend, auf introvertierte Weise ladylike die andere, Lucie.

Pückler betrachtet Rahel ebenfalls als eine Art von Seelenverwandte. Mit Varnhagen tut er sich schwerer. Er gehört zwar in Berlin zu seinem fast täglichen Umgang, bleibt aber Pückler gegenüber zurückhaltend und oft sogar devot. Obwohl der Fürst den Publizisten und gescheiterten preußischen Politiker als Freund betrachtet, ihn seinen Mentor, ja, seinen »literarischen Beichtvater« nennt, muß er Varnhagen immer wieder um »etwas weniger Förmlichkeit in Ihrer Behandlung« bitten. Denn, wie er sich in einem weiteren Brief beschwert, »vis-à-vis eines Freundes und Schülers sind Sie wirklich zu ceremonieus mit mir und tituliren mich unter anderem immer schriftlich und mündlich wie einen Fremden«.

Eine eigenartige Erscheinung im damaligen Preußen. Varnhagens Karriere als Politiker hat früh geendet. Wegen seiner unverhohlen liberalen Einstellung ist er 1819 von seinem Posten als preußischer Ministerresident (Botschafter) in Baden enthoben und 1825, erst 40jährig, in den endgültigen Ruhestand versetzt worden.

Seither lebt er, ein Frühpensionär, zurückgezogen und ohne festes Amt in Berlin. Anonym erscheinen von ihm politische Leitartikel und literarische Rezensionen in nahezu allen seriösen Zeitungen und Zeitschriften, aber ansonsten steht er ganz im Schatten seiner vier Jahre älteren Frau, die er beinahe schwärmerisch verehrt. Da in deren Salon verkehrt, was Geist in Preußen besitzt, bleibt auch Varnhagen in Kontakt mit innen- und außenpolitischen Angelegenheiten. Unscheinbar, vorsichtig bis übervorsichtig geworden, mischt er sich zwar niemals offen ein, ist aber immer und überall dabei, wenn in der preußischen Hauptstadt etwas gemunkelt oder gekungelt wird. Metternich, der schlaue Reaktionär, hält ihn für die graue Eminenz der republikanischen Partei in Berlin.

Damit kann er recht haben, wenn auch Varnhagen selbst sich an diesem Punkt bedeckt hält. Er bleibt undurchsichtig. Den großen Skandal erregt er, merkwürdiger- oder bezeichnenderweise, nach seinem Tode. Karl von Holtei – das ist der Direktor des Königsstädtischen Theaters, dem es gelang, die Sontag nach Berlin zu holen – schildert ihn als einen Mann, »dessen ganzes Dasein nur ein schlangenartiges Kriechen und Sichwinden zwischen den Füßen vornehmer Leute gewesen« sei. »Er, der Schmeichler und höfliche Complimentendrechsler par excellence! Man muß ihn gesehen haben, wie er scharwenzelte hinter Fürstlichkeiten; wie er im Verein mit Rahel, die aber ungleich mehr Edelmuth besaß, förmlich umgarnende Netze aufstellte, haute volée (Oberschicht) und volaille (minderes Volk) bei sich einzufangen. Muß die ›Durchlauchten‹ – ›Hoheiten‹ – ›gnädigsten Gräfinnen‹ etc. gehört haben, die seinen lispelnden Lippen entsäuselten. Nicht nur vor Achtundvierzig; nein, nachher nicht minder!«

Ein hartes, ganz sicher zu hartes Urteil, wie es jedoch verschiedentlich über Varnhagen gefällt worden ist – auch Pückler hat es ja gestört, von ihm allzu förmlich behandelt zu werden. Holtei dürfte ein unverdächtiger Zeuge sein, Schauspieler, Schriftsteller, neben Tieck der erfolgreichste Deklamator seiner Zeit, Theaterdirektor und gemütvoller schlesischer Dialektdichter, war er politisch eher neutral eingestellt. Wenn auch mit leichter Neigung zum Fortschrittlichen, wovon manche seiner Volksstücke und seine zeitweilige Mitarbeit an der Zeitschrift des Revoluzzers Adolf Glaßbrenner Zeugnis ablegen. Gestört haben wird ihn an Varnhagen eine gewisse Undurchsichtigkeit, ein ständig geschlossen gehaltenes Visier. Varnhagen war zweifellos ein Demokrat; eine andere Frage bleibt es, ob man ihn einen aufrechten Demokraten nennen kann. Pückler hält sich in manchem für einen Schüler Varnhagens, den er gern in literarischen, aber auch politischen Fragen kontaktiert. Aber so ganz warm wird er nicht mit ihm.

Varnhagen also, Frau Rahel, Lucie und Schefer haben in der nahen Vergangenheit oft im Schloß Muskau zusammengesessen, wobei Lucie die langen, inhaltsschweren und portoträchtigen Briefe ihres geschiedenen Gemahls vorlas. Die begeisterungsfähige Rahel dürfte zuerst auf den Gedanken gekommen sein, aus dem interessanten, dazu brisanten Stoff ein Buch zu machen. Varnhagen und Schefer werden, darin erfahren, die Hauptarbeit der Redaktion geleistet haben. Lucie dagegen hat, zu Pücklers Verdruß, dafür gesorgt, daß nichts Heikles, Scharfes, Pikantes oder gar Unanständiges in die Druckvorlage geriet.

Daran läßt sich nicht mehr viel ändern, als sich Pückler das Manuskript nun selbst vornimmt und durch Stellen aus seinem Tagebuch ergänzt, seinerseits manches streicht und gewisse Namen verändert, vor allem den der Adressatin. Statt an Lucie sind die Briefe jetzt an eine heißgeliebte »Julie« gerichtet, späte Hommage für jene früheren Jahre in Neapel. Mag Pückler der treueste Liebhaber nicht sein, ganz vergißt er seine Angebeteten nie.

Viel gerätselt worden ist, warum er für sich das makabre Pseudonym eines »Verstorbenen« wählt. Dabei liegt der Grund auf der Hand und dürfte auch jedem Leser damals sofort verständlich gewesen sein. In Preußen herrscht, wie im übrigen Europa, die Reaktion. Ein liberaler Adliger mit demokratischen Neigungen erhält in einem solchen Staat keine Chance. Pückler hat sich eben erneut um einen Botschafter- oder Gesandtenposten bemüht, ist aber wieder abgewiesen worden. Die Zeit gehört den Cumberlands und rückwärtsgewandten Schwarmgeistern wie Kronprinz Friedrich Wilhelm, beide so etwas wie seine Erzfeinde. Für Preußen ist Pückler mausetot. Man muß ihn dulden, aber stellt ihn kalt. Was ein preußischer Fürst seinen Landsleuten von England erzählt, ertönt tatsächlich aus dem Mund eines so gut wie Verstorbenen.

Auf dem Pseudonym beharrt Pückler, obwohl Varnhagen es ihm auszureden versucht. Brieflich läßt auch Sophie Gay aus Paris wissen, daß sie es für abschreckend hält. Sie soll sich täuschen. Anfang 1830 erscheinen die beiden ersten Bände der »Briefe eines Verstorbenen« bei F. G. Franckh in München. Sie enthalten den letzten Teil der Reise, weil man wohl Pücklers Abenteuer in Irland für publikumswirksamer hält. Das Werk beginnt also – merkwürdigerweise, aber passend zum Autor – beim Kapitel 25. Wie drei Jahre vorher Heinrich Heines »Reisebilder« wird es augenblicklich ein ungeheurer Erfolg, der sogar den der »Reisebilder« bei weitem übertrifft, obwohl Pückler ihnen nach Stil und Anlage viel verdankt. Sie begleiten ihn dann auch auf seinen späteren Reisen bis ins tiefe Afrika.

Die »Briefe eines Verstorbenen« müssen den Buchhändlern geradezu aus den Händen gerissen worden sein, denn die erste Ausgabe ist bald verkauft und bei Franckh verzögert sich zunächst die zweite. Der Chefpräsident der Preußischen Seehandlung (Staatsbank) erwischt kein Exemplar mehr und bittet Pückler dringend, ihm eines zu leihen. Das Buch muß ein gebildeter Preuße gelesen haben, wenn er mitreden will.

Pückler geht es wie Byron, nach Shakespeare seinem Lieblingsautor: Er wacht eines Morgens auf und ist als Schriftsteller berühmt. Denn das Pseudonym täuscht niemanden. Über die Englandreise des Fürsten haben die meisten Gazetten ausführlich berichtet. Da läßt sich, obwohl alle Stellen, die den wahren Sinn der Reise betreffen (leider, wie wir hinzufügen wollen), gestrichen sind, unschwer raten, wer der Autor ist. Ein etwas kindliches Versteckspiel, wie manche finden. Aber wohl notwendig für einen Aristokraten, der enge Beziehungen zum Hof unterhält, diesen jedoch wenig ehrfurchtsvoll behandelt. Eine derart freie und unverblümte Rede kann sich in diesen Zeiten ohnehin nur ein sehr

Hochgestellter leisten – etwa Alexander von Humboldt, der zur Zeit wohl Berühmteste im Lande, der den »Briefen eines Verstorbenen« laut applaudiert, oder eben Fürst Pückler.

Noch einer applaudiert lauthals, sogar mit weit erheblicheren Folgen, denn auf ihn hört man nicht nur in deutschen Landen, sondern in ganz Europa: Goethe. In der Ausgabe Nr. 19 der »Jahrbücher für wissenschaftliche Kritik« vom September 1830 erscheint eine begeisterte Rezension der »Briefe« aus seiner Feder. Sie beginnt mit dem lapidaren und daher aus diesem Munde mehr als schmeichelhaften Satz: »Ein für Deutschlands Literatur bedeutendes Werk.«

Die »Jahrbücher« sind damals ein sehr einflußreiches kritisches Organ, das in Berlin von Anhängern der Hegelschen philosophischen Schule herausgebracht wird. Sie vertreten, um einen Zeitgenossen zu zitieren, einen »Professorliberalismus«. Gans, der Witzbold mit der schwarzen Kaiserin von Haiti, ist an ihnen beteiligt, ebenso Varnhagen. Goethe das Buch mit ein paar empfehlenden Zeilen zu schicken, scheint Rahel angeraten zu haben. In derselben Ausgabe erscheint übrigens noch eine zweite, ebenso lobende Kritik ihres Mannes, aber diese verblaßt vor dem gewichtigeren Beitrag des »Olympiers«, wie Goethe damals mit Vorliebe tituliert wird.

»Der Schreibende«, lesen wir, »erscheint als geprüfter Weltmann von Geist und lebhafter Auffassung, als der durch ein bewegtes soziales Leben, auf Reisen und in höhern Verhältnissen Gebildete, daneben auch als durchgearbeiteter freisinniger Deutscher, umsichtig in Literatur und Kunst.«

Angeblich soll Goethe nicht gewußt haben, daß sein gartenkünstlerisches Ziehkind Pückler der Autor ist. Jedenfalls wird das von vielen, die es wissen müssen, behauptet, obwohl da einiger Zweifel angebracht sein dürfte. Wenn alle Welt wußte, daß Pückler der Verfasser war, warum sollte ausgerechnet Goethe es nicht gewußt haben?

Lassen wir das dahingestellt sein. Pückler wird von Goethe geschildert: »Als guter Geselle tritt er auf, auch in der nicht besten Gesellschaft, und weiß sich immer anständig zu halten; er bleibt sowohl bei den banalen Wildheiten der Rennjagd als den herkömmlichen Ausschweifungen der Gelage seiner selbst mächtig und ist, ungeachtet unbequemer Rheumatismen und Migränen, rüstig bei der Hand. (...) Alle Witterungen sind ihm gleich; die schlechtesten Wege, die unbequemsten Mittel des Transports, Verfehlung des Wegs, Sturz und Beschädigung, und was man sonst Widerwärtiges nur denken mag, rühren ihn keineswegs.«

Zum Werk selbst: »Beschreibungen von Gegenden machen den Hauptinhalt der Briefe, aber diese gelingen ihm auch auf eine bewundernswürdige Weise. England, Wales, besonders Irland, und dann wieder die Nordküste von England sind meisterhaft geschildert. Man kann sichs nicht anders möglich denken, als er habe, die Gegenstände unmittelbar vor Augen, sie mit der Feder aufgefaßt; denn wie er auch jeden Abend sorgfältig sein briefliches Tagebuch geführt haben mag, so bleibt eine so klare ausführliche Darstellung immer noch eine seltene Erscheinung. Mit heiterer Neigung trägt er das Monotonste in der größten individuellen Mannigfaltigkeit vor.«

»Man mag sich von ihm wie von einem lieben Reisegefährten nicht trennen eben da, wo die Umstände die allerungünstigsten sind; denn sich und uns weiß er unversehens aufzuheitern«, heißt es wenig später. Schnurgerade auf Pückler gemünzt könnte folgende Charakterisierung sein: »Es wirkt so angenehm erheiternd, ein wohlgesinntes, in seiner Art frommes Weltkind zu sehen, welches den Widerstreit im Menschen von Wollen und Vollbringen auf das Anmutigste darstellt. Die besten Vorsätze werden im Lauf des Tages umgangen, vielleicht das Gegenteil getan.«

Goethe meint auch, es gereiche »diesem Werk zu großem Vorteil, daß die zwei letzten Bände vor den zwei ersten erscheinen, wodurch der ganze Vortrag eine epische Wendung nimmt«. Die »zwei ersten nachversprochenen Teile« würden jedenfalls »sehnlich erwartet«. »Für uns aber würde es dem Werte des Buchs nichts benehmen, sollte sichs am Ende finden, daß einige Fiktion mituntergelaufen sei.«

Im Text findet sich dann auch ein Satz, der ebenfalls, gleichsam augenzwinkernd, direkt auf Pückler gemünzt sein könnte und wahrscheinlich ist: »Mit einem klaren Geiste wird man leicht bekannt, und mit dem Weltmanne findet ihrs gleich bequem, weil er durchaus offen erscheint, ohne eben gerade aufrichtig zu sein.«

Pücklers Debüt als Reiseschriftsteller kommt eben zur rechten Zeit. Die in der restaurativen Metternich-Ära geknebelten Völker beginnen aufzumucken. Die Unzufriedenheit mit all den großen und kleinen Polizeistaaten nach österreichischem Muster beginnt sich Luft zu machen. In ganz Europa herrscht eine gespannte Atmosphäre. Aus Paris ertönt das erste Donnergrollen des Gewitters, das sich aufzutürmen scheint: In der »Julirevolution« wird der reaktionäre Bourbonenkönig Karl X. verjagt, der »Bürgerkönig« Louis Philippe besteigt den Thron. Die Herrschenden nehmen es als Menetekel, die Völker als hoffnungsfrohes Zeichen zur Kenntnis.

Reiseliteratur spielt dabei eine gewisse Rolle. Sie bildet innerhalb der Buchproduktion eine eigene, ungemein populäre Kategorie. Zum ersten, weil vor Erfindung der Eisenbahn Reisen umständlich, teuer und unbequem sind, man die Welt daher besser zwischen Buchdeckeln kennenlernt als in der Postkutsche. Zweitens aber auch, weil sie leichter als alle anderen Literaturzweige die in allen Ländern penibel durchgeführte Zensur umgehen kann. Nicht erst seit Heine steht Reiseliteratur im Geruch demokratischer oder republikanischer Sympathien.

Denn gelesen wird sie in der Hauptsache zwischen den Zeilen. Was die Autoren als Zustände fremder Länder schildern, läßt sich vom Leser ohne weiteres auf die eigenen beziehen. Hat man Georg Forster, auch ein Vorbild Pücklers, noch als Anhänger der Französischen Revolution in die Reichsacht erklärt, gehen spätere Reiseberichter behutsamer zu Werk.

Vieles, sogar das meiste, was Pückler an England kritisiert oder gutheißt, ist unmittelbar auf Preußen und die Nachbarländer gemünzt. Man sollte diese Tatsache bei der Lektüre stets vor Augen haben, wenn von gesellschaftlichen Mißständen, vor allem aber den Möglichkeiten ihrer Beseitigung die Rede ist. Kritik am eigenen Staatswesen läßt sich damals nur gleichsam grenzüberschreitend anbringen.

Schon im Oktober 1830 kann Pückler seiner Stieftochter Adelheid von Carolath schreiben: »Haben Sie die Briefe eines Verstorbenen gelesen? scherzt man bei Hofe, in der adligen bankierischen und literarischen Gesellschaft, und die Hälfte möchte den Verstorbenen beim Kragen packen.« In Berlin wird das Buch zum absoluten Bestseller. Sogar der König läßt es sich vorlesen und schmunzelt versonnen bei manchen Stellen in sich hinein. Friedrich Wilhelm III., ein resignierter Reformer und auch als Friedenskönig, der er gern geworden wäre, gescheitert (er hat statt dessen Napoleon besiegen oder mit-besiegen müssen), findet sich durch Pücklers freche Ausfälle gegen aristokratischen Übermut eher bestätigt. Was Pückler sagt, hat er schon immer gesagt. Sein romantischer Sohn, Kronprinz Friedrich Wilhelm, der spätere Vierte seines Namens, reagiert dagegen empört. Fürst Wittgenstein erklärt öffentlich, diese Briefe würden ihrem Verfasser sehr schaden, antwortet Pückler jedoch ausweichend, als dieser ihn brieflich zur Rede stellt. Fouqué, der alte und inzwischen veraltete urpreußische Heldendichter, geht noch weiter. Wutschäumend will er mit einem Schwert, nein, einem Flamberg (einem Schwert, das man mit beiden Händen packen muß) in den Ring treten, um den unverschämten Spötter zu töten.

Auch Gräfin Goltz, die Frau des preußischen Gesandten in Paris, nimmt übel, vielleicht weil sie in Pücklers Schilderungen nicht vorkommt. Jedenfalls schickt der Fürst ihr eine Brille, damit sie besser lesen könne.

Zweifellos spielt auch die hohe Position des Autors, sei er nun namentlich bekannt oder nicht, eine große Rolle. Der Literarhistoriker Julian Schmidt urteilt 1875: »Einen merkwürdigen Contrast bilden... Heines Reisebilder aus England, die ungefähr gleichzeitig erschienen. Heine fühlte sich höchst unglücklich in London, der Lärm auf den Straßen betäubt ihn, im Gedränge wird er hin und her geschoben, er verliert völlig das Gefühl der eigenen Existenz und warnt jeden Poeten vor einer Reise nach England, da dort alles im materiellen Erwerb und in tobender Geschäftigkeit untergehe... Wenn Fürst Pückler andere Eindrücke empfing, so ging das sehr natürlich zu: er hatte nicht nöthig, sich auf den Straßen schieben und stoßen zu lassen, er fuhr in einer Carosse. Mit dem Standesgenossen sprach man vertraut über die leitenden

Persönlichkeiten, wenn man auf die Mysterien des Hofes stichelte, so verstand er das halbe Wort, und wenn man ihn über Raffinements der Kochkunst belehrte, so konnte er sie mit gleich werthvollen Enthüllungen erwiedern. Es ist mir immer komisch gewesen, wie Börne sich über diese Recepte ärgert; das eben schied die alte Demokratie von der jungdeutschen: Börne und seine Anhänger wollten gemeinsame schwarze Suppe für alle Spartaner. Heine wünscht Nektar und Ambrosia für alle Götter. Der Unterschied zwischen Pückler und Heine liegt nur darin, daß der Eine hatte, was der Andere begehrte.«

Das Gefühl, mit einem Weltmann auf eine Reise zu gehen, eine Weile zum erlauchten inner circle zu gehören, mischt sich bei den Zeitgenossen mit dem Bedürfnis nach geharnischter Kritik am eigenen Staatswesen. Bei beidem kommen die Leser voll auf ihre Kosten. Mag Pückler kein großer Dichter sein, er ist ein vorzüglicher Beobachter, Reporter, Feuilletonist, mit scharfem Blick für das Wesentliche. Und die deutsche Sprache hat außer Heine zu seiner Zeit kaum jemand derart biegsam und geschmeidig beherrscht wie er.

Pückler macht sich über seine Fähigkeiten keinerlei Illusionen. Er hält sich für »ein winziges Ameisenpoetlein«. Als man ihm immer wieder vorwirft, doch »weder ein Dichter noch ein Gelehrter zu sein« – ein typisch deutscher Vorwurf im übrigen –, kontert er, der Vorwurf sei »so absurd, als wenn man das Veilchen verachten wolle, weil es keine Eiche ist«. Auf jeden Fall hat er mit den »Briefen eines Verstorbenen« ins Schwarze – und auch wohl ins Wespennest – getroffen. Sie werden zum Modebuch des Jahres, weit über Berlin hinaus. 1832 erscheinen der dritte und vierte Band mit den Briefen von 1 bis 24. Der Erfolg bleibt Pückler treu, die Fortsetzung, eigentlich ja der Anfang, geht genausogut wie der erste Teil, wenn auch diesmal ohne Hilfe des Rezensenten Johann Wolfgang von Goethe. Auf die beinahe flehentliche Bitte von Verlag und Autor um eine neuerliche Besprechung hat er nur noch mit einem kurzen Billet an den Fürsten antworten können. Er ist kurz darauf gestorben. Dafür darf sich der unermüdliche Varnhagen ein zweites Mal in den »Jahrbüchern« äußern.

Inzwischen ist aber der »Verstorbene« selbst zum berühmten

oder berüchtigten, auf jeden Fall vielberedeten Autor geworden. Varnhagen gratuliert Pückler, wie immer sehr umständlich und mit vielen »Ew. Durchlaucht« dazwischen, noch einmal brieflich zum Erfolg, verteidigt auch seine und Schefers Redaktion mit der »Angst des Verlegers, der ein keusches Werk haben wollte« und scheint zu befürchten, daß Schefer hinter seinem Rücken schlecht über ihn sprechen könnte. Warum, erfährt man nicht, aber »Ew. Durchlaucht« möge sich nicht irremachen lassen, er sei sein treu ergebener Diener usw. usf. Trotz all der Elogen aus seiner Feder mag er höchst unzufrieden gewesen sein, am meisten mit sich selbst, denn die Redaktion ist äußerst schlampig ausgefallen und durchsetzt mit Satzfehlern.

Zum Erfolg tragen – wie immer – auch die Verrisse bei. Ironisch äußert sich Börne: »Der Verfasser soll ein Fürst sein; das ist schön. Da unsere bürgerlichen Schriftsteller nun einmal keine Leute von Welt werden wollen, so bleibt diesen näherzukommen, nichts übrig, als daß die Leute von Welt Schriftsteller werden. Er soll kein Geld haben. Noch schöner, er sei uns herzlich willkommen! Das ist der wahre Stempel des Genies.«

Börne zieht dann kräftig vom Leder und nennt, wie immer, die tatsächlichen Schwächen auf unnachsichtige, für den Autor schmerzliche Weise. Der Stil sei leicht, aber von ermüdender Leichtigkeit, die Sätze sind zu lang und zu vollgestopft mit französischen Vokabeln, und: »Wir müssen ihm wie allen adligen Schriftstellern auf die Finger sehen, nicht damit sie nichts mitnehmen (was wäre bei uns zu holen?), sondern daß sie nichts dalassen, keinen Hochmut, keinen Adelsstolz.«

Aufsehen erregt (und weitere Reklame für das Buch macht) die Tatsache, daß Börne noch einmal auf die »Briefe eines Verstorbenen« zurückkommt und gesteht, was heute auch noch vorkommen soll, das Buch nämlich vor der Rezension nicht ganz gelesen zu haben. Offen bekennt er, es sei lobenderer Kritik wert gewesen. »Aber wozu? Es ist eben Krieg, da kann man keine Rücksicht darauf nehmen. Er steht uns gegenüber und ist unser Feind.«

Pückler an Varnhagen: »Sie (die Kritik) ist allerdings von grobem Kaliber, hätte aber von seiner sonst so witzigen Feder schlimmer ausfallen können. Es ist zu offenbar, warum sie so leidenschaftlich ausgefallen, und stumpft sich daher von selbst ab.« Tief getroffen hat sie ihn trotzdem, wie aus dem Vorwort zum zweiten Teil hervorgeht, in dem sich Pückler gegen diesen Angriff und andere verteidigt.

Für ihn lohnt sich das Unternehmen auch finanziell. Seine »Briefe« bringen ihm das höchste Autorenhonorar ein, das bis dahin je gezahlt worden ist. Insgesamt hat er mit seinen Werken, wie er nicht ohne Stolz verkündet, mehr verdient als Goethe und Heine, die beide nicht zu den Erfolglosesten gehören. Es sieht eine Weile sogar so aus, als ließe sich das verschuldete Muskau mit den Einkünften aus dem Buch sanieren.

Um so mehr als aus dem deutschen rasch ein internationaler Erfolg wird. Ins Englische übersetzt ihn Sarah Austin, die sich immer noch Hoffnungen auf eine Fortsetzung ihrer Affäre mit Pückler macht. Sie liefert ein Meisterwerk. Pücklers episch dahinfließende Prosa liest sich Englisch, zumindest bei Sarah Austin, fast noch besser als im Original. Die lästigen Fremdwörter fallen weg, die Sätze sind kürzer, weil die englische Sprache so viele Nebensätze wie die deutsche einfach nicht duldet. Das Werk erscheint keineswegs verändert, wohl aber aufpoliert. Man merkt der Übersetzung an, daß sie mit viel Liebe – und einem sensiblen Sprachgefühl – entstanden ist.

Unter dem Titel »The Tour of a German Prince« wird sie ein »succès de scandale«. Man erregt sich in Großbritannien begreiflicherweise noch mehr als in Preußen. »Unfaßbar« findet die »Edinburgh Review« jene »Ignoranz und Arroganz ausgerechnet – von allen Völkern der Welt – eines Deutschen«. Es gibt aber auch lobende Stimmen von liberaler Seite, etwa der »Westminster Review«, die sich höchst zufrieden zeigt, daß endlich einmal den Engländern von einem klugen Ausländer ein kritischer Spiegel vorgehalten wird.

Zur Freude des Verlegers Wilson, der wohlweislich Goethes Rezension als eine Art von Vorwort an den Anfang der englischen Buchausgabe gesetzt hat, erlebt diese ebenfalls rasch mehrere Auflagen. Pückler ist zu dieser Zeit noch eine bekannte Persönlichkeit in England, und die Lüftung seines Pseudonyms macht in London weit weniger Schwierigkeiten als in Berlin. Trotzdem behauptet die

Austin, eine eklatante Lüge, in der Öffentlichkeit wie in privaten Briefen beharrlich, ihr seien Namen und Persönlichkeit des Autors absolut unbekannt.

Dabei schreibt sie Pückler selbst im Juli 1833: »Unser Buch hat in Amerika unbeschreibliche Furore gemacht. Wie Romilly mir mitteilt, sind schon acht Auflagen erschienen«, sie fügt hämisch hinzu: »Natürlich sind die Yankees von Ihrer Schilderung Englands entzückt.«

Das sind auch die Franzosen, die Pücklers Buch als »Lettres posthumes« 1832 zu lesen bekommen; da bringt es der Übersetzer Cohen im Verlag Fournier heraus. In Paris gibt es fast nur gute Kritiken; allerdings nimmt man den »Verstorbenen« wörtlicher als gemeint. In einer Rezension wird behauptet, der Verfasser der Briefe sei tatsächlich vor kurzem 55jährig verstorben. Sophie Gay bricht, als sie das liest, in Tränen aus, wird jedoch alsbald von dem ihr bekannten Verleger Fournier getröstet. Er zeigt ihr einen Brief, den er erst kürzlich von Pückler erhalten hat. Der »Auferstehungsbrief« beglückt sie so, daß sie ihrerseits ihm einen leidenschaftlichen Brief schreibt, in dem sie nicht versäumt, Pückler um »einen Rest jener Sympathie« anzuflehen, »dank der Sie meinen Geist liebten und bisweilen meinem Herzen antworteten«.

Sophie Gay kommt eben aus England zurück und berichtet ausführlich über die große Resonanz, die dem Buch dort zuteil geworden ist. Sie fügt hinzu: »Man hat eine wahre Wut auf Sie!«

Am einsichtigsten dürfte aber wohl Leopold Schefer die Gründe für den englischen Skandalerfolg zusammengefaßt haben. Das Buch, schreibt er, »nimmt Irland in Schutz; es stellt die anglikanische Kirche in verdientes Licht; es preist den Zustand der Vornehmen, und so macht es den Engländern ihren Haß und ihre Liebe klarer. Eine auswärtige Stimme, eine dabei uninteressierte (unabhängige) und eines Mannes von Rang, bestätigt sie darin zur rechten Zeit. Sie werden Stellen daraus selbst im nächsten Parlament zitiert finden.«

Lassen wir hier noch einmal einen Engländer mit gegenteiliger Meinung zu Wort kommen. John Sterling, selbst ein angesehener Autor und Kritiker, schreibt Sarah Austin: »Ich habe die Reisen dieses charmanten Fürsten (»Prince Prettyman«), dessen Buch Sie soviel mehr Gunst entgegengebracht haben, als das Original verdient, gelesen... Dabei muß ich gestehen, daß ihr Protegé, der Fürst, ziemlich lebhaft ist und, wie die Dinge stehen, in Deutschland vielleicht, obwohl ein schlechter Walzertänzer, so etwas wie einen Gentleman darstellt. Seine völlige Unkenntnis der Literatur, Moral, Politik und Religion in England wird jedoch nur unvollkommen durch einige hingeschmetterte Landschaftsskizzen aufgewogen sowie seine ermüdenden Schilderungen der Sitten einer kleinen Splittergruppe von Menschen...«

Alles in allem kann der »Verstorbene«, Prince Prettyman Pückler, mit dem Echo zufrieden sein. Unter welchem Namen auch immer – er gehört zu Europas diskutiertesten Autoren.

Am Ende der »Briefe eines Verstorbenen« hat er seine weiteren Pläne bereits umrissen. Er möchte, nach kurzer Erholungszeit in der Heimat, »einen Winter unter Granadas Orangen- und Oleanderblüten verträumen, eine Zeit unter Afrikas Palmen wandeln und die alten Wunder Ägyptens zuletzt vom Gipfel seiner Pyramiden betrachten«.

Das muß er jedoch fürs erste zurückstellen. Denn was kann ein frischgebackener Autor, dessen erstes Buch weltweiten Erfolg gefunden hat, anderes tun, als zunächst einmal ein zweites schreiben?

14.

Tutti-frutti oder Das glänzende Elend

An seinem zweiten Buch schreibt Pückler rund drei Jahre. Freilich nicht ununterbrochen – erstens liegt ihm, wie erwähnt, die Konzentration auf eine einzige Sache nicht, und zweitens hat er nebenher eine Menge zu tun.

In der Lausitz müssen viele Entscheidungen getroffen werden, die noch mit dem Übergang des Landes von Sachsen nach Preußen zusammenhängen. Allein bei Pückler stehen über 100 Prozesse an, die seinen Aufenthalt in Berlin erfordern. Dort vertritt er auch die Belange seiner Lausitzer Standesgenossen. Mehr und mehr verstrickt er sich – vor den Gerichten, bei Hofe sowie in Rahels oppositionellem Salon – in die Politik. Mit Rehder verwertet er im Muskauer Park die in England gemachten gemeinsamen Erfahrungen, manches im Garten gewinnt erst jetzt endgültige Gestalt. Und es treten neue Frauen, am nachhaltigsten Bettine von Arnim, in Pücklers Leben. Zuweilen auch alte, zum Beispiel Helmine. Die Mutter hat sie mit einem Leutnant von Blücher verheiratet, der in Görlitz in Garnison liegt, wo sie sich, trotz ihres Töchterchens Lucie, langweilt und nun, unglücklich und zickig, mit dem Stiefvater wieder Kontakt aufnimmt.

An Ablenkung von der literarischen Arbeit fehlt es gewiß nicht, was man dem Buch auch anmerken wird. Sogar eine weitere Reise wird angetreten, in der Hoffnung, doch noch eine reiche Erbin zu finden. Sie führt wiederum nach Hamburg und bleibt ebenso erfolglos wie die erste und die englische. Mit Sophie Gays Hilfe plant Pückler, es erneut in Paris zu versuchen, muß aber den Plan aus chronischem Geldmangel wieder aufgeben.

Denn, wie man sich denken kann, die Honorare für die »Briefe eines Verstorbenen« sind bei einer derartigen Lebensführung bald verbraucht. Zudem ergeben sich weitere Verluste durch den Einzug der preußischen Verwaltung in die Lausitz. Mag die im alten Sachsen noch übliche Erbuntertänigkeit der Bauern beinahe mittelalterlich gewesen und von Pückler als durchaus ungerecht betrachtet worden sein, auf ihr beruhten Wirtschaft und Wohlstand des Landes. Nicht nur daß Vergünstigungen ohne alle Entschädigung wegfallen wie Zoll- und Steuererleichterungen, es werden den Gutsbesitzern, vor allem aber Muskau, eine Menge neuer Abgaben zusätzlich aufgebürdet.

Sie sind notwendig, weil die Preußen ihre jüngst erworbene Provinz von Grund auf durchorganisieren. Es werden neue – häufig, wie Pückler klagt, nutzlose – Straßen gebaut, wo früher, ebenfalls laut Pückler, »höchstens 30 bis 40 Menschen sowohl für Justiz als auch Administration (Verwaltung) hinreichten«, werden jetzt »weit über 100 Beamte mehr zu dem gleichen Zwecke angestellt«. Auch das von Scharnhorst und Gneisenau geschaffene preußische Volksheer verursacht Ausfälle und Ungelegenheit, denn die Landarbeiter müssen selbst in der Erntezeit exerzieren und fehlen auf den Feldern.

Da regt sich Ärger im Land. Selbst in Berlin erkennt man, daß Entschädigungen für die Sonderbelastungen gezahlt werden müssen – Fürst Pückler hat sie selbst mit ausgehandelt. Sie fließen freilich nur kärglich, die Mühlen der preußischen Bürokratie mahlen außerdem nur langsam. Pückler errechnet, daß er im Schnitt für je 300 000 Taler Verluste aus der Staatskasse nur 40 000 Taler zurückbekommt. Was ihn wiederum in sein Arbeitskabinett drängt, zum zweiten Buch, von dem er sich ähnliche Einkünfte erhofft wie vom ersten.

Geradezu pompös hat er sich sein Arbeitszimmer eingerichtet, das er als sein »Atelier« bezeichnet. Es besteht aus nicht weniger als vier großen Schreibtischen, mehreren Stehpulten und, alles andere überragend, einer voluminösen Kopiermaschine. Wahrscheinlich ist Pückler der erste Autor, der eine solche benutzt. Leider ist uns unbekannt, wer sie erfunden und hergestellt hat, auch wie sie genau funktionierte. Geschildert wird der Apparat als ein wahres Monstrum, kompliziert zu bedienen und sehr teuer im Betrieb. Einer weiteren Beschreibung zufolge soll sie zudem zeitweilig unangenehm stechende Dämpfe abgesondert haben. Der vorsichtige Schriftsteller zieht auf ihr, ein früher Fotokopist, von jeder Manuskriptseite, jedem Brief, ja, jedem Zettelchen, das er schreibt, ein Doppel, das er sorgfältig verwahrt – ein Grund mehr, warum wir so verhältnismäßig viel von ihm wissen, mehr als von jedem Zeitgenossen, den König eingeschlossen.

Die Kopiermaschine beeinflußt zweifellos auch Art und Anlage des geplanten Buches. Gebündelt scheinen in ihm unzählige fliegende Blätter von hierher und dorther, wofür der Vervielfältigungsapparat nicht weniger verantwortlich sein dürfte als die kleinen grauen Zellen des Autors.

Dessen Arbeitstag beginnt – typisch Pückler – um Mitternacht und dauert bis zirka 7 Uhr früh. Da geht der Fürst im Schein der von seinem eigenen Werk produzierten Kerzen eifrig hin und her zwischen den Stehpulten, an denen er seine Gedanken sammelt und die erste Fassung niederlegt, alles kopierend und über die Schreibtische zur weiteren Korrektur verteilend. Er integriert sogar Skizzen anderer Autoren in sein Werk, etwa von Leopold Schefer und Varnhagen. Der Geheimrat von Grävell, den er gleichfalls um einen Beitrag bittet, lehnt zwar ab (er hilft Pückler entscheidend in seinen Lausitzer Angelegenheiten), gerät aber trotzdem in den Verdacht der Mitarbeit und wird später disziplinarisch verwarnt werden.

Solch literarische Tätigkeit geht, wie gesagt, bis 7 Uhr früh. Dann liest der Fürst noch eine Stunde im Bett, ehe er sich endgültig zur Ruhe legt. Um 3 Uhr nachmittags steht er wieder auf zum Early Morning Tea, empfängt Gäste oder unternimmt Kontrollritte durch den Garten. Von 5 bis 8 erledigt er seine Korrespondenz und Geschäftspost. Das Mittagessen findet um 8 Uhr abends statt, danach hat man Gäste, oder das geschiedene Pärchen, das nach wie vor einträchtig miteinander lebt, setzt sich zu einem Plauder- und Lesestündchen zusammen, bis um Mitternacht die Glocke wieder zur literarischen Arbeit und zum Kopiergerät ruft. Als Dank für treue Mitarbeit schickt Pückler Varnhagen übrigens eben so eine Teufelsmaschine. Über die gleichfalls mitgeschickten Ananas aus den fürstlichen Gewächshäusern wird er sich mehr gefreut haben.

Aber solch ungewöhnliche, wenn auch strenge Zeiteinteilung

läßt sich nur selten durchhalten. Längere Zeit bindet Pückler eine lästige Berufung als Kommandeur ausgerechnet an Görlitz. In seinem Tagebuch lesen wir dann auch, wenig erstaunt: »Da B. (Blücher) zum Exerzieren weg muß, frühstücke ich mit H. (Helmine), und sie gibt mir eine recht süße Schäferstunde, lieblicher und feuriger, als sie sonst wohl zu sein pflegt. Alte Liebe rostet nicht.« Der Unverbesserliche fügt hinzu: »Nachmittags mache ich mir den Spaß, die alte M., welche noch immer gar nicht übel ist, mit Anträgen zu verfolgen.«

So vornehm Pückler in allem, auch in der Beschreibung seiner Liebesabenteuer, bleibt – Derbheiten sind ihm nicht fremd. Er amüsiert sich köstlich über den schußligen Oberlandesgerichtsdirektor Hofmann, den er in Glogau aufsuchen muß, und »dem wieder ein kleines Unglück begegnete, indem er sich versprechend, nach der ›Bürstin von Fückler‹ sich erkundigte«.

Beim 45jährigen melden sich allerdings auch, viel zu früh, Altersbeschwerden: »Könnte ich nur einmal wieder zwanzigjährig erwachen, denn die vierzig Jahre bringen eine hypochondrische Lebensansicht mit (...) und eine Geringschätzung jeder Freude, deren ich kaum mehr Herr werden möchte. Das Beste von diesem Leben ist weg und schlecht genossen.«

Verstärkt wird die Hypochondrie durch jene wachsende Feindschaft, die Pückler in »Sandomir«, in Berlin, »dem elenden Loch« entgegenschlägt. Wittgenstein, der Oberkammerherr des Königs, sowie der Kronprinz schaden ihm, wo sie können, und wissen ihn dort zu treffen, wo Pückler am empfindlichsten ist: an seiner Eitelkeit.

Das zeigt sich, als er kurz nach seiner Görlitzer Zeit den Antrag stellt, zum General befördert zu werden. Hat es Adelheid von Carolath, seine Stieftochter, fertiggebracht, diesen Rang für ihren Mann durchzusetzen, meint er, müsse es auch ihm möglich sein. Es ist auch möglich: Pückler wird zum General befördert, aber gleichzeitig aus dem Dienst – ohne Pauken und Trompeten – für immer entlassen, eine Ehrung, der man eine bittere Kränkung hinzufügt. Nicht einmal sein energischer Protest beim König fruchtet etwas, der ihm wohlgesonnen bleibt, aber an dieser endgültigen Entscheidung nichts ändern kann.

Die Rache folgt schwarz auf weiß. Als im Februar 1834, jetzt bei Hallberger in Stuttgart, die beiden ersten Bände des schon eifrig erwarteten neuen Pückler erscheinen, wird Wittgenstein – voller Name: Wilhelm Ludwig Georg Fürst zu Sayn-Wittgenstein-Hohenstein – seinen Augen nicht getraut haben. Das Werk ist ihm gewidmet, dem Gegner aller Liberalen und Intimfeind des Autors.

Allerdings erweist sich die Widmung als Persiflage. In Worten heuchlerischer Ehrerbietung wird Wittgensteins Unbestechlichkeit und Unparteilichkeit hervorgehoben und betont, daß die Dedikation keineswegs aus »Dankbarkeit, die ich Ihnen ja nicht schulde« erfolgt sei. Die Berliner, seit jeher empfänglich für solcherart Humor, honorieren Pückler diesen Mut durch unverhohlenes Hohngelächter. »Tutti-frutti«, vom Autor der »Briefe eines Verstorbenen«, also ebenfalls »anonym« erschienen, wird wiederum ein enormer Erfolg. Die erste Auflage ist schon vor Erscheinen ausverkauft, und jetzt hat Hallberger seine liebe Not, rechtzeitig genügend Bücher auf den Markt zu werfen. Obwohl der Titel nichts mit der gleichnamigen halbgefrorenen Süßspeise gemein hat, erhöht sich im Café Kranzler der Umsatz von Tutti-frutti schlagartig um das Doppelte.

Pückler-Kenner und -Experten sind sich seit jeher einig darin, daß »Tutti-frutti« sein schwächstes Werk darstellt. Es ist trotz der anfänglichen Nachfrage dann auch nie wieder aufgelegt worden. Ein Jammer! Gut kommentiert würde es noch heute eine amüsante, abwechslungsreiche Lektüre abgeben. Sein schwächstes Werk? Vom Literarisch-Ästhetischen aus betrachtet: vielleicht. Aber auch sein mutigstes, ein bekennerhaftes, folgen- und einflußreiches Buch. 1834 muß es sich brennend aktuell gelesen haben.

Doch zugegeben: Ein bißchen ungeordnet und wirr ist die Pückler-Mixtur aus uralten Aufzeichnungen und frisch heruntergeschriebenen Eindrücken schon, ein Labyrinth, in dem man sich rasch – wenn auch nicht unbedingt ungern – verirrt, ein Kaleidoskop aus lauter Mosaiksteinen, die nicht immer zueinander passen wollen. Schauerromantische Erzählung – die Novelle von der »Flucht ins Gebirge« liest sich mitreißend und spannend – geht unvermittelt in politische Leitartikel über. Auf langwierige und höchst aufschlußreiche Abhandlungen über den preußischen Staat und den Entwurf einer eigenen Verfassung für das Land folgen kurze Aphorismen, die sich für Sklavenbefreiung, Pressefreiheit und die Trennung von Kirche und Staat einsetzen. In diversen »Ziehungen«, die sich »Aus den Zetteltöpfen eines Unruhigen« betiteln und gleich mit der Warnung: »Nachsicht für die Nieten!« versehen werden, purzeln eigene Erlebnisse, etwa der Ballonfahrt mit Reichhard oder des Besuchs in der Ahnengruft mit Aufrufen zur endgültigen Emanzipation der Juden, witzigen Druckfehlern, die der Fürst wohl zu schade zum Korrigieren fand, und Polemik gegen seine Widersacher, munter durcheinander. Es kann einem dabei schon ein bißchen kraus im Gemüte werden.

Andererseits wird manches damals Brisante oder sogar Unsagbare brillant verpackt dargeboten. »Pücklers satirische Streifschüsse«, so Ekhard Haack in einem Kommentar zu einer Werkausgabe, »töten nicht, aber sie verletzen viele ... Pücklers satirische Taktik ist es, den Gegner im Lob zu ersticken.«

Das widerfährt vor allem dem Kronprinzen. Im »Brief eines Preußen« brandmarkt der »Verstorbene« den späteren Friedrich Wilhelm IV. gerade dadurch, daß er ihn übertrieben in Schutz nimmt und lobpreist: »Welche unverschämten, bodenlos ungereimten Märchen hat man nicht z. B. über unsern Kronprinzen in fremden Blättern zu verbreiten gewagt: ja, sagen wir es geradeheraus, wie systematisch suchte eine gefährliche und im Finstern schleichende Partei unter allerlei Masken diesen edeln Prinzen zu verunglimpfen und eine affektierte Furcht vor der Zukunft an den Tag zu legen. Wahrlich, wer ihm nur einigermaßen nahestand, weiß, daß er für das Wohl seines Landes glüht und sich mit dem angestrengtesten Fleiß für seinen Beruf vorbereitet und in den wesentlichsten Dingen höchst zeitgemäß denkt. (...) Man sagte ferner: der Kronprinz neige sich einer frömmelnden Richtung zu, und schloß dies zum Teil aus der Begünstigung gewisser Personen, die notorisch in diese Kategorie gehören ... Wird (aber) ein vernünftiger Mensch im Ernste von dem Enkel Friedrichs des Großen, von einem der geistreichsten Männer seines Landes voraussetzen, daß auch er auf einen solchen Abweg geraten könne?«

So geht es seitenlang, bis allen klar ist, daß Pückler den Kronprinzen sehr wohl für einen Frömmler und Begünstiger gewisser

Jugendbildnis Pücklers von
Gerhard v. Kügelgen

Graf Pückler als Berliner
Dandy. Zeichnung von
Franz Krüger

Hermann Fürst Pückler.
Stich und Zeichnung von
Franz Krüger

Fürst Pückler im Alter,
Fotografie (um 1870)

Fürstin Lucie von Pückler-Muskau, zeitgenössische Zeichnung

Henriette Sontag (Büste von Ludwig Wichmann in Branitzer Rosenlaube)

Ludmilla Assing, zeitgenössische Fotografie

Jakob Heinrich Rehder, zeitgenössischer Stich

Parkdirektor Eduard Petzold, zeitgenössische Fotografie

Schloßruine Muskau, 80er Jahre

Blumengarten Schloß Muskau, Stich von August Wilhelm Schirmer

Hermannseiche im Park Muskau (auf polnischer Seite)

Entwurf Schinkels zum Ausbau des Schlosses Muskau. Stich von Schirmer

Gestaltung von Wehren aus Pücklers Gartenbuch

Pleasure-ground am Bad, Orientalischer Garten
(Plan Pücklers, aber nie ausgeführt). Stich von August Wilhelm Schirmer

Schloß Branitz mit Pergola, Vorderseite

Oben: Alte Postkarte vom Park Branitz (1901)
Unten: Gedächtnisinsel im Pyramidensee, Branitz

Machbubas Grab in Muskau

Tumulus im Park Branitz, Holzstich (1874)

Englische Kutsche, um 1834. Lithographie

Cobham Hall, vom Pleasure-ground gesehen (1989)

Warwick Castle

Petworth House, Sitz Lord Egremonts

Fürst Pückler (links) mit Mehemed Ali (zweiter von rechts) und französischen Offizieren in seinem Zelt

Pücklers Karawane in Nordafrika, zeitgenössischer Stich

Mehemed Ali, zeitgenössisches Porträt

Pückler als Reisender in Nordafrika. Lithographie (um 1847)

Machbuba, zeitgenössisches Porträt

Machbuba, Wachsnachbildung, angeblich nach ihrer Totenmaske

Personen hält, aber keinesfalls für jemanden, der höchst zeitgemäß denkt. Furcht vor der Zukunft unter diesem Menschen scheint angebracht. Ein polemisches Meisterwerk. Friedrich Wilhelm selbst hat sich nicht darüber geäußert. Aber sein Vater, der König, soll, wie Wulffen mitteilt, darüber geschmunzelt haben. Ihm gefällt das Buch überhaupt gut, mit Ausnahme eines Ausfalls gegen seine Ordensverleihungen, auch findet er die Darstellung des notleidenden Adels übertrieben. Da habe Pücklers Schwiegervater Hardenberg die Verantwortung, wenn es denn so etwas wie einen notleidenden Adel in Preußen gäbe, läßt er den Autor wissen.

Pückler selbst hat zugegeben, »Tutti-frutti« aus Geldgründen allzu sehr aufgeschwemmt zu haben. Er rechnet inzwischen mit jedem Taler und gerät in Panik, als das Manuskript der drei letzten Bände, das er Varnhagen zur Durchsicht geschickt hat, auf dem Postweg vorübergehend verloren scheint. Es findet sich dann doch, und Pückler kann den mit Hallberger vereinbarten Vorschuß für das komplett abgelieferte Manuskript in Empfang nehmen.

Die Ungewißheit streckt sich freilich hin: ab Mitte Mai bis Ende Juli. Von einer »feenhaften Beleuchtung« seines nächtlichen Arbeitszimmers, die Zeitgenossen bewundern, kann längst nicht mehr die Rede sein. Selbst an Kerzen muß der Kerzenfabrikant Pückler sparen und noch den letzten Stummel verwenden. Die Schuldenmarke hat schon wieder die Schmerzgrenze von 500 000 Taler erreicht. Kreditgeber sind nirgends mehr zu finden.

»Glänzendes Elend ist vielleicht die schwerste Last hienieden«, hieß es in einem Brief an Lucie, in dem er ihr die verzweifelte Lage, in der sie sich befinden, offen mitteilt. Eigentlich sollte er sich bereits auf einer Autoren-Werbereise für sein neues Buch befinden, aber die muß er verschieben. Statt dessen gibt es weitere Reaktionen auf »Tutti-frutti«. Alexander von Humboldt lobt das Werk überschwenglich, dafür droht Reichhard, der Luftschiffer, mit dem Kadi wegen Geschäftsschädigung. Der Boden seines Ballons sei keineswegs wackelig angeleimt gewesen, überhaupt stimme so gut wie nichts an Pücklers Schilderung. Mit dem Echo kann dieser, alles in allem, trotzdem zufrieden sein. »Die Gekniffenen schreien freilich«, wie er es ausdrückt – Anlaß zur Schadenfreude beim Gros der Leserschaft.

In französischen Kritiken werden vor allem Pücklers Hinweise auf die beste Art, im Ausland mit Frauen anzubändeln, gelobt (»Auf Reisen muß man nicht blöde sein«) sowie sein Bekenntnis zum Saint-Simonismus.

Mit ihm liebäugelt Pückler seit einiger Zeit und strapaziert die Leser fast aller seiner Bücher durch langwierige Abhandlungen über diese Frühform eines theoretischen Sozialismus. Im Salon der Rahel sind fast alle Intellektuellen Saint-Simonisten, Salon-Saint-Simonisten, wie es später auch Salonkommunisten geben wird.

Claude Henri, Comte de Saint-Simon, ein Mann mit gewaltiger Adlernase, ist eben 1825 64jährig in Paris gestorben und hat zwei Hauptwerke hinterlassen, den »Industriellen Katechismus« und das »Neue Christentum«. Sie nehmen in gewisser Weise »Das Kapital« voraus, weisen dann aber andere Wege als Karl Marx.

Saint-Simon hat auf amerikanischer Seite gegen die Engländer im Unabhängigkeitskrieg gekämpft. Trotzdem wird er als Adliger während der Französischen Revolution eingekerkert. Dabei sympathisiert er mit deren Prinzipien, lehnt aber eine »Regierung des Pöbels« als unzweckmäßig ab. Wie Marx kritisiert er das Eigentum, fordert die Abschaffung des Erbrechts und die Überführung der Produktionsmittel, vor allem der Industrie, in Allgemeinbesitz. Betrieben werden sollen sie durch eine neue, intellektuelle Aristokratie, eine Gesellschaft der Tüchtigsten. Die Julirevolution hat Saint-Simons Theorien wieder ans Licht gebracht, weniger er selbst. Nach dem Verlust seines Vermögens während der Französischen Revolution schuf der Graf sich durch Spekulation mit Staatsgütern ein neues, das er – ein schlechtes Beispiel für seine intellektuell-sozialistische Elite – durch weitere Spekulationen alsbald wieder verlor. Persönlich war er verschwenderisch und extravagant im Auftreten, was beides ihn in Pücklers Augen zusätzlich sympathisch gemacht haben dürfte.

Sympathisch ist er auch den Republikanern, Sozialisten und Fortschrittlern, die sich unter dem Namen »Das Junge Deutschland« locker, eine aufmüpfige Zukunfts-Elite, zusammengeschlossen haben, mit Heine und Laube auf dem rechten, Börne und Herwegh auf dem linken Flügel. Zu Heine und Laube stößt, nicht zuletzt wegen seiner in »Tutti-frutti« bewiesenen Vorliebe für saint-simonistische Ideale, jetzt Fürst Pückler. Theodor Mundt aus Potsdam, Protagonist des »Jungen Deutschland« in der Mitte zwischen Heine und Börne, trägt dem so überraschend liberalen Fürsten Mitarbeit und sogar Schirmherrschaft einer neuen Zeitschrift an, die »Perspektiven für Literatur und Zeit« heißen soll. Pückler fühlt sich geehrt. Das »Junge Deutschland« scheint, mit Ausnahme Börnes und Herweghs, überrascht, auf einen derartigen Bundesgenossen gestoßen zu sein, und nimmt ihn, wiederum mit den erwähnten Ausnahmen, nur zu gern in ihre Reihen auf.

Als Schriftsteller wird Pückler von Literaturgeschichten und in Anthologien heute schon ohne weiteres zum »Jungen Deutschland« gerechnet, ein Weggenosse. Mit dem Ehepaar Laube verbindet ihn und Lucie bald eine enge Freundschaft. Die Laubes sind häufige Gäste auf Muskau, 1836 sogar monatelang. Da durchstreift Pückler eben Griechenland. Laube wird wegen eines Pressevergehens zu 18 Monaten Festungshaft verurteilt, und nun setzt Lucie sich energisch für ihn ein. Sie erreicht, daß er die Strafzeit auf Muskau verbüßen darf. Die »Geschichte der deutschen Literatur«, die dort entsteht, widmet er dann auch konsequenterweise seiner Wohltäterin. In seiner Literaturgeschichte werden nicht nur die Werke des Fürsten ausführlich gewürdigt, sondern, fast ausführlicher noch, sein Park.

Man sieht: Für damalige Begriffe steht Pückler weit links, erkennt auf jeden Fall die Reformbedürftigkeit der Gesellschaft, in der er so viele Privilegien genießt. Damals sympathisieren auch viele seiner einsichtigen Standesgenossen mit dem Saint-Simonismus oder doch wenigstens mit gründlichen Reformen.

Denn sozialutopische Ideen aller Art werden heiß diskutiert. Die allgemeine Restauration hat eine Stickluft-Atmosphäre geschaffen, in der die seltsamsten Blüten gedeihen. Das meiste bleibt Phantasie, aber erstes Gewittergrollen scheint am Ende doch so etwas wie eine Julirevolution auch in Preußen anzukündigen.

In Berlin spielen dabei Konditoreien und Cafés eine große Rolle. Robert Springer, selbst auf demokratischer Seite, berichtet, daß noch in den kleinsten Winkelkuchenbäckereien Zeitungen und belletristische Journale ausliegen, in den größeren »fast alle beachtenswerthen Blätter des In- und Auslands«. Um die Lesenden nicht zu stören, wird allgemein geflüstert: »Ist der Berliner sonst auch gesprächig, so liebt er doch in der Konditorei die Stille.«

Nicht so bei Stehely, geschätzt wegen seines vorzüglichen Kaffees. Dort darf im »Roten Zimmer« laut geredet werden, ein Sammelpunkt der Literaten, Professoren, Schauspieler, zuweilen auch der Adligen, die hier wie in einem öffentlichen Salon diskutieren. Wer das nicht mag, geht ins Kranzler, wo auf einmal so viel Tutti-frutti abgesetzt wird, »hier wird mehr gegessen als gelesen, mehr gesprochen als gedacht«.

Im Polizeistaat ist unter der Hand aus einer unterdrückten und überwachten eine politisierende Gesellschaft geworden. Pücklers Buch trägt, vielleicht eben wegen seiner Buntscheckigkeit, erheblich zum Gespräch über Gegenwart und Zukunft, Reform und Revolution bei. Es ist ganz und gar geprägt vom Charakter seiner Entstehungszeit. Pückler trifft aktuell ins Schwarze. Das Warten auf das Wiederauftauchen des Restmanuskripts verwendet er zum Teil, um die »Andeutungen« noch einmal zu überarbeiten und jetzt in Druck zu geben. Dafür zieht er sich wiederum in sein Jagdhaus zurück, wo ihn seine Leute – Lucie ist abwesend – anscheinend manchmal total vergessen. Im Sommer 1833 erreicht seinen Sekretär aus dem Jagdhaus folgender empörter Brief:

Warum in Teufels Namen kömmt weder der Bote mit den Zeitungen und Briefen, noch schickt die Inspektorin Brod etc.

Wollen Sie mich hier aushungern, oder ist ein Erdbeben in Muskau gewesen?

Wahrlich, man sollte glauben, ich sei dort der Letzte und nicht der Erste.

Ich werde Sie mit der Inspektorin, der Jungfrau Koch, auf dem Boden einsperren, und nicht eher wieder herauslassen, bis Ihre Henne ein Ei gelegt hat.

Schämen Sie sich alle zusammen und schicken Sie mir augenblicklich Brod und Briefe. H. F. P.

Brot und Briefe müssen gekommen sein, und die Henne wird ein Ei gelegt haben, denn kurz nach den letzten drei Bänden von »Tutti-frutti« erscheinen im Sommer 1834 die »Andeutungen über Landschaftsgärtnerei« bei Hallberger. Sie bringen, weil allzu teuer ausgestattet, nichts ein, sind aber *der* Klassiker Pücklers.

Mit einer Klassikerin hat er in der Zeit vor seiner nächsten Reise – ja was? Eine Liebschaft? Eine geistige Freundschaft? Ein überspanntes Verhältnis? Eine Konfrontation? Von allem ein bißchen. Aber Bettina, oder, wie sie sich lieber nennt, Bettine von Arnim wollen wir das nächste Kapitel widmen. Jedes Leben besteht aus einem Durcheinander von Gleichzeitigkeiten. Eine Biographie bedarf jedoch gewisser Ordnung.

Als sich das postlagernde Manuskriptpaket endlich in München gefunden hat, geht Pückler jedenfalls auf die bereits erwähnte Autoren-Lese-Reise. Wer sich wundert, daß es anscheinend nichts Neues unter der Sonne gibt, dem sei verraten, daß die romantischen Schriftsteller erstaunlich viel von dem verstehen, was wir heute Public Relations nennen. Tieck liest überall, wo er kann, aus seinen und den Werken Shakespeares vor, die er übersetzt hat. Als Rezitator ist er zumindest ebenso bekannt und gerühmt wie als Dichter. Vorzugsweise in Salons, aber auch in gemieteten Sälen lesen Jean Paul und Schlegel, vor allem aber die Publikumslieblinge, die Moderomanautoren. Pückler soll in Eger, Bamberg, Bayreuth und Würzburg, wo überall er für sein Buch wirbt, bei seinen Auftritten bisweilen auch gesungen haben.

Lucie befindet sich zur Kur in Karlsbad. Die beiden wechseln bald aufgeregte Briefe, denn der Erfolgsautor hat, eine dumme Geschichte, wegen eines Beitrags in »Tutti-frutti« sich eine Forderung eingehandelt. Er selbst mußte sie aussprechen, was seine Lage nicht vereinfacht. Es ist dies, wie wir gesehen haben, gewiß nicht sein erstes Duell, aber so jung ist Pückler nicht mehr und überdies plant er wieder einmal eine Reise, um ein neues Buch schreiben zu können. Das Schreiben von Büchern stellt derzeit seine so gut wie einzige Einnahmequelle dar. Und was soll werden, wenn der Ehrenhandel zu seinen Ungunsten ausfällt? Es würde bedeuten, daß Lucie mittellos allein bliebe.

Auf die leichte Schulter nimmt Pückler jedenfalls eine solche Forderung längst nicht mehr. Merkwürdig: Hat er sich eben in »Tutti-frutti« als linker Demokrat erwiesen, so spielt er jetzt, gleich darauf, wieder den altmodisch-aristokratischen Ehrenmann; es bleibt ihm in seiner Lage auch gar nichts anderes übrig. Die Allermächtigsten in Preußen sind von ihm in »Tutti-frutti« bis in die Halskrause beleidigt worden, aber mit dem Tode bedroht ihn ein Oberst Kurssel, von dem er nie gehört hat.

Aus seinem glänzenden Elend reißt ihn das ebenso gründlich heraus wie aus seinem Autorenglück.

Der geneigte Leser sei, um im Stil der Zeit zu bleiben, auf das gleich übernächste Kapitel vertröstet, wiederum der Übersichtlichkeit halber. Öffnen wir zunächst einmal Bettine von Arnim die Tür und sehen wir dann weiter, wie es mit dem Duell geht.

Nach der Doppelrolle als Fürst und saint-simonistischer Sozialist mag er zunächst also wieder im alten Gewand auftreten, als Liebhaber.

15.

Bettine

Bettine, geborene Brentano, verwitwete von Arnim, ist gleichaltrig mit Pückler, immerhin schon 46, als er 1832 mit der pechrabenschwarzen, quirlig-erregten und immer munter Frankfurterisch dahinbabbelnden Halbitalienerin eine Liebschaft eingeht. Genüßlich zählt er ihr die Reihe ihrer Liebhaber auf, die in Wirklichkeit sogar noch länger sein dürfte: »1. Goethe, 2. Schinkel, 3. Schleiermacher, 4. Rumohr, 5. Ich, 6. Carolath« und fügt hinzu: »aufrichtig gesagt, steigt die Skala abwärts.«

In »Tutti-frutti« tritt Bettine als Zauberin »Orlanda furiosa« auf, eine kleine Person mit feurigen Augen und einem verletzenden Mundwerk. Pückler benutzt sie, um einige selbstkritische Betrachtungen unterzubringen, die aber sehr wohl von Bettine direkt stammen könnten. »Wissen Sie wohl, Teuerster, wie Sie mir vorkommen? Ganz wie der Vogel Strauß. Erstens verdaut Ihre Eitelkeit Stahl und Eisen trotz dem besten Straußenmagen, und wie dieser Vogel sind auch Sie ganz überzeugt: kein Mensch durchschaue Sie, wenn Sie den Kopf nur unbefangen in den Strauch stecken. Ja selbst Ihr sogenannter graziöser Stil gleicht auf ein Haar dem selbstgefälligen, freundlichen Nicken und Brüsten Ihres Vogel-Ebenbildes, wenn es sich selbstgefällig überall umsieht, ob man es auch von allen Seiten gehörig beobachtet habe.«

An dieser Sprache, meint der Biograph August Ehrhard, habe ganz Berlin in Orlanda furiosa gleich Bettine von Arnim erkannt. Das muß man jedoch bezweifeln, denn Bettine siezt nicht, wen sie liebt, sondern sie duzt, auch – damals ein Verstoß gegen die guten Sitten – in aller Öffentlichkeit. Mit 22 hat sie sich Goethe an den Hals geworfen, das heißt, zur Verblüffung des alternden Dichterfürsten sich zunächst hoch oben auf den Kachelofen und dann stante pede auf seinen Schoß gesetzt. Als sie später den würdigen

Geheimrat immer noch duzt, wird sie von Goethes Frau Christiane aus dem Haus gewiesen. Ähnlich ist es Beethoven ergangen, dem sie in Wien ins Musikzimmer platzt. Er sitzt eben am Klavier, als ihm eine Elfe ins Ohr flüstert: »Ich heiße Brentano.« Er antwortet lächelnd: »Ich habe eben ein schönes Lied für Sie gemacht«, und spielt es ihr vor. Angeblich handelt es sich um »Kennst du das Land«, und angeblich bricht Bettine in Tränen aus. Dies jedenfalls ihr eigener Bericht. Tatsache bleibt, daß sie Beethoven seither duzt. Ihn stört das nicht. Aber daß sie auch den würdigen Theologen Schleiermacher, den sie mit den Worten »Schleiermacher, ich bin da!« in seinem Studierzimmer zu überfallen pflegt, vor allen Leuten duzt, hat ihr Frau Schleiermacher nie verziehen.

Varnhagen hält nicht viel von Bettine. Sie habe »eine Art von Wut auf bedeutende geistreiche Männer und möchte sie alle abnagen, die Knochen dann den Hunden hinwerfen«, schreibt er, übrigens an Leopold Schefer, der in »Tutti-frutti« als »unser großer Dichter Leopold« fungiert, Varnhagen dagegen als »Weiser«.

In diesem Fall tut er Bettine entschieden Unrecht. Im Umgang mit erlauchten Personen ist er auch nicht ganz unerfahren, was man bei sich selbst mit dem Schillerwort entschuldigen kann »Immer strebe zum Ganzen, und kannst du selber kein Ganzes werden, als dienendes Glied schließ an ein Ganzes dich an«.

Bettine von Arnim hat ihre guten, mehr als das: bedeutenden Seiten. Nach dem Tode ihres sehr preußischen Mannes, der auf Wiepersdorf ein Einsiedlerleben geführt hat, ist sie mit ihren sieben Kindern, da ihr »Weiden stecken, Mohrrüben pflanzen, Ochsen kaufen« nicht liegt, ganz in ihre Stadtwohnung, In den Zelten 5, nach Berlin gezogen. Dort hält sie hof, versammelt um sich die Brüder Grimm (die ihr 1812 ihre Märchensammlung gewidmet haben), Humboldt, Tieck, Jacoby, Rauch, Schadow, Cornelius, Uhland, August Wilhelm von Schlegel – überhaupt alles, was Rang und Namen hat im Lande. Solange Arnim, ein konservativer Geist, lebt, gibt es In den Zelten 5 zwei Salons, einen für die adlige, königstreue, rückwärtsgewandte Gesellschaft, in dem auffallend viele Militärs verkehren, und einen für die Fortschrittlichen, Freidenker, Republikaner und Demokraten, der zum Ärger Rahels ebenso floriert und dem ihren empfindliche Konkurrenz bereitet.

Später, nach Achim von Arnims Tod, vermischen sich beide mehr und mehr, was den politischen Diskussionen, die in ihnen geführt werden, bekommt. Denn eines erweist sich an Bettine als anstekkend: ihre Zivilcourage. Sie verfügt in diesen Zeiten über weitaus mehr als die meisten Männer. Das gilt selbst noch bei gewissen Abstrichen, die man machen muß, ihrer privilegierten Stellung und ihrer tiefgreifenden Verbindungen wegen. Denn jeder andere hätte die Gefängnisstrafe, zu der ein preußisches Gericht sie verdonnert, absitzen müssen. Sie nicht. Ihr Schwager, Savigny, ist zwar stockkonservativ und mit Bettinens Frechheiten überhaupt nicht einverstanden, aber immerhin Minister für Gesetzgebungsrevision, also Justizminister.

In Preußens dunkelster Zeit ist es eine Frau, die nachhaltig das andere, das aufklärerische und liberale Preußen vertritt. Nach der Thronbesteigung Friedrich Wilhelms IV. wird sie diesem pausenlos seine Pflichten dem Volk gegenüber unter die Nase reiben und ihm zwei Bücher widmen. Sie riskiert etwas, indes fast alle anderen schweigen.

Ihre Tatkraft erschöpft sich auch nicht im Umherflattern zwischen berühmten Leuten, sondern sie ist bereit, für alle Unterdrückten, Erniedrigten, Armen ins Feld zu ziehen. Über Berlins Armenviertel, das Voigtland, läßt sie die erste soziologische Studie anstellen, die jemals gemacht worden ist, um sie in ihrem respektlosen, aber geschickt argumentierenden Werk »Dies Buch gehört dem König« zu verwenden. Auch den jungen Studenten bei Professor Gans, Karl Marx, hat sie durchs Voigtland geführt, und als in Berlin die Cholera ausbricht, ist sie sich nicht zu schade, tatkräftig bei der Krankenpflege zu helfen. Unermüdlich kämpft sie um die Verfassung, die schon der alte König Preußen versprochen hat, ohne sein Versprechen zu halten. Im Vor- und Nachmärz hebt sich diese Frau erfreulich von all den Kriechern ab, die sich um Thron und Altar versammelt haben.

Daß sie einem mit ihrer Sprunghaftigkeit, ihrer krankhaften Schwärmerei von Goethe und ihrer betont burschikosen Art auch kräftig auf die Nerven gehen kann, haben all die großen und weniger großen Leute bestätigt, die sie ständig wie eine Stechmücke umschwirrt. Zu ihnen gehört auch Pückler, der Bettine in »Tutti-frutti« auf geradezu beleidigende Weise böse mitgespielt hat.

Einiges »Orlanda furiosa« Betreffende wurde schon zitiert. Schlimmer liest sich eine andere Stelle, das kurze »Morgengespräch« in der Aphorismen- und Sentenzensammlung »Aus den Zettelkästen eines Unruhigen«. Es wird damals als obszön empfunden, wie es auch gemeint sein dürfte:

Morgengespräch

Der Herr: War er drinnen?
Der Diener: Wer?
Der Herr: Der Pinsel
Die Frau: Welcher?

Allgemeines Gelächter

»Dieser Zettel ist von meiner Hand geschrieben, und wird daher wohl etwas bedeuten. Dennoch muß ich gestehen, daß ich selbst nicht mehr weiß, was; irre ich aber nicht, so muß eine einstige Geliebte Goethes den Sinn vollständig erklären können.«

Die Gemeinheit liegt darin, daß Pückler einst Bettine den offensichtlich etwas unanständigen Dialog selbst geschickt hat, und zwar mit dem Vermerk: »Das Gespräch ist wirklich wahr, was es bedeutet, weiß ich nicht.« Ein Witz? Eine private Anzüglichkeit? Was auch immer: Es ist höchst unfair, nun Bettine die Verantwortung für einen Text zuzuschieben, der nicht von ihr, sondern von Pückler stammt. Für Zeitgenossen wird durchaus deutlich, wer allein die »einstige Geliebte Goethes« sein kann, denn sie brüstet sich mit dieser Tatsache, die andere eher für sich behalten würden.

Aber vielleicht bleibt der Fürst doch der bessere Frauenkenner. Bettine nimmt nicht übel, zumindest nicht sichtbar. Sie verstärkt, im Gegenteil, sogar ihre Anstrengungen um Pückler, der sich merklich von ihr zurückgezogen hat. Sie buhlt um ihn in zärtlichen Briefen und denkt sich, als das nichts nützt, so etwas wie eine galante Ballade aus unter dem damals populären Schundromanmotiv: Geheimnisvolle Dame umschleicht verschleiert das Schloß ihres ungetreuen Liebhabers.

Genauso benimmt sie sich. Morgens nach dem Frühstück verläßt sie das Badehotel und erscheint im Muskauer Schloßpark, möglichst in Nähe des Pleasure-grounds, flaniert bedächtig die Kieswege entlang und blickt versonnen über den Graben auf Zinnen und Gemäuer. Sie hat jedoch entweder die Neugier der Bediensteten über- oder aber die Ausmaße des Landschaftsgartens unterschätzt – keine Kunde von der mystischen Erscheinung dringt ins Schloß; jedenfalls erfolgt keine Einladung. Bettine muß sich am Ende ganz simpel und wie es sich gehört anmelden.

Pückler scheint vorbereitet, hat er doch erst kürzlich Lucie aus Berlin geschrieben: »Von der Arnim, der tollen, habe ich wieder einen langen Brief, wo sie mir droht, nach Muskau zu kommen. Das fehlte mir noch. Ich bitte Dich um Gotteswillen dies zu verhüten. Ich vergreife mich sonst an ihr.« Trotzdem lädt er, ganz Kavalier, die »Verehrte Unbekannte« in einem scherzhaften Billet ans Kurhotel zu sich aufs Schloß, was sich alsbald als schwerer Fehler herausstellt.

Obwohl Pückler wohlweislich Varnhagen und Schefer zu Hilfe gerufen hat, die Bettine beide nicht leiden kann, besteht sie darauf, abends im trauten Kreis aus dem Manuskript ihres Goethe-Buchs vorzulesen. Sie schreibt schon lange an ihm, trägt die alten Briefe, die sie benutzt, und ihre vielfach veränderten Texte stets bei sich und beklagt überall, daß man ihnen nirgends die notwendige Andacht entgegenbringe. Ihre langatmigen, pathetischen und predigthaften Vorlesungen sind längst ein Schrecken nicht nur ihres Salons in Berlin.

Da Bettine sich selbst in einem ironischen Brief an Pückler über die Muskauer Tischgesellschaft beschwert, wissen wir, daß ihre Séance auch hier ein Fiasko gewesen sein muß. Schefer sei das »personifizierte Gähnen« gewesen und er, Pückler, habe ständig weltlichen Anwandlungen nachgegeben, einmal Eiswasser, dann ein Glas Bier und eine Zigarre, am Ende gar ein Butterbrot verlangt.

»Ja, da sitzest Du ..., streuest mit der Messerspitze Salz darauf, gebeugt wie ein Rohr, auch da schön; – die Schönheit verläßt Dich nicht; – ich dachte gestern, wie ich Dich so ansah: welche himmlische Aufgabe müßte es für die Kunst sein, Dich in gliederlässigem Beugen, Schmiegen und Sinken abzubilden. Ich dacht' es und mein Herz war mit Tränen erfüllt, deren keine ich vergossen habe, denn so bewahrt werden sie zu Balsam für meine Begeisterung; und sie liegen heute noch wie unberührte Tautropfen in meiner Brust, und Dein Wesen spiegelt sich in ihnen.« »Beste Bettine – nicht überspannt, wenn ich bitten darf...«, antwortet Pückler darauf.

Der vernünftigste Satz in ihrem ellenlangen Brief lautet: »Der Hauptgrund, warum ich hierher kam, war allerdings, Dein in diesen Zauberpark verwünschtes Herz kennenzulernen.« Pückler hat ihn später oft zitiert, verwundert und bewundernd, daß ausgerechnet die Arnim, die tolle, dies so klar sehen und formulieren konnte. Er hält, selbstkritisch, wie er ist, sich selbst oft für herzlos. Sein Herz, fügt er dann hinzu, sei eben im Muskauer Landschaftspark verwunschen.

Leider benimmt sich Bettine nach einigen Tagen auf Muskau, als sei sie die Herrin und mit Pückler so gut wie verheiratet. Als Lucie sich das Herumkommandieren verbittet, kommt es anscheinend zu einem soliden Krach. Ludmilla Assing umschreibt es später, die Arnim habe es »an der erforderlichen Rücksicht gegen die Fürstin fehlen lassen«, und Pückler habe ihr bedeutet, »daß ihm... ihre Abreise lieb sein würde«.

Zornbebend verläßt sie das Schloß, verweilt jedoch noch einige Tage im Hotel, weil sie jene Briefe zurückverlangt, die sie an Pückler über ihr großes Thema Goethe geschrieben hat. Als sie diese – ein Sakrileg! – ganz einfach in Papier gewickelt und mit einem Bindfaden versehen durch einen Jäger überreicht bekommt, ist ein neuer Vorwurf fällig: »Ach Pückler! welch einen Schatz hast Du in diesen leichtsinnig verhüllten Blättern, gleichwie ein Baum seine verstorbenen Blätter, mir vor die Füße geworfen!«

Die Ärmste scheint zutiefst erregt und aufgewühlt. Fiebrig reist sie nach Berlin zurück und spuckt vor Cottbus plötzlich Blut. »Vielleicht war es das Blut, was für Sie in meinen Adern gewallt hatte«, schreibt sie der Fürstin, »denn seitdem fühle ich mich erleichtert.«

Bettines Buch, »Goethes Briefwechsel mit einem Kinde«, 1835 bei Ferdinand Dümmler in Berlin erschienen, wird ein Erfolg, der denen Pücklers nicht nachsteht. »Es gibt kein anderes Buch, das diesen Briefen in Gewalt der Sprache wie der Gedanken an die Seite zu setzen wäre«, urteilt Jacob Grimm, der keineswegs als sehr begeisterungsfähig gilt. Man hat es später zur Fälschung erklären wollen, aber gelesen worden ist es immer. Noch Rainer Maria Rilke und Hermann Hesse haben es für eines der schönsten Bücher in deutscher Sprache gehalten.

Pückler nimmt es, inzwischen auf Reisen, zum erstenmal an ehrwürdiger Stätte zur Hand, nämlich auf der Akropolis zu Athen. Als er es aufschlägt, bemerkt er zu seinem Erstaunen, daß die tolle, aber treue Bettine es ihm gewidmet hat.

16.

Nach Afrika

Es mangelt an Geld, Lucie klagt laut, der Kammerdiener wird krank, und Bettine schreibt lange, seelenvolle Briefe. Aber allen Widerwärtigkeiten zum Trotz bleibt der Fürst bei seinem Entschluß. Er will, er muß eine diesmal noch weitere Reise antreten: »Bedenke, daß es mir ein wahres Bedürfnis ist, ehe ich zu alt werde, noch fremde Länder zu sehen, und daß, tue ich es nicht, nur Mißvergnügen zu Hause mich erwartet. Wie reich werde ich dadurch in der Erinnerung zurückkommen, und Du, mein Schnücklein, wirst diesen Reichtum auch teilen.«

Er verweist ferner auf die Aussicht, ein neues Buch schreiben und noch mehr Geld mit ihm verdienen zu können, sowie auf die Tatsache, daß er sich diesmal ohne Begleitung, ganz allein, also so billig wie möglich auf die Reise begeben wird. Die Krankheit seines Kammerdieners kommt ihm dabei zugute. Der Fürst hat inzwischen wieder erlernt, was er doch während der Jugendwanderungen schon so glänzend beherrschte, nämlich sich die Stiefel selbst zu putzen, Tee zu kochen und, last not least, Schnurrbart und ergrautes Haupthaar ohne fremde Hilfe schwarz zu färben.

Es stellt sich bald heraus, daß der Diener die Krankheit nur vorgetäuscht hat, und zwar wegen des Reiseziels, das ihm allzu weit entfernt scheint. Pückler will nach Amerika.

Auch Lucie gerät außer sich, als sie von diesem Plan erfährt, aber der Fürst bleibt hart. Es gilt freilich, vorher noch die größte aller Widrigkeiten durchzustehen, die sich ihm in den Weg stellen: Das Duell.

Wie ist es zu dieser mißlichen Sache gekommen?

Es geht um eine fiktive Erzählung, die Pückler seinen »Tutti-frutti« einverleibt hat. Sie ist im zweiten Band des Werks erschienen und gehört zum Besten, was Pückler überhaupt geschrieben hat: »Die Flucht ins Gebirge.« Obwohl ins Gewand einer Reisebeschreibung gekleidet, ganz wie die »Briefe eines Verstorbenen«, scheint die Geschichte an E. T. A. Hoffmann geschult.

Auf der Reise werden Breslau (hämisch »Prellau« genannt) und Rehberg (Hirschberg) berührt; der Großteil der Novelle spielt im Riesengebirge. Glänzend erzählt wird eine Episode auf der Ruine »Königsburg« (die eigentliche Ursache des drohenden Duells) und, vor allem, die Schilderung eines Gewitters im Gebirge. Wie immer mixt Pückler auch Kuriosa in den locker gekneteten Teig, wie etwa ein Hundetheater, das in Breslau tatsächlich existiert, sowie eine höchst romantische Räuberpistole mit überraschendem Ende.

Die Burgruine hat der Fürst früher tatsächlich einmal in Schlesien aufgesucht, aber sie heißt ganz anders. Und auch die an und für sich nicht übermäßig originelle Räuberpistole wird er, so oder ähnlich, dort oder anderswo aufgeschnappt haben. Ein Adliger, den er Herrn v. Lork nennt, hat Haus und Hof, Güter und Wälder verspielt. Nach seinem Tod muß selbst die einsame Ruine verkauft werden. »Der unglückliche Sohn des Besitzers, dem nichts übrigblieb, als zu betteln, irrt in der Welt umher, und kein Mensch weiß seitdem recht, was aus ihm geworden ist.«

Selbstredend stellt sich heraus, daß der junge Herr v. Lork sich »aus Ingrimm gegen das Schicksal auf die schlechte Seite geworfen« hat. Er ist ein Räuber geworden und macht, ein neuer Rinaldo Rinaldini, die Gegend unsicher.

Nun gibt es in Schlesien tatsächlich eine alte Burg, die ähnlich heißt, nämlich Königsberg, und wie der Zufall will, hat sie einer Familie v. Liehrs gehört und ist vom Letzten dieses Namens am Spieltisch durchgebracht worden. Da Pückler alle schlesischen Namen erkennbar verschlüsselt nennt, glaubt eine Tochter des besagten Herrn v. Liehrs, daß die Lorks mit den Liehrs, die Königsburg mit dem Königsberg identisch sind.

Pückler erklärt sich zwar sofort bereit, in der zweiten Auflage seines Buchs einige aufklärende Zeilen zu veröffentlichen, aber ein Oberst v. Kurssel, der mit der Tochter Liehrs verheiratet ist, will davon nichts wissen. Er läßt in die »Augsburger Allgemeine« eine Anzeige einrücken, die den Autor von »Tutti-frutti« einer »schändlichen Verleumdung« bezichtigt.

Das klingt ein bißchen lächerlich und weit hergeholt. Pückler hat dann auch vermutet, daß die »Reaktion«, die ihm nicht wohl will, Leute wie Wittgenstein zum Beispiel, ihre Hände im Spiel haben. Man möchte ihn auf elegante Weise beseitigen, um einen lästigen Mahner loszuwerden. Was wiederum unwahrscheinlich ist, denn man weiß in Berlin durchaus, ein wie guter Pistolenschütze Pückler immer noch sein kann. Andererseits deutet aber auch manches in diese Richtung, denn Kurssel ist mit dem preußischen Minister Rother befreundet, den wir schon als guten Bekannten Pücklers in Berlin kennengelernt haben und der ihn in seinen Lausitzer Auseinandersetzungen unterstützt hat. Rother versucht angeblich, Kurssel »alle mögliche Beruhigung« zukommen zu lassen, aber dieser, »aufgehetzt und schwach am Geiste«, wiederholt die Anzeige, diesmal in einer Breslauer Zeitung. Pückler ist nun gezwungen, auf seiner Forderung zu bestehen. Als Austragungsort schlägt Kurssel, der in Aachen Garnisonsdienst tut, Paris vor, denn in Preußen sind Duelle streng verboten.

Stutzig machen kann die Tatsache, daß Rother das Manuskript vor der Drucklegung eingesehen und manches mißbilligt hat, vor allem die freche Widmung an Wittgenstein. Proteste, Prozesse und – siehe da! – Duelle seien vorauszusehen. Hat Rother, ganz gewiß kein Intrigant, gewußt oder geahnt, auf welche Weise man versuchen könnte, Pückler an den Kragen zu gehen?

Ehe er also nach Amerika fahren kann, begibt sich der Fürst, ziemlich niedergeschlagen, nach Paris. Dort gilt es überdies, eine lange und gewiß qualvolle Wartezeit zu durchstehen. Dienstlicher Verpflichtungen halber hat Kurssel seine Abreise verschieben müssen und kann nicht einmal absehen, wann diese erfolgen wird.

Für Pückler eine Galgenfrist, die sich sogar einigermaßen glanzvoll gestaltet. Er wird vom »Bürgerkönig« Louis Philippe empfangen, sitzt bei einem Diner in den Tuilerien rechts von der Königin. Und Sophie Gay führt ihn in den literarischen Salons herum, in denen er ebenso freundlich aufgenommen wird wie bei Hofe. Der Verfasser der »Briefe eines Verstorbenen« ist inzwischen auch in Paris ein berühmter Mann. Kollegial verkehren mit ihm die Spitzen der zeitgenössischen Literatur, etwa Balzac, einer der großen Romanciers der Zeit. Pückler schildert ihn als einen »kleinen, vergnügten Dicken mit großem Kopf und Kindergesicht, der höchstens zwanzig Jahre alt schien, ohne guten Ton und ohne Vornehmheit in seinem ganzen Wesen, aber sehr witzig in der Unterhaltung, ganz natürlich und anspruchslos«. Bei Frau von Girardin – das ist Sophie Gays Tochter Delphine, die mit den schlechten Zähnen – lernt er den melancholischen Alfred de Musset kennen, der, gezeichnet von früher Krankheit und seiner unglücklichen Liebe zu George Sand, die romantischste Erscheinung in der geistreichen Pariser Gesellschaft abgibt. Aber auch Rossini, Chateaubriand und der Marquis von Custine gehören zu seinem selbstverständlichen Umgang.

Trotzdem: Es fällt ihm sichtbar schwer, in den Salons der Baronin Delmar, der Gräfin de Noailles, nicht zuletzt dem der Madame Récamier, die einst von Napoleon in die Verbannung geschickt worden war, das Duell zu vergessen, das ihm bevorsteht. Auf dem Tisch des Marquis Custine, der die deutsche Sprache gut beherrscht, findet Pückler Varnhagens »Buch Rahel« und nimmt es nachdenklich zur Hand. Rahel ist im vergangenen Jahr gestorben und hat eine Lücke hinterlassen, auch bei Lucie und ihm. Daß er in der prächtigen Villa in Montmorency seiner verstorbenen Freundin begegnet, nimmt er als schlechtes Vorzeichen. Er wirkt bedrückt, so sehr er sich zu beherrschen versucht.

Wir erfahren nicht einmal etwas über ein neues Liebesabenteuer. Napoleons Nichte, die jetzige Frau Wyse, verzeiht ihm zwar, daß er ihren Selbstmordversuch im Serpentine-See in die »Briefe eines Verstorbenen« aufgenommen hat, aber die alte Glut wird nicht wieder entfacht. In der Oper sieht er Fanny Elßler, die er aus Rahels Salon kennt, verzichtet aber erstaunlicherweise auf einen Besuch hinter den Kulissen. Das Duell überschattet offenbar alles. Oder ist es die Nähe seines 50. Geburtstags im Oktober, vor dem er sich gleichfalls fürchtet?

So unternimmt er über seinen Sekundanten einen Schlichtungsversuch, aber Kurssel, der inzwischen in Paris eingetroffen ist, lehnt jeden Vergleich ab. Das Duell wird auf den 9. September festgesetzt, und zwar möglichst nahe der preußischen Grenze bei Verviers in Belgien.

Vom königlichen Hof verabschiedet Pückler sich, weil er angeblich weiterreist nach Amerika. Louis Philippe, der schon mal drüben gewesen ist, gibt ihm gute Ratschläge für das wilde Land. Der Fürst revanchiert sich, indem er der Königin eine Umgestaltung der Tuileriengärten empfiehlt, die ihm »allzu symmetrisch« vorkommen. Dann begibt er sich mit seinem Sekundanten, einem Oberst Caron, der noch unter Napoleon gedient hat, an die belgische Grenze.

Sich selbst scheint der Fürst überraschenderweise keine Chance zu geben. Am Abend vor dem Duell schreibt er zwei Abschiedsbriefe, einen an das »gute Schnücklein« und einen an seinen Stuttgarter Verleger Hallberger. Lucie macht er in der Hauptsache Empfehlungen für die Zeit nach seinem Tode, recht eigentlich sind es Befehle: »1) Heirate nie wieder, 2) Trage zeitlebens eine halbe Trauer für mich (ich habe es verdient).« An Hallberger klingt es fast noch unheilschwangerer: »Es ist dies der letzte Brief, den Sie von mir erhalten. Man hat den Verstorbenen beim Wort genommen.«

Der Pessimismus beruht, vielleicht, auf körperlichen Ursachen. Pückler leidet verstärkt an seiner alten Geißel, der Migräne. Zusätzlich haben Zahnschmerzen eingesetzt, die sich derart verschlimmern, daß er sich noch am Morgen vor dem Duell den Backenzahn ziehen lassen muß. Dabei reißt der Zahnarzt ein Stück vom Kiefer mit heraus.

Man kann verstehen, daß der Fürst nicht allzu frohgemut zum Duell schreitet. Er muß grimmiger ausgesehen haben denn je, der Zahnschmerzen wegen und weil er fest entschlossen ist, den Gegner zu töten oder, wie der Fachausdruck heißt, »niederzustrekken«. Sieht er doch in Kurssel so etwas wie den langen Arm seiner Feinde in Berlin.

Das heißt: Tatsächlich sieht er den Obersten zum erstenmal am Austragungsort und ist erstaunt. Da tritt ihm kein finster blickender Wüterich gegenüber, wie er es erwartet hat, sondern ein kleiner, rundlicher älterer Mann mit freundlichen Gesichtszügen, eher der Typ eines Familienvaters als eines Haudegens.

Die Sekundanten schreiten das Feld ab und geben die letzten Ermahnungen. Dr. Lavacherie aus Lüttich, der Chirurg, der Pückler eben den Kiefer lädiert hat, öffnet sein Köfferchen zur Ersten

Hilfe. Auf das gegebene Zeichen schreiten die beiden Duellanten aufeinander zu.

Kurssel, darin offensichtlich wenig erfahren, bietet seinem Gegner frontal die volle Brust dar, indes Pückler in alter Routine vorrückt, nämlich mit schräger Körperhaltung. Beide schießen gleichzeitig.

Pückler bleibt unverletzt. Kurssel ruft: »Ich bin verwundet, meine Herren!« Ihn hat Pücklers Kugel am Hals getroffen, nur fünf Millimeter von der Schlagader entfernt. Dr. Lavacherie eilt herbei, und noch während er verbunden wird, erklärt Kurssel sich – seinerseits sichtlich erleichtert – für befriedigt. Damit ist man ausgesöhnt, die Kampfhähne verlassen die Walstatt.

Lucie erreicht der Siegesbrief des Fürsten in Bad Gastein, wo sie mit ihrer Tochter Adelheid kurt. Sie ist außer sich vor Freude: »Alle meine Adern schlugen, und Tränen, so rechte Tränen, die das Herz weinte, flossen herab.« Dafür bereitet man in Muskau Trauerfeierlichkeiten vor, denn das Gerücht geht, der Fürst sei im Zweikampf gefallen. Als sich die Wahrheit herausstellt, senden städtische Beamte und Hofpersonal ihrem Herrn eine Ergebenheitsadresse, die den Fürsten seinerseits zu Tränen rührt.

Das Duell wird in den Zeitungen gemeldet und eifrig diskutiert. Aus den Kommentaren rechtsgerichteter Berliner Blätter könnte man Enttäuschung darüber herauslesen, daß der Verfasser von »Tutti-frutti« nicht auf der Strecke geblieben ist. War Kurssel am Ende doch das Opfer einer Verschwörung gegen Pücklers Leben? Ihm wird sogar Feigheit vorgeworfen, weil er auf keinem zweiten Schußwechsel bestanden habe und schon nach der ersten leichten Verwundung auf eine Versöhnung eingegangen sei. Der schnauzbärtige Oberst Caron verteidigt ihn in einer Gegenschrift als »braven und rechtschaffenen Offizier«. Auch ein gleichsam offizieller Bericht des Dr. Lavacherie (Caron: »... trotz einiger Entgleisungen richtig«) stößt auf Zweifel und wird in der europäischen Presse eifrig diskutiert. Der Beinahe-Tragödie folgt die Farce auf dem Fuße.

Für Pückler springt nicht viel heraus. Kurssel veröffentlicht in der »Augsburger Allgemeinen« einen Widerruf, der so verschlüsselt ist, daß man ihn kaum als einen solchen erkennen kann. Man sollte, wenn überhaupt, sein Leben für bessere Dinge aufs Spiel setzen, wie er selbst später urteilt.

Aber die Sache hat sich für ihn erledigt. Oberst Kurssel verschwindet mit seiner lahmen Entschuldigung aus dieser Geschichte und der Geschichte überhaupt. Pückler gilt hinfort als einer der wenigen Autoren, die für eines ihrer Bücher mit der Waffe in der Hand gekämpft haben – auch eine Art von Genugtuung. Er kann sich jetzt endlich auf seine neue, lange Reise machen. Das Schiff nach Amerika ist freilich abgefahren.

Es gab wohl irgendeine günstige Gelegenheit mit einem bestimmten Schiff, die durch das Duell geplatzt ist. Aber Pückler hat anscheinend auch die Lust verloren während der langen Wartezeit; nicht ganz geheuer mag ihm außerdem eine Überquerung des Atlantik nach solchen Querelen anmuten, denn ein Freund Neptuns ist er wirklich nicht. So ändert er die Fahrtrichtung. Als Alternative scheint ihm die Erfüllung eines alten Wunschtraums angemessen. Sie hat er schon als Jüngling mit Schefer entworfen: Die Reise ums Mittelmeer.

Zunächst aber holt er in der französischen Provinz nach, was er in Paris versäumt hat. Mit gleichsam neu erwachter Lebensgier stürzt er sich in die Genüsse; lange bleibt er in Orléans und Bordeaux, fast zwei Monate gar in Tarbes, der Kathedralenstadt in den Pyrenäen, und läßt nirgendwo etwas anbrennen.

In Lourdes, wohin man damals noch nicht pilgert, springt er vom Wagen, den er selbst kutschiert, um gleich drei hübsche Mädchen zu küssen, die schäkernd einen Wegezoll von ihm verlangt haben. Sie entfliehen entsetzt dem liebestollen Faun. Nicht entflieht ihm Marie, das hübsche Zimmermädchen im Hôtel de France zu Tarbes, zu schweigen von vielen anderen unterwegs.

Auch der Feinschmecker zeigt wieder Appetit. In Argelès, das er als Schlaraffenland schildert, verzehrt er, der Reihe nach: eine Fleischbrühe mit verlorenen Eiern, zwei Forellen (die eine blau, die andere auf dem Rost gebraten), Ortolanen (das sind Ammern, die man damals noch als Speisevögel betrachtet), ein Fricandeau, eine Wachtel à la Maître d'Hôtel, drei gebratene Krammetsvögel, zwei Sahnespeisen mit Orangenblüten, Obstkuchen, ausgezeichnete Nüsse, Äpfel von Saint-Savin, zum Abschluß Landkäse mit frischer

Butter, dazu eine gute Flasche Bordeaux. In seinen Briefen schwärmt er ferner von Trüffeln, Seefischen, Toulouser Entenleberpasteten und Feigen frisch vom Baum.

Aber Pückler ist auch bereits fleißig. Im Hôtel de France in Tarbes entstehen seine ersten Aufzeichnungen, sowohl Reportagen für die »Augsburger Allgemeine«, um die ihn Cotta, der Besitzer des Blattes, gebeten hat, als auch für das neue Buch, nein, die neuen Bücher, die er – nun ganz Schriftsteller – zu schreiben gedenkt.

In Tarbes wird Semilasso geboren, wie sich der »Verstorbene« in Zukunft nennt, ein Wortspiel über mehrere Sprachen hinweg, das so etwas wie »der Halbweise« bedeutet. Der Name kann auch, anderen Quellen zufolge, aus dem Italienischen stammen, was auf einen »Halbmüden« herausliefe und auf eine gewisse – damals sogar etwas modische – Europa-Müdigkeit des Fürsten deuten könnte. Pückler selbst läßt uns bewußt im unklaren. In seinem Vorwort zum ersten Band von »Semilasso in Afrika«, der schon im nächsten Jahr, 1836, erscheint, erklärt er augenzwinkernd, »vielleicht« habe diese Bezeichnung auch mit dem Wort »Lasso« zu tun, mit dem man »Pferde und Rindvieh, Menschen und wilde Tiere zu fangen pflegt...«

Um es vorauszunehmen: Auch »Semilasso in Afrika« wird ein Bestseller werden, ebenso die »Jugendwanderungen«, die ein Jahr vorher, 1835, ebenfalls bei Hallberger erscheinen. Pückler treibt es derweilen noch einmal kurz an die Stätten, die er mit Wulffen vor 26 Jahren aufgesucht hat, Montpellier, Marseille und jene Brücke bei Lunel, an der er einst mitsamt seinem Esel in den Graben gekollert ist. Wulffen schreibt er aus Marseille, wo die Cholera herrscht und der Fürst fünf Todesanzeigen postlagernd vorfindet, darunter die seiner jüngsten Schwester, Bianca, Gräfin Tauffkirchen. Der Brief fällt melancholisch aus. Pückler verläßt Marseille, sobald er kann. Die fünfeinhalb Monate, die er in Frankreich verbracht hat, neigen sich ihrem Ende zu.

Sein Manuskript wird er erst in einem knappen Jahr von Malta aus nach Deutschland schicken. Es kann so schnell erscheinen, weil er Varnhagen ausdrücklich Vollmacht gibt, »zu streichen, was Ihnen gutdünkt«. In ein paar Wochen übergibt es der emsige Bearbeiter bereits dem Verleger, in weiteren wenigen Wochen liegt es vor. Eile ist in diesem Genre der Literatur geboten – »das deutsche Publikum soll den Reisenden nicht aus den Augen verlieren«, wie es Ekhard Haack ausdrückt.

Rund ums Mittelmeer will Pückler also. Die italienische und französische Küste hat er besucht; folgerichtig wäre jetzt Nordafrika an der Reihe, eine Gegend, die den Fürsten reizt wegen der angeblich noch urtümlichen Landschaft und der verworrenen politischen Verhältnisse.

Das Schiff namens »Krokodil«, auf dem Pückler die Überfahrt von Tolouse aus antritt, lichtet am 11. Januar 1835 den Anker. Wie nicht anders zu erwarten, steht ihm eine rauhe Passage bevor. Trotzdem lernt er auf dem Schiff einen Landsmann kennen, dessen gut geschnittenes Gesicht und dessen angenehme Manieren ihm auffallen. Zu seiner Verblüffung erfährt Pückler, daß August Jäger, dies der Name des jungen Mannes, das gleiche hinter sich hat wie er selbst, nur unter sehr viel unglücklicheren Umständen. Als bürgerlicher Student ist Jäger in ein akademisches Duell verwickelt worden, der Tod seines Gegners, eines Grafen Platen, zwang ihn zur Flucht. Seine letzte Rettung sieht er in der französischen Fremdenlegion, die vor vier Jahren, 1831, gegründet worden ist.

In der Nacht vom 13. zum 14. Februar erreicht die »Krokodil« den Hafen von Algier. Pückler und Jäger verlieren sich zunächst aus den Augen. Eine völlig andere, exotische, verwirrende Welt tut sich ihnen auf, allerdings für beide eine sehr verschiedene. »Hier ist es göttlich!« liest Lucie im ersten Brief, den sie von ihrem Lou aus Afrika erhält.

Wir finden Pückler alsbald im Hohen Atlas wieder, abenteuerlich gekleidet als Beduine, mit einem Paar Pistolen im gestickten Gürtel samt Dolch, Säbel und Flinte. Und er reitet – eine vorweggenommene Karl-May-Vorstellung – mit Ali Ben Khasnadschi, dem einst berühmten Räuber, jetzt rechtmäßig eingesetztem Caid der Stämme von Beni-Mussa, im heutigen Algerien, an der Spitze von 4000 Kriegern auf einem feurigen Araberhengst. Mit Jussuf, einem gleichfalls berühmten arabischen Abenteurer, der in französische Dienste getreten und Chef der Spahis, einer Elitetruppe, geworden ist, unternimmt er waghalsige Vorstöße ins Niemandsland und hat beide Male Glück – der Feind läßt sich nicht sehen.

Algerien trägt zwar seit einem Jahr den Titel »französische Besitzungen im Norden Afrikas«, ist aber seit dem Einfall der Franzosen im Jahre 1830 keineswegs erobert worden. Ein schweres Erbe, das Louis Philippe noch von seinem Vorgänger, dem verjagten König Karl, übernommen hat. Im Parlament gibt es ebenso viele Stimmen für einen Rückzug aus den nordafrikanischen Gebieten wie für die endgültige koloniale Einverleibung. Dies macht die Sache für die französische Armee und deren Kommandierende nicht einfacher. Die »Hadjuten«, die ihre Unabhängigkeit und Freiheit verteidigen, sind mutige und wüsten- wie bergerfahrene Kämpfer, der Emir Abd-el-Kader, der sich erst 1847 ergeben wird, ein genialer Partisanenführer. Ein unsicheres Land, in dem Pückler sich, als Mamluk maskiert, ein bißchen leichtsinnig herumtreibt.

Den Ratschlag jedes zeitgenössischen Reiseführers, das Wichtigste seien Empfehlungsbriefe, hat der Fürst jedoch getreulich befolgt. Er führt Empfehlungsbriefe schockweise mit sich, in Paris gesammelt sowie vom französischen Gesandten in Berlin, Graf de Bresson. Sie öffnen ihm Tür und Tore, bei den französischen Generälen wie den einheimischen Beys. Todesmutig bewegt er sich zwischen den Fronten, besteigt die gefährlichsten und höchsten Berge des Tell-Atlas und im Aurésmassiv, schließt sich Karawanen an, besucht die Überreste Karthagos und der römischen Vergangenheit. Den Gipfel des Hammal erreicht er mit extra gemieteten 20 arabischen Kriegern unter Führung eines einäugigen Banditen und gemeinsam mit vier Europäern, Jäger darunter. Er selbst trägt einen weißen Burnus mit blauen Fransen, einen goldgestickten, roten Samtgürtel und reitet ein Pferd mit orientalischem Sattel- und Zaumzeug, das ihm ein französischer Offizier geliehen hat.

August Jäger ist er in Algier wieder begegnet, als dieser Schanzarbeiten verrichtet. Pückler besitzt inzwischen so viele Beziehungen, daß es ihm gelingt, den Landsmann von derartiger Schwerarbeit zu befreien. Der Fremdenlegionär wird zunächst zum Korporal befördert, dann dem Fürsten als Sekretär zugeteilt und endlich völlig freigestellt. Er begleitet Pückler durch Nordafrika und schreibt später aus Dankbarkeit die erste Biographie über ihn, eine sehr lobe- und liebevolle.

Sein Lucie gegebenes Versprechen, diesmal die Reise ganz billig zu gestalten, hat Pückler natürlich nicht gehalten. Was er, ein Mann der Opulenz, anpackt, wird teuer. Er verfügt bald über eine eigene Karawane mit Jäger, einem Dragoman (Dolmetscher), dem maurischen Kammerdiener Mustafa, zwei Negern auf Maultieren sowie eigenen Kamelen und Pferden. Voraus fährt eine »Caretta«, ein Wagen mit Zelt, Bett und sonstigen Utensilien.

Letztere sind meist englischer Herkunft, auf Komfort bedacht, aber doch gleichzeitig äußerst platzsparend in der Ausstattung. Sein orientalisches Bett hat Pückler bisweilen schon in schmutzigen deutschen Gasthöfen aufgeschlagen und dabei gewissermaßen getestet. Er besitzt – Haack: »der erste deutsche Camper« – »eine Luftmatratze, Ketchup, einen Wasserkessel..., der zugleich eine Kaffeemaschine nebst einigen Büchsen Tee, Zucker und Kaffee und eine Spirituslampe in seinem Innern birgt,... ein Apparat..., der nicht soviel Platz wie ein runder Hut einnimmt«. In seiner Reiseapotheke sind auf kleinstem Raum ein kleiner Mörser, Reibschälchen, Gläser und eine Waage untergebracht, ferner Magnesium gegen Muskelkrämpfe, Bikarbonat für den Magen, englisches Salz gegen Schwindelanfälle etc. Man glaube auch nicht, daß Fürst Pückler in der Wüste oder im Hohen Atlas auf Bürste, Nagelschere, Zahnbürste, Zahnpulver, Kamm und Spiegel verzichtet. Seine Necessaires halten durchaus den Vergleich mit allem stand, was wir heutzutage mit uns schleppen.

Trotzdem: ein Märchenreisender, vielleicht der letzte dieser Zunft. Ihn interessieren weniger die verworrene politische Lage und die Kämpfe der Franzosen in diesem Gebiet – er hat sich geschworen, mit seiner Schriftstellerei nie direkt in die Tagespolitik einzugreifen –, als vielmehr die gewaltige, unberührte Landschaft mit ihren Salzsümpfen, Korkeichenwäldern, Dattelpalmoasen und wasserlosen Wadis, die in der Regenzeit zu reißenden Strömen anschwellen. Sie erlebt und beschreibt er mit wahrer Wollust, aufgeschlossen auch für Religion, Sitten, Gebräuche, Eßkultur, Häuserbau und Vergangenheit der Völker und Stämme, auf die er stößt. Der letzte Romantiker unter den Reisenden wirkt so überzeugend, weil er, im Gegensatz zu seinen englischen und deutschen Nachfolgern wie Livingstone, Baker, Cecil Rhodes, Nachtigal oder Gerhard Rohlfs, nicht auf Landerwerb aus ist, nicht auf Kolonien, nicht einmal auf naturwissenschaftliche Entdeckung. Weder Wissenschaft noch Kommerz sind seine Triebkräfte, sondern einzig und allein eine sehr wertvolle und oft unterschätzte Ureigenschaft des Menschen, die Neugier, sowie damit verbunden, die pure Reiselust. Sie verzaubern ihn, indes fast alle, die nach ihm kommen, so etwas wie eine Entzauberung des Schwarzen Kontinents im Sinne haben und betreiben.

Gewiß, mitunter sieht Pückler bedauernd weite Brachlandschaften am Meer, die er sich kultiviert denkt durch deutsche Bauern, denen es in der Heimat an Land mangelt. Aber wenn er dies niederschreibt, denkt er an Kolonisten, nicht an Kolonialherren und schon gar nicht an Eroberer. Dem französischen Abenteuer steht er skeptisch gegenüber. Er möchte möglichst viel von dem sehen, hören, schmecken, was die Fremde bietet, und seine Erfahrungen weitergeben. Das ist, weil weniger, mehr als das, was andere damals in die Fremde treibt.

Wir können hier nicht alle seine aufregenden Abenteuer auch nur annähernd nacherzählen. Ohne Wimpernzucken nimmt Pückler Anstrengungen, Krankheiten, Fieber und Gefahren auf sich, als sei er noch der jugendliche Draufgänger. Seine Hypochondrie scheint wie weggeblasen, auch die ständige Migräne, die ihn in Zentraleuropa unablässig geplagt hat. Was er berichtet, liest sich noch heute spannend und frisch, auch wenn »Semilasso in Afrika«, ein typischer Schnellschuß, die literarische Qualität der »Briefe eines Verstorbenen« nicht erreicht.

Immerhin gelingt ihm einiges, was vorher noch keinem gelungen ist. Die heilige Stadt Keruan darf er, der Ungläubige, als erster zumindest durchreiten. Unterwegs mit seiner Karawane sieht er am Rande der Sahara seine erste Fata Morgana.

Da hat er Algerien bereits verlassen und ist nach Tunesien übergesetzt. Natürlich wütete ein schrecklicher Sturm, der die »Vittoria«, ein kleines Kauffahrteischiff aus Genua, vier Tage lang auf die unwirtliche Insel Tabarka verschlug, ehe das Schiff, das schon als verloren galt, mit letzter Kraft den Hafen von Bizerta erreichte. Selbst Pücklers Kamele sollen seekrank gewesen sein.

Durch Tunis reitet Pückler zur Verblüffung der Tunesier, die so etwas noch nie gesehen haben, in der Uniform eines preußischen Generals, um den schwerkranken Hassan Bey aufzusuchen. Auch die 200 Haremsfrauen hinter den Gittern der Galerie im Herrscherpalast staunen. Der Bey stirbt wenige Tage nach diesem Antrittsbesuch. In arabischer Verkleidung beobachtet Pückler den Leichenzug, obwohl Christen dafür die Todesstrafe droht.

Im Gegensatz zu Algerien zeigt sich Tunesien noch nahezu unberührt von europäischen Einflüssen. Das Innere des Landes ist erst seit kurzem überhaupt für Fremde geöffnet. Daß der Fürst von Sidi Mustapha Bey, dem Bruder und Nachfolger des Verstorbenen, eine offizielle Genehmigung erhält, gilt als unerhörte Ausnahme.

Mit Sidi Mustapha versteht er sich überhaupt gut. Die beiden schließen sogar einen informellen Vertrag, demzufolge das Verbot für Christen, in Tunesien Grund und Boden zu erwerben, für Preußen aufgehoben wird. Pückler ist der Meinung, es sei besser für alle Verzweifelten seines Landes, sich unter den Schutz dieses weisen Herrschers zu stellen, als nach Amerika auszuwandern. Aber wie man dem Fürsten in Berlin beim Kultusministerium den von ihm beantragten Studienauftrag abgelehnt hat, hält man auch diese Idee für ein Pücklersches Hirngespinst.

Tunesien sind die drei letzten Bände des »Semilasso in Afrika« gewidmet. Sie enthalten die meisten aktuellen Anspielungen und dürften daher den neuerlichen Verkaufserfolg verursacht haben. Ein Preuße, dem nahegebracht wird, es gehe in Staaten, die er für primitiv hält, freier und anständiger zu als in der sogenannten Zivilisation, kann nur staunend vergleichen. Im Orient, erfährt er, mischt sich der Staat nicht täglich mit behördlichen Schikanen ins Leben ein. Die Rechtsprechung fungiert rasch, weise und unentgeltlich. Angeborene Freundlichkeit, Gastfreundschaft und instinktiv geübte Ritterlichkeit finden sich bei allen Völkerschaften, Türken, Beduinen, Berbern, Mauren, Juden, Negern, wie selbstverständlich. Auch der Islam kommt gut weg, weil er ein »wunderbares Gemisch von Tugenden und Laster, von unerschütterlicher Willenskraft, tiefem politischen Sinn und maßlosem Ehrgeiz, der die Instinkte und Leidenschaften der Massen in Bewegung setzt«, darstellt.

Das entspricht einerseits den tatsächlich gewonnenen Eindrükken. Nur einmal stößt Pückler in Tunesien auf Intoleranz, als man ihm, dem Christen, in El Dschem das Wasser verweigert. »Die Reisebuchautoren im 18. und frühen 19. Jahrhundert«, hebt Heinrich Loth in seinen »Audienzen auf dem Schwarzen Kontinent« rückblickend hervor, »haben das Verdienst, auf das hohe Niveau der zwischenmenschlichen Beziehungen im alten Afrika aufmerksam gemacht zu haben, und leisteten zu einem frühen Zeitpunkt einen Beitrag zur Erweiterung des europäischen Weltbildes.«

Vergessen wir jedoch nicht, daß – wie in »Tutti-frutti« – vieles den Herrschenden im eigenen Land ins Stammbuch geschrieben werden soll. Manches erscheint bewußt idealisiert und übertrieben, obwohl man Pückler zugestehen muß, daß sich seine Erfahrungen in puncto Gastfreundschaft so leicht mit nichts vergleichen lassen. Als er Tunesien auf dem englischen Dampfer »L'Africain« verläßt, wird er von Sidi Mustapha Bey reich mit Reisevorräten bedacht. Sidi Mustapha schickt: vier Ochsen, 20 Schafe, 100 Hühner, sechs Schläuche voll Speiseöl, vier Fässer Butter, 500 Eier, 300 Brote, zwei Zentner Zucker, einen Zentner Kaffee, zwei Zentner Reis, zwei Wagenladungen diverser Gemüse, zwei große Körbe Weintrauben, 100 Zucker- und 100 Wassermelonen sowie sechs Kisten mit eingemachten Konfitüren. Ein Danaer-Abschiedsgeschenk, wäre es Pückler nicht gelungen, dieses Warenlager dem Kapitän als Vergütung für die Überfahrt anzudrehen, für beide Seiten ein gutes Geschäft.

17.

Die Leiden Griechenlands

Das unzivilisierte, wilde Afrika ist dem »Dandy« Pückler zu einer positiven Überraschung geworden. Griechenland, die Wiege westlicher Kultur, wird ihm zu einer Enttäuschung. Das war vielleicht vorauszusehen, denn die Überlegenheit natürlichen Lebens will Pückler seinen Zeitgenossen nahebringen. Unter den Nomaden hat er mehr Entgegenkommen, Freundlichkeit und Freiheit gefunden, als er dort finden wird, wo er noch Hellas vermutet. Seinen Homer führt er im Gepäck.

Aber zunächst muß das Schiff, Besatzung und Passagiere, auf Malta in eine 14tägige Quarantäne wegen der Cholera. Sie kommt Pückler entgegen, weil er von hier Varnhagen sein afrikanisches Manuskript schicken kann und schon sein neues Buch über Griechenland, das er noch gar nicht gesehen hat, beginnt. Letzteres ganz sicher nicht zu dessen Vorteil, denn er denkt sich auf Malta eine Entführungs-Schauergeschichte aus, die seiner Lektüre des englischen Romanschriftstellers Samuel Richardson und seines Freundes E. T. A. Hoffmann entspringt. Sie hat ihre Qualitäten, vermengt sie doch Richardsons (und seine, Pücklers) Vertrautheit mit der weiblichen Psyche und E. T. A. Hoffmanns dämonenumlauertes männliches Weltbild. Aber die spätere Einbeziehung unmittelbarer Reiseeindrücke bekommt weder der Schauergeschichte noch den Reiseeindrücken. Der Titel steht von vornherein fest: »Südöstlicher Bildersaal« soll das Buch heißen, eine Anspielung an Goethes »Westöstlichen Divan«. Als Untertitel fügt Pückler nach Beendigung der Reise: »Griechische Leiden« hinzu. Das Ganze ist von Anfang an als, wie der Autor sich ausdrückt, »Hexenkessel« geplant.

Auf Malta begeht Pückler auch den gefürchteten 50. Geburtstag. Zudem genießt er nach all den Strapazen, die durchgestanden zu haben er so stolz ist, doch auch wieder einigen Luxus bei den englischen Herren über Malta, die alle den »Verstorbenen« gelesen haben. Sein mitunter hartes Urteil über die Engländer hat er längst revidiert. In Griechenland wird er oft Heimweh nach englischer Ordnung und grünen Gärten verspüren, »denn Engländer vergessen ihren Komfort in jeder Lage des Lebens ebensowenig als wir unser Hemde, der allersicherste Beweis einer längern und weit vorausgeeilten Kultur. Die Engländer sind der wahre Weltadel und ihre Ladendiener aristokratischer gewöhnt als unsere Prinzen.« Er fügt hinzu: »Der Himmel segne sie um dieser Tugend willen und bewahre sie vor O'Connell, damit es so bleibe.«

Pückler ist dem englischen Gouverneur von Malta um so dankbarer, als er trotz Quarantäne als Gast aufgenommen wird. An der Tafel eines Admirals sitzt er neben einem italienischen Kapitän namens Caraffa. Es stellt sich heraus, daß der an der Seeschlacht teilgenommen hat, die Pückler einst in Neapel vom Balkon des russischen Gesandten beobachtet hat.

Die Weiterfahrt ist kein Zuckerschlecken. Schon beim Wiedereinschiffen auf die »L'Africain« während »der heftigsten Bouraske (Sturms)« schlägt das Boot mit seinen Kisten und Koffern um – »überall drang das Seewasser verderblich ein, und nicht alles ward von den helfenden Leuten wieder herausgefischt. Mehrere wertvolle Gegenstände, vieles, was mir teuer war, und manche Dinge, die für meine Bequemlichkeit der empfindlichste Verlust sind, sanken in die Tiefe.«

Die Bouraske hält die ganze Schiffsreise hindurch an. Seiner Majestät Schiff »L'Africain« fährt zum Abwracken und macht nur noch zwei bis drei Seemeilen in der Stunde. »In der Tat war mir bis jetzt das Meer immer auffallend ungünstig. Doch nie litt ich mehr darauf als diesmal!« Das dauert vier Tage und vier Nächte: »Alle Passagiere erklärten, daß ihnen selten so andauernd stürmische Witterung, aber nie ein Schiff mit solchen monströsen Bewegungen als das unsrige vorgekommen sei.« Trotz heftiger Seekrankheit versucht Pückler einmal, »etwas Suppe zu mir zu nehmen«, aber da verliert »der sie mir bringende Schiffsdiener dergestalt das Gleichgewicht, daß er mitsamt der Schüssel in mein Bett stürzte und mit ihrem heißen Inhalt mir das halbe Gesicht verbrühte«.

Um Mitternacht wird die Insel Zante, das heutige Sakinthos, erreicht, dort ist es bitter kalt (»aber ich weiß schon längst, daß man nur in den südlichen Ländern zum Frieren verurteilt ist«). Der Aufenthalt dauert nur wenige Stunden, dann geht es zurück aufs wildbewegte Meer. »Wahrlich eine so trostlose Lage für einen Vergnügling, daß hier alle seine Lebensphilosophie ihn im Stich läßt...« Pücklers Leiden enden erst am nächsten Tag im Hafen von Patras, heute Patrai.

Das heißt, er kann sich im Haus des preußischen Konsuls ein bißchen erholen. Das Logis – in Klammern setzt der Fürst seufzend hinzu: »von Bequemlichkeit und Luxus ist hier nicht mehr die Rede« – erweist sich als »hinlänglich möbliert für meine bescheidenen Ansprüche, nur leider trotz der dünnen Wände und vielen Fenstern, ohne Öfen noch Kamin«. Der alte »Vergnügling« regt sich erst wieder, als er den englischen Konsul in Patras, Mr. Crowe, kennenlernt, vor allem aber dessen hübsches Töchterlein, Miß Nina.

Die ersten Eindrücke sind wenig vielversprechend. Von weitem stellt man sich das befreite Hellas anders vor. Seit über 300 Jahren hat Griechenland unter türkischer Herrschaft gelitten, ausgebeutet von den Landbesitzern und, mehr noch, den Beamten des Sultans. Der Aufstand von 1821, vor 15 Jahren also, stieß auf die Sympathien von ganz Europa, das in lauten Jubel ausbrach, als die griechische Nationalversammlung ein Jahr später die Unabhängigkeit erklärte. Zu ihrer Verteidigung sind aus fast allen Ländern Philhellenen herbeigeeilt, deren Freischaren – ähnliches hat man nur in den Tagen der Kreuzzüge und, später, im Spanischen Bürgerkrieg erlebt – Seite an Seite mit den Griechen gegen Türken und Ägypter kämpfen, welch letztere wiederum den Türken zur Hilfe kommen. Berühmtester Freischärler war der von Pückler (und Goethe) so sehr verehrte Lord Byron, der, an einem Fieber erkrankt, dort 1823 gestorben ist.

Lord Byron! Ihn hatte Pückler sicher vor Augen, wenn er an das befreite Griechenland dachte, an die Trauer um den großen Dichter und Freiheitshelden, die 37 Kanonenschüsse – für jedes Lebensjahr einen –, die die Griechen zu Ehren des Toten abfeuerten und die von den Türken, übrigens von Patras aus, mit einer wütenden Kanonade erwidert wurden, an die Beisetzung im vielumkämpften Hauptbollwerk griechischer Unabhängigkeit, Missolunghi oder Mesolongion. Aber die gesamteuropäische Begeisterung ist lange verrauscht.

Nicht die Freischaren haben Sultan samt ägyptischem Hilfskorps unter Ibrahim Pascha besiegt, sondern die vereinigte Übermacht Rußlands, Englands und Frankreichs, die gemeinsam die Entscheidung herbeiführt. Und nicht in Athen, sondern in London haben die drei Schutzmächte beschlossen, Griechenland als Königreich zu etablieren. Ihren König haben die Griechen dann freilich in Athen gewählt. Mit Zustimmung Rußlands, Englands und Frankreichs hat vor vier Jahren Prinz Otto, der jüngere Sohn König Ludwigs von Bayern, den neugeschaffenen Thron bestiegen. Eine unglückliche Wahl, wie sich herausstellt.

Der jetzt 21jährige junge Mann, nicht des Griechischen mächtig, verläßt sich ganz und gar auf seine bayerischen Berater und schließt alle griechischen Politiker strikt aus. Sie beginnen alsbald gegen ihn zu arbeiten, was ihnen um so leichter fällt, als König Otto I. despotische Neigungen zeigt. So gelingt es ihm nicht, auch nur annähernd Ordnung ins ausgepowerte, unruhige Land zu bringen.

Pückler stößt schon bei seinen ersten Ausflügen von Patras aus auf Spuren der unzulänglichen Nachkriegsverwaltung. Bei einer Bergbesteigung übernachtet er in einem Kloster, das von 300 Mönchen bewohnt wird, aber abstoßend schmutzig und von Ungeziefer verseucht ist. Otto hat alle kleineren Klöster aufheben lassen, obwohl diese in einem Land ohne Gasthöfe die einzigen Unterkunftsstätten für Wanderer und Reisende gewesen sind. Zudem ziehen die nach dem Freiheitskampf entlassenen, aber völlig unversorgt gebliebenen Soldaten marodierend durchs Land. Aus den heldenmütigen Aufständischen, denen Europa zugejubelt hat, sind Räuberbanden geworden, denen sich häufig auch die Gendarmerie der Umgegend anschließt. Überall herrscht, wie Pückler es drastisch ausdrückt, »stinkende Armut«.

Er hat sogar Schwierigkeiten, Athen zu erreichen. Es ist Winter, auch im Süden keine angenehme Jahreszeit. Mühsam durchstreift er das verschneite Gebirge des Peloponnes, besucht die Wasser des

Styx, erreicht zu Schiff – selbstredend bei heftigem Sturm – den Golf von Lepanto, besteigt die Berge des Isthmus, um den berühmten Rundblick über Aegina, Salamis und Attika zu genießen, und setzt in einem Segelboot in vier Stunden von Kalamaki über nach Piräus.

Dort fällt er zunächst einmal krank ins Bett. »Das Wetter schien mit mir zu trauern, denn es stürmte und regnete fortwährend, und erst am vierten Morgen stand die Sonne auch mit mir zugleich wieder auf.« Doch finden er und sein Dolmetscher Lorenzo keine Fahrgelegenheit in die nahe Hauptstadt. Am Ende machen sich beide zu Fuß auf den Weg. Sie haben die »Besen des verkrüppelten Olivenwaldes« schon hinter sich und die Silhouette der Stadt vor sich, als der preußische Gesandte ihnen in seiner Kutsche entgegenkommt. Mit Graf Lusi zieht Pückler in Athen ein.

»In Athen erst werde ich wieder gewahr, daß ich mich in Europa befinde, ich sehe wieder die hergebrachten Formen eines zivilisierten Hofes und die eleganten Salons eines sehr ausgezeichneten diplomatischen Zirkels, spiele wieder Whist und höre italienischen Gesang und freue mich, das mir fast fremd gewordene Alte (Antike) einige Wochen wieder mitanzusehen.« Mit Graf Lusi wird er alsbald von König Otto empfangen, einem »schön gewachsenen jungen Mann mit einnehmenden Zügen und gewinnendem Benehmen«, wie er findet. Dessen Vater, König Ludwig I. von Bayern, ist eben zu Besuch. Ihm zu Ehren wird die Akropolis illuminiert, das heißt, von ungeheuren, brennenden Holzstößen erleuchtet. Pückler gehört zu den Ehrengästen; bei einem Diner am nächsten Tag wird er zwischen beide Majestäten plaziert.

»Mein Leben in Athen ist (...) ein Schlaraffenleben«, berichtet er Varnhagen. »Der König und die Diplomaten machen mir die Cour, und ich ließ sie mir gerne machen, ja, Sie sehen, ich bin eitel darauf.« An Lucie: »Schnuckerle, komm nach dem Süden, das Leben ist so reich hier ...!«

Der Aufenthalt bei Hofe, übrigens kostenlos, was bei Pückler ja viel ausmacht, befriedigt ihn deshalb so sehr, weil er wohl immer noch nicht die Verweigerung einer diplomatischen Karriere überwunden hat. An Lucie schreibt er, daß es »dreierlei Auszeichnung gibt: ein großer Redner, ein großer Industrieller oder Bankier oder ein Schriftsteller zu sein. Die Auszeichnungen, welche mir überall in Afrika wie Malta und nun wieder in Griechenland *deshalb* zuteil werden, übersteigen allen Glauben. Es liegt eine sonderbare Schickung in allem diesen, denn benahm ich mich nicht so ungeschickt bei Deinem Vater, so wäre ich in die Staatsgeschäfte mehr oder weniger geraten und nie ein Skribler geworden.« Das Wort »Schreiberling« klingt abschätzig. Aber Pückler fügt wohlweislich hinzu: »Dann aber wäre ich in der Foule (Menge) mitgelaufen, während ich jetzt ein europäischer Charakter geworden bin...«

Seit dem Verlust vieler Bequemlichkeiten bei der Einschiffung in Malta, hat Pückler ohne Wimpernzucken einiges an Unbilden in Kauf genommen. Ohne Zelt und Toilettengegenstände in finsteren Löchern zu übernachten und von Insekten geplagt zu werden, die keinen Unterschied zwischen Bauern und Fürsten machen, ist seine Sache nicht. Gerade erst hat er eine Nacht beim Friedensrichter von Vostitza zubringen müssen, die nächste bei einem Berufsräuber. Der Friedensrichter sei der üblere Bandit von beiden, stellt er fest, als er die Forderungen miteinander vergleicht.

In Athen darf Pückler vorübergehend wieder der große Herr sein. Graf Lusi hat ihm eine hübsche möblierte Wohnung gemietet, in der er leben kann, wie es ihm gefällt. Als er, die schöne Frau Prokesch am Arm, zufällig auf König Ludwig stößt, ist dieser ganz erstaunt, Pückler schon um zwei Uhr nachmittags aufgestanden zu finden. Fleißig besucht er die klassischen Stätten, liest am Fuße des Parthenons, »im blühenden Unkraut sitzend«, Bettines Briefwechsel mit Goethe, macht in erlauchter Gesellschaft einen Ausflug zum Schlachtfeld von Marathon und schließt eine Reihe von Freundschaften.

Die wertvollste ist die zu Anton Graf von Prokesch-Osten, dem österreichischen Gesandten in Athen. Er stellt eine seltene Mischung dar aus exzentrischem Gelehrten und gewitztem Diplomaten. Das »Osten« hat er seinem Namen beigefügt wegen seiner Vorliebe für den Orient, als dessen bester europäischer Sachkenner er gilt. Prokesch, zehn Jahre jünger als Pückler, hat bereits wichtige Fach- und Reisebücher veröffentlicht, eben erschienen sind seine »Denkwürdigkeiten und Erinnerungen aus dem Orient«, voll interessanter Details, die sich nirgends anders finden. Aufgrund vielfältiger diplomatischer Tätigkeit zwischen Ägypten und Kleinasien kennt er im Nahen Osten, was Rang und Namen besitzt, wird dann auch dem Fürsten eine Reihe von Empfehlungsbriefen auf die weitere Reise mitgeben, zu schweigen von seinen mündlichen Ratschlägen.

Der Politiker Prokesch zieht an geheimen Fäden, die nur er übersieht; auch dessen Undurchsichtigkeit imponiert Pückler. Seine Gedichte endlich sind im Stil des persischen Dichters Hafis geschrieben, was Pückler noch mehr imponiert. Prokesch gilt ferner als Autorität auf dem Gebiet der Numismatik, der Münzkunde, die für die Erforschung der Antike so wichtig ist. Da haben sich zwei Vielbegabte und -interessierte gefunden.

Pücklers besonderer Gönner am Athener Hof wird jedoch Joseph Ludwig Graf von Armansperg, der 49jährige bayerische Staatsmann, der bis zum Vorjahr für den minderjährigen König Otto die Regentschaft geführt und von dem König Otto leider seinen Regierungsstil übernommen hat. Die Freundschaft zu Armansperg scheint weniger plausibel als die zu Prokesch, aber so ist Pückler nun einmal: zwiegespalten. Dem liberalen Weltmann steht in der eigenen Person ein hochtrabender Aristokrat gegenüber oder sogar im Wege. Was Menschen betrifft, so macht die Janusköpfigkeit Pückler zwar unabhängig, aber auch unberechenbar. Er gehört dem »Jungen Deutschland« an und bekämpft zu Hause all die vielen kleinen Reaktionäre in der preußischen Regierung bis aufs Messer, aber der Oberreaktionär von allen, Fürst Metternich in Wien, bleibt sein guter Freund. Ähnlich hier: Ein Mann wie Armansperg dürfte Pückler eigentlich gar nicht liegen. Er ist in Bayern als Minister sowohl des Äußeren als auch des Inneren und der Finanzen so gut wie allmächtig gewesen. Als Staatskanzler Griechenlands führt er ein strenges, autoritäres, wenngleich erfolgloses Regiment. Merkwürdigerweise bewundert ihn Pückler dafür, der andere Pückler, und Armansperg seinerseits genießt sichtlich die Bewunderung eines Vielbewunderten.

Die beiden schließen sich am Ende so eng aneinander an, daß der Staatskanzler den Entschluß faßt, den preußischen Gast im Lande zu halten. Wahrscheinlich verspricht er sich davon weltweites Aufsehen und journalistische Propaganda. So schlägt Armansperg dem jungen König vor, Pückler zu dessen anstehendem 51. Geburtstag eine Besitzung zu schenken, groß genug, um auf ihr einen griechisch-englischen Landschaftsgarten anzulegen, ein mittelmeerisches Gegenstück zu Muskau.

Da ist Pückler sofort Feuer und Flamme, um so mehr als Armansperg bereits ein bestimmtes Grundstück ins Auge gefaßt hat, einen Landsitz bei Kyaparissia nahe Mistra, unweit von Sparta. Bei einer eingehenden Besichtigung stellt Pückler fest, daß man zwar an die 30000 Drachmen in die Kultivierung des Landes stecken muß, was ihm jedoch keine Summe scheint für eine derartige Chance. Enthusiasmiert entwirft er in Mistra innerhalb von fünf Tagen bereits die ersten Pflanzungen im Detail und kommt anschließend um das dortige Bürgerrecht ein.

Doch so schnell er bei der Hand ist – es wird nichts aus dem Plan. Man kann es bedauern. Ein Park Pücklers in Griechenland wäre ganz gewiß etwas Besonderes geworden. Aber ob etwas Pückler Gemäßes? Auch die Vorschläge Schinkels zu einem Umbau der Akropolis sind nicht realisiert worden, bedauerlich genug für den armen Baumeister, obwohl man andererseits, Schinkel als auch der Akropolis zuliebe, froh darum sein darf. Pückler schreibt Schinkel im übrigen einige tröstende Zeilen von der Akropolis, die dieser nie gesehen hat, nach Berlin. Auch bedeutende Künstler treffen nicht immer ins Schwarze.

Noch ehe Pückler alles arrangiert hat, wird Graf Armansperg gestürzt und ein Jahr später entlassen. Er hat den Bogen überspannt, wie ihn König Otto überspannen wird. Ein paar Jahrzehnte später, 1862, verjagt ihn eine Revolution, statt seiner wählt man den deutsch-dänischen Prinzen Wilhelm zum König, der als Georg I. in die Geschichte eingegangen ist. Er tat sich ähnlich schwer wie Otto und ist, nach allerdings 40jähriger Regierung, in Saloniki ermordet worden. Zu beneiden war wohl keiner um den griechischen Königsthron, aber auch wohl die Griechen nicht um diejenigen, die sich darauf breitmachten.

Pückler hat den Griechen in beiden Fällen Undankbarkeit vorgeworfen, ein ungerechtes Urteil, denn undankbar wäre es gewesen, wenn Pückler etwas gegen Otto I. und Armansperg gehabt hätte; die Griechen verdankten ihnen wenig. Der Nachfolger des Staatskanzlers verweigert dem Fürsten jedenfalls die ihm von Armansperg zugestandenen Bedingungen, womit sich die Sache erledigt hat. Dem Norden bleibt ein großer Landschaftsgärtner und Hallberger sein erfolgreichster Autor erhalten.

Pückler ist deutlich pikiert; er nimmt übel, obwohl er sonst so sehr dafür eintritt, griechische Kirchen in griechischen Dörfern zu lassen. Schon damals beschäftigt ihn die noch diskutierte Frage, ob es rechtens sei, daß Lord Elgin den Fries des Parthenons ins Britische Museum geschafft hat, wo er sich seitdem heute befindet. Das Argument dafür: Der Fries wäre sonst zweifellos zerstört worden, spätestens im Unabhängigkeitskrieg, in dem die Akropolis zweimal bombardiert wurde. Das Argument dagegen setzt Pückler: »Ich kann mit diesen nicht übereinstimmen, am wenigstens als Kunstfreund. Hätte Lord Elgin das ganze Parthenon, wie es war, nach England verschiffen können, so möchte er zu entschuldigen sein. Ein solches Werk aber nur roh zu zerstören (halb so viel, als man wegnahm, ward noch überdies nutzlos durch die Schwierigkeit der Operation vernichtet), um den Raub nachher zu verkaufen, bleibt ewig unverzeihlich.«

Der Vergleich mag hinken, aber ähnlich unverzeihlich könnte eine Neuauflage von Muskau oder Stourhead in Ithaka sein.

Im Mai 1836 verläßt der Fürst Hof, Freunde und möblierte Wohnung in Athen, wie es scheint überstürzt und in denkbar deprimierter Verfassung. Schuld daran ist, wie man weiß, ein Liebesabenteuer. Unbekannt blieb, mit wem. Sollte es sich am Ende um die bildschöne Frau seines Freundes Prokesch gehandelt haben, eine Tochter des renommierten Wiener Musikwissenschaftlers Kiesewetter? Daß er und Gräfin Prokesch häufiger als üblich zusammen gesehen wurden, ist schon dem Bayernkönig Ludwig aufgefallen.

Jäger verläßt den Fürsten bei dieser Gelegenheit und geht nach Deutschland zurück. Sekretär wird statt dessen ein gewisser Emil, der im griechischen Heer gedient hat. Der getreue orientalische Kammerdiener Selim hat schon in Patras flehentlich gebeten, ihn in seine wärmere Heimat zurückzuschicken. An seine Stelle ist der noch getreuere Ackermann aus der Dienerschaft des Grafen Armansperg getreten; Koch wird Jammi Adammaki, ein ehemaliger Seeräuber.

Mit einer geschrumpften Karawane begibt sich der Fürst auf weitere Reisen. Er folgt Byrons Spuren bis Missolunghi, besteigt den Taygetos, kehrt noch einmal kurz nach Athen zurück, aber die rechte Freude will sich nicht mehr einstellen. Höhepunkt wird eine Seereise auf dem Schiff »Nauplia«, das Armansperg zur Verfügung stellt. Kreuz und quer geht es durch die Zykladen, Paros, Naxos, Delos, Santorin. Sein Arkadien findet er nicht. Wenn Pückler an Arkadia denkt, denkt er an Schneegestöber, Regengüsse, Schmutz und räuberische Überfälle.

Etwas verweilen muß er auf Zante (Sakinthos). Lassen wir ihn selbst sein merkwürdiges Unglück erzählen:

»Ich habe mich mit dem Leser auf einen so vertrauten Fuß gestellt, daß er alle Dinge um und an mir, wenn er sie seiner Aufmerksamkeit wert halten will, fast ebensogut kennen mag als ich selbst, und so ist es ihm denn auch bekannt, daß ich stets ein paar vortreffliche Pistolen mit mir führe ... An dem Kasten, der sie beherbergt, wie an einer der Pistolen selbst, war eine Kleinigkeit zu reparieren, weshalb ich meinen griechischen Pagen befahl, sie zu diesem Behuf zu einem Büchsenmacher zu tragen. Dies geschah, und da die Gewehre noch geladen waren, es aber polizeiwidrig gewesen wäre, sie innerhalb der Stadt abzufeuern, so teilte Dimitri dem Meister dies mit und nahm zu größerer Sicherheit, wie er versicherte, auch noch selbst die Zündhütchen ab, ehe er den Laden verließ. Kaum ist er weg, so wird der Büchsenmacher von jemand abgerufen und folgt diesem, indem er meine Pistolen einstweilen auf den Ladentisch legt. Ein Kind von elf Jahren tritt herzu, fängt, des Meisters Abwesenheit benutzend, mit ihnen zu spielen an und drückt dabei unwillkürlich die eine Pistole los. Es muß wahrscheinlich der großen Hitze zugeschrieben werden, daß sich auch ohne Kapsel das Pulver entzünden konnte – wobei die Waffe eine so unglückliche Richtung nahm, daß die Kugel über die Straße hinüber einem zweiundsiebzigjährigen Manne, der am offenen Fenster in seinem Lehnstuhl eingeschlafen war, durch den Schädel fuhr und ihn auf der Stelle tot niederstreckte. Die Zusammenstellung ist gewiß seltsam. Ein Fremder muß auf einige Tage herkommen, damit durch seine beschädigte Waffe ein harmloses Kind einen uralten Greis totschieße! Es spuken da entweder Geister, die sich mit uns einen grausamen Spaß machen, oder die blinde Naturnotwendigkeit waltet. Kurz, der alte Herr war tot, der Büchsenmacher mit dem Kinde wurde festgenommen und meine Pistolen wanderten ins Tribunal, wo ihr beharrliches Verweilen mich zwang, statt weniger Tage mehrere Wochen in Zante zuzubringen.«

Von Zante geht es noch nach Ithaka, den Endpunkt der erwartungsfroh angetretenen und mürrisch beendeten Griechenlandreise. Das letzte Vierteljahr 1836 verbringt Pückler auf Kreta.

Seine Quintessenz: »Wer stark genug konstituiert ist, um täglich zehn bis zwölf Stunden zu Pferde, auf Maultieren oder zu Fuß ohne Unbequemlichkeit zurückzulegen und der glühendsten Hitze wie den unangenehmsten Wirkungen der Kälte zu widerstehen ...; wer ferner weder die Gefahr halsbrechender Wege scheut, wer unempfindlich gegen den Aufenthalt in Wohnungen ohne Fenster mit durchsichtigem Dach ist, und Myriaden von Wanzen, Läusen, Flöhen und Moskitos sich mit philosophischer Geduld hinzugeben vermag, gelegentliche Raubüberfälle nicht scheut, zuweilen nur Brot und Zwiebeln nebst lauem Wasser und geharzten Wein zur Nahrung und zum Getränk zu erhalten, wer Gestank und Schmutz nur mit chemischem Auge betrachtet, das in diesen Dingen nichts als Naturstoffe gleich anderen sieht; wer allem diesem gewachsen ist und nichts dawider hat, obige Zustände dreimal teurer als europäische Bequemlichkeit zu bezahlen, dem rate ich mit gutem Gewissen die Reise durch Griechenland an.«

Kein sehr verlockender Ratschlag.

Der »Südöstliche Bildersaal« erscheint erst in vier, fünf Jahren, 1840/41, nach Pücklers Heimkehr vom Mittelmeer. Das Buch wird prompt – wie alle Bücher von ihm mit Ausnahme der »Briefe eines Verstorbenen« und der »Andeutungen über Landschaftsgärtnerei« – von den Kritiken als sein schwächstes Werk bezeichnet, übrigens bis heute. Allerdings haben spätere Bearbeiter den wohl tatsächlich mißlungenen »Hexenkessel« zusätzlich verdorben, indem sie jene fiktive, in den lebendigen Reisebericht verflochtene hoffmanneske Geschichte teuflischer Umtriebe in der Geisterwelt ganz einfach herausgestrichen haben.

Die Verflechtung ist jedoch erzählerisch derart eng, daß oft das eine nicht ohne das andere verstanden werden kann. Mag die schauerromantische Geschichte etwas wirr und undurchsichtig geraten sein – sie löst sich nicht einmal am Ende ganz auf –, so enthält sie doch, neben spannenden und atmosphärisch eindringlichen Stellen, einigen Zündstoff. Der Held heißt Erdmann – der Name seines Vaters! – und trägt mit seiner Verschwendungssucht und Duellversessenheit alle Züge eines Selbstbildnisses. Das leichtfertige Lottchen dürfte ein Porträt seiner Mutter darstellen und jener »Pascha« im Hintergrund, ein Erzfeind Erdmanns, den Zeitgeist der Restauration verkörpern, wenn er nicht sogar direkt auf Metternich gemünzt ist.

Redigiert haben das Buch Lucie und Varnhagen. Letzterer bekommt zum erstenmal Ärger mit dem Verleger, der die Zensur fürchtet. Die Werke der Dichter vom »Jungen Deutschland«, dem Pückler sich zugehörig fühlt – eben ist in Theodor Mundts Zeitschrift »Zodiakus« ein Auszug aus »Semilasso in Afrika« erschienen –, sind 1835 durch Bundestagsbeschluß verboten worden. Hallberger fürchtet, daß auch Pücklers Buch unter das Verbot fallen könnte. Er möchte es daher, wie er sich Varnhagen gegenüber ausdrückt, »möglichst keusch«, das heißt ohne politische Anspielungen. Da müßte er seinen Pückler besser kennen – solche ergeben sich bei ihm überall von selbst, in diesem Fall sowohl im belletristischen als auch dem reportagenhaften Teil. Schon den Untertitel werden viele Leser in spe erwartungsfroh für eine Verschlüsselung der »Leiden Preußens« oder Bayerns oder Württembergs gehalten haben.

Varnhagen teilt Pückler mit, er habe »in der Handschrift mit unendlichem Vergnügen gelesen und nur hin und wieder mit einem kleinen Strich versehen«, um die »hemmende Widrigkeit zu überwinden, welche sich aus der Angst des Verlegers erhob«.

Varnhagen, Demokrat und Diplomat, ist übrigens mit dem »Jungen Deutschland«, im Gegensatz zu Pückler, gar nicht einverstanden. »Die jungen Leute«, schreibt er ihm weiter, »haben es toll gemacht und entbehrten jeder Weltklugheit. Die alten Leute scheinen es hierin gleichtun zu wollen. Aber was bei den jungen Leuten noch verzeihlich und graziös war, nimmt sich bei den alten unerträglich aus.«

Nun ist es eine Sache, wenn ein armer Schlucker zum »Jungen Deutschland« gerechnet wird, aber eine andere, wenn es einen Fürsten betrifft, selbst wenn dieser ebenfalls ein armer Schlucker sein sollte. Das Buch des Fürsten passiert unbeanstandet die Zensur und erscheint in drei Bänden. Kein Erfolg bei der Kritik, jedoch wieder einer beim Lesepublikum.

Etwas unerwartet, aber wie immer für Überraschungen gut, wirft sich der beinahe verfemte Autor als nächstes dem umstrittenen Mehemed Ali in die Arme, dem »orientalischen Napoleon«. Er ist nicht ganz rechtmäßig Herrscher über Ägypten, bekannt als Schlächter der Mamluken, in den europäischen Gazetten meist mit dem Beinamen »Bluthund« bedacht. Der, ach so liberale Fürst tauscht mit einem waschechten Tyrannen den Bruderkuß.

Da wundert sich nicht nur das »Junge Deutschland«. Die Empörung schlägt hohe Wellen sogar in englischen und französischen Blättern. Kaum ein Leser wird sich gefragt haben, ob er denn von der gleichen Presse, die sich jetzt so aufregt, immer ganz richtig informiert worden ist.

Was Pückler reizt, dürfte eine sehr merkwürdige Tatsache sein. Mehemed Ali oder, wie ihn Historiker heute meist nennen, Mohammed Ali, hat in seinem Reich die Ideen Saint-Simons anscheinend mit durchschlagendem Erfolg verwirklicht. Und der Fürst ist, wie wir gesehen haben, schon lange ein Anhänger Saint-Simons.

Wir bleiben beim türkischen Namen Mehemed Ali, weil dieser im Titel von Pücklers nächstem Reisebuch auftaucht.

18.

Durch Mehemed Alis Reich

Der vielfach erhobene Vorwurf, Pückler habe sich von einem orientalischen Pascha kaufen oder korrumpieren lassen, erweist sich als haltlos. Aufmerksame Leser haben schon in »Tutti-frutti« erfahren, »der für so barbarisch von vielen geachtete Pascha möchte, bei Licht betrachtet, sich aufs Regieren besser verstehen als gar viele unserer freisinnigsten und allzeit fertigen Gesetzgeber«. Pückler bewundert ihn schon lange, weil er in seiner Umwelt »einen Ordnungsfaktor darstellt«. Den Ausdruck übernimmt er aus den Schriften Prokesch-Ostens.

Wer ist der vielumstrittene osmanische Statthalter in Ägypten, den die Europäer – sogar zutreffender – »Vizekönig« nennen?

Mehemed oder Mohammed Ali ist albanischer Herkunft, aber in Makedonien geboren, 1769, im gleichen Jahr wie Napoleon, was er gern betont, und in der Gegend, aus der auch Alexander der Große stammt. Nach Ägypten gekommen ist er als Leutnant einer albanischen Kompanie, die mit anderen türkischen Truppen Napoleons Expeditionsheer bekämpfen soll. Als nach dem Abzug der Franzosen 1801 in Ägypten ein chaotischer Machtkampf ausbricht, taktiert Mehemed Ali derart geschickt, daß die Bevölkerung von Kairo den alten Statthalter abwählt und den bis dahin völlig unbekannten 36jährigen albanisch-türkischen Offizier an dessen Stelle setzt. Einem alten islamischen Recht zufolge ist das bei bestimmten Vergehen möglich.

Ägyptens Bindungen ans osmanische Riesenreich haben sich allerdings schon lange gelockert. Des Sultans Statthalter betreiben dort seit jeher ihre eigene Politik und wirtschaften in die eigene Tasche. So auch Mehemed Ali, der aber zugleich das gesamte Land gründlich umkrempelt und es vom Sultan so gut wie unabhängig macht. Mit ihm endet das verlängerte Mittelalter, in dem Land und Leute bis dahin gelebt haben.

Brutal beseitigt er zunächst seine Hauptwidersacher, die Militärkaste der Mamluken, Ägyptens eigentlichen Herrschern seit fast 600 Jahren. Ihre Führer läßt er bei einem Festgelage 1811 allesamt hinterrücks niedermetzeln, was ihm den Ruf eines erbarmungslosen Menschenschlächters eingebracht hat, der ihm seitdem anhängt.

Das Land blüht allerdings unter seiner strengen Verwaltung auf. Bis 1815 gelingt es ihm, die gesamte Landwirtschaft unter Staatskontrolle zu bringen. Baumwolle, bis dahin kaum angebaut, wird zum Haupt-Exportartikel Ägyptens, denn mit der Industrialisierung in Europa steigt der Bedarf gerade nach diesem Rohstoff. Gleichzeitig wird – mit Hilfe ausländischer Techniker – eine eigene Industrialisierungspolitik betrieben, Reisschälereien, Zuckerfabriken, Druckereien, Papiermühlen, nicht zuletzt eine leistungsfähige Schiffswerft errichtet. Schulen entstehen, sogar eine für Mädchen, Spezial-Colleges für Medizin, Pharmazie, Tiermedizin, Geburtshilfe. Zum erstenmal werden Fremdsprachen gelehrt und Dolmetscherschulen eingerichtet. Der Staatsmonopolist öffnet sein Reich weit, denn er bleibt fürs erste auf ausländische Techniker angewiesen. Sie werden in ganz Ägypten tätig, auch im schlagkräftigen Heer, das nicht mehr aus einer Söldnertruppe besteht, sondern sich aus ägyptischen Bauern rekrutiert. Mehemed Ali schafft es, aus einer chaotischen Provinz einen straff gelenkten, leistungsfähigen und zivilisierten Staat zu machen.

Er gerät mit ihm freilich ins Mächtespiel der Türken, Engländer und Franzosen und muß sich oft seiner Haut wehren. Seine Armeen besiegen für den Sultan die aufsässigen Wahhabiten in Arabien, uns als Saudis bekannt, beginnen mit der Einverleibung des Sudan, diesmal für Mehemed Ali selbst, und erobern Syrien. Unter seinem Sohn Ibrahim schlagen seine Truppen bei Konya sogar diejenigen des Sultans. Mehemed Ali wird zum mächtigsten Statthalter des Osmanischen Reichs: Grollend muß der Sultan ihm diese Stellung bestätigen und sogar, Syrien eingeschlossen, erblich machen. Ibrahim erhält eigene Pfründe: Er wird Steuereinnehmer der Provinz Adana in Südanatolien.

Ein beispielloser Aufstieg, der an ein Märchen aus 1001 Nacht erinnert. Da gibt es allerdings Schattenseiten. Was Machtpolitik betrifft, braucht Mehemed Ali keine Unterweisung; er soll Macchiavellis Schriften enttäuscht mit der Bemerkung beiseite gelegt haben, aus ihnen könne er nichts lernen. Im Ökonomischen hält er sich, nicht unbelesen, an Saint-Simon. »Wenn Gott ihm zu der Entschlossenheit, dem Herrschergeist, der Willenskraft, der Organisationsgabe und der Kühnheit, die er besaß, etwas Gerechtigkeit geschenkt hätte, so wäre er das Wunder seiner Zeit gewesen«, zitiert sein deutscher Biograph, Fritz Steppat, Mehemeds zeitgenössischen Chronisten al-Gabarti. Denn Mehemed Ali zwingt das Land rücksichtslos in seinen Dienst, denkt keineswegs an Ägypten, sondern behandelt alles und jeden, als sei alles und jeder sein persönliches Eigentum. Immerhin hört er hin und wieder auf kluge Ratgeber, zu denen auch Prokesch-Osten gehört sowie Lesseps, der spätere Initiator und Leiter des Baues des Suezkanals, beide übrigens Diplomaten anderer – europäischer – Länder.

Pücklers Reise ins Reich Mehemed Alis scheint Prokesch-Osten angeregt zu haben. Nach den ziemlich finsteren Verhältnissen in Griechenland stellt der Fürst auf Kreta fest, daß Ordnung und Sauberkeit herrschen, alles ziemlich pünktlich klappt und saintsimonistisch verwaltet wird: Kreta wurde von Mehemed Ali schon 1822 im Zuge des griechischen Unabhängigkeitskriegs besetzt und, wie gewohnt, seinem Reich, das heißt seinem Eigenbesitz einverleibt.

Ein Vierteljahr verbringt Pückler auf Kreta luxuriös beim Gouverneur des Vizekönigs, Mustafa Pascha, in dessen Palast und schickt eifrig Artikel an die »Augsburger Allgemeine«, in denen er die Wohltaten Mehemed Alis preist, was der Zeitung wütende Leserbriefe einbringt. Dann holt ihn, am 1. Januar 1837, eine Brigg der ägyptischen Flotte ab und bringt ihn nach Alexandria. Mehemed Ali läßt ihn empfangen wie ein gekröntes Haupt. Die gesamte ägyptische Flotte liegt versammelt am Hafen und schießt dröhnenden Salut. Bogos Bey, der Ministerpräsident, empfängt ihn würdevoll. Ein paar Tage später zieht Pückler ebenso pompös in Kairo ein, wo ihm ein Palast mit zahlreicher Dienerschaft zur Verfügung gestellt wird. Und dann steht er endlich Mehemed Ali selbst gegenüber.

Zunächst ist er enttäuscht. Er hat sich eine malerische Erscheinung vorgestellt in phantasievoller Tracht, wie sie in Kupferstichen erscheint und vom Fürsten selbst gern getragen wird. Statt dessen begegnet er einem untersetzten, freundlichen Greis, der in einen einfachen bräunlichen Pelz gehüllt ist.

Er entpuppt sich als weltgewandter, sprachkundiger, kluger und großzügiger Gastgeber. Pückler erfährt, daß er, solange er sich auf dem Territorium des Allgewaltigen befindet, als Staatsgast behandelt werden wird, das heißt, daß ihn nichts etwas kostet. Mehemed Ali kommt für alles auf, Karawanen, Reisen, Verpflegung, Schutzgeleit und Unterkunft. Der Fürst bleibt folgerichtig volle zwei Jahre in Mehemed Alis Reich, 1837 und 1838.

Anfang Februar 1837 begibt sich der Vizekönig auf dem Nil nach Oberägypten und fordert Pückler auf, ihn zu begleiten. Der nutzt die Gelegenheit, in Gizeh die Artillerieschule zu besuchen sowie die Sphinx und die Cheopspyramide. Außer der Artillerieschule macht nichts auf ihn großen Eindruck. Die Sphinx steckt tief verschüttet im Wüstensand und erinnert ihn an das Kreuzberg-Denkmal in Sandomir-Berlin, an den Pyramiden gefällt ihm nur der Ausblick von hoch oben. Er ersteigt zwei von ihnen und macht sich den Spaß, an der kleineren auf der Spitze den Namen seiner Lucie einzuritzen.

Ein Spaß ist es insofern, als Lucie, wie allbekannt, ungern auch nur einen Schritt zuviel tut: »Wem aber unter unsern Freunden bekannt ist, welche dezidierte Abneigung gegen alle ›Lokomotive‹ (Fortbewegung), vollends die Ersteigung einer Höhe, ja sogar einer einfachen Treppe die genannte liebenswürdige Dame von jeher gehabt hat – da sie nur die Bewegungen des Sitzens, Liegens und Spazierenfahrens gewohnt ist –, der wird sich allerdings nicht wenig wundern, sie hier als determinierte Bergsteigerin an einem Orte verzeichnet zu finden, wo nur Adler und Geier zu ruhen pflegen.«

Die beiden zur Verfügung gestellten Nil-Barken sind unterdes vorausgefahren. Pückler besteigt sie würdevoll, denn er reist jetzt wieder mit großem Troß abenteuerlicher Gestalten, der unterwegs laufend ergänzt wird.

Die langgestreckten und geräumig eingerichteten Barken, sogenannte Kangschen, wahre schwimmende Häuser, erregen sogar im

Orient Aufsehen. Sie gleichen der Arche Noah, befinden an Bord sich doch der Hund Susannis, mehrere Pferde für Ausritte unterwegs, ein seltsames Ibispaar, das sich am Heck eingerichtet hat, eine Schildkröte sowie zwei kleine Krokodile »im blechernen Waschbecken«. Auf dem Mimosenbaum, der den Vordersteven wie eine Gallionsfigur ziert, hockt ein Chamäleon, und selbst ein Vogel Strauß fehlt nicht, der gravitätisch über die Planken des Bootes stolziert und manchmal nach den Ibissen hackt. Dazwischen turnt das Äffchen Abeleng herum.

Buntgescheckt zeigt sich auch die menschliche Begleitung. Mehemed Ali hat Pückler den deutschen Generalstabsarzt der ägyptischen Flotte, Dr. Koch, einen Münchner, beigegeben, einen Kawaß (Leibwächter) und den Dragoman (Dolmetscher) Giovanni, einen Italiener. Bedient wird der Fürst vom Kammerdiener Ackermann aus Athen, dem arabischen Koch Ibrahim, dem Pagen Jannis aus Kreta, der schon bald hinter Kairo über Bord fällt und ertrinkt (»Jetzt wird die Reise glücklich sein, denn der Nil hat sich sein Opfer im voraus geholt«, kommentiert Pückler ungerührt) sowie vier »dressierten Sklaven«, was immer wir uns darunter vorzustellen haben.

Auf den Sklavenmärkten der ägyptischen Hauptstadt hat sich der preußische Fürst überhaupt eingehend umgesehen. Denn begleitet wird er auch von einer Sklavin namens Ajiamé, die ihm bald gesteht, daß sie in Wirklichkeit Machbuba heißt. Als solche ist sie, vorgeblich eine äthiopische Prinzessin, in die deutsche, vor allem jedoch Lausitzer Kulturgeschichte eingegangen, Pücklers waghalsigstes, folgenreichstes, auch wohl traurigstes Abenteuer.

Er hat sie, »um die Langeweile einer so weiten Wasserreise etwas weniger monoton zu machen«, erst »wenige Tage vorher für eine ziemlich ansehnliche Summe« erworben, ein so gut wie nacktes 12- bis 13jähriges Mädchen auf einem Sklavenmarkt. Aber lassen wir Pückler selbst weiter berichten:

»Den Charakter dieses originellen Mädchens zu studieren, an der die Zivilisation noch nichts hatte verderben noch verbessern können, war im Verfolg der Reise eine unerschöpfliche Quelle von Vergnügen für mich, und es tat diesem Studium durchaus keinen Abbruch, daß der Gegenstand desselben zugleich an Schönheit der

Formen die treueste Kopie einer Venus von Tizian war, nur in schwarzer Manier. Als ich sie kaufte und aus Furcht, daß mir ein anderer zuvorkommen möchte, ohne Handel den geforderten Preis sogleich auszahlen ließ, trug sie noch das Kostüm ihres Vaterlandes, d. h. nichts als einen Gürtel aus schmalen Lederriemen mit kleinen Muscheln verziert. Doch hatte der Sklavenhändler ein großes Musselintuch über sie geworfen, das aber von den Kauflustigen abgenommen wurde und daher der genauesten Beurteilung kein Hindernis in den Weg legte. Wir waren vier oder fünf ›junge Leute‹, wie der ci-devant jeune homme [vormalige Jüngling] sagt, und staunten alle über das makellose Ebenmaß des Wuchses dieser Wilden, mit dem sie ein chiffoniertes [fein gewebtes] Charaktergesicht verband, wie ich es grade liebe, ohne daß dies übrigens auf große Regelmäßigkeit hätte Anspruch machen können. Aber ihr Körper! Woher in des Himmels Namen haben diese Mädchen, die barfuß gehen und nie Handschuhe tragen, diese zarten, gleich einem Bildhauermodell geformten Hände und Füße; sie, denen nie ein Schnürleib nahe kam, den schönsten und festesten Busen; solche Perlenzähne ohne Bürste noch Zahnpulver, und obgleich meistens nackt den brennenden Sonnenstrahlen ausgesetzt, doch eine Haut von Atlas, der keine europäische gleichkommt und deren dunkle Kupferfarbe, gleich einem reinen Spiegel, auch nicht durch das kleinste Fleckchen verunstaltet wird? Man kann darauf nur antworten, daß die Natur Toilettengeheimnisse und Schönheitsmittel besitzen muß, denen die Kunst nie gleichzukommen imstande ist.«

Es gibt eine andere Antwort darauf: Das natürlichste Schönheitsmittel ist Jugend und das beste Toilettengeheimnis Liebe, besonders wenn sie jemanden, wie hier Pückler, auf den ersten Blick befällt.

Weiter: »Es war gut, daß ich alle diese Vorzüge beim Einkauf sah, denn jetzt hätte ich weniger Gelegenheit dazu gehabt, da Ajiamé (so heißt die abessinische Schöne) bereits durch meine Fürsorge in dezente morgenländische Kleider mit Strümpfen und gelben Pantoffeln gehüllt ist, die mich nur ihr Antlitz und zuweilen ihre wundervolle Hand mit einem Teile des runden Armes erblikken lassen. Übrigens versteht es sich von vornherein, daß ich ein zu gewissenhafter und selbst zu freier Preuße bin, um sie jetzt noch als Sklavin zu behandeln. Mit dem Eintritt in mein Haus war sie eine Freie, obgleich ich fürchte, daß sie noch keinen recht deutlichen Begriff von diesem Zustande hat, denn als ich ihr denselben mit Hilfe eines Dolmetschers in ihrer Sprache ankündigte, küßte sie mir die Hand, und diese dann demütig an ihre Stirne drückend, flüsterte sie leise: Ich sei ihr Herr und habe zu gebieten, was sie sein und was sie tun solle.«

Als er die Barke verläßt, um sich in Gizeh umzutun und zurückkehrt, empfängt Ajiamé ihn »mit einem demütigen Handkuß, dem ich mich vergebens zu entziehen suchte«. Aber »mit Freuden ward ich von der exemplarischen Reinlichkeit und netten Ordnung meiner kleinen Wasserwohnung gewahr, daß mir in jeder Hinsicht die Perle der Sklavinnen zuteil geworden sei«.

Demütig bleibt Ajiamé freilich nicht lange. Es zeigt sich bei ihr, wie Pückler es ausdrückt, »das sklavische (man könnte auch sagen das weibliche) Prinzip ... gleich einem verzogenen Hündchen« wird sie »oft ganz unleidlich mürrisch, gebieterisch und so wetterwendisch, daß ich viel Not mit ihr vorauszusehen anfing«.

Doch versteht sich der Frauenkenner Pückler auf der Widerspenstigen Zähmung: »Die Menschen haben alle gar viel von den Tieren an sich, und die Wilden stehen ihnen natürlich noch näher. Dies nahm ich in Betrachtung und beschloß nun, der wachsenden Koketterie, Unart und Rebellion meines kleinen Naturkindes auch naturgemäß entgegenzuarbeiten. Ich fing damit an, nach der ersten heftigen Szene dieser Art, wo sie zuletzt im Zorn ein kürzlich von mir erhaltenes Geschenk ohne weiteres über Bord geworfen hatte – stundenlang nicht die mindeste Notiz mehr von ihr zu nehmen, und als sie den Morgen darauf sich noch immer gleich trotzig in ein kleines, mit Blei ausgeschlagenes Badekabinett (also eine wahre venezianische Bleikammer bei dem hiesigen Klima), worin sie zugleich ihre Effekten aufhob und ihre Toilette zu machen pflegte, zurückzog, schloß ich ganz kaltblütig die Türe desselben ab und ließ sie andere vierundzwanzig Stunden in diesem Gefängnis verbleiben, während man ihr die nötige Nahrung zum Fenster hineinreichte, aber immer wieder unberührt wieder zurückerhielt. Diese Hartnäckigkeit, verbunden mit einem unverbrüchlichen Stillschweigen würde mich vielleicht geängstigt haben, wenn ich das liebe, reizende, der Notwendigkeit immer zur rechten Zeit nachgebende weibliche Geschlecht nicht besser kennte. Schon in der Nacht hörte ich sie mehrmals heftig schluchzen, bereits ein Zeichen der herannahenden Nachgiebigkeit, welches ich jedoch nicht zu bemerken schien – bis sie nach Sonnenaufgang ihr Silberstimmchen vernehmen ließ und auf das rührendste in abessinischer Sprache um Erlösung bat, was ich dem Sinne nach sehr gut, wenn auch von den Worten nur die wenigen verstand, welche ich bereits nach und nach von ihr gelernt hatte. Noch eine Weile spielte ich den Fühllosen, dann ließ ich mich erbitten und schob den Riegel weg. Verweint und lieblich, so verführerisch drapiert, wie sie es nur verstand, setzte die Gefangene behutsam ihren schönen nackten Fuß auf den Teppich, folgte langsam mit dem anderen nach und drückte, sich niederwerfend, ihre Stirn auf meine Füße. Ich hatte die größte Mühe, sie nicht gleich wieder von neuem zu verderben, aber ich blieb standhaft, spielte nur die Rolle des Mentors, und von diesem Augenblick an ist sie immer sanft, gut und folgsam geblieben...«

Die Fahrt geht stromaufwärts. Widrige Katarakte müssen auf Kamelrücken umritten werden, indes die Schiffe sie allein mit der geschickt operierenden schwarzen Besatzung durchqueren. Man besichtigt links und rechts Tempelreste, Gräberfelder, eine Zukkerfabrik, macht Jagden auf Krokodile, Giraffen und Nilpferde, veranstaltet mit der Hundemeute Antilopenhetzen, was alles der sonst jeder Jagd abholde Fürst in diesem Umfeld vollauf genießt. Er sieht sich in ein arabisches Märchen versetzt, kein Forscher, sondern »der impressionabelste aller Menschen«, ein Genießer. Am liebsten unternimmt er mit wenigen Gefährten – und Ajiamé, die sich als gewandte Reiterin entpuppt – weite Ausflüge in die Wüste.

Was Pückler auf seiner Nilreise sah und so lebendig in seinem Buch schildert, erlebt heute keiner mehr. Oberägypten und Nubien sehen inzwischen ganz anders aus. Assuan-Staudamm und der Hochdamm Sadd-el-Äli haben Niltal und -ufer über Hunderte von Kilometern gründlich verändert. Die Tempelinsel Philä, für Pückler der Höhepunkt seiner Reise, läßt sich zwar eingedeicht noch besichtigen, aber der Tempel Gerf Hussein, der größtenteils in den Fels gehauen war, liegt heute unter dem Wasserspiegel. Abu Simbel – Pückler besucht die Anlage, kurz nachdem man das Innere des Tempels wieder freigelegt hat – wurde zersägt und an erhöhter Stelle wieder aufgebaut. In seinen letzten Regierungsjahren hat noch Mehemed Ali mit diesem Zerstörungswerk durch Staudämme begonnen – im steten Kampf gegen den Hunger, wie man nicht verschweigen darf.

Ajiamé, die zunächst nichts ißt außer morgens und abends eine Orange und etwas Milchreis, entfaltet während der langen Reise unvermutete Begabungen und Eigenschaften. Pfade im Unwirtlichen findet sie besser als alle Männer, und als Dr. Koch lebensgefährlich erkrankt und nach Kairo zurückgeschafft werden muß, ist sie es, die in Abu-Harraz den seinerseits schwer erkrankten Pückler heilt und ihm, wie er meint, das Leben rettet. Sie behandelt sein Fieber mit einer ungewöhnlichen Diät, duldet nur, daß er kleine, grüne, von ihr selbstgepflückte zitronenartige Früchte zu sich nimmt und diese mit tiefen Schlucken aus den mitgeführten »Bouteillen Jamaica-Rum« herunterspült. Eine Medizin, die alsbald anschlägt. Der Fürst gesundet rasch.

Zeitweilig muß er sein Naturkind trotzdem in einem Harem zurücklassen, weil die Reise immer gefährlicher wird. Auf keiner seiner Reisen sonst hat Pückler sich derartigen Strapazen ausgesetzt wie hier im Sommer 1837. Zu Pferd erreicht er Khartum, weiter durchs Kordofan nach Sennar und am Blauen Nil entlang bis Wadi Medina. Kaum ein Europäer ist bis dahin so weit südlich vorgedrungen.

Bis zu den Ruinen von Mesaourad sind erst kürzlich zumindest zwei Weiße gekommen, der eine im Auftrag Frankreichs, der andere in dem Englands. Beide haben an prominenter Stelle Inschriften hinterlassen. Da Pückler »nicht so hohe Mandanten wie sie aufzuführen« hat, »denn mein Vaterland, weit entfernt, mir Aufträge zu geben, lehnte sogar meine desfalsigen Anerbietungen ab«, läßt er von seinem Dragoman den Satz einmeißeln:

> Im Jahre 1837 unserer christlichen Zeitrechnung
> hat ein deutscher Reisender ... diese Ruinen
> besucht, gesandt durch seinen *spiritus familiaris*

und mit der Absicht, so weit
vorzudringen, als es ihm Vergnügen machen wird.

Ein wahrhaftes Pückler-Wort. Als es ihm kein Vergnügen mehr macht und er in Kampfhandlungen mit Aufständischen oder räuberischen Stämmen verwickelt zu werden droht, kehrt er um.

Auf der Rückreise wird Ajiamé wieder aus dem Harem geholt und erhält von ihm und seinem Dolmetscher Unterricht in einer europäischen Sprache. Extravagant in allem oder auch weil sein Dragoman Italiener ist, wählt er dafür die italienische. Jetzt gesteht das Mädchen auch endlich ihren richtigen Namen, Machbuba, von dem Pückler vermutet, daß sie ihn abgelegt hat, weil es, jedem Orientalen sofort erkennbar, derjenige einer Prinzessin ist.

Das Verhältnis zu Machbuba gewinnt schon während der Rückreise intimere Züge. Es ist, auch wenn man die künftige Entwicklung einbezieht, schwer zu umreißen. Zweifellos wird sie seine Geliebte, ist aber auch so etwas wie seine Wahl- (oder Kauf-) Tochter, sein kumpelhafter Kamerad, Reisebegleiter, Spielgefährte eines großen Jungen – vielleicht seine einzige selbstlose und völlig uneigennützige Liebe. Um ein Haar hätte er ihretwegen sogar seine Schnucke verstoßen.

Die ist, zu Pücklers Glück, weit weg, aber doch nicht so weit, als daß sie nicht in Korrespondentenberichten der Zeitungen liest, ihr Mann – strenggenommen ja: ihr geschiedener Mann – ziehe mit einem Harem durch den Vorderen Orient. Ein empörter Brief von ihrer Hand lagert bereits auf der Post in Kairo oder Alexandria. Lucie ist von ihrem Lou einiges gewöhnt; dies aber, wenn es wahr sein sollte, und das kann man bei Pückler nie wissen, geht ihr entschieden zu weit. Die Wahrheit, wie wir gesehen haben, ist einfacher und zugleich komplizierter. Ein preußischer Fürst hat sein Herz an eine braune Afrikanerin verloren, die er auf dem Sklavenmarkt gekauft hat.

Acht Monate ist er nebst Begleitung auf den beiden Nil-Barken und im Sattel unterwegs gewesen, indes Mehemed Ali eine eigene Inspektionsreise absolviert. Dieser läßt sich von Pücklers Eindrükken ausführlich berichten. Vor allem interessiert ihn, wie sich seine Beamten in Oberägypten benehmen, wobei der Fürst ihm auch von Unzulänglichkeiten und sogar Grausamkeiten, die er gesehen hat, erzählt. Er kann nicht wissen, daß Mehemed Ali dies auf seiner nächsten Inspektionsreise nachprüfen wird. Zwei dieser Beamten läßt er köpfen, einen anderen schickt er in die Verbannung.

Im Gespräch macht Pückler einige Vorschläge, die der Vizekönig geradezu begierig aufgreift. Das betrifft zum Beispiel ein Kanalsystem, das Pückler zwischen Weißem und Blauem Nil für erforderlich hält; eine Denkschrift darüber hat er schon in Khartum entworfen und weitergeleitet. Die Medizinische Lehranstalt müsse von Abu Zabel nach Kairo verlegt werden, meint der Preuße – und sie wird es. Auch bespricht man die Frage, auf welche Weise Mehemed Ali sein Image in Europa verbessern könnte, und sofort umreißt Pückler Pläne für einen ganzen Propagandafeldzug. Er selbst hat ihn, in der »Augsburger Allgemeinen«, ja schon begonnen.

Allerdings begibt sich der Fürst mit solcher Beratertätigkeit schon wieder auf das glatte politische Parkett, auf dem er gewöhnlich auszurutschen pflegt. Hat er sich in Berlin Wittgenstein und den Kronprinzen zu Feinden gemacht, so heißt sein hiesiger Feind, der um seine Stellung fürchtet, Muktar Bey. Und dem gelingt es sogar, einen Keil zwischen das seltsame Freundespaar zu treiben.

Der Anlaß ist, wie meist in solchen Fällen, banal und nahezu lächerlich. Im Augsburger Blatt hat Pückler einen Besuch des Admiralsschiffs in Alexandria beschrieben. Großadmiral Ägyptens ist Said Bey, der zweite, angenommene Sohn Mehemed Alis, der an unheilbarer Fettsucht leidet. Ein Redakteur, dem Pücklers Überschrift nicht gefiel, läßt den Artikel unter der Schlagzeile »Der dicke Prinz« laufen. Was Muktar Bey sofort – dazu entstellend – übersetzen läßt und Mehemed Ali vorlegt. Der macht seinem Gast gegenüber kein Hehl aus seiner Empörung. Es kommt zu einer ersten Entfremdung zwischen beiden, obwohl äußerlich alles weiterhin so freundschaftlich und ehrenvoll verläuft wie bisher.

Aber der Hof des Vizekönigs und Kairo sind dem Fürsten doch etwas verdorben. Er bittet um die Genehmigung, Syrien und das Heilige Land besuchen zu dürfen, die er auch sofort erhält, sogar weiterhin unter großzügigen Bedingungen: Auch dort wird der Staat Pücklers gesamte Reisekosten tragen. Mehemed Alis eigene

Schiffe, prächtig geschmückt und beflaggt, bringen den Fürsten nach Alexandria. Dort wartet auf ihn bereits eine Korvette der ägyptischen Regierung. Diesmal ohne Salutgedonner legt sie mit ihrem hohen Gast am 14. Januar 1838 ab in Richtung Jaffa.

Mit ihm verläßt Machbuba ihre afrikanische Heimat, die sie nie wiedersehen wird.

Karikatur Pückler und Machbuba von Unger-Sternberg (aus »Tutu«)

19.

Der Pascha aus Muskau

Daß er ihm die Freundschaft gekündigt hat, läßt Mehemed Ali den Fürsten auf sublim abgestufte Weise merken. Der letzte Teil der Reise führt ihn durch das heutige Israel, Libanon, Syrien, auf die Inseln Rhodos und Kos, durch ein unruhiges, für den Krieg rüstendes Land bis nach Konstantinopel.

In Jaffa wird er am 21. Januar noch, wie gewohnt, mit Fanfaren und Böllerschüssen begrüßt. Desgleichen in Jerusalem, was ihm zum erstenmal etwas peinlich ist, denn ein Christ sollte als Pilger in diese Stadt einziehen und nicht unter den Klängen einer Janitscharenkapelle. An der Seite des preußischen Konsuls, der ihn in Jaffa abgeholt hat, empfängt man ihn, wie sonst nur ein gekröntes Haupt. Allerdings besteht die entgegengeschickte Karawane nur aus 30 Maultieren für das Gefolge und einem einzigen Pferd für ihn. Da er den Konsul kaum neben sich auf einem Muli reiten lassen kann, besteigt nicht er es, sondern Machbuba. Es entpuppt sich als ungezähmt, aber sie bändigt es trotzdem.

Nach Besichtigung der heiligen Stätten geht es, in Begleitung von zwölf Reitern – ehrenvoller Schutz oder warnendes Vorzeichen? – weiter nach Bethlehem, ans Tote Meer und zum See Genezareth, der hohe Wellen führt, sobald Pücklers Kahn ablegt. In Beirut erlebt er, zum erstenmal in Mehemed Alis Reich, einen kühlen, ja unfreundlichen Empfang durch Ibrahim, den ältesten Sohn des Vizekönigs. Pückler ist nämlich durch verbotenes Land, Partisanengebiet, gezogen. Die Drusen proben wieder einmal den Aufstand, jene feudal-patriarchalische Sekte des Islam, deren Anhänger, einst aus Ägypten nach Syrien geflüchtet, dort ein ständiger Unruhefaktor geblieben sind. Pückler wird von Ibrahim schroff zurechtgewiesen, der verantwortliche General nebst Adjutant für ein Jahr auf die Galeere geschickt.

Nach Überwindung des verschneiten Gebirges und dem Besuch der Ruinen von Baalbek bei strenger Kälte endlich in Aleppo angekommen, gibt es kein herzliches Willkommen mehr. Im Gegenteil, Mehemed Alis Provinzgouverneur wirkt derart abweisend, daß Pückler statt bei ihm beim preußischen Konsul Quartier bezieht. Die Gastfreundschaft des Statthalters ist damit beendet, der »Pascha aus Muskau«, wie ihn zu Hause die Gazetten hämisch titulieren, ins türkische Kleinasien entlassen wie ein lästiger Passant. Pückler wird Mehemed Ali trotzdem sowohl in Konstantinopel als auch daheim weiter in Schutz nehmen.

Die Heimat rückt bedenklich näher und mit ihr die Muskauer Frage. Aus der Ferne scheint Pückler der Besitz in der Lausitz nur noch ein Klotz am Bein. Mehr noch bedrückt ihn das Problem, was aus dem Harem werden soll, den er sich inzwischen tatsächlich zugelegt hat. Und wie läßt sich Machbuba dem prüden König Friedrich Wilhelm III. erklären, zu schweigen von Lucie? So verschenkt der nun doch besorgte Fürst unterwegs zunächst einmal die überzähligen Sklavinnen. Eine davon erhält Lady Hester Stanhope auf ihrem Felsenschloß Dahar-Dschuhn, die er von Beirut aus besucht hat.

Sein Aufenthalt bei der 62jährigen, damals weltbekannten Exzentrikerin und Astrologin, findet in der Weltpresse fast genausoviel Beachtung wie seine Freundschaft mit Mehemed Ali. »Zusammentreffen des Prinzen ohne Land mit einer Lady ohne Land« steht unter einer Karikatur, die wenige Jahre später in der satirischen Sammlung »Tutu« des baltischen Schriftstellers Alexander von Ungern-Sternberg erscheint.

Lady Hester, eine resolute, beinahe androgyne Erscheinung, ist die Nichte William Pitts des Jüngeren, der schon mit 24 Jahren britischer Premierminister geworden war. Bis zu seinem frühen Tod hat sie ihm den Haushalt geführt, galt aber auch als seine politische Beraterin. »Wenn du ein Mann wärst, Hester«, soll er ihr gesagt haben, »würde ich dich mit 60000 Männern auf den Kontinent schicken und dir alle Vollmachten geben; und ich bin sicher, daß nicht einer meiner Pläne fehlschlagen würde und kein Soldat mit ungeputzten Stiefeln herumliefe.«

Statt dessen hat das Fernweh sie in die weite Welt getrieben, nach Nordafrika zunächst, dann bis nach Syrien, wo sie einen Schiffbruch überlebt und in die Schlagzeilen gerät, als arabische Freiheitskämpfer sie zur Königin von Palmyra ausrufen, Nachfolgerin jener Zenobia, die 273 nach Christus versucht hat, Syrien und Ägypten zu vereinen. Lady Hester scheitert wie ihre Vorgängerin an den harten Realitäten. Jetzt lebt sie zurückgezogen, ganz ihren mystischen und okkulten Neigungen hingegeben, auf ihrem legendären Felsenschloß und erwartet die von ihr geweissagte Wiederkehr des Messias. Zwei Pferde stehen in ihrem Stall bereit zum Einzug in Jerusalem, für den Messias das eine, das andere für sie.

Da die misanthropische Ex-Königin von Palmyra auf Dahar-Dschuhn niemanden mehr empfängt, versucht Pückler es auf raffinierte Weise, ähnlich wie er Machbuba gezähmt hat: mit einer Mischung aus Macho und Kavalier. Er bittet Lady Hester um eine Audienz »bei einer Seelenverwandten« (was sie wohl auch ist). Er wird abgewiesen mit dem Ratschlag, doch lieber in Beirut Ali Babas 40 Räuber aufzusuchen, die im Welef el Kaf mit ihren schwarzen Hunden schlafen und nach ihren Erkenntnissen bald wieder auferstehen müßten. Über den – von Pückler bestochenen – Arzt Dr. Merion, der sie behandelt, spricht Lady Hester dann doch eine Einladung zum Tee aus am nächsten Sonntag oder Dienstag.

Jeder andere hätte brav am nächsten Sonntag oder Dienstag mit der alten Dame auf dem Schloßaltan Tee getrunken. Nicht so der erfahrene Frauenkenner. Jetzt schlägt Pückler die Einladung aus und verlangt kurzerhand, mitsamt Gefolge einige Tage auf der Felsenburg verbringen zu dürfen. Und wahrhaftig gibt die sonst so energische und eigensinnige Dame nach. Pückler setzt seinen Willen durch und zieht auf Dahar-Dschuhn ein.

Er bekommt von der gebrechlichen Lady das Horoskop gestellt und lauscht acht Nächte hindurch entzückt ihren Visionen, die sie wie in Trance von sich gibt. Im Gegensatz zum französischen Romantiker Lamartine, dem es gleichfalls gelang, zu ihr vorzudringen, und der die Stanhope für eine Schauspielerin hielt, glaubt Pückler an magische Kräfte. Er hat Glück: Da ihm das Pferd des Messias – von Pferden versteht er ebensoviel wie von Frauen – sofort die Hand leckt, als er es tätschelt, ein Zeichen des Himmels, öffnet Lady Hester bald alle Schleusen.

Die Mondscheinnächte mit der Sibylle in deren duftendem orientalischen Garten hat er nie vergessen, auch wenn diese später noch schlechter über ihn spricht als über Lamartine. Den Auftrag, als ihr literarischer Agent zu wirken, zieht sie schon in einem Brief zurück, der Pückler in Smyrna (heute Izmir) erreicht.

Die junge Virginia Woolf hat sich eingehend mit dieser sehr englisch-unenglischen Erscheinung beschäftigt und über sie eine kurze Biographie geschrieben. Ihr Urteil liegt zwischen dem Lamartines und dem Pücklers: »Mit nur dürftiger Bildung, aber großer natürlicher Kraft ausgerüstet, verachtete sie die Menschen, ohne sich der Mühe zu unterziehen, diesen den Grund dafür anzugeben. Intuition nahm den Platz des Arguments ein, ihre Faszinations- und Durchdringungskraft (penetration) muß groß gewesen sein.« Im Jahr nach Pücklers Besuch, 1839, ist Hester Stanhope gestorben.

Wenn Pückler auf dem Weg nach und in Kleinasien die leichtsinnigerweise erworbenen Sklavinnen verkauft, so erwirbt er andererseits doch wieder einiges dazu. In Aleppo, wo er lange krank liegt und von Machbuba gesundgepflegt wird, zwölf prachtvolle Pferde, die mit nach Muskau sollen, und in Gördiz 20 ebenso prachtvolle Teppiche, die sein Arbeitszimmer zieren werden.

Wie er zugibt, hat er befürchtet, als Parteigänger Mehemed Alis in der Türkei nicht eben freundlich empfangen zu werden. Aber das ist ein Irrtum. Die Türken, die – nicht ohne Erfolg – um russische, englische, französische und preußische Hilfe beim Kampf gegen Mehemed Ali buhlen, sind klüger. Sie treten dem ungläubigen Fürsten aus dem Abendland zuvorkommend entgegen. Nach einigen Abenteuern auf der wieder einmal unwirtlichen See, Abstechern nach Rhodos und Kos, erreicht Pückler auf dem Landweg Smyrna. Hier kann er sich mit seiner Machbuba erst einmal von all den überstandenen Strapazen ausruhen, am neuen Buch arbeiten und – dies der unangenehme Teil – mit Lucie korrespondieren.

Es geht um Machbuba, die inzwischen Pücklers Kasse verwaltet, sehr geschickt sogar. Im Gegensatz zu ihrem Herrn kann sie mit Geld umgehen: »Nie habe ich besser, bequemer und dennoch wohlfeiler gelebt«, bekennt dieser. »Sie war die lernbegierigste und schnellest auffassende Person, die mir je vorgekommen ist, und auch Sprachen lernte sie spielend.«

Er verschweigt, vielleicht sogar vor sich selbst, daß sie, je weiter man sich von ihrer Heimat entfernt, kränkelt. Im verschneiten libanesischen Gebirge hat die Afrikanerin sich eine hartnäckige Erkältung zugezogen. Das geliebte, hilflose, völlig von ihm abhängige Mädchen kann er nicht im Stich lassen. Aber Lucie, von der Kunde verstört, ihr Lou bringe seinen ganzen Harem mit sich nach Muskau, weigert sich vehement, »die Schwarze« zu akzeptieren.

Der erregte Briefwechsel zieht sich endlos hin und nimmt die Ausmaße eines soliden, auf weite Entfernung ausgetragenen Ehekrachs an. »Willst du aber ein Wüstling scheinen und ihn affektieren (dich als ein solcher benehmen), so muß die Schnucke weichen, so muß die Schnucke fliehen. So ist es«, schreibt sie ihm, nein, schreit sie ihn an. »In die Muskauer Sklaverei zurückzukehren, ist mir zuwider. Die Fürstin behalte Muskau, ich mich selbst!« brüllt er zurück.

Es geht auch um Muskau, das ein reicher Graf namens Renard sofort für eine hohe Summe kaufen würde. Auch darüber gibt es Differenzen. Lucie weist darauf hin, daß unter ihrer und Schefers Verwaltung die Einkünfte eindeutig gestiegen sind und bald völlige Wirtschaftlichkeit erreicht werden könnte. Pückler sieht es anders: Bei einem eventuellen Verkauf wäre er alle Schulden los und sogar ein Überschuß von rund 500 000 Talern vorhanden, mit dem sich bequem auf dem Stammsitz seiner Familie, Branitz, leben ließe. Er wird nachdenklich, als Lucie zurückfaucht, dann würde er den Fürstentitel verlieren und müsse die Vergütung für den Übergang der Lausitz nach Preußen zurückzahlen. Was sich übrigens als falsch herausstellt.

Man kann verstehen, daß Pückler nach dem Abenteuerleben, das er geführt hat, durch solches Gezänk doppelt ernüchtert wird. Verstehen kann man auch Lucie. Sie ist jetzt 62, eine gealterte, rundliche Matrone, nicht ganz gesund und auf Muskau verwurzelt. Auch sie liebt nichts mehr auf dieser Welt als ihren Pückler, bleibt im Grunde ebenso abhängig von ihm wie Machbuba.

Der Fürst steckt in einer Zwickmühle. Da Angriff die beste Verteidigung bleibt, droht er, seine Schriftstellerei ganz einzustellen. Lucie hat wieder einmal aus seinem jüngst erschienenen Buch, »Der Vorgänger«, eine Sammlung griechischer Abenteuer, »alle piquanten Sachen« herausgestrichen. Aber dadurch läßt sich »die Fürstin«, wie er sie – Liebesentzug! – nun tituliert, ebensowenig umstimmen wie durch Schmeicheleien, ernste oder scherzhafte Ermahnungen, nicht einmal durch einen rührenden Satz, den er Machbuba beigebracht hat und der sich sogar reimt: »Ho due Padroni solamente, tu e Schnucki, altri niente.« Auf deutsch: »Ich habe nur zwei Herren, dich und Schnucki, keine anderen.«

Mag Schnucki verstimmt sein, den Aufträgen, mit denen ihr Herr sie übersät, kommt sie getreulich nach. Sie kümmert sich in Berlin darum, daß ihr Lou endlich den »großen Roten« erhält, den begehrten Preußischen Adlerorden der höchsten Klasse. Nach Orden ist Pückler versessen, trägt er doch selbst an seinem nomadischen Phantasiekostüm im Orient die ihm von Louis Philippe verliehene Rosette der Ehrenlegion. Auch schickt sie zwei Leibjäger aus Muskau mit einem Wagen nach Smyrna, denn was Pückler alles in Kisten und Käfigen mit sich schleppt, an Pferden, Ibissen, Teppichen und antiken Kostbarkeiten, kann er ohne Assistenz nicht nach Hause schaffen. Da man in Muskau kaum weiß, wo Smyrna überhaupt liegt, dauert es eine Weile, ehe die beiden am 23. April 1839 dort eintreffen und die Heimreise angetreten oder fortgesetzt werden kann.

In Konstantinopel kommt es zu einem Zwischenfall mit Machbuba. Sie hat am Zögern Pücklers vor der endgültigen Rückkehr und seiner bedrückten Laune nach jeder Post von zu Hause wohl doch gemerkt, wie es um ihre Zukunft bestellt ist. Als er sich überdies in den Salons der europäischen Diplomaten und auf Bällen herumtreibt, keineswegs nur mit ihr, sondern oft auch mit der Gattin des preußischen Gesandten, der schönen Gräfin Königsmarck, am Arm oder der Gattin des österreichischen Geschäftsträgers, Baronin Stürmer, schenkt sie, wie es im Stil der Zeit heißt, ihrerseits »den Schmeicheleien eines Verführers Gehör«.

Jetzt setzt es auch Streit mit Machbuba, der Pückler angedroht zu haben scheint, er würde sie nach Afrika in die Sklaverei zurückschicken. Jedenfalls läuft diese laut weinend in ihr Schlafzimmer im dritten Stock, riegelt es ab und stürzt sich aus dem Fenster.

Die Tragödie endet wie ein Possenspiel. Machbuba bleibt mit ihrer Weste an einer eisernen Ladenklammer hängen und wird ohnmächtig wieder in ihr Zimmer gezogen. Dort erwacht sie bald zu neuem Leben und wird von Pückler wegen dieses »übertriebenen Intermezzos« heftig gescholten.

Der Vielgeplagte erfährt aber durch diese Episode, auf welch gewagtes Spiel er sich eingelassen hat. Eine Trennung von ihm wäre tödlich für die kleine Abessinierin, was ihm Ärzte, die herbeigerufen werden, sogar bestätigen. Er ahnt auch wohl, daß die andere Lösung, der sich Lucie so heftig widersetzt, ebenso tödlich sein könnte. Überdies hat er beschlossen, Muskau auf jeden Fall zu verkaufen, und zwar von Konstantinopel aus. Als Zwischenhändler bietet sich ein Herr von Muschwitz an, ein Freund und Faktotum der verschwägerten Familie von Carolath. Er befindet sich, nebst Kaufvertrag des Grafen Renard, schon auf dem Wege. Renard bietet 1 300 000 Taler für den Besitz.

Ein trauriger Abschluß der Orientreise, die ohnedies so etwas wie eine Gratwanderung gewesen ist. Eben noch hat er in Jaffa Soliman Pascha kennengelernt und ihn in Aleppo wiedergetroffen. Trotz seines martialisch-islamischen Namens stammt er aus Lyon, ein ehemaliger Oberst Sève, Sohn eines Hutmachers. Er hat das moderne ägyptische Heer für Mehemed Ali aus dem Boden gestampft. Mit Pückler führt er vertrauliche Gespräche über die ungewisse Zukunft des Vorderen Orients. Wie er weiß, hat der türkische Sultan preußische Instrukteure ins Land gerufen. Es wird Krieg geben.

In Konstantinopel trifft er bei Graf Königsmarck auch auf drei der preußischen Offiziere, darunter einen schweigsamen jungen Mann namens Moltke. Der spätere Generalfeldmarschall, unter dem Preußen sowohl Österreich und Dänemark als auch Frankreich besiegen wird, hat bei Nezib eben eine erste Schlappe gegen Soliman Pascha erlebt.

Er wird die Scharte bald auswetzen. Gegen die vereinten Mächte der Türkei, Großbritanniens, Preußens, Rußlands und Österreich-Ungarns kommt der Vizekönig doch nicht an. 1840 muß er – »Londoner Konvention« – Frieden schließen und das eroberte Syrien aufgeben. Ibrahim stirbt noch vor ihm. Sein Land hinterläßt er bei seinem Tode 1849 unverschuldet. Unter seinen Nachfolgern, schreibt Fritz Steppat, beginnt die »völlige Abhängigkeit Ägyptens vom Weltmarkt, ungehemmte Ausbeutung durch die Europäer, Verschuldung und Staatsbankerott, schließlich die Besetzung durch eine fremde Macht«. Pückler wird durch die spätere Entwicklung in seiner günstigen Meinung bestätigt.

Beim Sultan erhält er keine Audienz. Mahmud II. ist todkrank; er stirbt noch während Pücklers Anwesenheit, und sein Nachfolger Abdul Medschid, dessen Thronbesteigung er »würdelos« findet, hat anderes zu tun. Mit Machbuba durchstreift der Fürst dafür die Gegend am Bosporus.

Unterdes ist Lucie daheim nicht müßig. Sie dringt bis zum König vor und klagt ihm ihr Leid, schreibt an den Fürsten Metternich, er möge Herrn von Muschwitz aufhalten lassen, falls dieser österreichischen Boden betritt, fährt sogar nach Teplitz, wo der Hof kurt, und bittet Pücklers Erzfeind Wittgenstein, gegen die Veräußerung Muskaus etwas zu unternehmen. Der entschuldigt sich in einem ironischen Brief an Pückler, daß er unversehens in dessen häusliche Zwiste hineingeraten sei. Nichts ärgert Pückler mehr als dieser hämische Brief.

In einem Schreiben von Lucie liest er: »Mein einzig Geliebter, höre auf die, die wie eine Löwin um ihre entrissenen Jungen schreit. Nimm Vernunft an! Versündige Dich nicht an Deiner Lieblingsneigung, an Deiner Wohlfahrt. Um Gott, so kehre doch zurück und sieh hier, wie der Wohlstand Dir lächelt, die wahre Quelle eines ehrenvollen, geachteten Daseins.«

Solcher Töne satt, verläßt der Fürst überstürzt Konstantinopel und beordert Lucie schroff nach Wien, wo man die Probleme besprechen werde. Auf dem Dampfer »Ferdinando Primo« erregt er große Aufmerksamkeit wie schon vorher in der türkischen Hauptstadt, wohl wegen seines grotesken Reisekostüms »mit großen Reiterstiefeln und einem Strohhut à la Robinson -Crusoe«.

Die Überfahrt nach Varna (heute Warna in Bulgarien) geht »bei hohem Meere und heftigem Winde« vonstatten. Pückler leidet an »Katarrh und Schnupfen« sowie Seekrankheit. Auch auf der leidigen Reise donauaufwärts mit zwei Quarantäneaufenthalten geht es ihm nicht gut. Ein kurzer Anfall von Cholera wird durch die glückliche Fügung überwunden, daß kein Arzt in der Nähe ist, wie Pückler scherzend seinem Tagebuch anvertraut. Machbuba pflegt ihn wiederum gesund.

Am 30. September 1839 erreicht man Budapest. Der Fürst trägt wieder europäische Kleidung, erregt aber trotzdem Aufsehen, allein schon Machbubas wegen, aber auch, weil er von zwölf arabischen Pferden und seiner ganzen im Orient gesammelten Menagerie begleitet wird. Pückler selbst gerät ins Staunen, als er im Hotel auf niemand anderen stößt als Lucie. Die Schnucke ist ihrem Lou statt nach Wien nach Budapest vorausgeeilt, trotz aller Streiterei aufgeregt wie ein Backfisch und toll vor Wiedersehensfreude.

Da kann Pückler ihr nach gebührender Umarmung gleich sein »Geschenk« übergeben, den eigens für sie erstandenen zwergwüchsigen Mohren Joladour.

Zusammentreffen des Prinzen ohne Land mit einer Lady ohne Land (Karikatur Lady Hester Stanhopes und Pücklers aus »Tutu« von Unger-Sternberg)

20.

Machbubas Tod

Lucie gelingt es, Pückler in gewisser Weise wiederzugewinnen. Er liest eben die »Briefe eines Reisenden« von George Sand. Ein Zitat darin aus Lavaters »Physiognomischen Fragmenten« streicht er dick an: »Er neigt zu heftigen Empfindungen. Er liebt zärtlich, heiß, maßlos, aber seine Liebe muß stets durch den geliebten Gegenstand erregt werden. Ist er abwesend, so vergißt er ihn und kümmert er sich nicht mehr darum. Die geliebte Person kann ihn wie ein Kind leiten, solange sie bei ihm bleibt. Verläßt sie ihn, so kann sie auf seine völlige Gleichgültigkeit rechnen.«

Aus seinen Schwächen macht Pückler nie ein Hehl. Im Gegenteil, beinahe egomanisch beobachtet er sie, seziert sie erbarmungslos und läßt die selbstkritischen Erkenntnisse in seine Schriften einfließen. In Lavaters Charakterisierung eines bestimmten Verhaltensmusters erkennt er sich selbst.

Tatsächlich: Kaum befindet sich Lucie wieder in seiner unmittelbaren Nähe, wird sie wieder die gute, alte Schnucke, deren Tränen er, im Grunde weichherzig, ebensowenig widerstehen kann wie denen Machbubas. Auch Lucie scheint durch das Wiedersehen nachgiebiger geworden. So schließt man einen Kompromiß und nicht einmal einen faulen: Pückler gibt in Sachen Muskau nach und Lucie bei Machbuba, die sie in Budapest kennen- und, wie sie zumindest behauptet, schätzenlernt.

Also wird Graf Renard abgewiesen und Machbuba, beschließt das wiedervereinte Paar, soll in Wien zur Eingewöhnung ein Jahr in einem Mädchenpensionat zubringen, um dann auf Schloß Muskau eine christliche Erziehung zu erhalten. Lucie begibt sich freudestrahlend nach Muskau zurück, woraufhin das Verhältnis zu Pückler – aus den Augen, aus dem Sinn – sich prompt wieder abkühlt.

Woran die Fürstin nicht ganz unschuldig ist. In ihren Briefen klingt immer wieder Unwillen über das spätere Zusammenleben mit Machbuba an. Der Kompromiß steht auf wackligen Beinen. Verständlich der Stoßseufzer, mit dem Lucie einen ihrer mitunter quälend penetranten Klagebriefe abschließt: »Warum bin ich nicht jung und nicht aus Abessinien?«

Pückler, immer ein Mann ungewöhnlicher Entschlüsse, versucht einen Teil seiner Nöte auf geistige oder geistliche Art zu überwinden. Am 30. Oktober tritt er zum Katholizismus über. Eine Sensation, wie seine Feinde vermuten, mit der der Fürst erneut in die Schlagzeilen geraten will.

Aber das entspricht nicht den Tatsachen. Zwar erregt Pücklers Konversion ungeheures Aufsehen in Preußen, aber die Auseinandersetzung mit der Religion zieht sich schon lange durch sein Tagebuch und – auch das – durch seine Bücher. Wer letztere genau gelesen hat, dürfte eigentlich nicht erstaunt sein.

Die Sympathie für den Katholizismus ist bei ihm schon in Irland geweckt worden, wo die Kirche – ähnlich wie heute in Südamerika oder Staaten der Dritten Welt – sich gegen soziales Elend, Armut und Übermacht des Establishments wendet. Auch liegt er mit Luthers Kirche schon lange im Zwist. Der von Luther gestiftete Protestantismus, schreibt er, sei »nur ein negatives, ein verneinendes und revolutionäres Prinzip geworden ... Er hat eingerissen, ohne das Vermögen des Aufbauens zu besitzen.« Dabei mißfallen Pückler zwei Seiten, die sich ihm seiner Meinung nach im damaligen Protestantismus darbieten, sowohl »die ekelhafteste, gottloseste Frömmelei und faselnde(r) Mystizismus« als auch die »reinen Verstandestheorien, die aller Volksreligion zuletzt ein Ende machen und eine vollständige religiöse Anarchie hervorbringen müssen«.

»Überall in der katholischen Kirche« sei dagegen »das Menschliche berücksichtigt, der Schwäche mit Milde und Vergebung aufhelfend, die Stärke mit noch gewaltiger Hand leitend, und in wahrhaft liberalem Sinne Kirche und Staat gänzlich scheidend.« Sein Übertritt erfolgt aus aufklärerischen und politischen Gründen. Dem Vorkämpfer einer strengen Trennung von Staat und Kirche scheint die katholische Kirche besser geeignet zur geistlichen Unabhängigkeit als die protestantische. Es sei doch

»wenigstens mehr Konsequenz im katholischen *Kultus*. Es ist kein halber, sondern ein vollständiger Götzendienst.«

Ein kritischer Konvertit. Pückler bleibt der Freigeist, der er immer gewesen ist. »Kein Mensch ist ohne Religion, aber die Völker bedürfen auch der Kirche«, und eine solche habe »weniger den Verstand als Gefühl und Sinne des Menschen anzusprechen«. Er läßt durchblicken, daß er selbst der Kirche nicht bedarf. Aber wenn er schon zu einer Kirche gehören muß, dann zu der, die sich an Gefühl und Sinne wendet. Nur sie bietet die Gewähr einer kommenden völligen Unabhängigkeit vom Staat. Schon in Irland hat er sich zu diesem demokratischen Prinzip bekannt: »Einst muß im Staat das *Gesetz allein* regieren wie in der Natur. Religion wird Trost im Unglück sein und noch höhere Steigerung des Glücks nach wie vor gewähren, aber herrschen und regieren darf sie nicht. Nur das Gesetz übe unabänderlichen *Zwang*, sonst aber walte unbeschränkte *Freiheit*.«

Dieses gut durchdachte Credo wirft ein Licht auf vieles, mit dem Pückler in der Vergangenheit die Zeitgenossen verblüfft hat, sogar auf die Anekdote vom protestantischen Pfarrer, den er in Frauenkleidern um die Dorfkirche galoppieren läßt. Den böswilligen Streich spielt ein derber, darin volkstümlicher Eulenspiegel, sicher ganz intuitiv und aus der Laune des Augenblicks heraus. Ein Grübler untermauert ihn, älter geworden, in langer Auseinandersetzung mit sich selbst und den gemachten Erfahrungen. So wird die Gleichzeitigkeit seiner beiden Entschlüsse plausibel, die er mit Pistolenschüssen vergleicht: Wenn er schon Muskau behalten wird, will er auch gleich katholisch werden.

Der Welt entsagt Pückler damit nicht. Am 25. Dezember 1839 verläßt er mit Machbuba Budapest und ist, wie immer auf Reisen, sofort aus seiner Melancholie gerissen. Am 1. Januar 1840 legt er, unterwegs, ein anderes, weltliches Credo ab: »Ich bin guter Laune, denn das Unterwegssein erheitert mich fast immer. Mit leidlicher Gesundheit, hinlänglichem Geld, einem guten Wagen, zwei fleißigen erprobten Dienern, und einer akkomodanten (anpassungsfähigen) Geliebten von gutem Herzen und leichtem Humor umherzureisen... ist für mich das Ideal irdischer Glückseligkeit.« Der Weltmann fügt hinzu: »Eine Droschke mit zwei edlen Pferden bespannt, und zwei dergleichen Reitpferden muß mich dabei aber noch vorausgehend begleiten, Bücher dürfen mir nicht fehlen, und für die Gourmandise (Leckerbissen) möglichst gesorgt werden, jedoch nicht ohne gelegentliche Abwechslung des minder Guten und wohl gelegentlich Schlechten als Würze.« So läßt sich's, möchte man hinzufügen, tatsächlich aushalten.

Eine halbe Stunde vor Preßburg wird übernachtet, denn: »Ich muß auch die Haare färben, ... so weit ist die Eitelkeit noch nicht besiegt, um mich mit weißem Kopfe sehen zu lassen, da ich mit schwarzem zehn Jahre jünger erscheine.« Auf Wien bereitet er sich überhaupt sorgfältig vor. Seine durch das schlechte Wetter und dauernde Erkältungen herabgeminderte Lebenslust erwacht rasch wieder, um so mehr als der alte Freund Metternich – ausgerechnet er, der alles das vertritt, was Pückler haßt – den Neukatholiken mit offenen Armen empfängt.

Machbuba wird tatsächlich im Pensionat abgegeben, scheint aber öfter beim Fürsten zu sein als dort. Natürlich ist sie die Sensation der österreichischen Hauptstadt, wenn sie, in buntem Mamlukengewand, mit dem Fürsten auf zwei der Araber ausreitet oder ihn auf Bälle begleitet. Er gibt sie als geraubtes abessinisches Fürstenkind aus, die er an Tochter Statt angenommen habe. Es »glaubte kein Mensch dies Märchen«, gibt er selbst zu, aber trotzdem oder eben deswegen reißt man sich bei Hofe und in der großen Gesellschaft um sie, die sich in den Salons erstaunlich gewandt und sicher benimmt.

Als Liszt sie aufsucht, befindet sie sich im Hotel des Fürsten. Der 29jährige Komponist und Klaviervirtuose, mit dem Pückler eine langjährig andauernde Freundschaft schließt, ist zwar ein strenger Moralist, aber Machbuba möchte er doch sehen. Pückler bittet ihn, im Pensionat seiner Schutzbefohlenen zu gastieren und den Mädchen seine Komposition des Goetheschen »Erlkönig« vorzuspielen. Aber das lehnt Liszt entrüstet ab: »Wohin denken Sie, lieber Fürst, der Erlkönig in einem Mädchenpensionat: Ich liebe dich, mich reizt deine schöne Gestalt, Und bist du nicht willig, so brauch' ich Gewalt!?«

Auch als Literat unter Literaten verkehrt Pückler in Wien. Nur Grillparzer hält sich grollend abseits und schreibt über das Gastspiel des Fürsten an der Donau zwei knorrige Satiren, die eine in Prosa, die andere in Versen. Das Gedicht »Dem Verstorbenen« macht sich über Pücklers angebliche Herkunft vom Nibelungenhelden Rüdiger von Bechelarn lustig:

Die Sorge um den Stammbaum führt
Ihn ringsumher von Ips bis Währing
Ob Pückler her von Pöchlarn rührt,
Von Pöckeln oder Pickelhering.

Im Prosastück läßt er Herrn Semilasso eine Zirkusaufführung ankündigen, unter anderem mit der folgenden Nummer: »Die bekannte Abessinierin wird einen Beweis ihrer Stärke geben und Herrn Semilasso ertragen.«

Machbuba hat sich in ihrem Pensionat mittlerweile anscheinend glänzend eingelebt und sogar Freundschaften geschlossen, was man aus einer Notiz in Pücklers Tagebuch schließen kann: »Machbuba geht mit der ganzen Familie auf einen Ball bei einer jungen Dame, die grade als man zum Souper gehen will, umfällt und stirbt.« Pückler speist am gleichen Tag mittags bei Fürst Dietrichstein, abends bei Gräfin Ferrari und vergißt nicht zu notieren: »In den Zeitungen hatte ich heute früh von der Vermählung der Königin (Victoria) von England gelesen, und dem collosalen weddingcake – um Mitternacht aß ich schon von demselben Kuchen bei der Fürstin Metternich.« Es ist damals Sitte, daß Königshäuser die Großen der Welt an ihren Hochzeitskuchen per Eilpost teilnehmen lassen. Pücklers Eitelkeit ist leicht geschmeichelt durch die Tatsache, daß er ebenfalls eines Teils habhaft wird. Wie gekränkt mag er sich jedoch andrerseits über Grillparzers Spott gefühlt haben.

Es geht ihm überdies gesundheitlich nicht gut. Der Winter ist hart, und die überstandenen Strapazen der letzten Jahre zeigen ihre Nachwirkungen. Es kommt wohl auch etwas von dem hinzu, was wir heute Midlife-crisis nennen. Machbuba kränkelt ebenfalls und muß aus dem Pensionat genommen werden. Sie ist äußerst abgemagert. Die Ärzte raten zu einer Kur in Marienbad.

Dem Rat folgt Pückler nur zu gern, denn Lucie hat Oberwasser gewonnen, wahrscheinlich durch ihren Ratgeber Grävell in Berlin, wohin sie den Fürsten zu neuen Verhandlungen über die Zukunft Machbubas zitiert. Aber in Berlin herrscht Staatstrauer. Der alte König Friedrich Wilhelm III. ist gestorben, nun besteigt der vierte Friedrich Wilhelm, der Pückler nicht wohl will, den Thron. In Marienbad kann er zunächst einmal vor Lucies Vorwürfen und der Teilnahme an diversen staatlichen Zeremonien sicher sein. Die Reise führt über Prag, im Gefolge immer noch die Rest-Karawane mit den Pferden und den anderen Mitbringseln aus dem Morgenland.

Aber kaum in Marienbad angelangt, bricht der Fürst, psychisch nun doch wohl überlastet, zusammen, und auch der Zustand Machbubas verschlimmert sich zusehends. Jetzt verweisen die Ärzte auf die heilkräftigen Quellen in Muskau. So entschließt sich der kranke Fürst, die Warnungen Lucies in den Wind zu schlagen und, koste es, was es wolle, mit Machbuba, dem Troß sowie Dr. Freund direkt Muskau anzusteuern. Dr. Freund ist Metternichs Leibarzt, den dieser besorgt nach Marienbad geschickt hat. Jetzt begleitet er einen seltsam maladen Heerzug in die Oberlausitz.

Machbuba kann sich kaum noch auf den Beinen halten. Auch ihre beiden italienischen Kammerjungfern sind erkrankt und von keiner großen Hilfe. Pückler hängt zunächst im Sattel, muß dann aber in die Kutsche umsteigen. Selbst die Ibisse bieten in ihren Käfigen einen zerrupften Anblick. Pücklers Wiedereinzug nach sechsjähriger Abwesenheit ist nicht eben als glanzvoll zu bezeichnen. Die traurige Karawane erreicht Schloß Muskau mit Müh und Not, das augenblicklich einem Lazarett gleicht.

Lucie hat es ursprünglich abgelehnt, die schwarze Nebenbuhlerin in das von ihr geleitete Kurbad aufzunehmen. Was bleibt ihr anderes übrig, als jetzt fünfe gerade sein zu lassen? Machbuba und Pückler schlüpfen zunächst im Jagdhaus unter, aber als beider Zustand sich verschlechtert, müssen sie ins Schloß geholt werden, wo die einst so heißgeliebte Helmine, jetzt Frau von Blücher, die Pflege übernimmt. Lucie zieht sich in die Berliner Stadtwohnung zurück.

Sie benimmt sich in dieser kritischen Phase nicht sehr edel, um einen von ihr gern gebrauchten Ausdruck zu verwenden. Hat sie sonst über alle Eskapaden Pücklers hinweggesehen, so reagiert sie jetzt eben doch verletzt, gekränkt. In ihren Briefen beklagt sie, ihr freundlicher Empfang Machbubas sei ihr schlecht gelohnt worden, und verlangt, daß Pückler, ein kranker Mann, zu einer Aussprache nach Berlin kommt. Schweren Herzens läßt er die inzwischen bedrohlich kranke Machbuba unter der Obhut Dr. Freunds und Helmines zurück. Noch kaum ein Rekonvaleszent, schleppt er sich in die preußische Hauptstadt.

Die Bulletins, die er sich täglich aus Muskau schicken läßt, klingen zunächst gut. Machbuba, meldet Dr. Freund, sei lustig, habe Appetit und lerne weiterhin Italienisch, Französisch und, wenn auch unter erheblicher Mühe, etwas Deutsch. Vom 13. Oktober an werden die Nachrichten jedoch schlechter. Der Husten hat sich verstärkt, Unterleibskoliken heftigster Art sind hinzugetreten. Pückler scheint es sparsam mit Briefen und Grüßen gehalten zu haben (er schickt statt dessen Schokolade), denn Dr. Freund muß ihn ermahnen, häufiger an Machbuba zu schreiben. Die frage immerzu, »se non è arrivata una lettera da Berlino«?

Was ihn in Berlin zurückhält, hat Ludmilla Assing, seine Biographin, »eine unerwartete Pflicht« genannt. Hier erkrankt nämlich auch noch die ebenfalls überforderte Lucie schwer und bittet Pückler flehentlich, sie nicht allein zu lassen. Machbuba schreibt am 27. Oktober ihrem geliebten »Abou« (Vater) einen Brief, unter den sie nur noch einen Gruß setzen muß. Darüber schläft sie ein und sagt beim Erwachen Dr. Freund, sie wisse, daß sie noch am gleichen Tage sterben werde. Sie stirbt kurz vor 1 Uhr, ein Bild Pücklers in der Hand.

Bewundern muß man die Behutsamkeit, mit der der Wiener Arzt, tatsächlich ein Freund, zuwege geht. Er teilt dem Fürsten den Tod seiner Schutzbefohlenen so spät mit, daß dieser nicht mehr rechtzeitig zum Begräbnis nach Muskau kommen kann. Die Obduktion, die er mit zwei weiteren Ärzten vornimmt, ergibt Unterleibstuberkulose, die bereits die Lungen angegriffen hat. Er tut ein übriges, läßt einen Muskauer Töpfer die Totenmaske nehmen, auch Abdrücke der rechten Hand und des linken Fußes. Und er richtet das Begräbnis auf dem Dorffriedhof.

Pückler wird später aus den Abgüssen eine lebensgroße, anscheinend täuschend ähnliche Wachspuppe im Stil der Madame Tussaud fertigen lassen, die sich, ein etwas makabres Memento, noch lange auf Muskau befunden hat. Das Begräbnis findet am 30. Oktober statt, des Fürsten 55. Geburtstag. Ein seltsamer Leichenzug, wohl der seltsamste, den Muskau je gesehen hat. Machbuba wird im orientalischen Gewand beigesetzt. Ihren Sarg schmückt jedoch ein Christusbild; die beiden Jungfern gehen rechts und links vom Sarg. Als erster folgt ihm weinend der kleine Mohr Joladour, dann die Ärzte und dann – nun auf ausdrückliche Anordnung Pücklers – alle Beamten und Honoratioren seiner Herrschaft. Aber auch aus der Bevölkerung und dem ganzen Land schließen sich dem Trauerzug Hunderte von Menschen an.

Die arme Prinzessin aus Äthiopien ist dort noch heute eine populäre Figur – auch nach dem Zweiten Weltkrieg haben sich immer wieder Muskauer Bürger gefunden, die den kleinen Grabhügel mit Blumen schmückten. Das traurige Ende der orientalischen Märchengestalt, die es in die Lausitz verschlug, beweist auch die Popularität, der sich Fürst Pückler auf Muskau erfreut. Denn nach dem von Schulkindern gesungenen Choral »Wie sie sanft ruhen, die Seligen« bricht die Menge in laute Vivatrufe auf ihren Landesherrn aus.

Dr. Freund muß im übrigen ein sehr energischer Mann gewesen sein. Er moniert, daß am Grab Machbubas nicht der Hauptpfarrer gesprochen hat, stellt diesen zur Rede und zwingt ihn, beim nächsten Gottesdienst auf der Kanzel einen Nekrolog auf die Verstorbene nachzuholen. Auch teilt er dem zurückgekehrten Fürsten den letzten Wunsch mit, den sie auf dem Sterbebett geäußert hat und der ihr nicht erfüllt worden sei: ihn, Pückler, noch einmal zu sehen. »Dieser Vorwurf«, vertraut er einem Brief an, »wird an mir nagen, bis ich ihr folge.«

Ihr Grab besucht er am 1. November, begleitet von einem der Ibisse vom Nil, dem kleinen Joladour und dem ebenso kleinen Zwerg Billy Masser, der schon lange zur Suite Lucies gehört.

Pücklers Reaktion auf den Tod Machbubas hat Freunde wie Varnhagen und Laube, sogar Lucie, zutiefst erschreckt. Er stürzt sich in eine abgrundtiefe Verzweiflung, aus der ihn zunächst nichts herausreißen kann, zerfleischt sich in wilden Selbstvorwürfen. Überlassen wir ihm und einem zeitgenössischen Chronisten das Wort:

»Ich habe heute im Scheine des Mondes auf Machbuba's blumenbekränztem Grabe viele heiße Tränen vergossen und aus tiefstem Herzen für ihr Wohl gebetet. – Gott mit ihr und mit uns, und einst vielleicht ein süßes Wiedersehen! Denn ihr Herz war edel, und kein Eigennutz hat je die zärtliche Verbindung unserer Seelen getrübt.«

»Zu Hause angekommen« – jetzt der romantische Kommentator – »wirft er sich, aufgelöst von wildem Schmerze, auf das Todtenbett der Dahingegangenen und lauscht unter Thränen, ob nicht ihr Geist in das Zimmer treten könne.« Wieder Pückler: »Kein Gesicht aber erschien mir, keinen fremdartigen Laut vernahm ich, nur die Thür knarrte häufig im Winde, und eine Maus lief einmal vorn unter dem Kanapee her quer über die Stube unter meinem Bett. Hätte sie sich kund zu thun vermocht, gewiß, sie hätte es gethan! Denn so viel Liebendes und Rührendes habe ich auch von ihr gehört.«

»Noch manche Mitternacht«, so der Zeitgenosse, »sah den Fürsten draußen am Grabe der Geliebten beten und weinen, bis sie ihm endlich einmal, als er, eingeschlafen, auf dem Blumenhügel niedergesunken war, freundlich tröstend im Traum erschien.«

Eine pathetische Szene, ganz im Stil der Zeit. Aber durch die vielleicht allzu großen Gebärden hindurch spürt man doch so etwas wie existentielle Verzweiflung.

Pückler hat später gestanden, neidisch gewesen zu sein auf den von ihm so oft als »treu« bezeichneten Diener Ackermann. Der treue Ackermann ist in Jerusalem zurückgeblieben, weil er sich nicht von seinen Sklavinnen trennen wollte, die er – wie der Herr, so's Gscherr – im Orient erworben hatte. Es bringt ihm ebenfalls kein Glück; er ist früh verstorben, wie übrigens auch der wackere Dr. Koch, den wir schwer krank bei seinem Heimtransport nach Kairo verlassen haben.

Der Tod Machbubas wird zum Wendepunkt in Pücklers Leben und auch in dem Lucies. Sie weiß jetzt, daß ihn auf Muskau nichts mehr hält. Seinen Verkaufsplänen wird sie in Zukunft, durch und durch erschreckt, keinen ernsthaften Widerstand mehr entgegensetzen.

Als er jedoch der Abessinierin in seinem Park ein Mausoleum errichten will, protestiert sie noch einmal heftig. Machbubas Grab befindet sich bis heute, klein und bescheiden, auf dem Muskauer Dorffriedhof.

21.

Nach Branitz

Ehe alles geregelt werden kann, verbleiben ihm und Lucie auf Muskau noch fünf ganze Jahre. Bei Hallberger erscheinen während dessen der dreibändige »Südöstliche Bildersaal«, die Beschreibung der griechischen Reise, und 1844, heiß umstritten, in gleichfalls drei Bänden »Aus Mehemed Alis Reich«. Im Vorwort geht der Autor auf die jüngsten Ereignisse ein, den von der europäischen Allianz erzwungenen Rückzug des Vizekönigs aus Syrien; dabei verteidigt der Fürst Mehemed Ali vehement.

Nach dem wiederum durchschlagenden Verkaufs- und Publikumserfolg beider Titel wechselt Pückler den Verleger. Das nächste Buch, das er in Angriff nimmt, »Die Rückkehr«, soll statt bei Hallberger in Berlin bei Alexander Duncker erscheinen, »der mehr Gentleman als jener« zu sein verspricht.

Aber es ist weniger die literarische Arbeit, die Pückler so etwas wie Wiederauftrieb verleiht, als sie gärtnerische. Zu seinem Entsetzen hat Lucie während seiner Abwesenheit eigenmächtig Teile des Muskauer Landschaftsgartens verändern lassen, die nun schleunigst in den alten Zustand zurückversetzt werden.

Außerdem haben seine Bucherfolge auch seinem Ruhm als Gartengestalter genutzt. Man zieht ihn gern heran in geschmacklichen Fragen. Prinz Karl bittet ihn, in Klein-Glienicke, einst Sitz des Staatskanzlers Hardenberg, Veränderungen vorzunehmen, wozu Pückler nur zu gern bereit ist, weil einst sein Rivale Lenné den Garten angelegt hat. Ihm fügt der Fürst einige der überladenen Blumenbeete hinzu, die er so schätzt, aber auch eine Reihe von romantisierenden künstlichen Teichen, Vorläufer jenes großen Wasserzugs, den er bald in Branitz anlegen wird. Der Erbprinz von Sachsen-Weimar entsinnt sich des alten Adjutanten seines Vaters, als er einen Park in Ettersburg errichten will. Pückler schiebt seinen Hofgärtner Petzold vor, bemüht sich aber auch selbst in Zweifelsfragen. Er grollt dann ein bißchen, es sei »eine gutmüthige Dummheit aus reiner Gefälligkeit, dies mühsame kolossale Werk zu übernehmen«. Aber er ist nun einmal eine Autorität auf diesem Gebiet und letztlich auch stolz darauf.

So wird er in Meiningen ebenfalls tätig, wie auch als Gutachter bei Herrscherfamilien und reichen Privatleuten. Einer, dem er hilft, ein Herr von Thielau, Gestütsbesitzer bei Leipzig, nennt zum Dank ein hübsches braunes Fohlen »Machbuba«.

Offizielle Aufträge erhält er nicht. Friedrich Wilhelm IV. steht ihm nach wie vor ablehnend gegenüber und vertraut ganz seinem Lehrer Lenné, der ihm – zusammen mit Schinkel – das Zeichnen beigebracht hat (das der König »sehr artig«, wie es damals heißt, ausübt, artiger jedenfalls als die Politik). Auch der Bruder des Königs, Prinz Wilhelm, hat zunächst Lenné den Auftrag gegeben, sein auf dem Babelsberg entstehendes Schloß, das Schinkel entwirft, mit einem Park im englischen Stil zu versehen. Lenné hat das Grundstück ausfindig und Prinz Wilhelm bei einem Ritt über den sandigen Hügel schmackhaft gemacht.

Trotzdem wird ihm der Auftrag wieder entzogen. Erstens sind dem unglücklichen Lenné in einem übermäßig heißen Sommer die neuen Anpflanzungen vertrocknet, und zweitens ist Wilhelm, der spätere erste deutsche Kaiser, ein merkwürdig zwischen Konservatismus und Liberalität schwankender Mann – darin Pückler sehr ähnlich. Im Augenblick hat sich bei ihm die liberale Waagschale gesenkt, und er will seinen stockkonservativen Bruder ärgern. Oder aber er möchte seine etwas schwierige Gemahlin Augusta möglichst elegant überspielen. Die pfuscht dem armen Schinkel so sehr in seine architektonischen Entwürfe, daß ihm das Schloß mißlingt – er hat es dann auch nicht in die Liste seiner sämtlichen Bauten aufgenommen. Lenné, wie Schinkel Staatsbeamter, geht es ebenso. Fürst Pückler jedoch versteht es, Augusta gleichsam um den Finger zu wickeln. Er erhält den Auftrag »auf dem Babel«, wie er den Hügel nennt.

Trotz heftiger rheumatischer Anfälle wird er selbst in grüner Gärtnerschürze tätig und arbeitet oft bis in die Nacht. Wenn der homme à femme dann noch bei der »hohen Frau von Babelsberg«

einen Tee trinken muß, geht es ihm wie einst bei der von ihm sehr verehrten, aber langweiligen Großherzogin Luise von Weimar: Er widersteht »dem Zufallen der Augen mit Energie«.

Die Wegeführung übernimmt er zwar von Lenné, aber das Anpflanzen der Gehölze und die Einzelbaumgruppen zeigen sichtlich seine eigene Handschrift. Begleitet oft von Billy, dem Liliputaner seiner Lucie, oder einem der überlebenden Ibisse gelingt ihm, wenn auch kein Meister-, so doch ein beachtliches Seitenwerk. Und im Gegensatz zu Lenné wachsen seine Pflanzungen an. Lucie wird schon wieder eifersüchtig, diesmal auf die spätere Kaiserin.

Man darf sich Pücklers gärtnerische Arbeit jedoch nicht als tagtägliche Fron vorstellen. Wenn er etwas anpackt, schuftet er zwar wie sonst nur ein Landschaftsgärtner. Aber es ist doch keinesfalls sicher, ob er am nächsten Tag wieder erscheinen wird. Er kann gut delegieren. Ganz wie Lenné verfügt er über genügend Hilfskräfte, die seine Absichten exakt so ausführen, wie er es wünscht. Was auf Wunsch Augustas verändert wird, wird von ihm zurückverändert, darin bleibt er unerbittlich: »Es wird auch sehr hübsch, denn es wird kein Geld geschont, und ich habe plein pouvoir (freie Hand).«

Aber seit dem Tod Machbubas scheint er noch ruheloser als bisher. Kaum hat er eine Arbeit begonnen, treibt es ihn schon wieder auf eine Reise, nach Sachsen, durch Thüringen, ja, in die Schweiz und bis Italien. Unzählige Stippvisiten hier und da unterbrechen alles, was er bis zu seinem Tode noch anpackt.

Die Möglichkeit dazu hat – beinahe schlagartig – die Eisenbahn geschaffen. Durch sie ist die Welt verändert, nämlich kleiner, geschrumpfter, leichter erreichbar geworden. Geradezu mit Leidenschaft nutzt er diese neue Möglichkeit, die ihm zur ständigen Verführung wird, denn oft entschließt er sich von einer Minute auf die andere, irgendwohin zu fahren: »Es freut mich, einen solchen Fortschritt des civilisirten Comfort noch erlebt zu haben«, vertraut er seinem Tagebuch an, als er in dreieinhalb Stunden von Leipzig nach Dresden dampft. »Wieviel mehr lebt man doch auf Reisen!« lautet wieder einmal seine Quintessenz.

Der andere Pückler lebt auf Muskau ein beinahe entgegengesetztes, seltsam lethargisches und melancholisches Leben. Seine

Doppelnatur erlaubt ihm daheim ein Schlafrockdasein, wie es einförmiger kaum denkbar ist. Er gibt sich ihm so schrankenlos hin wie der manischen Reisesucht, weil man »der Natur keine Gewalt anthun« solle, teils muß er aber auch seiner Lucie Gesellschaft leisten, »was die Hälfte meiner Zeit in Anspruch nimmt«.

»Ich stehe um 2 Uhr auf, mache meine Morgentoilette, frühstücke allein und lese dazu, dann besorge (ich) meine viel zu weitläufige Korrespondenz, komponire zuweilen ein wenig, und rauche viel türkische Pfeifen bis gegen 8 Uhr, wo ich zur Tafel herabgehe, ohne meinen geliebten Schlafrock orientalischen Schnittes zu verlassen. Die Gesellschaft, die ich dort finde, besteht aus Lucie und in der Regel zwei Gästen aus der Stadt, die sich nach dem Kaffee wieder entfernen. Für die Gourmandise ist hinlänglich gesorgt und es fehlt weder an Champagner, Bordeaux und Cyperwein, an Trüffeln von Perigord und Pasteten von Straßburg, noch anderen englischen und französischen Delikatessen, leider aber oft am Appetit, sie zu genießen, denn es ist nun einmal leider so eingerichtet in der Welt, daß die, welche die Güter derselben besitzen, den Genuß daran verlieren... Was man hat, ist nichts mehr, was man zu haben wünscht, ist alles.«

Bis 2 oder 3 Uhr nachts sitzen Lucie und er zusammen, zumeist sich gegenseitig vorlesend. Dann legt er sich ins Bett, liest aber auch dort noch bis zum Morgengrauen: »Sehr gesund mag die Lebensart allerdings nicht sein, auch habe ich des Nachts ein wenig Fieber, dennoch scheint sie meiner Natur angemessen, weil ich immer, wenn ich mir selbst überlassen bin, in diese Lebensart unwillkürlich zurückfalle.«

Eine gleichsam auffällige Zurückgezogenheit, denn das monoton nebeneinander herlebende Paar umgibt sich mit einem Hofstaat, der einem Kuriositätenkabinett gleicht. Zum winzigen Mohren Joladour und Lucies Liliputaner Billy Masser, Pücklers häufigem Schachpartner, dazu den überlebenden exotischen Tieren, tritt, als spektakulärstes Mitglied der kleinen Freak-Gesellschaft der Schnelläufer Ernst Mensen.

Den Gedanken, einen derartigen Schnelläufer zu engagieren, will Pückler auf dem Schlachtfeld von Marathon gefaßt haben. Ebenfalls in Griechenland erfährt er von der Existenz jenes seltsamen Ernst Mensen, der die weitesten Wege ohne jedes Gepäck querfeldein im Laufschritt zurücklegt, versehen nur mit einem Kompaß und dem Fläschchen mit einer Flüssigkeit, die er streng geheim hält. Im dritten Band des »Südöstlichen Bildersaals« sowie in der »Augsburger Allgemeinen« bittet Pückler jenen Mensen, sich bei ihm oder Hallberger in Stuttgart zu melden.

Eines Tages taucht der geheimnisvolle Mensch wirklich in Muskau auf und wird sofort türkisch eingekleidet, lichtblau mit goldbestickter Mütze. Auch die große Brieftasche ist himmelblau, die er bald eifrig über Stock und Stein hin und zurück von Muskau nach Berlin trägt, eine Attraktion für die Gassenjungen der preußischen Hauptstadt, die ihn jedesmal jubelnd empfangen; oft folgt ihm im Laufschritt eine ganze Horde schreiender Gören. Pücklers Briefe werden auf diese Weise sehr viel schneller befördert, als es der Pferdepost des Joseph Christian Emil Nürnberger möglich ist.

Nürnberger, den Pückler für einen großen Dichter hält – wenn auch erst nach Leopold Schefer – fungiert als Postmeister in Sorau und gehört zum Muskauer Freundeskreis. Er vergißt mitunter das Weiterleiten der Briefe über seine vielen anderen Tätigkeiten als Astrologe, Astronom, Erzähler und Vergil- und Horaz-Übersetzer. Auch sein Sohn Woldemar, Dr. med. in Landsberg an der Warthe, ein Jugendfreund Theodor Storms, wird häufig hinzugezogen, ebenfalls ein – sogar mit Maßen erfolgreicher – Schriftsteller, der seine Novellen und Phantasiestücke unter dem Pseudonym »M. Solitaire« (der Einsame) veröffentlicht.

Mensen bleibt nicht lange, ein knappes Jahr; Preußen erweist sich für seinen Geschmack als viel zu klein. Ihn treibt es an die Quellen des Weißen Nils, was niemand besser versteht als Fürst Pückler. Ehrhard zufolge soll er in Assuan am Fieber gestorben und von Reisenden am ersten Katarakt bestattet worden sein.

Pückler läßt sich zwar Zeit, hält aber an einem trotzig fest: am Verkauf der Herrschaft Muskau. Seine dauernden Reisen werden auch aus diesem Grund angetreten. Das Verhältnis zu Lucie bleibt getrübt. Bis zuletzt versucht sie hartnäckig, ihren Lou umzustimmen, was ihr früher wohl auch gelungen wäre. Nach dem Tod Machbubas nicht mehr, wie sie – wir wissen es aus Briefen – ahnt.

Ein Graf Redern und der Herzog von Coburg machen ungenügende Angebote. Dann finden sich drei Interessenten, zwei Grafen von Hatzfeld und ein General von Nostitz, zusammen, was Pückler mißtrauisch hätte machen sollen. Sie bieten ihm immerhin 1 700 000 Taler, damals eine geradezu ungeheuerliche Summe. Der Fürst muß jedoch von Nostitz das schlesische Gut Waldstein bei Glatz für 100 000 Taler übernehmen.

Pückler bleibt nichts anderes übrig, als ohne Besichtigung Waldsteins auf den Handel einzugehen. Ihm brennen die Schulden allmählich auf den Nägeln, denn die Gläubiger drohen, Schloß Muskau pfänden zu lassen und den immer noch nicht ganz fertiggestellten Landschaftspark dazu. Von einer kurzen Reise nach Italien erhält Lucie von ihm einen Brief, gegen den sie keinen Widerstand mehr wagt. In ihm teilt er ihr seinen endgültigen Entschluß zum Verkauf mit und die Absicht, sich in Zukunft auf Branitz, sein eigentliches Vatererbe, zu beschränken.

Im April 1845 ist es soweit. Er beklagt, daß »bei der Masse Schulden nicht allzu viel übrig« bliebe, aber was, selbst bei Abzug Waldsteins, übrigbleibt, sind immerhin 500 000 Taler. Der Fürst gesteht dann auch: »Demohngeachtet danke ich Gott: im sechzigsten Jahr endlich dahingekommen zu sein, niemandem mehr etwas zu schulden, und genug zu besitzen, um ein freundliches Quartier, einen schmackhaften Tisch und einige Pferde haben zu können, alles in vollkommenster Freiheit und mit genug Überschuß, um auch Notleidenden Hilfe gewähren zu können.«

Ob Pückler trotzdem der Abschied von Muskau schwergefallen ist, hat er nirgends verraten. Dort ist er geboren worden, dort befindet sich das Kostbarste, was er bisher geschaffen hat, dort wird er von der Bevölkerung geachtet, trotz oder wegen seiner Eigenheiten und Absonderlichkeiten geradezu geliebt. Bei seiner Abschiedsrede fließen die Tränen. »Es wird erzählt«, so Paul Ortwin Rave, »wie der Fürst an jenem traurigen Tage noch einmal seine Schöpfung umritten und dann in gestrecktem Galopp, ohne den Blick zu wenden, davongebraust sei.«

Sein Ritt muß ihn am Garten vorbeigeführt haben, den er aus einem öden, sandigen Winkel der Welt geschaffen hat, entlang der nach seinen Plänen ausgehobenen Hermanns-Neiße, vorbei auch am Grab Machbubas und jenem Häuschen gegenüber dem

Friedhof, in dem immer noch Leopold Schefer lebt. Er reitet aus einem Traum heraus, nicht zuletzt, um ihn zu retten.

Zurück bleibt Rehder, der Mitschöpfer des Landschaftsparks, den Pückler längst als alter ego empfindet, hat er doch eine Weile geplant, sich eines Tages auf Muskau neben seinem Obergärtner in einem Mausoleum beisetzen zu lassen. Rehder und dessen Sohn Paul werden sein Werk zuverlässig weiterführen, und nach Rehders Tod, 1852, springen Eduard Petzold und Gustav Schrefeld als Parkinspektoren ein, die alle von ihm selbst ausgebildet worden sind. Das Dreierkonsortium verkauft den Besitz im übrigen alsbald weiter an den Prinzen Friedrich der Niederlande, der mit der jüngsten Schwester König Friedrich Wilhelms IV. und Prinz Wilhelms verheiratet ist. Unter ihm darf Petzold 30 Jahre lang den Garten nach Pücklers Plänen weiter pflegen und ausbauen. Er ist ja ohnedies so angelegt, daß er erst in 100 bis 150 Jahren sich ganz entfalten wird.

Wohin geht der Ritt? Keineswegs nach Branitz, das der Fürst noch gar nicht kennt; er ist zwar am Oberen Nil, aber erstaunlicherweise noch nie auf seinem Stammsitz gewesen. Er prescht nach Dresden, der Stadt seiner Jugendstreiche, und dann weiter nach Weimar (allerdings mit der Eisenbahn), wo er eine neue Flamme besitzt. Sie heißt Rosamunde, ist erst 25 und verheiratet mit dem französischen Gesandten de la Rochefoucauld. Als dieser die beiden in flagranti erwischt und sie sich trennen müssen, lautet Pücklers bezeichnender Kommentar: »Hélas, rien ne dure dans ce diable de monde!« – es ist doch nichts von Dauer auf dieser verteufelten Welt.

Lucie ordnet inzwischen die Habe und sorgt für deren Transport nach Branitz, von der hügeligen Oberlausitz in die pfannkuchenplatte Niederlausitz unweit von Cottbus. Aber auch sie zieht es zunächst nicht selbst dorthin. Sie fährt zur Kur nach Teplitz und wird anschließend in Dresden eine Mietwohnung suchen.

Ihren Lou sieht sie aber schon vorher in Glatz wieder, als dieser anschließend an Weimar das jetzt ihm gehörende Gut Waldstein in Schlesien aufsucht und feststellen muß: »In Waldstein fand ich mich in den April geschickt. Der romantische Kitzel, eine Besitzung zu kaufen, ohne sie vorher gesehen zu haben, und die noch romantischere Narrheit, alle Leute für ehrlich zu halten, bis man nicht von ihnen betrogen worden ist, kosten mir diesmal 100 000 Thaler.«

Das Schloß liegt auf halber Höhe eines unwirtlich gebirgigen Geländes, hat nicht einmal Wasser, und Herr von Nostitz hat überdies nahezu alle umgebenden Wälder noch rasch abschlagen lassen, in etwas über einem Jahr 19 000 Klafter bestes Bauholz: »Ich bin allerdings schmählich betrogen.«

Nachdem er Waldstein zum – verlustreichen – Weiterverkauf freigegeben hat, zieht es ihn immer noch nicht nach Branitz. Zeitweilig mit einer »nomadischen Karawane« streift er, anscheinend ziellos, noch eine Weile umher, wobei er in Gotha auf Königin Victoria von England und deren Gemahl Albert trifft, ehe er sich eines Tages dann doch auf den Weg macht. Sichtlich waidwund geschlagen von dieser »verteufelten Welt«, erreicht er Branitz. Er betritt es zum erstenmal in seinem Leben.

22.

Der neue Garten

Seinen 60. Geburtstag hat der Fürst mit Arbeiten im Garten von Ettersburg verbracht, jedenfalls tagsüber. Die eigentliche Feier fand dann, »merkwürdig genug«, wie Pückler vermerkt, später statt, zur Nacht, bei Rosamunde – »une entreprise de jeune homme entourée de dangers et de difficultés«, wie bei jungen Leuten inmitten von Gefahren und Schwierigkeiten.

Jetzt schreibt er seiner Mutter, der er zum letztenmal vor einigen Jahren ganz zufällig in Dresden begegnet ist: »Ich glaube, daß Du alle Deine Kinder überleben wirst, weil Du von uns allen die beste Konstitution und auch den leichtesten Sinn hast. Ich aber bin der Melancholikus der Familie, und habe nur dem Scheine nach erfolgreich und glücklich, in Wahrheit aber (durch meine Schuld, die sich gar ironisch rächt) ein ganz verfehltes, betrübtes Leben geführt. Das nächste Mal wollen wir versuchen, es besser zu machen, wenn wirklich Gelegenheit dazu vorhanden ist, was man wenigstens wünschen und hoffen muß.«

Eine Stunde danach erhält er die Nachricht vom Tod seiner Schwester Klementine. »Nun bin ich allein noch übrig«, liest man in seinem Tagebuch, »und werde vielleicht meine Vorhersagung bald wahr machen müssen.«

Als Melancholikus, der sein Leben verpfuscht zu haben glaubt, fühlt er sich wohl auf Branitz. Lucie heitert ihn wenig auf, sie ist mehr in Dresden und Berlin als auf Branitz, wo sie mürrisch herumsitzt und sich weigert, auch nur einen Blick aus dem Fenster zu werfen. Fürst Pückler treibt es ebenfalls in alle Richtungen, auf kurze und längere Reisen sowie an den preußischen Hof, vor allem nach Potsdam, von wo aus er »auf dem Babel« arbeitet und ebenso vorsichtig wie erfolglos in Sanssouci den König politisch zu beeinflussen versucht. Selbst die Schriftstellerei macht ihm keinen

Spaß mehr. Zwischen 1846 und 1848 erscheinen die drei Bände seines letzten Buches, »Die Rückkehr«, bei Duncker, neben den »Briefen eines Verstorbenen« wohl sein geschlossenstes und gelungenstes Werk. »Wäre ich nur das Schriftstellern los, eine infame Passion, das mich auf der einen Seite festhält, und auf der andern degoutiert!«

Dem auf so jugendliche Weise begangenen 60. Geburtstag zum Trotz scheint es auch Schwierigkeiten mit einer anderen großen Passion zu geben. Die »beispiellose Untreue« eines jungen Mädchens stürzt ihn in eine derartige »Agitation der Seele, der ich körperlichen Schmerz weit vorziehen würde«, daß er eine Woche lang buchstäblich fürchtet, aus Kummer sterben zu müssen.

Der übersensible Hypochonder gesundet, wie schon nach dem Tod Machbubas, physisch und psychisch nicht am Schreibtisch oder im Bett, sondern bei gärtnerischer Arbeit. Die Feder legt er in Branitz endgültig aus der Hand – außer zum Briefeschreiben und Tagebucheintragen oder um den einen oder anderen Zeitungsartikel für die »Augsburger« zu schreiben; aber weiterhin verdoppelt er jede Notiz auf dem unförmigen Kopiergerät sorgfältig für seinen Nachruhm. Verstärkt in die Hand nimmt er Absteckstock, Axt und Spaten. Er beginnt das mit 60 Jahren eigentlich Unfaßbare: einen neuen Landschaftspark.

Treibende Kraft ist dabei merkwürdigerweise Lucie, bei der sich Muskau in der Erinnerung verklärt und Branitz demgemäß immer unansehnlicher wirkt. Da sehnt sie sich nach etwas hübscher Natur rundumher, wie sie es gewohnt war – und will vielleicht auch ihrem »Lou« zu dessen für sie glücklichster Leidenschaft zurückhelfen?

Unansehnlich genug muß Branitz tatsächlich gewesen sein. Ein Augenzeuge hat es uns eindringlich überliefert: Gottfried Semper, der große Baumeister, den Pückler schon 1841 – kurz nachdem ihm seine liebe Mutter überraschend auf der Straße begegnet ist – kennengelernt hat. Gefallen haben Pückler auf Anhieb dessen liberal-demokratische Gesinnung und die architektonisch etwas gewagten Pläne des Architekturprofessors, der eine Verbindung zwischen dem Dresdner Zwinger und seinem Operngebäude herstellen will. Da Pücklers Berliner Freund Schinkel vor sechs Jahren gestorben ist, holt er nun Semper nach Branitz.

Der trifft am 1. April 1846 dort ein und fühlt sich, nach eigenen Angaben, wie Pückler auf Waldstein in den April geschickt, nicht nur wegen des Datums.

Das Schloß, erst knapp 100 Jahre alt, wirkt baufällig und weist große Löcher im Dach auf, was ebenso auf Ställe und Wirtschaftsgebäude zutrifft. Am Eingangsportal des Schlosses türmt sich ein großer Dunghaufen, und das Ganze liegt in einer riesigen, flachen, nur von mageren Obstbäumen bestandenen Gegend. Ungehindert fällt der Blick über die kahle Ebene auf die Türme und die rauchenden Fabrikschlote des nahen Cottbus, einer kleinen Industriestadt von 9000 Einwohnern, die sich noch nie durch besondere Schönheit ausgezeichnet hat. Durchflossen wird die Einöde überdies von der Spree, die damals noch nicht eingedeicht ist, daher die trostlose Landschaft ständig unter Wasser setzt und sie dadurch noch trostloser macht. Semper, der um ein Haar sofort wieder abgereist wäre, geht kopfschüttelnd an die Arbeit.

Ebenso Pückler, »denn es ist einmal meine Bestimmung, Oasen in Sandwüsten anzulegen, der ich nicht entrinnen kann«. Wenn Pückler etwas kann, dann dies. Ein wenig Geld steht ihm ja nun wieder zur Verfügung, und daran wird auch nicht gespart. Semper rundet am Schloß den Südgiebel ab und gibt dem Gebäude erst dadurch harmonische Dimensionen. Er fügt auch eine Terrasse hinzu nebst Backstein-Pergola, für die kein Geringerer als der berühmteste Bildhauer der Zeit, Berthel Thorvaldsen, die Terrakotta-Reliefs entwirft. Aus den desolaten Gutsgebäuden wachsen ein Marstall und ein Kavaliershaus, nach Pücklers Wünschen im englischen Tudorstil. Semper kann sich der Aufgabe zwar nicht ununterbrochen widmen; er nimmt 1849 am sächsischen Maiaufstand teil und muß fliehen, bleibt aber bis 1852 am Ball. Das Schloß, für das Pückler jährlich 12 000–15 000 Taler ausgeben muß, wird ein architektonisches Schmuckstück – bis heute.

Damit nicht genug. Auch die Inneneinrichtung muß dem kostbaren Geschmack des Fürsten entsprechen, die in Zeiten des Biedermeier für unsere heutigen Augen deutlich die Überladenheit des Makart-Stils und wilhelminischer Übervielfalt vorwegnimmt. Noch heute kann man in Branitz den edel verzierten, von Laube besorgten Mahagoni-Konzertflügel bewundern, auf dem Clara

Schumann und Mendelssohn Bartholdy Hauskonzerte gegeben haben. Der erste Stock wird orientalisch eingerichtet, mit allen mitgebrachten Erinnerungsstücken aus Mehemed Alis Reich, prunkvoll, farbenfreudig, haremsmäßig, aber doch nicht ohne ordnenden Geschmack. Auffallend die erlesenen Schnitzarbeiten, die einem ein bißchen überflüssig vorkommen, aber den Fürsten ebenfalls ein kleines Vermögen gekostet haben müssen.

Mit seinen ersten Arbeiten am Landschaftspark, der die Hauptsumme verschlingen wird, hat Pückler bereits vor dem Eintreffen Sempers begonnen. »Einmal angefangen, muß ich schon dabei aushalten, auch bleibt dies Schaffen immer der beste und nachhaltigste Lebensgenuß, wenn auch im Schweiße seines Angesichtes unter vielfachen höchst störenden Unannehmlichkeiten, besonders hier, wo Natur, Menschen und alle Materialien zum Schaffen so unvollkommen und sparsam zu finden sind.« Er setzt hinzu: »Desto größer vielleicht das Verdienst«, wird aber an anderer Stelle noch deutlicher.

Da beklagt er bitter die feindliche Einstellung der Leute in der Niederlausitz, muß er doch den mühsamen Erwerb des Geländes von neuem beginnen wie einst in Muskau. Eigentümer sind eine Reihe von Büdnern, Kleinbauern, die – wer kann es ihnen verdenken? – einen möglichst hohen Gewinn herausschlagen möchten. Pückler muß verhandeln, Prozesse androhen und sogar führen, Abfindungen zahlen, gerechte wie ungerechtfertigte. Er baut so viele neue Häuser, daß sie fast ein ganzes Dorf ausmachen.

Das kostet Zeit und Nerven, besonders wenn man auf einen Büdner stößt, der, wie ein gewisser Reinschke, sich hartnäckig weigert, seinen Grundbesitz abzugeben. Er verkauft ihn, um Pückler zu ärgern, dann doch, aber an einen Berliner Fabrikanten, der ihm verspricht, darauf – nur 70 Meter vom zukünftigen Pleasure-ground des Fürsten entfernt – eine qualmende Fabrik zu errichten. Der böswillige Reinschke ist jedoch einem Strohmann aufgesessen, der das Land sofort dem Fürsten weiterverkauft.

Pückler wird bis an sein Lebensende an diesem Landschaftsgarten arbeiten, seinem Meisterwerk, tatsächlich eine Oase, aus dem Boden einer Sandwüste gestampft. Wer jemals die Auswahl bekäme zwischen Muskau und Branitz, wäre schlecht beraten, wenn er Muskau wählen würde.

Branitz ist kleiner, intimer, idyllischer, von keinerlei Gigantomanie angekränkelt. Aus dem nach auffälliger Größe strebenden Gartenkünstler Pückler ist im Laufe der Jahre ein Perfektionist geworden, der nicht mehr mit sinfonischen Paukenschlägen, sondern gleichsam kammermusikalisch arbeitet. Branitz wirkt auf natürliche Weise anmutig. Bei aller Eindringlichkeit der abwechslungsreichen Landschaft trumpft nichts auf. Dieser Landschaftsgarten dürfte der schönste sein, der im schon fast altmodischen alt-englischen Stil auf kontinentalem Boden entstanden ist. Wie Eichendorffs Werk die deutsche Romantik in der Literatur abschließt, so dasjenige Pücklers auf dem Gebiet der Gartenkunst.

Die Gegend um Muskau war von Natur aus hügelig und wurde von Wasser, der Neiße, durchflossen, die sozusagen den Mittel- und Ausgangspunkt der Gartengestaltung bildete. Hier, in einer völlig platten Landschaft, ohne jede natürliche Erhebung, müssen durch gewaltige Erd- und Sandbewegungen künstliche Hügel entstehen. Pückler entwickelt ein erstaunliches Organisationstalent, denn die Aushebungen in der Nähe der Spree müssen so erfolgen, daß sie exakt die Form bekommen, die sich der Fürst für Ufer und Inseln der Wasserläufe und Seen vorgestellt hat. Sie werden von vornherein mit Bohlen und Mauerpfeffer befestigt und, da das Grundwasser sich nahe der Spree nur wenige Zentimeter unter der Erdoberfläche befindet, bald gebührend umflossen. Die Gegend wandelt ihr Gesicht.

Dies vor allem auch durch die Aufschüttungen der ausgehobenen Erde, seine »Bergfabrik«, wie Pückler sie nennt. Aus der kahlen Cottbusser Ebene wächst langsam und unter großer Mühe eine abwechslungsreiche Landschaft mit sanftgeschwungenen Hügeln, romantischen Wasserzügen und Seen mit Inseln, die denen in Stourhead oder Blenheim zum Verwechseln ähnlich sehen.

Der Fürst hat zunächst auf seine Muskauer Facharbeiter zurückgegriffen, die nach wie vor den Kern seiner Truppe bilden. Aber bald zieht er auch Tagelöhner aus Branitz hinzu, die den Lohn, den sie bekommen, bitter nötig haben. Jahre hindurch sind bei den Arbeiten am Park bis zu 70 Arbeiter tätig, nicht gerechnet die mit Pflanzungen nach Pücklers Anweisung beschäftigten Gärtner und die bis zu 130 Schanzarbeiter, die ihm nach 1848 vom Cottbusser Stadtgefängnis zur Verfügung gestellt werden. Pückler wird erneut zum Hauptarbeitgeber eines ganzen Landstrichs. Die ursprüngliche Feindseligkeit der Bewohner weicht im Laufe der Zeit einem allmählich wachsenden Stolz auf den verrückten Fürsten, der so verbissen alles darangibt, der öden Gegend einen Garten Eden einzupflanzen. Und der 5000 Taler jährlich dafür ausgibt, was allen zugute kommt.

Begonnen hat Pückler, wie immer, mit der Festlegung der Wege. Dann geht er an den Aushub der Seen und Wasserläufe sowie, gleichzeitig, das Abstecken der Pflanzungen, wobei ihm Petzold hilft, der häufig aus Muskau herüberkommt. Petzold überwacht »zuerst (das Abstecken) der größeren Massen derselben, um erst das Bild in seinen großen Umrissen und Grundrissen gewissermaßen festzustellen«. Dann geht es »an die Profilierung des Bildes durch Aufstellung einzelner, namentlich gleich großer Bäume und Baumgruppen... zuletzt kamen die Planierung und Rasenflächen«. Der Fürst gibt mit einem Megaphon seine Anweisungen zum Setzen der Markierungsstangen.

Er hat einst, als er Muskau anlegte, fast alle älteren Bäume aus Branitz abtransportieren lassen, was er nun bedauert. Damals befahl er auch, das Schloß abzureißen. Ein Glück, daß der damalige Verwalter den Befehl ignorierte. Zu Pferd durchstreift Pückler die Cottbusser Umgegend auf der Suche nach geeigneten älteren Bäumen. Zwei Pappeln kauft er in Groß Lieskow, eine Linde für 2 Taler 5 Silbergroschen in Radelsdorf, eine dreistämmige Esche in Siewisch und aus dem Hof des Gasthauses »Zum Weißen Roß« sogar eine riesige blühende Kastanie.

Der Transport erfolgt mit Hilfe eigens konstruierter Langbaumwagen, die mit einem galgenartigen, ledergepolsterten Gerüst versehen sind, damit die Rinde unterwegs nicht verletzt wird. Die Wagen hat der Fürst in England gesehen. Auch die Anpflanzungsmethode stammt daher (die einst reichlich geflossenen Bestechungsgelder beginnen sich auszuzahlen): Es wird kein großes Loch gegraben, sondern man verteilt »auf der großen Rasenfläche viele Fuhren guter Erde, vermengt mit fettem Lehm«, in die der

Baum eingesetzt wird. Von der dörrenden Sonnenbestrahlung schirmt während der Prozedur eine hochaufgerichtete Leinwand den gewaltigen Setzling ab.

Die blühende Kastanie wächst an, wie zum Staunen der Gärtner unter Pücklers Händen sogar Robinien anwachsen, die sich am schwierigsten verpflanzen lassen. »In Branitz wirkte Pückler wie ein – nicht unheilbringender – sondern wohltuend sanfter Orkan«, fand Ludmilla Assing.

Fast täglich gehen Transporte aus Jäseritz, Klinge, Schlichow, Renschdorf, Leuthen, alles Dörfern, die bis zu 15 Kilometer von Branitz entfernt liegen, durch Cottbus. Einmal muß für einen besonders großen Baum das halbe Stadttor abgedeckt werden. Die erhaltenen Kassenbücher weisen ständig Schadensersatzzahlungen auf für Fensterscheiben, die durch weit ausladende Äste zu Bruch gegangen sind, oder Beschädigungen an Hausfassaden.

Im Dezember 1847 schreibt Pückler in sein Tagebuch: »Dies Vierteljahr ward gut für die Anlagen mit großer Energie benutzt, und an hundert große Bäume unter anderen gepflanzt. Die elende Kottbusser Gegend, und die noch elendere Rasse Menschen, welche sie bewohnen, werden mir einst viel Dank schuldig sein, und die Überzeugung, etwas dem großen Geiste der Natur Wohlgefälliges zu thun, entschädigt mich reichlich für schwere und bedeutende Opfer.« Er fügt hinzu: »Ähnlich ist es mit meinem Verhältniß zu Lucie, vieles für sie thue ich um Gottes und der Liebe Willen.«

Er lernt, wie es scheint, sogar, seine Zeit – zumindest bis zur nächsten Reise – streng einzuteilen: »Sehr regelmäßig ist mein Tag von 24 Stunden in vier Theile getheilt, ein Viertheil ist den Anlagen, ein anderes dem Schreiben und Lesen, die zwei übrigen Viertel Schlaf und Essen gewidmet.«

Es sind schon saure Wochen für Pückler auf Branitz. Erst 1852 wird er so weit sein, daß er Lucie, die nur zeitweilig bei ihm ist, ganz heimholen kann auf den erheblich verschönerten Stammsitz. Es gibt aber auch frohe Feste. Die Laubes kommen aus Wien und bewundern den neuen Garten; besonders häufig zu Gast ist Alexander von Humboldt. Vom königlichen Haus erscheinen Prinz Karl und Prinz Wilhelm mitsamt seiner Augusta, und einmal, da ist Pückler allerdings gerade abwesend, sogar Friedrich Wilhelm IV. persönlich, der sich über Schloß und Park höchst vorteilhaft äußert. Von der Familie am liebsten auf Branitz gesehen ist Fürst Carolath. Die Feste feiert Pückler übrigens nach einer Regel, die von Kant stammen soll und derzufolge die Gäste nie unter der Zahl der Grazien und nie über derjenigen der Musen liegen dürfe, also zwischen drei und neun.

Aber während der Fürst den ersten Teil seines Parks, rund ums Schloß, errichtet, zieht sich ein Unwetter zusammen, dessen Entladung er lange vorausgesehen und sogar für notwendig erachtet hat. Gemeint ist nicht jenes tatsächliche Unwetter, das bald darauf fast die Hälfte des eben angepflanzten Gartens verheert, sondern die politische Wetterlage.

Die Märzrevolution 1848 erlebt Pückler in Berlin.

23.
1848

Ein Fürst muß seit 1803 nicht mehr unbedingt einem Land vorstehen. 1803 hat der sogenannte Reichsdeputationshauptschluß alle geistlichen und viele weltliche Fürstentümer aufgelöst. Trotzdem: Ein Fürst gehört nach wie vor zum Hochadel und kommt, strenggenommen, im Staat gleich nach dem König.

Man darf beim Folgenden nicht vergessen, wie hochrangig Pückler geboren worden ist. Obwohl er den Titel nicht vererbt, sondern verliehen bekommen hat (was keine »volle Ebenbürtigkeit« bedeutet), gehört er zu den Spitzen der aristokratischen Gesellschaft in Preußen. Selbst der König, so wenig er ihn mag, kommt um Pückler nicht ganz herum.

Man sieht sich bei offiziellen Gelegenheiten sozusagen in der gleichen Loge. Aber die Höflichkeit gebietet mehr, etwa bestimmte Einladungen zu bestimmten Gelegenheiten wie Geburtstage, Jubiläen oder Hoffestlichkeiten. Auch hat sich Pückler nach einer längeren Reise wie der durch Nordafrika und Kleinasien selbstverständlich beim König zurückzumelden. Als er das versäumt und zuerst Prinzessin Augusta aufsucht, ist Friedrich Wilhelm IV. pikiert, was er auch sein darf, denn der Fürst hat nach seinen eigenen Vorstellungen einen Fauxpas begangen.

Den Hochadel in Preußen muß man sich wie eine wenn auch große und untereinander heftig zerstrittene Familie vorstellen. Die meisten sind zumindest weitläufig miteinander verwandt, lauter Vettern und Kusinen dritten oder vierten Grades. Neu hinzutreten ohnedies fast ausschließlich Mitglieder alter Adelsfamilien, und der verliehene Fürstentitel – Blücher, Hardenberg, Pückler – gilt am Ende eher mehr als der ererbte, weil es sich bei seinen Trägern meist um die populäreren Gestalten handelt. Wer kennt die Fürsten Carolath, Palffy oder Stollberg, die alle zu Pücklers Freundeskreis gehören? Blücher, der »Marschall Vorwärts« aus den Freiheitskriegen, Hardenberg, der liberale Staatskanzler, und Pückler, der berühmte Schriftsteller, Gartenfachmann, Abenteurer und Lebemann, sind allgemein bekannt.

Andererseits macht Pückler kein Hehl aus seiner pro-demokratischen Einstellung. Schon in seinem ersten Buch, den »Briefen eines Verstorbenen«, hat er sich als Republikaner bekannt. Varnhagen sagt, Pückler, wäre er nicht als Graf geboren und zum Fürsten erhoben, würde »unfehlbar mit der Linken sein«. Das »Junge Deutschland« rechnet ihn zu den Seinen, nicht ohne Grund, denn er tönt mit manchen politischen Forderungen – die auf eine Verfassung, ein Parlament mit zwei Kammern und eine konstitutionelle Monarchie nach britischem Vorbild hinauslaufen – radikaler als viele bürgerliche Schriftsteller.

Aber Familie bleibt Familie; man ist in sie hineingeboren. So verkehrt er, wenn er in Berlin ist, bei seinem Erzfeind Wittgenstein, spielt nächtelang mit ihm sein Lieblingskartenspiel Whist, eine Frühform von Bridge. Und so macht er, wohl oder übel, dem König hin und wieder seine Aufwartung, der ihn meist schlecht behandelt, bei dem man aber nie vor Überraschungen sicher ist.

Etwa folgender Art: »Ich fuhr nach Babelsberg, wo ich eine Ordre des Königs vorfand, mich nach Paretz zu begeben, wo er seinen Geburtstag feierte. Ich mußte gehorchen, obgleich ich im Morgenanzug war und auch nur einen leichten Oberrock gegen die Kälte mit hatte, da es auf der Eisenbahn im zugemachten Wagen nicht kalt ist. Eine offene Chaise mit vier Postpferden bespannt war auf Befehl schon bereit, mit einem Postillion, der den Weg nicht wußte und mich auf horriblen Feldwegen hinbrachte. Ich kam daher zu spät, erst nach Tische an, wo der in Gala versammelte Hof mir im Anfang über mein unhochzeitliches Costüm sehr scheele Gesichter machte, welche sich aber in die größte Freundlichkeit verwandelten, als König und Königin mich ganz wider alle Gewohnheit gut behandelten, und der König mich sogar einlud, den Abend zu bleiben, wo außer mir kein Fremder blieb, sondern alle Anderen entlassen wurden. Diese Freundlichkeit der höchsten Herrschaften erhielt sich auf den ganzen Abend bis Mitternacht, wo ich in der eiskalten Nacht in meiner offenen Chaise wieder zurückfuhr.«

Friedrich Wilhelm schenkt Pückler sogar eine Zeichnung seiner Hand, die Pückler als »theures Andenken« seinem Album einverleibt: »Theuer wirklich, denn es war zugleich der erste Tag, an dem der König mir ein wahres, gütiges Wohlwollen zeigen zu wollen schien.«

Es bleibt die Ausnahme der Regel. Ein andermal schneidet der Fürst im Gespräch das Thema der dringend notwendigen Verfassung an. Da läßt ihn der König brüsk stehen und wendet sich anderen Gesprächspartnern zu. Als Friedrich Wilhelm später den Raum verläßt und an Pückler vorbei muß, würdigt er ihn keines Blickes, macht aber zu aller Überraschung – Zeichen der beginnenden Geisteskrankheit? – einen plötzlichen Tanzsprung. Bei einer Diskussion über Religionsfreiheit nennt Pückler dem König den Namen eines gewissen Uhlich, den Friedrich Wilhelm aus der Kirche hat ausschließen lassen. Da fährt der König, wie Varnhagen berichtet, »zornig los: ›Aber freilich, das werd' ich nicht dulden, daß man auf dem Altar ein Mädchen beschläft‹ (der König gebrauchte den niedrigsten Ausdruck) – Pückler fragte ganz erschrocken: ›Ist wirklich so was vorgekommen?‹ Ärgerlich erwiderte der König auf diese Frage: ›Nun, ich rede nur figürlich!‹«

Als in Berlin zu Anfang des Jahres 1848 die Zeichen auf Sturm stehen, begibt sich der Fürst sofort in seine Berliner Stadtwohnung. Wiederum von Varnhagen wissen wir, wie tief betroffen er von dort die Entwicklung verfolgt, mit Sympathien für beide Seiten. Überall taucht er auf, in Cafés, Versammlungen, Vorzimmern, ohne doch irgendwann aktiv in die Auseinandersetzungen einzugreifen. Der Fürst hat dem Demokraten, der Demokrat dem Fürsten die Hände gebunden.

Ein Bild der Ohnmacht. Um so mehr als ihn – vielleicht herbeigewünscht – beide Seiten zutiefst enttäuschen. Die eine Seite agiert, wie er meint, so unklug wie die andere. In sein Tagebuch, das auf Branitz verblieben ist, schreibt er nachträglich: »Ich war während der Revolution in Berlin, ein unerquicklicher Zustand, denn die Regierung ist erbärmlich und das Volk unreif in jeder Hinsicht zu dem, was es will. Der König gab am Morgen des 19. März Europa ohne alle Noth den Todesstoß. Seitdem herrscht bis heute eigentlich vollkommene Anarchie, doch ohne bedeutende Exzesse, und nur fortgesetzt von Dummheiten von jeder Seite, eine Lage der Dinge, wie sie nur bei Deutschen denkbar ist, von denen ich nicht mehr glaube, daß sie je fähig sein möchten, weder zu Einheit noch politischer Größe je kommen zu können. Alles dies vermögen sie nur zu träumen, nie auszuführen.«

Am 19. März hat Friedrich Wilhelm IV. das Militär die von den Aufständischen errichteten Barrikaden stürmen lassen. Er muß zwar wenig später, am 22. März, den »Märzgefallenen« entblößten Hauptes die letzte Ehre erweisen. Aber der revolutionäre Elan hat sich damit schon so gut wie erschöpft. Schon das Versprechen einer Verfassung durch den König scheint den unter sich zerstrittenen Demokraten zu genügen. Die politische Aktivität in den diversen Debattierclubs und in der Presse ist ungeheuer. Aber als am 10. November königstreue Truppen unter General Wrangel in Berlin einrücken, finden sie kaum Widerstand.

»Ich selbst habe mich, diese traurige Wahrheit erkennend, von allem politischen Handeln ferngehalten«, notiert Pückler weiter in sein Tagebuch. Er fügt hinzu: »obgleich ich Gelegenheit hatte, mich für Frankfurt wählen zu lassen, aber leeres Stroh zu dreschen, ist nicht meine Sache ...«

In Frankfurt am Main tritt am 18. Mai 1848 die deutsche Nationalversammlung zusammen, ein erster Versuch zur deutschen Einheit, der scheitert, als Friedrich Wilhelm IV. die ihm angebotene Kaiserkrone zurückweist. Eine Berufung als Delegierter lehnt Pückler also ab, aus Treue und Freundschaft zum Prinzen Karl, wie er erklärt. Aber er fährt doch hin und erlebt in der Paulskirche eine dreistündige Debatte, an der als Führer der Rechten auch sein alter Freund Fürst Lichnowsky teilnimmt. Trotzdem kommt ihm alles wie endloses Geschwätz vor. Die Deutschen haben ja auch bisher kaum Gelegenheit gehabt, einen Parlamentarismus zu entwickeln.

14 Jahre später schreibt er an Ludmilla Assing: »Am erbärmlichsten war unsere große Frankfurter Revolution, wo alle deutschen Fürsten wie mit Schwefel angeräucherte Fasanen aus Schreck vom Stengel fielen und dennoch die über ihren wohlfeilen Sieg verdutzten Professoren nur ein Strohfeuer anzuzünden wußten, das in sich selbst kläglich erlosch. Keinen einzigen Mann hatte

Deutschland aufzuweisen, wie Frankreich, wie England Hunderte in ihren Revolutionen. Wo hätten sie auch herkommen sollen? Auf Flugsand kann kein Weizen wachsen. Große Diener sind bei uns noch möglich, kein großer Patriot.«

Pücklers Patriotismus bezieht sich nicht auf Preußen oder Sachsen, sondern auf »Teutschland« oder gar Europa, denn ihm schwebt ein Staatsgebilde vor, das Österreich-Ungarn, Preußen und womöglich Frankreich umfaßt. Denn »der Deutsche in neuerer Zeit«, teilt er Laube mit, der ein gesamtdeutsches Parlament anstrebt und eben darüber eine Broschüre verfaßt hat, »ist eigentlich geborener Kosmopolit, und in dieser Hinsicht bin ich deutscher als Sie, mein verehrtester Freund, der noch aus Armins Zeiten datiert, wo man sich den Patriotismus als naturwüchsig unter den Deutschen denken kann. Als Engländer auch heute noch, sogar als Franzose, aber als Deutscher nach dem ersten Parlamente!! dazu gehört jedenfalls mehr, als ich vermag.«

Als kurz nach seiner Abreise aus Frankfurt dort Fürst Lichnowsky zusammen mit General von Auerswald von Anhängern der extremen Linken ermordet wird, sieht Pückler sein Mißtrauen gegen die Revolutionäre bestätigt. Er reist weiter nach Wien, wo es eben Metternich hinweggefegt hat, der im Wagen einer Wäscherin geflohen ist und in England Unterschlupf findet. Haupterlebnis der Reise bleibt die Begegnung mit einem englischen Touristen auf dem Rhein, mit dem er ins Gespräch kommt und der ihm versichert, ein Deutscher habe das beste ihm bekannte Buch über Großbritannien geschrieben, ein gewisser Fürst Pückler-Muskau. Das hört man gern und gibt sich dann um so lieber zu erkennen.

Pücklers Kälte sowohl gegenüber der alten Ordnung als auch dem Versuch, eine neue zu errichten, macht nicht nur Varnhagen traurig: »Aber er fühlt sich zu alt und den Aufgaben nicht mehr gewachsen. Im Grunde verachtet er den Hof und das Volk, und Freiheit und Vaterland sieht er nur als leere Worte an, deren zuweilen mächtigen Zauber er als Tatsache gelten läßt, aber nicht würdigt.«

Einige Artikel schreibt der Fürst allerdings für die »Augsburger Zeitung«, doch kommt in ihnen eher der hochadelige Familiensinn zum Ausdruck als seine demokratischen Hoffnungen. Zur großen

Enttäuschung der »Jungdeutschen« verteidigt er den Prinzen Wilhelm, dessen Truppen – wenn auch gegen seinen Willen – in die Menge geschossen haben.

Es ist wiederum Lucie, die ihn bedrängt, auch die andere Seite seines zwiespältigen Wesens zu Papier zu bringen, eine Resolution, vielleicht auch jene Rede, die er gehalten haben würde, wenn er eine Wahl in die Frankfurter Nationalversammlung hätte annehmen können. Sie klingt freilich hohl und allzu pathetisch. Einem Mann wie Pückler ist es nicht möglich, Partei zu ergreifen, weil er zwei diametral entgegengesetzten Parteien angehört, der einen durch Geburt und Herkommen, der anderen aufgrund seiner Beobachtungen und Überlegungen.

Viel ehrlicher klingt es, wenn er unpolitisch bleibt: »Die Monate April und den halben Mai habe ich in Branitz zugebracht, ganz allein und trotzdem, daß ich durch die Ereignisse schon mein halbes Vermögen verloren habe, und der Himmel allein weiß, ob der Rest nicht ebenfalls nachgeht, meine Anlagen mit allem Eifer fortgesetzt. Es ist schon wahr, daß ich nur künstlerisch schaffend in meinem wahren Elemente bin. Dies ist mein mir von der höheren Macht über uns bestimmter Beruf, wie ich immer mehr einsehe. Meine Haupteigenschaft ist der *Geschmack* – der in *allem* das möglichst Vollkommenste zu erreichen sucht und es zu finden versteht.«

Im Juli: »Diner in Sanssouci und interessante lange Unterredung mit dem König, den ich, trotz des schweren Erlebten nicht im Geringsten verändert finde.« Varnhagen vertraut er an, Friedrich Wilhelm habe »von ›seinen lieben Berlinern‹ als von einer Racaille (Pack, Pöbel) gesprochen«.

Seinen Geburtstag begeht er diesmal mit einem großen Fest für seine Branitzer Bauern und Arbeiter auf dem Pleasure-ground. Es ist zwar eine stürmische Nacht, aber Pückler mischt sich bis 3 Uhr morgens unter die Tanzenden. Er ist bester Laune, fern vom höfischen Parkett und den Intrigen der Hauptstadt, fern auch von seinen deutschen und europäischen Utopien, die, wie sich herausstellt, über 140 Jahre zu früh kommen.

»Diese Leute scheinen allein noch wahrhaft vergnügungsfähig zu sein und durch welche geringen Mittel! Man muß es gesehen haben, um es zu glauben, daß Bier, Schöpsenbraten, Krautsalat und Kuchen nebst einem Tanz auf Ziegelsteinen eine solch innige Glückseligkeit vieler Stunden hervorbringen können. Was hat wohl da der stets überdrüssige Reiche vor dem Armen voraus?«

Der Fürst entdeckt wieder einmal das einfachere Leben. Wenigstens *ein* Ergebnis der Märzrevolution nach seinem Geschmack.

24.

Letzte Reisen – letzte Lieben

Das Mondscheinfest findet mit dreitägiger Verspätung statt, denn Pückler hat eben Lucie aus Dresden heimgeholt. In der Befürchtung, die Revolution könne von Berlin aus auf die Lausitz übergreifen, ist sie dorthin geflüchtet. Jetzt bleibt sie auf Branitz. Das Verhältnis zwischen ihnen wird wieder herzlicher.

Die beiden geraten dann aber doch noch einmal mitten in einen Aufstand hinein. Im Mai 1849 fährt Pückler mit Lucie zur Beisetzung seiner Stieftochter Adelheid von Carolath, die im Wahnsinn gestorben ist, nach Dresden. Dort erhebt sich das Volk, wie auch in Baden und in der Pfalz, um das in Frankfurt entworfene Verfassungswerk durchzusetzen. Am Oberrhein werden Truppen eingesetzt, die unter dem Befehl von Prinz Wilhelm, dem Hausherrn auf Babelsberg, stehen. Sie werfen den Aufruhr so blutig nieder, daß Prinz Wilhelm den Schandnamen »Kartätschenprinz« bekommt. Bei seiner Rückkehr nach Potsdam bringt man ihm eine Katzenmusik dar; er erhält Morddrohungen. Vor der aufgebrachten Menge muß er, als Kutscher verkleidet, wie Metternich nach England fliehen.

König Friedrich August II. von Sachsen geht nicht ganz so rigoros zu Werke, aber die Preußen schlagen auch hier die Aufständischen nieder, was Pückler an Ort und Stelle miterlebt. Das Schicksal der deutschen Nationalversammlung in Frankfurt ist damit besiegelt. Sie löst sich auf. Was das betrifft, hat sein Skeptizismus recht behalten. Die Reaktion siegt auf ganzer Linie.

So konzentriert der Fürst sich auf seinen Park, mit dem er Sorgen genug bekommt. Von einer Dürre mit unzähligen Waldbränden erfährt er – nach wie vor immer mal wieder plötzlich unterwegs – in Koblenz: »Die Muskauer Waldbrände haben mich wahrhaft betrübt, und mein armer Bertram (der Forstmeister) mir recht leid gethan, der so ganz in seinem Walde lebt und webt. In Branitz sieht es auch bei dieser Dürre jämmerlich aus, wie ich höre, wenn auch dort kein Wald verbrennt, weil ich keinen habe. Dagegen verbrennt mein Gras und meine neuen Pflanzungen in kläglicher Weise. Warum wühle ich auch immer im Sande?«

Eine rhetorische Frage. Pückler wird weiterwühlen bis ans Ende seines Lebens, auch nachdem ein Wirbelsturm nahezu den gesamten Park, an die 500 große Bäume, abrasiert und alle Gewächshäuser beschädigt, sogar Teile der Pergola umgeworfen hat.

Was ihn mit zunehmendem Alter empfindlicher trifft, sind die Todesfälle in der Familie und im Freundeskreis. Der Garten läßt sich restaurieren, die menschlichen Verluste nicht. 1846 ist Helmine gestorben, 1848 sein junger Neffe, den er vermutlich als Erben auf Branitz eingesetzt hätte. 1849 stirbt Adelheid und im nächsten Jahr die Mutter, Gräfin Seydewitz.

»In den ersten Tagen des März krank an Grippe«, lesen wir im Tagebuch. »Ich erhalte während dem die Nachricht vom fast plötzlichen Tode meiner armen Mutter in ihrem achtzigsten Jahre. Obgleich seit fast einem halben Jahrhundert ohne irgend nähere Verbindung mit ihr, da sie sich nur Max gewidmet, und alle Verhältnisse uns trennten, so hat mich dieser Verlust doch betrübt und ernst gestimmt.«

Auch Lucie geht es nicht gut. Sie strebt zwar hin und wieder nach Dresden, wo sie ihre Stadtwohnung behalten hat und Pückler (»Branitz, Dresden, Branitz«) sie getreulich besucht, aber sie lebt mehr oder weniger im Lehnstuhl. Gleichfalls von Koblenz klagt er Laube: »Mit der Fürstin Zustand ist es eine eigene Sache! Die Ärzte finden keine irgend nahe Gefahr für ihr Leben (...), aber sie ist immer noch auf ein trauriges Dasein im Lehnstuhl beschränkt, bei einer Lebhaftigkeit und Reizbarkeit, die damit im wunderbaren Kontraste stehen, jedenfalls aber noch große Lebenskraft beweisen. Ich habe ihr jetzt Branitz ganz überlassen, wo sie eine erstaunliche Thätigkeit im Kleinen entfaltet (...), da sie sonderbar genug an Literatur und Natur gar kein Interesse mehr nimmt. Denn außer Zeitungsfragmenten läßt sie sich nichts vorlesen, und in der ganzen schönen Jahreszeit hat sie sich auch nicht ein einziges mal nur ans Fenster tragen lassen, um in die frische, wirklich über Erwarten freundlich gewordene, grüne Gegend zu schauen.«

1851 sieht er England wieder. In London findet die erste große Weltausstellung statt, ein Ereignis, das Pückler nicht versäumen darf. Sein Schlüsselerlebnis: Lady Seymour, die er vor 25 Jahren kennengelernt hat, hält ihn für den Sohn des berühmt-berüchtigten Fürsten Pückler-Muskau. Dabei ist er 65, färbt freilich immer noch gewissenhaft Haupthaar und Schnurrbart.

Auf Lucie paßt derweilen Ludmilla Assing auf, Varnhagen von Enses 30jährige Nichte, die sich in Branitz auch um Pückler kümmert (oder er sich um sie). Ludmilla ist Halbjüdin; ihr Vater hieß vor der Taufe Assur, war Dr. med. und hat sich in russischen wie preußischen Diensten ausgezeichnet. In romantischen Almanachen sind von ihm einige lyrische Versuche erschienen. Als Mitglied des Freundeskreises, dem unter anderem Chamisso, Kerner sowie Varnhagen angehörten, hat er die Schwester des letzteren geheiratet, die sich ebenfalls als Dichterin unter dem Pseudonym Rosa Maria unter Eingeweihten einen Namen macht.

Ludmilla lebt seit 1842 bei ihrem Onkel in Berlin und versucht dort, Rahels Salon fortzuführen. Mit keinem großen Erfolg, obwohl Alexander von Humboldt, Bettine von Arnim, Ferdinand Lassalle und Gottfried Keller zu ihren Gästen zählen. Keller hätte sie beinahe geheiratet, jedenfalls schreibt er in einem Brief nach Zürich: »Ludmilla hat sich höllisch für mich erklärt und mich, da sie Pastell malt, schon abkonterfeit.« Jetzt ist sie von ihrem Onkel gleichsam nach Branitz ausgeliehen. Pückler bekennt in einem Brief, er sei »der busenlosen Nichte des ›großen Onkels‹ seit ihrer Kindheit attachiert« gewesen. Gleichzeitig bedauert er, sie habe »niemals Sinn für Eleganz, Komfort, bonne chère und desgleichen« gehabt. Ludmilla ist der Typ einer Germanistin, obwohl auch sie als Schriftstellerin, Biographin und Journalistin tätig wird. Bis zum Ende seines Lebens bleibt sie zumindest brieflich Pücklers engste Vertraute, meist mit einem zärtlichen »Love« angeredet.

Ruhender Pol in der Erscheinungen Flucht ist jedoch die kranke Lucie, die immer noch von Heimweh nach Muskau verzehrt wird, aber, eine treue Kameradin, in ihren letzten Lebensjahren wieder ganz zu Pückler zurückgefunden hat. Damit sie hin und wieder doch mal aus dem Fenster guckt, richtet er ihr neben dem Pleasureground ein großes Rosenbeet ein, in dem die Pflanzen ein lang geschwungenes »S« bilden (für »Schnucke«). In die Rosenlaube neben der Weißen Brücke stellt er freilich die vergoldete Büste seiner unsterblichen Geliebten, die er nie wiedergesehen hat: Henriette Sontag.

Die große Sängerin stirbt 1854 auf einer Gastspielreise durch Amerika, die ihr Comeback einleiten soll, in Mexico City an der Cholera. Sie ist erst 51. Wenige Wochen zuvor, am 8. Mai 1854, ist Lucie, 78 Jahre alt, in ihrem Rollstuhl auf Branitz gestorben. Ein Verlust, auf den Pückler beinahe kopflos reagiert.

Ihrem Wunsch gemäß wird sie prunklos am Rande des Parks beigesetzt. Auf dem Grabhügel läßt der Fürst nur ein schmuckloses Kreuz errichten, das die Aufschrift trägt: »Ich denke Deiner in Liebe.« Beim Kramen im Nachlaß findet er unter anderem die Feder, mit der sie einst die Scheidungsakte unterschrieben hat (»Dieses ist die Feder, mit der ich die schmerzliche Eingabe zu meiner Ehescheidung von meinem über alles geliebten Lou unterzeichnete«), sowie gepreßte Blumen, die der geliebte Lou ihr aus dem Orient geschickt hat. An einem derartigen Trockenstrauß haften noch Verse von Pücklers Hand:

Beim holden Schein der zarten Frühlingssonne,
Bei Ungewitter, Sturm und Drang,
Bei Frohsinn, Glück und jeder Lebenswonne,
Bei Noth und Kummer jahrelang
Bleibt seiner Schnucke treu der Lou,
Bis Gott ihm schließt die Augen zu.

Der Ausflug des Prosaschriftstellers in die Lyrik mag nicht sehr überzeugend ausgefallen sein. Als Stammbuchblatt einer ereignisreichen Kameradschaftsehe erschüttert es den Dichter nachträglich zu Tränen. Man kann verstehen, daß Pückler zunächst einmal das verwaiste Branitz verläßt. Aber erstaunlicherweise bleibt er, rasch abgelenkt, ganze zwei Jahre weg.

Die Reise geht kreuz und quer und offensichtlich ziellos durch Deutschland, die Schweiz bis nach Italien, wo er einen alten

Traum wahr macht, den ihm einst Schinkel eingegeben hat: Er durchstreift Sizilien. Dann geht es nach Frankreich, wo er von Napoleon III. ebenso freundlich in die Arme geschlossen wird wie vom Bürgerkönig Louis Philippe vor über 20 Jahren, als er auf das Duell mit Kurssel wartete. Mit dem Neffen des legendären Napoleon I. versteht er sich sogar noch besser, denn Napoleon III. liebt, wie Pückler, den Luxus, glanzvolle Feste und, last not least, englische Landschaftsgärten. Während seiner Emigration in Großbritannien, dem Land, das damals alle politischen Flüchtlinge Europas anstreben, hat er selbst dem Herzog von Hamilton seinen Park von Brodick Castle auf der schottischen Insel Aran umgestaltet. Er plant auch jetzt einen Grüngürtel für die wachsende französische Hauptstadt und zieht dabei Pückler zu Rate. Mit Feuereifer machen sich beide über die Pläne her, aus dem ungepflegten Bois de Boulogne vor den Toren von Paris sowie aus dem Bois de Vincennes annehmbare Landschaftsgärten zu machen. Pückler an seinen ehemaligen Obergärtner Petzold in Muskau: »Seit wir uns nicht gesehen, habe ich mit dem Kaiser der Franzosen im Bois de Boulogne wörtlich gearbeitet, und ich freue mich immer zu sehen, wie mehr und mehr die Kunst der Landschaftsgärtnerei in Aufnahme kommt und besser verstanden wird.«

Auch auf den Chaumont-Hügeln, östlich von Paris, werden die hocharistokratischen Gärtner tätig. Der Herzog von Hamilton, als Napoleon – bis dahin Louis Bonaparte – Kaiser wurde: »Er war ein hervorragender Landschaftsgärtner; sollte er je seine Stellung verlieren, so nähme ich ihn gern als Obergärtner.«

In der Dachstube in der Rue d'Amsterdam 50 sucht Pückler auch endlich Heinrich Heine auf, dem er persönlich noch nie begegnet ist, dessen Werk er aber sehr schätzt; er war ihm Vorbild für das eigene, und der Fürst hat dem Dichter mehrfach nützlich sein können. Nie vergessen wird dieser ihm seinen Einsatz bei Karl Heine, dem Chef des Hamburger Bankhauses. »Was soll ich nun aber vom Fürsten Pückler sagen?« schrieb er 1846 an Lassalle. »Welch ein Grandseigneur! Sein Brief ist nicht bloß ein schriftstellerisches Meisterwerk, sondern auch ein bedeutsames Denkmal (...), und die Sehenden werden wohl merken, daß dies nicht eigentlich ein Schreiben Pücklers an A. B. in Sachen C. D. ist, sondern daß hier einer der letzten Ritter der alten Geburtsaristokratie den Emporkömmlingen der neuen Weltaristokratie noch zuletzt eine Lektion gibt über das Thema der Ehre, und zwar zum Besten des beleidigten Genius.« Pückler hatte Karl Heine vorgeworfen, den bedeutendsten Sproß der Familie, »auf dessen Genius jeder Deutsche stolz ist«, in Krankheit und Not ohne Hilfe zu lassen.

Heine liegt schon gelähmt in seiner »Matratzengruft« und benötigt erneut Hilfe, weil der Verleger Campe in Hamburg ihm das geforderte Honorar für seine Sammlung von Berichten über Politik, Kunst und Volksleben in Paris, »Lutezia«, nicht in voller Höhe zahlen will. Pückler schreibt sofort an Campe und interveniert wenig später auf Wunsch Heines auch bei Cotta, dem Eigentümer der »Augsburger Zeitung«, wegen gehässiger Angriffe auf den kranken Dichter.

»Sie haben mir wahrhaftig, großfühlender und tiefdenkender Fürst, einen Alb von der Brust gewälzt«, läßt Heine ihn am folgenden Tag wissen. »Sie kommen wahrhaftig wie ein Deus ex machina mir zu Hilfe.« Heine erhält sein Geld von Campe und widmet zum Dank Pückler die »Lutezia« (übrigens der lateinische Name von Paris). Es kann jedoch gut sein, daß das Geld vom Fürsten selbst stammt. Nachdem die beiden sich in Paris 1834 trotz Verabredung verpaßt hatten, ist dem Dichter auf diesen oder jenen Wegen verschiedentlich Hilfe finanzieller Art aus Muskau und Branitz zugekommen. Wie Pückler überhaupt, was seiner verschwenderischen Art entspricht, eine Unzahl von Dichterinnen, Dichtern, Sängern, Künstlern, würdige wie unwürdige, im Laufe seines Lebens großzügig unterstützt hat.

Heine, zum Abschluß seiner Widmung: »Jedoch noch immer weiß ich nicht ganz bestimmt den Aufenthalt des Verstorbenen, des lebendigsten aller Verstorbenen, der soviel Titularlebendige überlebt hat. – Wo ist er jetzt? Im Abendland oder im Morgenland? In China oder in England? In Hosen von Nanking oder von Manchester? In Vorderasien oder Hinterpommern? Muß ich mein Buch nach Kyritz adressieren oder nach Timbuktu poste restante? – Gleichviel, wo er auch sei, überall verfolgen ihn die heiter treuherzigsten und wehmütig tollsten Grüße seines ergebenen Heinrich Heine.«

Nach Timbuktu führt Pückler der Weg nicht mehr, aber, wie gesagt, auf Reisen bleibt er auch im Alter. Und nach wie vor läßt er überall am Wege geknickte Herzen zurück. Sparen wir uns die Aufzählung all der Damen, die er beglückt oder ins Unglück stürzt, mit ihnen eine leichtsinnige Nacht verlebt oder einen Briefwechsel anknüpft, der sich über Jahre hinziehen kann. Platonisch bleibt es nur bei zwei Schriftstellerinnen, die er zu umgarnen versucht, Ida Gräfin Hahn-Hahn und Eugenie Marlitt, die sich ihm aus der Ferne verweigern und vorsichtigerweise gar nicht erst empfangen, sowie bei der Berliner Schauspielerin Edwina Viereck, die beharrlich ihm nachstellt. Da ist der für weibliche Reize überempfängliche Fürst in eine andere Schauspielerin verschossen, die sich ihm auch freudig hingibt. Er scheint ein wiedergeborener Casanova – verbürgt von seiner damaligen Geliebten ist, daß er noch als 80jähriger ein durchaus beglückender Liebhaber war.

Trotzdem wird es um ihn herum einsamer. Als er von Paris über Berlin nach Branitz zurückkehrt, ist Heine schon tot. Während er noch in Berlin Station macht, stirbt dort im Oktober 1858 73jährig Varnhagen von Ense überraschend bei einer Schachpartie. Noch zwei Tage vorher hat Pückler mit ihm zusammengesessen und über ein ernstes Thema gesprochen: den Tod. Mit Varnhagen verliert Pückler seinen beständigsten Gesprächspartner und literarischen Mentor. Und mit Leopold Schefer kurz danach den einzig verbliebenen Jugendfreund aus Muskau.

Pückler zieht sich auf Schloß Branitz zurück. Ob er tatsächlich zum Einsiedler wird, wie er sich selbst gern nennt, steht dahin. Ludmilla Assing spricht auffallend oft von den »Branitzer Geheimnissen«, die sie aber nicht ausplaudert – wahrscheinlich sind sie galanter Art. Der Eremit führt bestimmt kein mönchisches Leben.

Aber ein volles Jahr bleibt er an Ort und Stelle, reist nur einmal kurz eine Woche nach Babelsberg, um dort nach dem Rechten zu sehen.

Unser Gewährsmann August Trinius: »Zu allen Tag- und Nachtzeiten, selbst bei Mondschein oder Fackelbeleuchtung, sah man ihn innerhalb des Parkbezirks einherreiten, während Billy Masser, der von Lucie übernommene zwergenhafte Sekretär, zur

Seite seines orientalisch gekleideten Herrn einhertrollte. Die Vorliebe für das reiche, buntschillernde Gewand des Orientalen hatte sich Semilasso treu bewahrt. Laune und Eitelkeit mochten ihn dazu bestimmen, zumal er wußte, wie vortheilhaft ihn diese Tracht kleidete, besonders seitdem er nach seiner letzten Rückkehr aufgehört hatte, sich Kopf- und Barthaar schwarz zu färben.«

Auf der Heimfahrt ist er durch Muskau gekommen, zum erstenmal seit 13 Jahren. Petzold hat den Garten gut gepflegt und nach Pücklers Vorschriften erweitert. Heimlich trifft er sich mit dem Obergärtner. Erst 1862 wird er ihn wiedersehen. Da steigt er inkognito im Badehotel ab, wird jedoch sofort erkannt und gebührend mit einem Fackelzug gefeiert. Später wohnt er als Gast des neuen Besitzers, Prinz Friedrich der Niederlande, auf seinem Geburtsschloß, sein Gartenwerk betrachtend wie ein gelungenes Bild.

Aber entscheidend bleibt das erste, ganz kurze Wiedersehen mit Muskau. Es gefällt ihm immer noch, und er ist stolz auf seine Leistung. Trotzdem – oder eben deswegen – entschließt er sich, Branitz erneut in Angriff zu nehmen. Dabei hat er alles andere im Sinn als eine Kopie Muskaus, eher eine Art von Gegenentwurf.

Der 70jährige packt noch einmal eine gewaltige Aufgabe an. Er beginnt die Arbeit am Westpark, einer Fläche von nochmals 50 Hektar. Erst dieser Teil gibt dem Landschaftsgarten jenen unverwechselbaren Charakter, den er bis heute behalten hat. Der bisherige Garten umfaßte nicht mehr als 37 Hektar; es handelt sich also um mehr als eine Verdoppelung.

Unglaublich, aber wahr: Der neue Garten entsteht innerhalb von zwölf Wochen, sogar die Erweiterung des bereits vorhandenen Schilfsees eingeschlossen, der nun Fahnensee heißt, bald aber allgemein nur noch Pyramidensee genannt wird. In ihm erhebt sich jene Erdpyramide, die wie eine Insel aus dem Wasser emporragt und die der Fürst zu seinem Tumulus, seiner letzten Ruhestätte, bestimmt.

»Um aber doch auch hier ein Unicum zu stiften, was im übrigen Europa kaum mehr zu finden sein möchte, bin ich auf die Idee gekommen, zu meinem Grabhügel einen antiken Tumulus zu errichten, eine viereckige Pyramide, aus Erde aufgeführt, von 120 Fuß Basis und 60 Fuß Höhe, allerdings ein kühnes Unternehmen, was aber nun glücklich vollendet ist, und da ein solcher Tumulus, deren in Sardes, der Hauptstadt des alten Krösus, mehrere Hunderte als Grabmäler der alten Könige und Prinzen noch unversehrt seit länger als 2000 Jahren stehen, eben so unvergänglich ist, als ein naturwüchsiger Berg, so wird dieses Grabmal wahrscheinlich alle Monumente jetziger Herrscher überdauern, wie die sieben Weltwunder alle verschwunden sind und die Tumuli von Sardes gleich den Pyramiden Ägyptens noch jugendlich ihre Häupter erheben.«

Für »Unicum« sollten wir heute »Unikat« lesen, denn so hat Pückler es gemeint. Haben seine Landschaftsgärten in Muskau, Babelsberg, Klein-Glienicke, Ettersburg und anderswo auch einen unverkennbaren Stil in Wegeführung, Wasserläufen und Gestaltung des Pleasure-grounds, so beruht dieser Spätstil doch auf Vorangegangenem, ist sozusagen ein Potpourri des Schönsten und Besten. Die Erdpyramide – oder: die Pyramiden, denn er gestaltet später noch eine zweite und beginnt eine dritte – sind sein einziger eigener, avantgardistischer, konzeptionell neuer Beitrag zur Gartenkunst.

Tatsächlich ein Wagnis! In der ideal gestalteten Natur erscheint plötzlich ein streng geometrisch geformter Fremdkörper. Da er begrünt ist, durch Rasen und an den prekären Stellen wiederum Mauerpfeffer, wird die Fremdartigkeit der Stereometrie zwischen natürlichem Wachstum, das nicht einmal einen rechten Winkel duldet, herabgemildert. Aber wohl nur einem Künstler und Routinier wie Pückler wird es möglich, so etwas harmonisch einander anzugliedern.

Wiederum bedarf es eines Heers von Schanzarbeitern, das wiederum aus dem Cottbusser Stadtgefängnis rekrutiert wird, sowie einer Unzahl von Baum- und Gehölzpflanzungen. Für Seen, Hügel und Pyramiden müssen an die 80- bis 90 000 Kubikmeter Erde bewegt werden – alles ohne Bagger, mit Schaufel und Spaten. Hinzutreten Wege von insgesamt elf Kilometern Länge und ein vier Kilometer langer Begrenzungswall – es müssen in Wirklichkeit weit über 100 000 Kubikmeter Sand und Erde bewegt worden sein.

Das geht nur bei äußerstem Fleiß. Wir sehen einen Pückler, der

– was er nie in seinem Leben getan hat – von morgens bis abends arbeitet. Ist der sogenannte Westpark auch in den Grundzügen nach 16 Wochen buchstäblich aus dem Boden gestampft, so bleibt für Jahre genug Arbeit übrig. Und natürlich hat Pückler weitere Ideen. Der Seepyramide fügt er eine steile Landpyramide hinzu, die sich stufenförmig erhebt und von ihm mit einem schmiedeeisernen Gitter gekrönt wird. Da das Schmiedeeisen wie ein Grab aussieht, nimmt man es meist als Todessymbol, aber in Wirklichkeit handelt es sich – wie könnte es bei Pückler anders sein? – um eine Liebeserklärung. Deren tiefere Bedeutung kennt nur die bildschöne 18jährige Ida von Seydewitz, Tochter seines Stiefbruders Max, die eine Zeitlang ständige Begleiterin des Fürsten wird, auf Branitz und den dann doch wieder angetretenen kurzen Reisen.

Ida rettet ihren Stiefonkel, mit dem sie mehr als verwandtschaftliche Gefühle verbindet, im übrigen vor den Bemühungen einer Erpresserin namens Marie von Hochstedt und einer leichtlebigen Dame, Bertha von Merveldt. Beiden ist daran gelegen, Fürstin zu werden, eine lange und komplizierte Geschichte, die Pückler wiederum in die Klatschspalten der Zeitungen und die satirischen Blätter bringt.

Wie dem Greis auch sonst keine Aufregung erspart bleibt. 1861 stirbt Friedrich Wilhelm IV.; Prinz Wilhelm, der Babelsberger, besteigt den Thron. An den Krönungsfeierlichkeiten im ostpreußischen Königsberg nimmt Pückler in offizieller Uniform teil und wird von Wilhelm sowie Augusta, der neuen Königin, als alter Freund begrüßt. Zu seiner höchsten Befriedigung erhält er noch an Ort und Stelle den Titel »Durchlaucht« oder »Hoheit« zurück. Nichts hat ihn mehr gekränkt als der Entzug dieses Titels durch den verstorbenen König. Um ihn hat er einen umfangreichen Briefwechsel geführt, der eines besseren Zwecks wert gewesen wäre. »Ich erfuhr mit Genugtuung, daß der König uns Fürsten preußischer Ernennung den Titel Durchlaucht endlich mit denen fremder Potentaten und des längst imaginär gewordenen deutschen Reiches, offiziell, als gleichmäßig uns zukommend erklärt hat. Der vorige König in seinen so oft wechselnden Ansichten, hatte uns durch sein elendes Ministerium abspeisen lassen, eine größere Herabsetzung seiner Krone, als für uns.«

Apropos Abspeisen: Pückler bewundert in Königsberg vor allem seinen Vetter, den Hofmarschall, der anschließend an die Krönung ein Diner für 1000 Personen organisieren muß; »dem ungeachtet sehr gut«.

Die nächste Aufregung: Eine englische Eisenbahngesellschaft will die Geleise mitten durch den Branitzer Park legen, wozu sie schon die Genehmigung bekommen hat. Da ist von Vorteil, daß der neue König Pückler wohler will als der alte. Wilhelm verbietet die Eisenbahnlinie kurzerhand; sie muß am Park vorbeilaufen. Bei einer entsetzlichen Sommerdürre 1857 hilft dann die Cottbusser Feuerwehr, indem sie die Neupflanzungen mittels Pumpspritzen aus der nahen Spree bewässert. Im vierten Pflanzjahr verwüstet wiederum ein Sturm die Gehölze; viele Bäume müssen erneut ersetzt werden.

Zunehmend leidet der Fürst an Gicht und Rheuma. Manche Gartenarbeiten kann er schon nicht mehr zu Pferde beaufsichtigen, sondern er geht zu Fuß, von Billy Masser gestützt, mitunter auch an Krücken. Sogar die Liebe wird anscheinend lästig, die ihn trotzdem immer wieder anfällt, stets in der Hoffnung »zum letzten Mal«, wie er anläßlich eines Berliner Techtelmechtels in sein Tagebuch notiert.

Und dann, zu allem Unglück, das Pech, in einen Fall verwickelt zu werden, den Pückler zwar mit angeregt hat, an dem er jedoch sonst völlig unschuldig ist. Ausgerechnet der stille, mausgraue Varnhagen erregt, noch aus dem Grab heraus, die Gemüter in Preußen, woran auch Ludmilla Assing ihren Anteil hat. Die guten Beziehungen des Fürsten zum Hof, zu König und Königin sind dahin. Für eine Weile begegnet man ihm dort fast noch eisiger als zu Friedrich Wilhelms IV. Zeiten.

Was ist geschehen?

Im Grunde etwas sehr Harmloses. Ludmilla, Nachlaßverwalterin ihres verstorbenen Onkels, hat dessen Briefwechsel mit einer derart integren und hochgeachteten Persönlichkeit wie Alexander von Humboldt veröffentlicht. Hat man geahnt, wie aufmerksam diese beiden Lästermäuler die Ereignisse in Berlin beobachtet haben und wie sie über ihre Zeitgenossen hergezogen sind? Berlin steht Kopf. Pückler ist wieder einmal persona ingrata. Selbst seine letzten Reisen, letzten Lieben, letzten Gartenarbeiten gehen nicht ohne Komplikationen vonstatten. Die Vorstellung eines »Eremiten von Branitz« bleibt ein Wunschtraum – und wahrscheinlich nicht einmal ein zu Pückler passender.

25.

Der Weg zum Tumulus

Vorwürfe muß sich der Fürst nicht machen. Er hat Ludmilla einen Rat gegeben, den ihr vermutlich jeder andere auch gegeben hätte, nämlich den Briefwechsel zwischen Humboldt und Varnhagen ohne jede Änderung zu veröffentlichen. So geschieht es dann auch 1860 bei Brockhaus in Leipzig. Und sofort bekommt Ludmilla Schwierigkeiten mit der preußischen Zensur, denn beide Verstorbenen haben sich allzu respektlos über Religion, das jetzige Herrscherpaar, damals Prinz und Prinzessin von Preußen, sowie die Königin von England geäußert. Hebbel spricht vom »skandalösesten Briefwechsel, der je das Licht der Welt erblickt hat«, und stellt Ludmilla Assing auf eine Stufe mit einem Einbrecher, der Staatsgeheimnisse gestohlen hat und sie nun ausplaudert.

Trotzdem oder eben deswegen wird das Buch eifrig gelesen, auch in den betroffenen Kreisen. Ludmilla, einer Hamburger Staatsbürgerin, droht die Ausweisung aus Preußen. Eine solche kann der Fürst aber bei seinen Beziehungen über Vetter Friedrich von Pückler gerade noch verhindern. Auf einer Audienz bei der Königin verbürgt er sich überdies für Ludmillas gute Absichten und glaubt, die Sache damit geregelt zu haben.

Er unterschätzt die Hartnäckigkeit der Nichte Varnhagens. Im nächsten Jahr veröffentlicht sie, ebenfalls ungekürzt, die beiden ersten Bände von Varnhagens Tagebüchern, die dieser seit 1835 geführt hat. Sie schlagen ein wie eine Bombe. Kolportierte Klatschgeschichten aus der preußischen Oberschicht, drastische Kritik an der Politik des Königs, seinen Ministern und Beamten sowie unverhohlene Sympathie mit den revolutionären Bestrebungen von 1848 begeistern zwar erneut die so etwas längst nicht mehr gewohnte Leserschaft vor allem in Berlin. Aber Hof und obere Zehntausend sind entsetzt. Wir wollen hinzufügen, daß Varnhagens Tagebücher eine unerschöpfliche Quelle preußischer Geschichte jener Tage sind, ein unvergleichliches persönliches Dokument, ohne das wir kulturhistorisch sehr viel ärmer wären. Aber die Presse, vor allem die rechte, nennt es ein »Schandbuch«, eine »Pulverkammer«, eine »ruchlose, wie zum Grabe herausgewachsene Hand« und findet, dem »Preußischen Vaterlande« sei ein »großer Tintenklecks« angehängt worden. Die »Neue Preußische Zeitung«, das Sprachrohr der Konservativen im Lande: »Zum Ausspeien!«

Pückler, der die ersten beiden Bände mit großem Vergnügen gelesen hat, wie er zugibt, macht Ludmilla trotzdem heftige Vorwürfe. Zum ersten ist der Fürst, vor allem durch den Einfluß Bismarcks, an dem er einen Narren gefressen zu haben scheint, konservativer geworden (er dürfte den Weg des späteren »Eisernen Kanzlers« durch seinen Einfluß erheblich mitgeebnet haben). Zum zweiten aber ärgert ihn, daß Ludmilla seinen nach dem Skandal des Briefwechsels mit Humboldt gegebenen Rat, in Zukunft etwas vorsichtiger zu verfahren, nicht beachtet hat. Hätte sie ihn doch bei der Redaktion hinzugezogen! Wären doch, wie er einer Verehrerin schreibt, »diese Bücher mit geringer Veränderung viel würdiger, gediegener und wahrer geworden, ohne das mindeste Reelle von ihrem so pikanten Interesse, selten übertroffenen Stil und vielfach ergänzenden historischem Werte zu verlieren«. Sein Urteil gipfelt in dem Satz: »Ludmilla hat sich ohne Not aus Pietät zur Märtyrerin gemacht...«

Denn die wird 1862 wegen »Verletzung der Ehrfurcht gegen Seine Majestät den König, Beleidigung Ihrer Majestät der Königin und Beleidigung eines Beamten in bezug auf seinen Beruf« zu acht Monaten Gefängnis, nach Erscheinen des vierten Bandes 1864 sogar in Abwesenheit zu zwei Jahren nebst Ehrverlust verurteilt und steckbrieflich gesucht. Sie hat sich inzwischen nach Italien abgesetzt. Eine tapfere Frau: Von Florenz aus gelingt es ihr nicht nur, durch einen raschen Verlagswechsel, die gesamten Tagebücher Varnhagens in 45 Bänden herauszugeben, sondern auch die italienischen Freiheitsideen in deutschen Blättern zu verbreiten. Eine Vertraute Mazzinis, wird sie dessen beste Propagandistin und Übersetzerin seiner Schriften.

Mit Pückler bleibt sie in engem Kontakt. Er beneidet sie um ihr Haus im warmen Florenz, und noch in einem seiner letzten Briefe schreibt er ihr: »So alt ich auch sein mag, Italien und Ludmilla werden mich kurieren!«

Den Konflikt mit dem Königspaar hat der Listenreiche auf eigene Weise gelöst. Da er (zu Recht) vermutet, daß seine Briefe von der Zensur geöffnet werden, läßt er in sie allerlei Schmeichelhaftes für die Königin und den König einfließen, auch Entrüstung über die bösen Zungen von Berlin. Penibel wie der Fürst nun einmal ist, hat er die Nachwelt wissen lassen, daß derartige Stellen in den Briefen nicht erlogen gewesen seien. Das »Schwarze Postkabinett«, wie man damals die offizielle Zensur- und Schnüffelstelle nennt, scheint auch tatsächlich alles wunschgemäß an den Hof weitergereicht zu haben. Der alte Vertraute wird bald wieder in Gnaden aufgenommen. Da es ihm sehr wichtig ist, wollen wir auch nicht verschweigen, daß er 1865 – ein Jahr nach dem Erscheinen des vierten Bandes von Varnhagens Tagebüchern – »durch die große Gnade des Königs den zweithöchsten Orden Preußens, das bei der Krönung in Königsberg geschaffene goldene Großkreuz des Rothen Adlerordens« an die, wie wir wissen, bereits sternenübersäte Brust geheftet bekommt. Sein Kommentar: »Wer weiß, ob ich noch so lange leben werde, um dieses letzte Spielzeug noch einmal im Dienst der Eitelkeit benutzen zu können, die leider auch bei mir ausstirbt!«

Er kann es nutzen. Trotz ständiger Erkältungen arbeitet er täglich bis zu neun Stunden im Branitzer Garten, begibt sich aber immer wieder auf kleine Reisen, die ihn bis nach Venedig, Innsbruck, Stuttgart und in verschiedene Kurbäder führen. Die Eintragungen in sein Tagebuch betreffen entweder sein Verhältnis zu Frauen (»leider mich hier verliebt«) oder die werte Gesundheit: »Die alte Maschine wird bald, besorge ich, nicht mehr zu repariren sein. Ein Doktor mit dem Schnurrbart, ein jovialer guter Kerl, behandelt mich, und verordnet mir, wie gewöhnlich die Mittel, die ich ihm selbst aus meiner alten Rezeptensammlung vorschlage, zum Beispiel Austern, Champagner und Sodawasser.« Den 80. Geburtstag verbringt er im Bett, diesmal erstaunlicherweise allein (»doch nur Katarrh statt Bronchitis«).

1866 erläßt Preußen eine Amnestie, die auch Ludmilla betrifft. Wir sehen sie alsbald wieder in Branitz. Pückler hat sie kommen lassen, um mit ihr seinen eigenen Nachlaß zu sichten: Hat sich einst Varnhagen der Aufforderung des Fürsten, über ihn eine Biographie zu verfassen, entzogen, so nimmt seine Nichte den Auftrag sofort an. Sie wird die Biographie schreiben und auch Tagebücher sowie Briefwechsel Pücklers herausgeben, diesmal mit dem Versprechen, alles Verfängliche oder Kränkende auszumerzen. Ein Vierteljahr, schreibt er ihr, müßten sie sich dazu auf eine einsame Insel zurückziehen, aber die einsame Insel wird dann doch Branitz.

Mag sich der greise Pückler, obwohl grundsätzlich ein Freund Österreichs, für Bismarcks starke Hand und plötzlich auch die von diesem angestrebte »kleindeutsche Lösung« begeistern, so liberal, um einer Erz-Liberalen seinen Nachlaß anzuvertrauen, ist er doch geblieben. Auch merkt man ihm die Freude an, daß wenigstens auf Zeit wieder eine Frauenhand auf Branitz tätig ist. Ohne eine geschätzte Frau in der Nähe ist für ihn kein richtiges Leben denkbar.

Die Zeit mit Ludmilla auf Branitz dürfte die letzte gewesen sein, die so abläuft, wie Pückler es liebt. Für ihren Aufenthalt hat er eigens eine Hausordnung verfaßt oder eigentlich so niedergelegt, wie er es mit lieben Gästen seit jeher zu handhaben pflegt:

Branitzer Hausordnung

1. Vollständige Freiheit für Wirt und Gäste.

2. Jedermann steht auf, wann es ihm beliebt, und frühstückt, was er will und befiehlt, bequem auf seiner Stube.

3. Um 1 Uhr luncheon im Frühstückszimmer, dem jeder Gast beiwohnt oder nicht, ganz nach seinem Belieben.

4. Wer ausfahren oder reiten will, bestellt es beim Hofmarschall Billy. Acht Pferde stehen dazu bereit.

5. Der einzige Zwang besteht darin, zum Diner um 9 Uhr zu kommen, wenn der Tamtam zum zweitenmal donnert. Nur Krankheit, die der liebe Gott verhüte, dispensiert von dieser Pflicht. Nach dem Kaffee ist jedes Menschenkind wieder frei. This is the custom of Bransom-Hall.

Bedenkt man, was manche Leute unter Gastfreundschaft verstehen, würde man wünschen, Pücklers Hausordnung hätte sich weltweit durchgesetzt. Der englische Vers ist eine Zeile aus Sir Walter Scotts frühem Versepos »The Lay of the last Minstrel« (Das Lied vom letzten Minnesänger), die in Großbritannien sprichwörtlich wurde im Sinne eines: »So geht es bei uns zu.« Wie von Dickens moniert, befindet sich der Fürst allerdings schon wieder mit der englischen Sprache auf dem Kriegsfuß. Richtig muß es heißen: »Such is the custom of Branksome Hall.«

Eine angenehme, wenngleich arbeitsame Zeit (oder umgekehrt). Pückler genießt sie und bedauert nur, daß sie so kurz währt. Schon nach zwei Wochen strebt Ludmilla zurück nach Florenz, der Fürst ahnt weshalb. Noch jetzt bleibt ihm so etwas wie Eifersucht nicht erspart. Er nimmt sich vor, recht bald in Italien »nach dem Rechten zu sehen«.

Bedauerlich, daß es dazu nicht mehr gekommen ist. Ludmilla liebt einen Offizier namens Grimaldi, den sie auch heiratet; die unglückliche Ehe wird ein Jahr später geschieden. Keller, den sie häufig auf der Durchreise in Zürich besucht, schildert sie wenig sympathisch: »Sie hatte eine goldene Brille auf der Nase, renommierte, daß sie Latein treibe, warf die Gegenstände auf dem Tisch mit barschen Mannsbewegungen herum, heulte dazwischen, rückte mir auf den Leib, immer von sich selbst sprechend etc.«

Man muß trotzdem vor ihr den Hut ziehen. Ihre Pückler-Biographie erscheint 1874 in zwei Bänden, Briefwechsel und Tagebücher zwischen 1873 und 1876 in neun Bänden, beides bei Wedekind und Schwieger in Berlin. Die Biographie mag ihr etwas zu lobhudelnd geraten sein und – im Gegensatz zu ihrer Varnhagen-Edition – Briefwechsel und Tagebücher allzu verschwiegen, aber die Leistung der Herausgeberin bleibt bestehen. Auch hier gilt: Ohne diese Editionen könnten wir uns das preußische 19. Jahrhundert kulturhistorisch weitaus schlechter vergegenwärtigen.

Bis kurz vor ihrem Tod ist Ludmilla Assing für Pückler und ihre demokratischen Ideen scharfsinnig und überzeugend eingetreten. Sie ist 1880 mit 58 Jahren in geistiger Umnachtung in Florenz gestorben.

Der 80jährige macht es sich dann auch ohne Ludmilla auf

Branitz angenehm, ein genußsüchtiger Melancholikus. Nach wie vor richtet er sich nicht nach dem Tageslauf, sondern dieser hat sich gefälligst nach ihm zu richten.

Der Fürst erhebt sich gegen 11 oder 12 Uhr morgens beziehungsweise mittags, hat aber vorher schon im Bett die Zeitungen, allen voran die »Augsburgische Allgemeine« gelesen. Er frühstückt im orientalischen Morgenmantel, anschließend bringt ihm der Diener die lange, mit starkem Latakiah-Tabak gestopfte Pfeife, die mit einem glühenden Stück Kohle – nicht etwa mit einem kleinbürgerlichen Fidibus – in Brand gesetzt wird.

Dann erscheinen die Haus- und Stalldiener sowie die Hauptperson, der Koch, zum Empfang der Tagesbefehle im Schlafzimmer und werden im feierlichen Ausmarsch vom Hofmarschall wieder herausgeführt. Hofmarschall ist, wie wir schon wissen, Billy Masser, Lucies Liliputaner, der den Fürsten mitunter auch am Nachmittag begleitet, wenn dieser die Gartenarbeiten inspiziert. Es gibt auch einen Parkdirektor, der, wie Petzold auf Muskau, die Branitzer Anlagen im Sinne Pücklers führt, Georg Bleyer. Die noch vom Fürsten selbst ausgebildeten und eingesetzten Obergärtner sind treue Gesellen. Bleyer gibt seinem Herrn, wenn dieser sich auf Reisen befindet, wöchentlich ausführlichen Bericht und wird unter Pücklers Erben, Graf Heinrich von Pückler, noch bis 1915 den Branitzer Garten pflegen und vollenden. Seit dem Ersten Weltkrieg verwilderte der Park, und erst 1952, als ihn die DDR zum nationalen Naturdenkmal erklärte, ist er in einen Zustand versetzt worden, der Pücklers Ideen annähernd entspricht. Heinrich von Pückler wird übrigens nur den Grundbesitz, Schloß und Landschaftsgarten, erben, nicht das Pücklersche Barvermögen. Er steckt trotzdem aus eigenen Mitteln nicht weniger in den Park als sein großer Vorgänger.

Aber führen wir den Tageslauf weiter. Am frühen Abend wird Besuch empfangen. Wer kommt, fühlt sich in 1001 Nacht versetzt. Der Fürst trägt meist einen schwarzseidenen Kaftan, rotseidene Pluderhosen und gelbe Pantoffeln, auf dem Kopf, selbst im Zimmer, den türkischen Fez.

Einer der Besucher berichtet: »Dicke Teppiche von bunten Farben und merkwürdigen Zeichnungen brachen das leiseste Geräusch des Fußes. Schwere, dunkle Jalousien vor den Fenstern wehrten den Sonnenstrahlen. An den Wänden überall Vorhänge und kostbares, fremdländisches Geräth, Möbel aus überseeischen Hölzern, kunstvoll geschnitzt, vergoldet. Hinter einer Portière ein schräges Feldbett, in Lanzenstangen hängend, mit rotseidenen Decken, davor eine Löwenhaut, darüber ein großer Sombrero mit niederhängenden Straußenfedern, türkische krumme Säbel, Revolver und Pistolen aus allen Reichen der Welt und von den erdenklichsten Konstruktionen; Ölgemälden, Miniatur- und Pastellbilder, Aquarellen von Studien im Orient.«

Der Gast, er heißt Paul Wesenfeld, hat mit seinem Begleiter auf einem Divan gegenüber Pückler Platz genommen: »Er selbst saß auf einer Ottomane am Fenster in oben beschriebener Kleidung, neben ihm stand ein Tisch von herrlicher Mosaikarbeit, auf welchem die verschiedensten Gegenstände zum bequemen Gebrauch bereit lagen.«

»Wir hatten ein Gespräch über die verschiedensten Gegenstände«, erzählt der wohl etwas eingeschüchterte Wesenfeld weiter, »aber schon nach wenigen Minuten fühlte ich mein Herz weniger heftig pochen, als ich immer wieder in des Fürsten wundervolle blaue Augen blickte, welche, je länger wir uns unterhielten, ich weiß nicht wovon, mehr strahlten, ob von Freude, Erinnerungsseligkeit oder von Güte, oder von Sanftmuth oder von dem Feuer der Jugend.«

Viele Zeitgenossen berichten, daß Pückler nie von seiner Gartenarbeit gesprochen, sondern statt dessen auf sein Gartenbuch verwiesen habe, eher schon redete er über philosophische Themen. Aber rege werden Geist und »Stimme... von außerordentlich weichem, melodischen Klang« erst so richtig, wenn es um seine afrikanischen Reisen geht. Dann sprudeln die Erinnerungen, dann gerät er ins Erzählen, wobei sich Erinnerungen und Phantasie vermischen können. Nicht umsonst hat Immermann seine Satire auf Pückler »Münchhausen« betitelt.

Die Schriftstellerei hat er so gut wie aufgegeben. Trotzdem verbringt der Fürst lange Nachtstunden nach dem Abendessen am Schreibtisch und pflegt seine ausufernde Korrespondenz. Die meisten seiner Briefpartner sind weiblichen Geschlechts, nur wenige so alt wie er.

Da schreibt ihm etwa Ada von Treskow mit azurblauer Tinte, die ihm wie das »Parfüm der Geliebten« vorkommt, entzückende Briefe. Ada ist eben 20, er 75, als der Gedanken- und Zärtlichkeitsaustausch per Post beginnt. Das Mädchen hat der Fürst schon in ihrem Elternhaus kennengelernt, in dem, wie er sagt, »L'èlite d'èlite« verkehrte. Mit dem Vater, einem Attaché im preußischen Außenministerium und Übersetzer, war er befreundet, mehr noch mit ihrer Mutter, der schönen Frau Zielinski, wie sie in Berliner Gesellschaftskreisen nach ihrem ersten, verstorbenen Mann noch immer genannt wird.

»Freunde«, begründet die fromme Ida Gräfin Hahn-Hahn ihre Absage an den Fürsten, »Freunde, weder halbe noch ganze, können wir schwerlich je werden, denn Sie sind einer von den Männern, mit dem eine Frau ewig Komödie spielen muß, um Freund mit ihm zu bleiben.« Zehn Jahre lang tut Ada von Treskow nichts lieber, als mit Pückler brieflich Komödie zu spielen, wobei die beiden sich oft gegenseitig auch ganz ernsthaft das Herz ausschütten.

Wer auch immer die Geltung Pücklers als Schriftsteller in Frage stellen mag, als Briefschreiber ist er über jeden Zweifel erhaben; als solcher hat er im deutschen Sprachraum im 19. Jahrhundert wenige, die es mit ihm aufnehmen können.

Die charmante Korrespondenz mit Ada von Treskow, nur eine von unzähligen, liegt im übrigen in Buchform vor und liest sich wie ein bisweilen zärtlich tändelnder, dann wieder psychologisch ergreifender Roman vom ergrauten homme à femmes, der sich aus der Ferne von einem jungen Gaukelwesen geliebt fühlt. Noch einmal kann er, jetzt beruhigter denn je, Komödie spielen mit der ihm langsam entrückenden Weiblichkeit.

Die Briefe an Ludmilla Assing und Eugenie Marlitt schlagen ernstere Töne an. In ihnen scheint sich Pückler auf den Tod vorzubereiten. Überhaupt ersetzt ihm der Briefwechsel mit Schriftstellerinnen mehr und mehr das sonst so beredt geführte Gespräch mit Männern. Auch Ada von Treskow ist übrigens schon 1841 unter dem Pseudonym Günther v. Freiberg mit zwei kleinen Bändchen, »Aquarelle«, hervorgetreten, 1872 wird ihr einst viel gelesener Roman »Die Perle von Palermo« erscheinen. Die stolze Marlitt, eigentlich Eugenie John, hat in der damals bürgerlich-demokratisch orientierten Zeitschrift »Die Gartenlaube« ihr »Geheimnis der alten Mamsell« veröffentlicht, dem betulichen Titel zum Trotz ein durchaus fortschrittlicher, liberaler Roman. Pückler lädt sie vergebens nach Branitz ein. »Was würden Ihre stolzen Hirsche und Rehe für Augen machen, wenn ein Menschenkind mit völlig demokratischer Weltanschauung in Ihrem aristokratischen Park umherwandeln wollte?«

Dieser Briefwechsel hat Zündstoff und wird mit viel Ironie geführt. Die Marlitt schickt Pückler, statt selbst zu kommen, aus Arnstadt in Thüringen, wo sie bescheiden – und völlig ertaubt – lebt, ein Foto. Pückler schickt ihr eines von sich zurück, das ihn in Generalsuniform mit allen Orden und Ehrenzeichen abbildet. Da rangeln zwei geistesverwandte Seelen, ohne sich näherzukommen. Ludmilla Assing schickt er stößeweise weitere Unterlagen über sein Leben nach Florenz und diskutiert mit ihr die Ideen Garibaldis, die er gelten läßt, und Mazzinis, die ihm zu überspannt vorkommen. Immer wieder wird in ihren Briefen auch Schopenhauer erwähnt.

»Er hatte soeben Schopenhauer gelesen«, berichtet auch Paul Wesenfeld, »und das Buch aus der Hand gelegt. ›Sie sehen‹, sagte er, meinem auf das Buch gehefteten Auge folgend, ›ich rüste mich zu der letzten Reise – es wird Zeit. Aber ich bin gefaßt und ruhig, ich habe nichts mehr auf unserer Mutter Erde zu vollbringen, ich habe sie gründlich studiert und bis auf das letzte Geheimniß überall die Winke der Allmacht verstanden – bald werde ich auch dieses verstehen. Das Leben an sich‹ – äußerte er im weiteren Verlauf – ›ist nichts Werthvolles, ich habe mich mit ihm abgefunden, ich habe es betrachtet, wie ein angenehmes Geschenk von einer unbekannten, freundlichen Hand – aber es ist doch im Ganzen sehr eintönig und für den Forscher in seinen Hauptbedeutungen stumm und verschlossen. Ich habe zwar recht viel in ihm erfahren, aber umkehren möchte ich nicht, es wäre denn, daß ich es in seinen besten Phasen noch einmal mit der Geschwindigkeit eines Vogels oder Fisches durchmessen könnte.‹«

Das Leben, dieses angenehme Geschenk von unbekannter, aber freundlicher Hand, hält noch einige Aufregungen für ihn bereit.

»Das Interesse und die Liebe zur Gärtnerei«, schreibt Parkdirektor Bleyer, »sind trotz Kränklichkeit, Alter und kriegerischen Zeiten dieselben geblieben, ja, fast noch reger geworden, um noch so viel als möglich zu vollenden.« Die kriegerischen Zeiten: Der 81jährige General zieht noch einmal in großer Uniform zu Felde. Er meldet sich im Hauptquartier des Königs sofort als Freiwilliger beim Beginn des Krieges, den der von ihm so sehr verehrte Bismarck gegen zwei Länder führt, denen Pückler einiges verdankt: Sachsen und Österreich.

Er liebäugelt, wie er seinem Tagebuch anvertraut, mit dem Tod auf dem Schlachtfeld, der ihm das richtige Ende für ein Leben scheint, wie er es geführt hat. Aber wie soll ein General im sicheren Hauptquartier zu Gitschin den Heldentod suchen und finden? Der Fürst versäumt sogar die entscheidende Schlacht bei Königgrätz, weil man den alten Herrn in seinem Feldbett ganz einfach schlafen läßt. Darüber ist er sehr böse, wird aber mit einem Orden über die Enttäuschung hinweggetröstet, auch über die Tatsache, daß sein Erbe, Heinrich von Pückler, sich bei einer Reiterattacke ausgezeichnet hat.

Bald arbeitet er in Branitz schon wieder an einem weiteren, nunmehr dritten Berg, der Hermannsberg heißen und gleich 30 Meter hoch werden soll. Er unterbricht die Arbeit, um nach Meran und Bozen zu fahren, wo er Ada trifft, die einen Italiener, Giuseppe Pinelli-Rizzuto, geheiratet hat, und dann nach Paris, wohin ihn eine 22jährige unverheiratete Schöne treibt, »frisch ... und gut, daß sie den besten Statuen des Altertums gleichkam«.

Ein Unverbesserlicher, der sich auch 1870 beim Ausbruch des Deutsch-Französischen Kriegs trotz seiner Vorliebe für Napoleon III. noch einmal freiwillig meldet. Aber diesmal lehnt der König das Angebot »wegen Alter und schwächlicher Gesundheit« des Antragstellers ab. »Ich empfinde dies bitter«, schreibt der 85jährige in sein Tagebuch, obwohl er sich eben erst nach einer schweren Erkrankung in Bad Wildungen »die Gesundheit ertrotzt« hat.

Seine letzte Tagebucheintragung erfolgt im Dezember des gleichen Jahres. Sie liest sich, wohldurchdacht, als Quintessenz eines, alles in allem, musischen Lebens: »Kunst ist das Höchste und Edelste im Leben, denn es ist Schaffen zum Nutzen der Menschheit. Nach Kräften habe ich dies mein langes Leben hindurch im Reiche der Natur geübt.«

Am Hermannsberg arbeitet er weiter, bereitet aber Anfang 1871 schon wieder eine Reise nach Florenz vor, um endlich, wie er es sich vorgenommen, bei Ludmilla Assing »nach dem Rechten zu sehen«. Das verhindert eine schwere Grippe mit hohem Fieber. Sein Hausarzt, Dr. Liersch aus Cottbus: »Raphaels Papst Julius der Zweite ... stieg mir immer lebhaft in der Erinnerung auf, wenn ich morgens gegen elf Uhr in das Schlafzimmer und an das Lager des greisen Fürsten Pückler trat. Die rothseidene Mütze an Stelle des sonst die Haustoilette vollendenden Fez, der über die Schulter graziös geschlagene lila Shawl, die seidenen Handschuhe über den langen, feinen Händen, der schöne, wohlgepflegte, weiße Bart und das markante Gesicht mit der hohen Stirn und der starken Nase, besonders aber die milden, blauen Augen hätten in dem im Bette aufrecht sitzenden und von seiner Morgenlektüre aufblickenden Patienten viel mehr einen ehrwürdigen Kirchenfürsten vermuthen lassen, als den durch die Strudel des Lebens so vielfach hin und her geworfenen Semilasso. Die ganze Dekoration des Zimmers jedoch, die türkischen krummen Säbel, die indischen Waffen, die Straußenfedern und das mit buntbeblümter Portière halb verhüllte Federbett ließen bald jeden Zweifel schwinden, daß der ehrwürdige Herr doch der einstige Freund Mehemed Alis und der Retter der schönen, unglücklichen Machbuba sei. In überaus liebenswürdiger Weise lud er mich zum Niedersetzen ein, und nach kurzer Besprechung seiner physischen Erlebnisse und Zustände ging die Unterhaltung bald auf Tagesereignisse und Literatur über.«

Der Hausarzt, der ein sehr aufmerksamer Beobachter gewesen sein muß, schildert Pücklers physische und psychische Statur: »Pückler war, wie man zu sagen pflegt, eine weibliche Natur, so männlich und kräftig er im Leben aufzutreten wußte. Sein vorzüglich angelegter und stets sehr gepflegter Körper war im Ganzen fein und zart, seine Haut weich, fast durchsichtig; seine Züge regelmäßig und geistvoll, seine Augen blaugrau, bald milde, einschmeichelnd und heiter, bald funkelnd und strahlend, ein schöner Spiegel seiner geistigen Beweglichkeit und Lebhaftigkeit. Seine Weichheit und sein tiefes Gemüt, gepaart mit Leidenschaftlichkeit und Feuer, andererseits seine körperliche Zähigkeit, die oft schnell eintretende Abspannung, aus der er sich aber urplötzlich wie ein Phönix erhob, sein bewunderungswürdiges Simulationstalent (Anpassungsvermögen), das ihn bei seinem unendlichen Wechsel in Berücksichtigung und Geringschätzung der Welt wesentlich unterstützte, seine wohl zu verzeihende Eitelkeit, die ihm bis ins hohe Alter verblieb, vor allem seine Eigentümlichkeit, dem augenblicklichen Eindrucke schnell zu folgen, woraus oft die reizendste Gutmütigkeit, aber zuweilen auch eine ungerechtfertigte Strenge und ein fast unerklärliches Übelwollen erwuchs – alles dies war begründet in der seiner ganzen Natur aufgedrückten Weiblichkeit. Er konnte so launisch, aber auch so liebenswürdig wie eine Frau sein, leichtsinnig in der Jugend, wohlwollend im Alter, leidenschaftlich bis zum Exzess und wieder apathisch und fast schüchtern zurückhaltend.«

Das Faszinierende an Pückler ist selten derart klar definiert worden. Lassen wir dahingestellt sein, wie weit es von Pückler selbst stammt, der es stets verstand, seinen Gesprächspartnern von sich die Eindrücke zu vermitteln, die er sich wünschte. Im Alter kommt er selbst immer wieder darauf zurück, daß in ihm sich ein weibliches Element stark ausgeprägt fühle. Diese Doppelnatur Pücklers hat der Arzt jedenfalls bis in die Grundzüge von Körper und Seele beschrieben. Vom Fürsten Pückler kann man lernen, dieses Doppelwesen, das wohl viele Menschen charakterisiert, nicht zu zügeln, zu zähmen oder zu unterdrücken, sondern es bewußt auszuleben.

In der Nacht vom 4. zum 5. Februar 1871 wird Dr. Liersch durch einen Kurier aus Cottbus nach Branitz gerufen. »Der Sturm schüttelte die Eichen und Linden des entblätterten Parkes ... Das Schloß lag dunkel, starr und schaurig da. Kein Laut auf den Treppen und Korridoren«, schildert es August Trinius. Am Sterbelager des Fürsten anwesend sind neben Dr. Liersch der Zwerg Billy Masser, Parkdirektor Bleyer, dessen Oberförster und Pücklers Kammerdiener. Pücklers letzter Gruß gilt keiner Frau, sondern seinem Lieblingspferd. Seine letzten Worte: »Man öffne mir den Weg zum Tumulus!« Kein Todeskampf. Er stirbt, wie er es gewünscht hat, »schmerzlos, ruhig und mit Grazie« am Sonnabend, dem 4. Februar 1871, fünf Minuten vor Mitternacht.

Und erregt prompt auch nach seinem Tode noch Aufregung. Als

sein Erbe, der Majoratsnachfolger auf Branitz, Reichsgraf Heinrich von Pückler, aus dem Frankreichkrieg nach Hause kommt, kann er zwar Schloß und Park übernehmen, nicht jedoch das ihm gleichfalls versprochene Barvermögen. Der Fürst hat noch vor wenigen Monaten sein Testament geändert, und zwar zugunsten seiner Nichte, Marie von Pachelbl-Gehag, einer geborenen Gräfin Seydewitz. Sie spielte in seinem Leben kaum eine Rolle, hat ihn aber in den letzten Wochen verdächtig oft besucht.

Größeres Kopfzerbrechen bereitet eine weitere Klausel im Testament. Pückler hat, exzentrisch bis zuletzt, befohlen, seinen Leib chemisch aufzulösen. Das mag mit seiner Naturphilosophie zu tun haben und seinem Pantheismus, aber ganz gewiß will er damit auch der römisch-katholischen Kirche, der er ja seit Budapest angehört, ein letztes Schnippchen schlagen.

Einäscherungen, wie sie eben in Preußen in Mode kommen, sind gläubigen Katholiken verboten. Von chemischen Auflösungen steht nichts geschrieben. Nach der Obduktion, die Dr. Liersch mit zwei weiteren Ärzten vornimmt (sie ergibt als Todesursache Altersschwäche), legt man das Herz des Fürsten in eine Glasphiole, die mit Schwefelsäure angefüllt ist. Der Leichnam wird in Ätznatron, Ätzkali und Ätzkalk gebettet. Und beides, nach Pücklers Wunsch, getrennt beigesetzt, der Leichnam – oder was von ihm übriggeblieben sein wird – in einem Eichensarg, der einen Metallsarg enthält, das Herz in einer Urne aus Kupfer. Sollte Pückler aus einer anderen Welt das Entsetzen verfolgt haben, das diese Prozedur allgemein erregt, hat er gewiß sein Vergnügen daran gehabt.

Die Beisetzung findet am 9. Februar bei schneidender Kälte, Sturm und Schneefall statt. In aller Eile hat man den Tumulus in der Wasserpyramide geöffnet und zu ihr eine Behelfsbrücke über den See gelegt. Auf ihr bewegt sich ein langer Trauerzug zur verschneiten Insel, voran die Landwehr, dann der von Gärtnern getragene Sarg, zwei Verwandte mit Urne und allen Orden auf Samtkissen. Den Branitzer Hausgenossen voran schreitet der kleine Billy Masser, aber es sind auch Deputierte aus Cottbus, Muskau und Berlin erschienen und sogar französische Offiziere, die Pücklers Gastfreundschaft noch auf Muskau erlebt haben. Blumen, Ansprachen, Trommelwirbel, Ehrensalven, Glockengeläut. Dann schließt man den Stollen im Tumulus.

Ihn wird einige Jahre später Heinrich von Pückler noch einmal öffnen lassen, um Lucies Sarg stillschweigend dem ihres Lou beizugesellen. Die von diesem für seine Schnucke bestimmte kleine Insel in Ufernähe hat, obwohl sie einen Gedenkstein trägt, nie als Grabstätte gedient. Der ebenso merkwürdige wie würdige Tumulus enthält zwei Gräber.

Sie werden von der Landpyramide überragt. Die Eisengitterkrone auf ihrem Gipfel trägt als Inschrift einen Spruch aus dem Koran, der lautet: »Gräber sind die Bergspitzen einer fernen neuen Welt.«

26.

Park und Brief

Wie eine Nation ihre historischen Einzelgänger-Persönlichkeiten behandelt, läßt Rückschlüsse auf diese Nation zu. Die Deutschen haben poetische Erscheinungen wie Pückler nie besonders hochgeschätzt. Zu seinen Lebzeiten war er ein umstrittener Mann – der selbst das größte Vergnügen daran hatte, seine Zeitgenossen herauszufordern. Man schüttelte den Kopf über ihn, verspottete ihn – und schätzte ihn dennoch. Er paßte in keine Kategorie, zu keiner Ideologie, in kein Schubfach hinein, den einen zu reich, den anderen zu arm, zu links, zu rechts, zu wandelbar, zu tolerant – pfui Teufel – ein Individualist!

Pücklers literarisches Werk ist schon bald nach seinen Bestseller-Erfolgen vergessen, das heißt: bewußt übersehen worden. Nach dem Sieg über Napoleon trat Europa, mit Ausnahme Englands, in eine säbelklirrende, nationalistische, kleinpatriotische und reaktionäre Phase. Stieß sein Werk bei Erscheinen noch auf fortschrittlichen, also demokratischen Geist in breiten Bevölkerungsschichten, so mußte er in dieser späteren Zeit falsch am Platze sein. Denn Pückler war als bewußter Deutscher auch einer der ersten bewußten Europäer.

Hält man bei uns eher die Mitläufer in Ehren? Es hat lange genug gedauert, bis nach dem Krieg wenigstens die »Briefe eines Verstorbenen«, sein Hauptwerk, wieder komplett vorlag, im Westen bis 1986, im Osten bis 1987, und bezeichnenderweise sind die meisten seiner Briefe und Reisetagebücher in der Schweiz neu verlegt worden. Die bisher ungeschriebene Geschichte des Nonkonformismus in Deutschland müßte Pückler jedenfalls ein langes und aufschlußreiches Kapitel widmen.

Mich fröstelt, Billy. Ist's die Vergessenheit?
Vergessen werden, morgen vergessen sein!
Glaubst du, daß in der Heimatkunde
noch genannt wird mein Name vom Lehrer?

In meinem Straußen-Sombrero Motten sind,
im Ehrensattel Mehemed Alis auch.
Das ist für mich verdammt symbolisch.
Willst du berühmt sein, mußt du dich rühren.

So blufft mein Viererzug zahmer Hirsche auch
nicht die Berliner Unter den Linden mehr.
Vielleicht würde man mich jetzt verhaften,
dich auch und Joladour, meinen Mohren.

Drei Strophen, schlecht und recht, aus der 13seitigen Idylle »Branitz« des Verlegers und Schriftstellers Alfred Richard Meyer, bekannter zu seiner Zeit unter dem Pseudonym Munkepunke. Der Sonderdruck enthält keine Jahreszahl, aber es könnte gut sein, daß der Hinweis auf eine mögliche Verhaftung eine Anspielung auf die braune Herrschaft darstellt. Meyer-Munkepunke ist erst 1956 in Lübeck gestorben. Im »Dritten Reich« hat man Pückler nur verstümmelt zu Wort kommen lassen; einzig der Abschnitt über Irland in den »Briefen eines Verstorbenen« fand Gnade vor den Augen der NS-Lektoren. Das Werk des Einzelgängers, des Träumers und vorurteilslosen Weltbürgers blieb verpönt.

Wie sehr der Fürst seine Zeitgenossen erstaunt und fasziniert hat, beweist die Vielfalt, in der er in die Literatur seiner Zeit eingegangen ist. Schon früh, noch vor dem ersten Park und den ersten Büchern, 1817, in E. T. A. Hoffmanns Novelle »Das öde Haus«, einem der »Nachtstücke« des Dichters: Der Zechkumpan bei Lutter & Wegner und Nebenbuhler bei Helmine, auf die Hoffmann damals ein Auge geworfen hatte, kommt als »Graf P.«, dessen »Sonderbarkeit und Verschwendungssucht die Grenzen erreichen, die den Weltmann vom Dandy trennen«, nicht eben gut weg. Später taucht dann auch Machbuba auf, in Stifters »Narrenburg«, die ein verfremdetes Muskau sein könnte.

Und dann stolziert er, ebenfalls nicht übermäßig schmeichelhaft, im Frühwerk des 24jährigen Charles Dickens durch das 15. Kapitel der »Pickwickier« als Graf Smorltork, »Graf Geschwätz«.

Ganz so negativ, wie man annehmen könnte, wenn man die Szene aus dem Zusammenhang gerissen liest, ist diese milde bespöttelte Figur aber gar nicht. Erstens sehen Engländer, zumindest damals, in jedem Ausländer eine komische Figur, und zweitens besteht der gesamte Roman aus Karikaturen, vor allem englischer Wesensart. Sie treffen bis heute ins Schwarze; die »Pickwick Papers« sind dann auch in England eine Art Institution geworden, was man von keiner selbstkritisch-deutschen Dichtung – etwa Heines »Wintermärchen« – behaupten kann.

In einem deutschen Roman gibt Pückler sogar den Titelhelden ab und kommt noch sehr viel schlechter weg als bei Dickens. Hier wird er nämlich nicht in den Rahmen einer karikierten Gesellschaft gestellt, sondern als Popanz im grellen Licht vor dem Hintergrund einer guten, alten, soliden und heilen Welt.

»Münchhausen« von Karl Lebrecht Immermann, 1838/39 erschienen, besteht aus zwei nebeneinander herlaufenden, völlig getrennten Handlungssträngen, die sich erst am Ende vermengen. Hauptfigur des einen, sozusagen »bösen« Teils ist ein Freiherr von Münchhausen, der sich als Enkel des Lügenbarons ausgibt, aber, wie Ekhard Haack formuliert, »nichts anderes als der personifizierte Zeitgeist ist«. Als Vorbild dafür fungiert Pückler, was Immermann offen ausspricht. Auch beginnt das Buch ironisch mit dem elften Kapitel, wie ja auch Pückler seine »Briefe eines Verstorbenen« aparterweise mit dem 25. Kapitel begonnen hat. Preußen heißt »Dünkelblasenheim« und Pückler-Münchhausen stellt sich vor: »Ich trug mich bald als Engländer, bald als Neugrieche, zuweilen lag ich als Dame auf dem Sofa und hatte Migräne; dabei redete ich ein Kauderwelsch von Französisch und Deutsch...«

Der andere, der sozusagen »gute« Teil des umfangreichen Romans, der drei Bände umfaßt, besteht aus einer westfälischen Idylle, die von Ludwig Richter erträumt sein könnte: »Der Oberhof«, wo alles kernig, kreuzbrav und althergebracht nach Vätersitte zugeht. Virtuos beherrscht Immermann beides, die Satire auf das

Mondäne, Moderne und den Lobpreis des Bodenständigen, Hergebrachten.

Wie Pückler ist Immermann zum Leidtragenden einer späteren Entwicklung geworden, die er nicht voraussehen konnte. Zweifellos steht »Der Oberhof« am Anfang einer Sparte deutscher Heimatliteratur, auf die sich dann das Blut-und-Boden-Schrifttum des »Dritten Reichs« berief. Denn schon vorher hatten deutschtümelnde Professoren den »Oberhof« aus dem »Münchhausen« herausgelöst und kurzerhand zu einem eigenen Roman erklärt. Als solchen haben ihn dann Millionen Leser bis hinein in die 30er Jahre verschlungen, ohne zu ahnen, daß ihnen die Hälfte vorenthalten wurde. Denn tatsächlich hat Immermann, einer der unterschätztesten Schriftsteller deutscher Sprache, das Ganze so komponiert, daß Licht und Schatten wechselseitig auf beide Teile fallen, das eine das andere bedingend. Vom ironischen Weltbild des Gesamtwerks läßt sich der »Oberhof« nur um den Preis der inhaltlichen Verfälschung abspalten.

Sei es, daß Immermann die Zensur fürchtete (und Pückler war ja in Preußen ein einflußreicher Mann), sei es, daß er sich im Laufe der Arbeit in seinen Helden doch etwas verliebte – die Karikatur, anfangs heftig und eindeutig, wird im Laufe des Romans immer milder. »Wie es scheint, muß der Mensch immer einen Sparren haben, um recht zusammenzuhalten. Die Vernunft ist wie reines Gold«, lesen wir, »zu weich, um Façon anzunehmen; es muß ein tüchtig Stück Kupfer, so eine Portion Verrücktheit darunter getan werden, dann ist dem Menschen erst recht wohl, dann macht er Figur und steht seinen Mann.« Und: »Alle Menschen sind Lügner, nur mehr oder weniger entwickelte.«

Aber sehen wir uns Immermanns Pückler-Bild genauer an: Der »Jäger« vom »Oberhof« befindet sich auf dem Weg zu seiner verlorenen Liebsten, da »fesselte ein Anblick der unerwartetsten Art seine Aufmerksamkeit. Der Weg kreuzte die große Heerstraße, welche den Osten Deutschlands mit dem Westen verbindet, und auf dieser sah er ein wundersames Fahrzeug sich langsam heranbewegen. Gezogen wurde es von zwei Ochsen mit Bügeln, woran Schellen klingelten; den Wagen selbst aber hätte man von weitem für einen sogenannten überdeckten Wurstwagen halten können.

Er war dieses aber nicht, sondern ebenfalls ein östliches oder wenigstens ostartiges Gebilde. Auf Stützen ruhte ein Dach von rotem Tuch mit gelben Troddeln über einem weitläufigen Kasten, den schmale Borde umschlossen. In diesem Kasten lagen orientalische Polster, und auf den Polstern saß mit gekreuzten Beinen ein Türke und hielt den Bernsteinkopf seiner Pfeife am Munde. Nicht allein war dieser Türke in dem Kasten, sondern verschiedenes anderes Getier teilte denselben mit ihm; ein paar Affen in Käfigen und drei oder vier Papageien. Neben den Ochsen ging ein junger Neger in weißen Hosen und roter Jacke, lenkte sie, wo es nötig war, trieb sie jedoch nicht sonderlich an, so daß das Fuhrwerk sich nur langsam fortschob.

Der Jäger begriff nicht, wie der Orient plötzlich hieher komme; sein Erstaunen wuchs aber, als der Türke, dessen blasses und geistreiches Gesicht etwas ungemein Gelangweiltes offenbarte, ihn in reinem Deutsch nach der Entfernung des Schlosses fragte, dem der junge Liebende ebenfalls zustrebte. Als er den Fremden bei der Antwort näher ansah, schoß ihm plötzlich eine Erinnerung durch den Kopf. Ein sehr ähnlicher Kupferstich, den er kurz vor seiner Abreise aus Schwaben gesehen hatte, fiel ihm ein, und es wurde ihm klar, daß er so glücklich sei, zwischen Affen und Papageien den berühmtesten Reisenden der Gegenwart zu erblicken, den Liebling aller modernen Damen und Herren.

Als der Jäger bescheiden seine Vermutung aussprach, wurde ihm Bestätigung aus dem Munde des deutschen Türken, und Semilasso gab sich sogleich mit dem jungen Grafen in ein geistreiches Gespräch. Er erzählte ihm, daß er aus dem Morgenlande zurückkehre, um den Abend jetzt mit seinen gewonnenen Erfahrungen aufzuklären. – ›Die Journale haben verbreitet‹, sagte er, ›daß ich noch eine Zeitlang in Smyrna verweilen werde; ich proniere (posaune aus) auch dieses Gerücht und reiste in der Stille ab, teils um den Occident zu überraschen, teils um einen Streit unter den Gelehrten anzufachen über die Frage, wo ich nun eigentlich sei, in Ost oder in West. Die einen werden sich auf Augenzeugen berufen, die mich in Smyrna gesehen, die anderen werden meine Karte abdrucken lassen, die ich ihnen sandte. Es kann‹, sagte Semilasso mit feierlicher Leichtigkeit und anmutigem Gähnen, ›eine interessante Debatte werden, welche das Publikum ein paar Monate lang beschäftigt, denn das will immer angeregt und gekitzelt sein.‹«

Soweit Immermann, für den Pückler den Inbegriff einer »Moderne« darstellt, die ihm zu weltläufig, vaterlandslos und oberflächlich erscheint – die bekannte Polemik gegen jede Literatur, die nicht das Gütesiegel »deutsch«, gleich »tief empfunden«, trägt.

Pückler hat im dritten Band von »Aus Mehemed Alis Reich« dem »verehrten preußischen Regierungsrat, Herrn Karl Immermann«, kräftig Kontra gegeben. Er zieht seinerseits über jene »deutschen humoristischen Schriftsteller« her, »welche schon vor Immermann von jeher das Privilegium in Anspruch genommen haben, ihre Goldkörner ungewaschen, und noch mit aller Vermischung ursprünglichen Muttersandes abzuliefern.«

Und er kontert auf eine von Immermann erfundene Episode, derzufolge ihn am Nil ein Hippopotamus, also Nilpferd, verschlungen, jedoch gleich wieder ausgespuckt haben soll. »Eine solche Ehre«, so Pückler, »würde mir eine zu große Ähnlichkeit mit dem Propheten Jonas geben, was meine Bescheidenheit abweisen muß.« –

1845 erscheinen in Leipzig »Phantastische Episoden und poetische Excursionen« unter dem Titel »Tutu« des Grafen Alexander von Ungern-Sternberg, der unter dem Decknamen »Sylvan« auch als Illustrator und Karikaturist tätig ist. Er läßt den Roman beim elften Kapitel, »Caricaturen aus der Gesellschaft«, in eine selbstgezeichnete Bildergeschichte übergehen, ganz wie später Wilhelm Busch es handhabt. Das Vorbild sind die komischen Bildgeschichten des Schweizers Rodolphe Toepffer, eines Vorläufers Wilhelm Buschs und damit eigentlich auch der heutigen Comic-strips.

Als »Johann ohne Land« besucht Pückler das »Land der rothaarigen Barbaren« (England), wird von diesen jedoch vor die Tür gesetzt, woraufhin der Prinz sich in »ein heißes Klima« begibt, ein dickliches Negerkind kauft, mit diesem und dem Pascha (Mehemed Ali) ein »abyssinisches Ballett« tanzt, gegen einen »kleinen, boshaften Demagogen« (Georg Herwegh) zu Felde zieht, eine Lady ohne Land (Hester Stanhope) heimsucht und mit Machbuba, die ein Krokodil am Halfter führt, in die Heimat zurückkehrt. In einer Schlußvignette sieht man ein neunmalkluges Kind in einem

Ställchen ein Manuskript verfassen, eine Anspielung auf Bettine von Arnim und ihr Buch »Goethes Briefwechsel mit einem Kinde«. Immerhin – ein Meilenstein auf dem Weg zu einer neuen, populären Literaturgattung: »Ein herkömmlicher Roman«, so Karl Riha, »würde all dies nur zu beschreiben versucht haben; hier aber tritt es wirklich ins Bild – das ist außerordentlich und sprengt die Grenzen des traditionellen Romans!«

Grillparzers Grollen haben wir bereits gelauscht und auch Börnes Vorurteile vernommen. Letzterer versteigt sich im 34. »Brief aus Paris« unter dem Datum des 14. Februar 1831 zu der These: »Keine Hoffnung, daß Deutschland frei werde, ehe man seine besten lebenden Philosophen, Theologen und Historiker aufknüpft; und die Schriften des Verstorbenen (Pücklers) verbrennt.«

Seine Zeitgenossen hat der Graf immer wieder herausgefordert, und sie haben sich ihrerseits zu reichlich emotionalen Reaktionen provozieren lassen. 1841 nennt Georg Herwegh, der »kleine, boshafte Demagoge« der »Tutu«-Bildgeschichte, einen Gedichtband »Gedichte eines Lebendigen«, eine deutliche Anspielung auf die »Briefe eines Verstorbenen« und eine Kampfansage an Pückler:

O Ritter, toter Ritter,
Leg deine Lanze ein!
Sie soll in tausend Splitter
Von mir zertrümmert sein.
Heran auf deinem Rappen,
Du bist ein arger Schalk
Trotz Knappen und trotz Wappen
Trotz Falk und Katafalk!
...
Dem Reich der Mamelucken
Weissagst du Auferstehn,
Und sähest ohne Zucken
Dein Vaterland vergehn;
Doch wiegtest unter Palmen
Du dein Prophetenhaupt,
Wenn nicht aus unsern Halmen
Du erst dein Gold geraubt?

Bezeichnenderweise vermuteten die einen, wie Immermann, in Pückler einen gefährlichen Modernisten, die anderen, wie Herwegh, sahen in ihm einen letzten »Ritter mit der Lanze«, so auch der Brockhaus von 1840 (»Conversations-Lexikon der Gegenwart«, Band 4): Er sei eine Art von irrendem Ritter, dessen »Drang zum Handeln... weil ihm keine Gelegenheit geboten ist, sich zu genügen, in ein fast abenteuerliches ruheloses Hin und Herwandern« aufgelöst worden sei. Es liege tatsächlich etwas Ritterhaftes in Pückler, »und wie man den Kaiser Maximilian den letzten Ritter genannt hat, so könnte man P. füglich den letzten Adligen nennen, denn das scheinbar Bürgerliche und Demokratische in ihm ist nur adlige Herablassung«.

Heine dagegen nahm Pückler, wie er eben war, als »Meister, der sein Handwerk versteht«, als Liberalen, der mal mehr nach links, dann mehr nach rechts tendiert, als »fashionabelsten« (elegantesten) »aller Sonderlinge«, als »Diogenes zu Pferde, dem ein eleganter Groom die Laterne vorträgt, womit er einen Menschen sucht«. Heine akzeptierte auch jene Seite im Mitmenschen, die die Neu-Hegelianer wie Herwegh abwertend »Vergnügling« getauft haben gemäß der Vorstellung, daß Pflicht und Grundsatztreue die einzigen Maximen des Lebens zu sein hätten.

Da ist mit Pückler allerdings kein Staat zu machen, jedenfalls keiner, wie Hegel ihn sich vorstellt. Er verkörpert die entgegengesetzte Seite, steht Eichendorffs »Taugenichts« näher als Kleists »Prinzen von Homburg«.

Pückler rutscht aus jedem Vergleich heraus. Er ist Träumer, Utopist und doch der bessere Realist als die meisten Materialisten. Er hat seine Schwächen, ein Heiligenleben haben wir weiß Gott nicht erzählt. Aber er kennt sie und weiß sie hinzunehmen.

Nicht vergessen worden ist der unkompliziertere Pückler, der seinen Namen für ein Eiskrem-Potpourri hergab, und der Gartengestalter. Freilich wird sein Hauptwerk, der Park von Muskau, wohl nicht wieder so hergestellt werden können wie der zu Branitz. Durch Muskau verläuft die inzwischen entsetzlich verschmutzte Neiße, die deutsch-polnische Grenze. Der größere Teil des Landschaftsparks liegt drüben und wird, unter drei Behörden aufgeteilt, als Forst, Acker, einiges sogar als Industriestandort genutzt. Nur die von Pückler in den Park einbezogene, schon damals angeblich 1000jährige Rieseneiche steht unter polnischem Naturschutz. Das meiste liegt als Ödland da mit verfallenen oder gesprengten Monumenten und wild überwucherten Wegen – und hat dennoch einen romantischen Zauber wie die verfallenden Parks in Eichendorffs Novellen.

In Branitz fühlt man sich Pückler am nächsten. Der Park breitet sich um das hübsche Schlößchen wie ein natürliches Bühnenbild, ob zum »Sommernachtstraum«, zum »Freischütz« oder zum »Wintermärchen« hängt von der Jahreszeit ab. Da hat – »Schläft ein Lied in allen Dingen« – jemand das Eichendorffsche »Zauberwort« getroffen.

Das Ideal eines Landschaftsgartens hat Pückler prosaisch und doch romantisch engagiert in seinen »Briefen eines Verstorbenen« mit dem Park bei Glengariff in Irland beschrieben; es ist so etwas wie sein Credo. Das Park-Kunstwerk, läßt er uns wissen, sei vollendet, wenn »kein Baum noch Busch mehr wie absichtslos hingepflanzt sich zeigt; die Aussichten nur nach und nach, mit weiser Ökonomie benutzt, sich wie notwendig darbieten; jeder Weg so geführt ist, daß er gar keine andere Richtung, ohne Zwang, nehmen zu können scheint; der herrlichste Effekt von Wald und Pflanzungen durch geschickte Behandlung, durch Kontrastieren der Massen, durch Abhauen einiger, Lichten anderer, Aufputzen oder Niedrighaltung der Äste erlangt worden ist – so daß der Blick bald tief in das Waldesdunkel hinein, bald unter, bald über den Zweigen hingezogen und jede mögliche Varietät im Gebiet des Schönen hervorgebracht wird, aber ohne doch irgendwo diese Schönheit nackt vorzulegen, sondern immer verschleiert genug, um der Einbildungskraft ihren nötigen Spielraum zu lassen – denn ein vollkommener Park oder, mit anderen Worten, eine durch Kunst idealisierte Gegend soll gleich einem guten Buch wenigstens ebensoviel neue Gedanken und Gefühle *erwecken*, als es ausspricht.«

Durchwandert man den langgestreckten Park, Hügel, Haine, Bäume, Seen, Teiche, bis hin zur Pyramide, in deren Tumulus der Schöpfer dieser durch Kunst idealisierten Gegend zu ihrem Bestandteil geworden ist, entdeckt man bald, daß zu dieser Art von Schönheit eine eigene Form von Disziplin gehört.

Ihr hat sich auch der ungestüme Fürst unterworfen, freiwillig, selbstgewählt, ohne Zwang. Dies gilt auch für sein Leben, das zwei Dingen gegolten hat, die Bestand haben: Park und Brief. Aus beiden läßt sich unschwer so etwas wie Pücklers Hinterlassenschaft herauslesen. Natur muß man – zunächst wenigstens – wuchern lassen, Spielraum, Freiheit geben, was auch für den Menschen gilt. Manchmal gilt es, ein Chaos zu ertragen, auch in sich selbst, denn das Schöpferische beginnt allemal chaotisch.

Am Ende ist von ihm mehr geblieben, als von vielen Staatsmännern, Verwaltungsreformern, Diplomaten, Generälen und Volkshelden, auf die Preußen im Laufe seiner Geschichte so stolz gewesen ist, auf die Prinzipienverfechter, die es aufgebaut und dann verloren haben. Pückler zog den Prinzipien die Freiheit vor.

Wenn sich der Abend auf Branitz niedersenkt, glaubt man ihn zu sehen in der Dämmerung, wie er, begleitet von Billy Masser und in türkischer Tracht über die Brücke mit dem Holzgitterwerk reitet, vorbei am Pergolagarten und der Büste Henriette Sontags in Richtung Hermannsberg, wo er sich im Schatten einer Fichtengruppe auflöst.

Seine Welt gibt es nicht mehr. Sie ist vergangen. Geblieben ist sein Lebenswerk, sind Parks und Briefe. In das spätere Deutschland hat er nicht gepaßt. Den damals Unbequemen hat man unterschätzt, übersehen, vergessen, in die Sparte Eiskrem abgeschoben.

Sollte Pückler immer noch nicht zu seinen Deutschen passen? Unter ihnen verkörpert der aristokratische Demokrat etwas, das doch oft übersehen, unterschätzt und vergessen worden ist, obwohl es auch in Deutschland eine Traditionslinie hat: das Europäische, Kosmopolitische, das Ganz-Einfach-Menschliche.

Ein deutscher Melancholiker, der das Leben zu genießen verstand. Der preußische Taugenichts als Weltbürger.

Zeittafel

1785	30. Oktober: Geburt Hermann Ludwig Heinrichs Graf von Pückler auf Muskau.
1792	Tod des Großvaters Callenberg. Hermann bei den Herrnhutern in Uhyst.
1799	Hermann auf dem Pädagogium, später Philantropin in Dessau. Pücklers Mutter verläßt seinen Vater.
1801	Jurastudium in Leipzig.
1802	Leutnant bei den Gardes du Corps in Dresden.
1804	Hardenberg wird preußischer Minister des Äußeren.
1806	Flucht aus Wien. Fußreise durch Schweiz, Frankreich, Italien.
1810	April bis Juni: Paris. In Weimar von Goethe empfangen. Rückkehr nach Muskau.
1811	10. Januar: Tod des Vaters. Pückler wird Standesherr.
1812	Beginn der Freiheitskriege. Durchzug der Franzosen durch Muskau. Pückler um ein Haar von Napoleon als Verräter erschossen.
1813	Major in russischen Diensten, Adjutant beim Großherzog von Sachsen-Weimar.
1814	Nach Kämpfen in den Niederlanden zum preußischen Oberstleutnant ernannt. Erster England-Aufenthalt.
1815	1. Mai: Aufruf zur Schaffung des Muskauer Parks.
1817	Berufung des Garteninspektors Jacob Heinrich Rehder (1790–1852).

9. Oktober: Heirat mit Lucie Reichsgräfin von Pappenheim geb. Hardenberg (geb. 9. April 1776 in Hannover).

1818 E. T. A. Hoffmanns »Nachtstücke« erscheinen mit Pückler als »Graf P.« im »Öden Haus«.

9. September: Eintreffen in Aachen zum Kongreß. Pläne Schinkels zum Umbau des Muskauer Schlosses.

1822 Juni: Verleihung des Fürstentitels

26. November: Tod Hardenbergs in Genua. Berufung John Adey Reptons, Sohn Humphry Reptons, nach Muskau.

1823 23. Juni: Eröffnung von Park und Bad Muskau.

1825 »Andeutungen über Landschaftsgärtnerei« werden geschrieben.

1826 Februar: Pro-forma-Scheidung von Lucie.

September: Beginn der »Brautreise« nach England in Bautzen. Über Weimar (Goethe) und Rotterdam nach London (25. September). Im Dezember Reise nach Stranmore bei Harrow, Woburn Abbey, Leamington Spa, Warwick Castle, Birmingham.

1827 Silvester in Aston Hall (Birmingham), Neujahr in Chester. Newport, Oxford, Blenheim, Stowe bei Aylesbury, Uxbridge, London.

2. Februar: Erster Besuch auf Cobham Hall.

7. Februar: Erster Aufenthalt in Brighton.

7. September: Aufbruch zur Reise in den Norden Englands, York, Scarborough, Whitby, Ripon, Harrogate, Leeds, Sheffield, Nottingham (bis 6. Oktober).

November: Auf dem Weg nach Brighton Umweg über Arundel und Petworth House.

1828 Mai: Romanze mit Henriette Sontag u.a. in Greenwich.

Juni: Cobham Hall (Begegnung mit dem jungen Dickens?).

12. Juli: Reise nach Irland über Cheltenham, Worcester, Llangollen, Bangor, Caernarvon, Besteigung des Snowdon, Penrhyn Castle, Holyhead.

11. August: Eintreffen in Dublin. Rundreise in den Süden Irlands bis Glengariff, zum Teil zu Pferd. Begegnung mit O'Connell. Limerick, Tralee, Killarny, Kenmare, Cashel, bis Oktober, dann wieder Dublin.

14. Dezember: Rückfahrt nach Wales. Über Hereford, Bristol, Bath, Salisbury nach London.

1829 1. Januar: Dover–Calais.

5. Januar: Paris.

10. Februar: Rückkehr nach Muskau über Frankfurt und Leipzig.

1830 »Briefe eines Verstorbenen« Band 1 und 2.

1831 »Briefe eines Verstorbenen« Band 3 und 4. Liebschaft mit Bettine von Arnim.

1833 Tod Rahel Varnhagens.

1834 »Andeutungen über Landschaftsgärtnerei« erscheinen. Ebenfalls »Tutti-frutti« in vier Bänden. Brautsuche in Hamburg. Wartezeit in Paris auf Duell mit Oberst Kurssel, das am 9. September stattfindet.

1835 11. Januar: Von Toulon auf »Krodokil« nach Algier. Im März kühne Ausflüge in die Umgebung, Besteigung eines Gipfels des Hammal. 13stündiger Ritt nach Bone.

10. April: Zu Schiff von Algier nach Tunis. Mit Segler »Vittoria« auf die Insel Tabarka verschlagen. Am 17. April in Bizerta.

Reise ins Innere des Landes. Empfang bei Bey Hassan. Karawane nach Kairuan bis Sfax, Constantine, Duga, zurück nach Tunis.

November: Von Tunis nach Malta, dort Quarantäne.

21. Dezember: Einschiffung nach Patras.

In Deutschland erscheinen die »Jugendwanderungen« und »Semilassos vorletzter Weltgang« in drei Bänden.

1836 Ausflüge von Patras nach Vanitza und zum Styx. Im Segelboot bis Piräus. Zu Fuß nach Athen. Audienz bei König Otto I. von Griechenland.

Mai: Vorzeitig Athen wegen Liebesabenteuer verlassen. Megara, Korinth, Mykenä, Tripolitza, Sparta, Besteigung des Taygetos. Zu Schiff nach Zante (Sakinthos). Dort längerer Aufenthalt wegen Pistolenunglück. Zu Schiff nach Salona, Delphi, Theben.

20. Oktober: Auf »Nauplia« von Piräus nach Ägina, Epidauros. Zu Pferd nach Mistra. Plan eines Landschaftsgartens in Kyaparissia. Zu Schiff weiter nach Melos, Paros, Naxos, Kreuzfahrt durch Zykladen bis Santorin. Dann nach Kreta.

In Deutschland erscheint »Semilasso in Afrika« (fünf Bände).

1837 1. Januar: Einschiffung auf ägyptischer Brigg nach Alexandria. In Kairo von Mehemed Ali empfangen.

21. Februar: Gizeh, Besteigung der Cheopspyramide. Kurz vorher Erwerb Machbubas auf Sklavenmarkt. Nilaufwärts: Assuan, Philä, Abu Simbel, Khartum. Umkehr nach Erkrankung am 1. Juli.

1838 21. Januar: Ankunft in Jaffa. Jerusalem. Besuch der heiligen Stätten. Acht Nächte bei Lady Hester Stanhope. Damaskus. Drei Monate Aleppo.

21. Oktober: Aufregende Seefahrt nach Rhodos und Kos.

In Deutschland erscheinen Pücklers »Der Vorläufer« sowie Immermanns »Münchhausen«.

1839 Überfahrt von Antiochia.

13. April: Smyrna. Konstantinopel. Erste Verhandlungen wegen Verkauf Muskaus.

September: Auf »Ferdinando Primo« nach Varna. Fahrt donauaufwärts.

30. September: Landung in Budapest. Wiedersehen mit Lucie.

30. Oktober: In Budapest Übertritt zum katholischen Glauben. Abreise nach Wien.

1840 »Südöstlicher Bildersaal« erscheint in drei Bänden.

7. Juli: Tod Friedrich Wilhelms III.

8. September: Rückkehr nach Muskau.

27. Oktober: Tod Machbubas auf Muskau.

1841 Einstellung des Schnelläufers Ernst Mensen. Besuch Laubes. Erste Eisenbahnfahrt nach Dresden. Dort Bekanntschaft mit Semper.

1842 Viel krank. Eisenbahnreisen nach Dresden, Leipzig, Weimar, Rudolstadt. Arbeiten am Muskauer Park und dem nächsten Buch.

1844 »Aus Mehemed Ali's Reich« erscheint in drei Bänden. Reise nach Schlesien.

1845 April: Herrschaft Muskau verkauft. Reise nach Waldstein, in Glatz Zusammentreffen mit Lucie. Beginn der Arbeiten in Ettersburg.

29. August: Audienz bei Königin Victoria von England in Gotha. Reise durch Thüringen: Eisenach, Erfurt, Weimar.

30. Oktober: 60. Geburtstag. Nacht bei Rosa.

1846 Sein letztes Buch, »Die Rückkehr«, erscheint, der dritte Band erst 1848. Erster Plan für Garten in Branitz.

Juli: Tod Helmines in Breslau, Eisenbahnfahrt nach Frankfurt, Heidelberg, Freiburg, Schaffhausen, Zürich, Comer See, Mailand, Luzern, Elsaß.

25. Oktober: Arbeiten in Babelsberg.

1847 1. April: Semper kommt nach Branitz. Beginn der Arbeiten an Schloß und Landschaftsgarten.

1848 Einsatz von Gefangenen beim Gartenbau. Während Märzrevolution in Berlin. Arbeiten in Branitz, Babelsberg, Ettersburg. Diverse Reisen in Deutschland, u. a. nach Hamburg, Frankfurt am Main (dort Besuch der Paulskirche, Nationalversammlung am 25. August), Koblenz, Aschaffenburg, Kur in Kissingen, Bamberg, Fürth, Nürnberg, Regensburg, Passau, dann Linz und Wien.

1849 Mai: Tod der Stieftochter Adelheid von Carolath in Dresden. Bei der Beisetzung geraten Pückler und Lucie in den Dresdner Aufruhr. Reisen nach Ischl (mit Lucie und Billy Masser), Wien und Prag.

1850 Ende Februar: Tod der Mutter, Gräfin von Seydewitz, mit 80 Jahren.
Reisen nach Dresden zu Lucie und nach Weimar.

1851 Oktober: Über Hannover, Brüssel, Calais nach London zur Weltausstellung. Ausflüge nach Dresden, Hamburg, Potsdam und Weimar.

1852 Schloßumbau von Semper beendet. Lucie kehrt zurück nach Branitz. Fortführung der Arbeiten am Park.

1853 Reisen in Deutschland nach Baden-Baden, Koblenz, Frankfurt am Main, Eisenach und Weimar.

1854 Januar: Reise nach Paris. Zusammenarbeit mit Napoleon III. am Bois de Boulogne. Besuch Heinrich Heines.
8. Mai: Tod Lucies auf Branitz mit 78 Jahren.
Erweiterung des Branitzer Parks um weitere 50 Hektar. Fast zweijährige ziellose Reisen Pücklers bis nach Italien.

1856 17. Februar: Tod Heinrich Heines in Paris.

1857/58 Trotz Trockenheit Schilfsee beendet.

1858 10. Oktober: Tod Varnhagens bei einer Schachpartie.

1860 Reisen mit Nichte nach Wildbad, Straßburg, Heidelberg, Bern, Thur, Genf, Lausanne, Darmstadt.

1861 Pückler den Januar über inkognito in Frankfurt.

2. Januar: Tod Friedrich Wilhelms IV.
März: Arbeit am Babelsberger Garten der jetzigen Königin.
Mai: Köln, Luzern (wieder mit Nichte), Freiburg in der Schweiz, Bern, Zürich, Lindau, München. Im Juli Österreich: Salzburg, Linz, Wien, Graz, Triest, Venedig, zurück über Graz und Wien (Wiederbegegnung mit Laube), Guben nach Branitz.
Oktober: Reise nach Königsberg zur Königskrönung am 18. Oktober. Erhält am 19. d. M. Titel »Durchlaucht« zurück. Besucht Marienburg, Danzig, Oliva, Zoppot, Posen. Am 18. November über Guben zurück nach Branitz.

1862 Anfang des Jahres lange Grippe. Arbeit am Branitzer Park. Viel bei Hofe.
Ludmilla Assing veröffentlicht die Tagebücher Varnhagen von Enses.
16. August: Mit Nichte über Dresden nach Paris. Wiedersehen mit dem Bois de Boulogne. Zurück über Frankfurt, Eisenach (Wartburg), Ettersburg. In Branitz Fertigstellung der Landpyramide. Nichte verläßt Pückler, um Hofdame bei Prinzessin Friedrich Karl zu werden.
Flucht Ludmilla Assings nach Florenz.

1863 Juni: Wiedersehen mit Muskau, zunächst inoffiziell, im Oktober auf Einladung des Prinzen der Niederlande.

1864 Gicht und Bronchitis fesseln Pückler über ein Jahr an Branitz. Parkarbeiten mit bis zu 70 Gefangenen.

1865 Verleihung des Goldenen Großkreuzes des Roten Adlerordens.
4. April: Nach »122 Tagen Stubenarrest« erste Ausfahrt, am 14. schon acht Stunden Arbeit am Garten, am 15. neun Stunden.
18. Juni: Besuch des Großherzogs von Sachsen-Weimar.

	20. Juli: Über Leipzig, Frankfurt, Mainz, Koblenz, Remagen zur Kur nach Bad Neuenahr.
	30. September: Einspruch gegen Linienführung der Eisenbahn durch Branitzer Park.
	30. Oktober: 80. Geburtstag, krank im Bett.
	12. Dezember: Reise nach Augsburg, Innsbruck.
1866	Bis 12. Januar: Bozen, krank, dann Meran, über München und Stuttgart zurück.
	4. Juli: Meldung als Freiwilliger in Generalsuniform im königlichen Hauptquartier zu Gitschin (Deutsch-Österreichischer Krieg). Verschläft die Schlacht bei Königgrätz. Über Brünn zurück.
	September: Bekommt in Berlin das Große Komturkreuz des Hausordens der Hohenzollern. Verliebt sich in 22jähriges Mädchen.
	30. Oktober: Einsamer Geburtstag (81) in der Fischerhütte am Plattensee bei Berlin.
	22. Dezember: Mit neuer, erst halb fertiggestellter Eisenbahn zurück nach Branitz.
1867	Weitere Parkarbeiten mit täglich 60 Arbeitern.
	Juni: 14tägiger Besuch Ludmilla Assings (nach Amnestie). Sichtung des literarischen Nachlasses.
1868	Kur in Bad Wildungen. Dann Branitz, viel krank. Obergärtner Bleyer berufen. Arbeit am Hermannsberg.
1870	Erneute freiwillige Meldung bei Ausbruch des Deutsch-Französischen Kriegs wird abgelehnt.
1871	4. Februar: Tod mit 85 Jahren.
	Der Besitz geht über an seinen Neffen, Graf Heinrich von Pückler.
	9. Februar: Beisetzung im Tumulus.
1884	Überführung des Sargs Lucies in den Tumulus.

Bibliographie

Werke Pücklers in Neuauflagen:
Fürst Hermann von Pückler-Muskau: Briefe eines Verstorbenen in einem Band. Neu herausgegeben von Heinz Ohff, Berlin 1986.
Fürst Hermann von Pückler-Muskau: Briefe eines Verstorbenen in zwei Bänden. Neu herausgegeben von Konrad Paul, Berlin (DDR), 1987.
Fürst Hermann von Pückler-Muskau: Ausgewählte Werke in zwei Bänden. Herausgegeben von Ekhard Haack und Heinz Ohff, Berlin 1985.
Fürst von Pückler-Muskau: Südöstlicher Bildersaal (gekürzt), Gütersloh, o. J.
Hans Baier (Herausgeber): Fürst Pückler reist in Franken (Auswahl aus »Semilassos vorletzter Weltgang«), Erlangen 1982.
Hermann von Pückler-Muskau: Briefe aus der Schweiz (Jugendwerk, gleichzeitig mit »Jugendwanderungen« entstanden, aber erst von Ludmilla Assing 1873 aus dem Nachlaß herausgegeben). Neu herausgegeben nach einem Exemplar aus dem Besitz Gottfried Kellers von Charles Linsmayer, Zürich 1981.
Gabriele Seitz (Herausgeberin): Geliebter Pascha! Feurigste Gnomin! Liebesbriefe von Hermann Fürst v. Pückler und Ada v. Treskow, Zürich 1986.
Hermann von Pückler-Muskau: Briefe aus Irland. Neu herausgegeben von Therese Erler, Berlin (DDR) 1980.
Fürst Hermann von Pückler-Muskau: Andeutungen über Landschaftsgärtnerei, Stuttgart 1830, neu Stuttgart 1988.
Flora Brennon (Herausgeberin und Übersetzerin): Pückler's Progress (Auswahl aus den Briefen eines Verstorbenen), London 1987.
Zu Rat gezogen wurden in allen Fällen die Originalausgaben, vor allem aber:
Ludmilla Assing: Briefwechsel und Tagebücher des Fürsten Hermann von Pückler-Muskau, Berlin 1874–1876, neu verlegt Bern 1971.
Ludmilla Assing Grimelli: Briefwechsel zwischen Pückler und Varnhagen von Ense nebst einigen Briefen von Rahel und der Fürstin von Pückler-Muskau, neu verlegt Bern 1971.

Weitere Quellen des 19. Jahrhunderts:
Eduard Petzold: Fürst Hermann von Pückler-Muskau in seinen Werken in Muskau und Branitz, sowie in seiner Bedeutung für die bildende Gartenflora Deutschlands, Leipzig 1874.
Humphry Repton: Observations on the Theory and Practise of Landscape Gardening, London 1806.
Sir Richard Colt Hoare: A Description of the House and Gardens at Stourhead, Wiltshire 1818.

Karl August Varnhagen von Ense: Journal einer Revolution. Tagesblätter 1848/49. Herausgegeben von Hans Magnus Enzensberger, Nördlingen 1986.
Karl August Varnhagen von Ense: Kommentare zum Zeitgeschehen 1813–1858. Herausgegeben von Werner Greiling, Leipzig 1984.
Varnhagen von Ense: Denkwürdigkeiten 1. Herausgegeben von Konrad Feilchenfeldt, Frankfurt am Main 1987.
Theodor Fontane: Wanderungen durch die Mark Brandenburg. Diverse Ausgaben (nicht erwähnt wurde die nur von ihm überlieferte Anekdote, derzufolge Pückler in einer Nacht den französischen Garten seines Schwiegervaters in Neu-Hardenberg mit einem Heer von Helfern in einen englischen Landschaftsgarten verwandelt haben soll. Die Tatsache ist nirgends sonst belegt.)
August Trinius: Märkische Streifzüge, Dritter Band, Minden 1887.
Karl von Holtei: Simmelsammelsurium, Breslau 1872.
Karl von Holtei: Nachlese. Erzählungen und Plaudereien, Breslau 1870.
August Jäger: Das Leben des Fürsten von Pückler-Muskau, Stuttgart 1843.
Frühe Aufsätze zum Leben und Werk des Fürsten Pückler-Muskau. Zwei Hefte Archiv G. J. Vaupel, ohne Herkunftsbezeichnung, o. J.
Karl Lebrecht Immermann: Münchhausen – eine Geschichte in Arabesken. Neuausgabe von Gustav Konrad, Frechen 1968.
F. Sintenis: Über Immermanns Münchhausen, ein Vortrag, und Goethe und Fürst Pückler-Muskau, eine Studie, Dorpat 1897.
Allgemeine deutsche Biographie, Band 1: Über Ludmilla Assing, Leipzig 1875 (auch »Lexikon deutscher Frauen der Feder«, Berlin 1898).
Ludwig Börne: Dramaturgische Blätter, darin: Henriette Sontag in Frankfurt, 1827.
H. M. Schletterer: Henriette Sontag, in: Allgemeine deutsche Biographie, Leipzig 1892.
Robert Springer: Berlins Straßen, Kneipen und Clubs im Jahre 1848, Berlin 1850.
Gustav Meyer: Lehrbuch der schönen Gartenkunst, Berlin 1860. Photomechanischer Nachdruck Berlin 1985.
Charles Dickens: Die Pickwickier, 15. Kapitel (Graf Smorltork), Berlin 1985.

Sekundärliteratur:

August Ehrhard: Fürst Pückler. Aus dem Französischen von Fr. von Oppeln-Bronikowski, Berlin 1935.
Alfred Richard Meyer: Branitz. Ein Idyll, München und Berlin, o. J.
Richard Schlegel: Die Persönlichkeit und das Werk des großen Parkkünstlers Hermann Fürst von Pückler-Muskau, Berlin 1928.
Paul Ortwin Rave: Gärten der Goethezeit, Leipzig 1942, Nachdruck Berlin 1981.
Werner Deetjen: Frauenbriefe an den Fürsten Pückler, o. J.
Gerhard F. Hering und Vita Huber: Ein großer Herr, Düsseldorf–Köln 1968.
Hermann Graf von Arnim: Ein Fürst unter den Gärtnern. Pückler als Landschaftskünstler und der Muskauer Park, Berlin 1981.
Heinz Ohff: Fürst Hermann Pückler (Reihe »Preußische Köpfe«), Berlin 1982.

Klaus-Günther Just: Fürst Hermann v. Pückler-Muskau, Leben und Werk. Mit einer Auswahl aus Pücklers Nachlaß, Würzburg 1962.
Lars Clausen: Fürst Pückler auf dem Höhepunkt der Krise. Eine sozio-biologische Erhellung des Landschaftskünstlers (X. Deutscher Soziologentag, Kiel) 1981.

Weitere Literatur:
Joan Clifford: Capability Brown, Aylesbury o. J.
Merete von Taack: Friederike. Die galante Schwester der Königin Luise, Düsseldorf 1987.
Frank-Lothar Knoll: Friedrich Wilhelm IV. und das Staatsdenken der deutschen Romantik, Berlin 1990.
Walter Bußmann: Zwischen Preußen und Deutschland. Friedrich Wilhelm IV., Berlin 1990.
Wolfgang Griep und Susanne Luber: Vom Reisen in der Kutschenzeit. Katalog der Eutiner Landesbibliothek, Heide in Holstein 1989.
Lytton Strachey: Queen Victoria, London 1921.
Wulf Wülffling: Reiseliteratur und Realitäten im Vormärz, in: Reiseliteratur und soziale Realität am Ende des 18. Jahrhunderts, Heidelberg 1983.
Heinrich Loth: Audienzen auf dem Schwarzen Kontinent. Afrika in der Reiseliteratur des 18. und 19. Jahrhunderts, Berlin (DDR) 1988.
Fritz Steppat: Mohammed Ali (Mehemet Ali), in: Die Großen der Weltgeschichte, Zürich 1976.
Ilja Mieck: Berliner Umweltprobleme im 19. Jahrhundert, in: Umweltprobleme einer Großstadt. Das Beispiel Berlin, Berlin 1990.
K. H. A. Kurland: Der Muskauer Park, Muskau 1982.
Hanspeter Smers: Orte des Kreises Weißwasser auf historischen Landkarten bis 1815, Weißwasser 1989.
Park- und Gehölzkarte Muskau, Bautzen o. J.
Emil Hampel: Führer durch Stadt und Park Muskau, Weißwasser 1929.
Kurt Lein: Führer durch den Landschaftspark Wörlitz, Wörlitz 1981.
Helmut Rippl: Der Branitzer Park, Cottbus 1977.
Schloß und Park Branitz, diverse Autoren, Branitz o. J.
Karl Riha: Roman und Bildergeschichte in einem. Zu Ungern-Sternbergs »Tutu«, Siegen o. J.
Lyndall Gordon: Virginia Woolf (darin Lady Hester Stanhope), Oxford 1984.
Lieselotte Blumenthal: Ludmilla Assing, in: Neue Deutsche Biographie. 1. Band, Berlin 1953.
Bernd Breitenbruch: Gottfried Keller, Reinbek 1984.
E. M. Butler: A Regency Visitor, Auswahl aus der Originalübertragung Sarah Austins, London 1957.
Feliy Poppenberg: Maskenzüge, darin: Mein Fürst, Berlin 1912

PS: Ein besonderer Dank geht an Dr. Ekhard Haack, der mit Rat (in kniffligen Fragen) und Tat (bei der Beschaffung schwieriger Unterlagen) unschätzbare Hilfestellung gegeben hat, und an Dr. Annette Seybold für viele Hinweise bei der Redaktion des Manuskripts.

Register

Bei herausragenden Namen, die chronologisch von Wert sein können, sind die Lebensdaten beigefügt. Sie ließen sich bei Randfiguren wie etwa dem arabischen Koch Ibrahim selbstredend nicht feststellen. Für Ergänzungen diverser Daten gilt unser Dank Falk v. Gagern in Wien und Karl Traupe in Braunschweig.

Abd-el-Kader (1808–1883) 199
Abdul Medschid, Sultan v. Konstantinopel (1823–1861) 236
Ackermann, Kammerdiener 212, 221, 246
Adammaki, Jammi, Koch 212
Addison, Joseph, Literat u. Politiker (1672–1719) 88
Adelheid – s. Pappenheim
Ajiamé – s. Machbuba
Albert, Prinzgemahl Victorias v. England (1819–1861) 255
Alexander der Große (336–323 v. Chr.) 217
Alexander I., Zar von Rußland (1777–1825?) 74, 109
al-Gabarti, Abdarrahman, zeitgen. Chronist (1753–1825 oder 26) 219
Alopeus, Maximilian Baron v., russ. Gesandter (1748–1822) 115
Alopeus, Frau Maximilians 115, 117
Altenstein, Karl Friedrich Freiherr v. Stein zum, Kultusminister (1770–1840) 92
Armansperg, Joseph Ludwig Graf v., bayr. Staatsmann, griech. Staatskanzler (1787–1853) 210 f., 213
Arndt, Ernst Moritz, Dichter (1769–1860) 139
Arnim, Achim v., Dichter (1781–1831) 184, 185
Arnim, Bettine v. (1783–1859) 171, 181, 183–189, 190, 209, 273, 303
Assing, Ludmilla (1821–1880) 66 f., 72 f., 104, 188, 244, 262, 267, 273, 277, 281, 283 f., 286 ff., 290 f.
Auber, Daniel François Esprit, frz. Komponist (1782–1871) 125, 150
Auerswald, Hans Adolf Erdmann von (1792–1848), preußischer Generalmajor 268
Augusta, Prinzessin v. Preußen, später Kaiserin (1811–1890) 249, 262, 264, 280, 281, 283, 285
Austin, Sarah, engl. Übersetzerin (1973–1867) 145, 148, 283 f.

Babelsberg, Schloß u. Park 15, 249 f., 256, 271, 277, 279
Baevenroth, Hofmeister 32, 79

Baker, Sir Samuel, engl. Afrikaforscher (1821–1893) 201
Balzac, Honoré de, frz. Romanautor (1799–1850) 192 f.
Baring, Alexander Baron Ashburton, engl. Bankier (1774–1848) 131
Barras, Paul François Jean Nicola Graf v., frz. Politiker (1755–1829) 62
Bechelarn, Rüdiger v., Gestalt a. d. Nibelungenlied 10, 21, 242
Beethoven, Ludwig van (1770–1827) 184
Beneke, Bankier 125 f.
Bennewitz, Jurist 131
Bernadotte, Jean Baptiste, frz. Marschall, später Karl XIV. v. Schweden (1763–1844) 95
Berthier, Alexandre, Fürst v. Wagram (1753–1815) 44, 71
Bibikoff, Graf v., russ. Gesandter in Rom 54
Bismarck, Otto Graf (Fürst) v. (1815–1898) 284, 286
Blenheim, Schloß u. Park b. Oxford 77
Bleyer, Georg, Parkdirektor v. Branitz (1837–1915) 288, 292, 294
Blücher, Gebhardt Leberecht, Fürst v. Wahlstatt, Feldmarschall (1742–1819) 106, 109, 113, 265
Blücher, v., Leutnant 171, 174
Börne, Ludwig, Schriftsteller (1776–1837) 15, 51, 150, 166 f., 178, 303
Bogos Bay, äg. Ministerpräsident 219
Bois de Boulogne 275
Bonaparte, Jérôme, König v. Westfalen (1784–1860) 73
Branitz 15, 21 ff., 148, 233, 253, 254 f., 256–263, 269, 272 ff., 277, 278 ff., 281, 285 f., 292 f., 305 f.
Bresson, Charles Graf von (1798–1847), frz. Gesandter i. Berlin 199
Brockhaus, Verlag in Leipzig 283, 304
Brown, Lancelot »Capability«, engl. Gartengestalter (1716–1783) 16, 76, 89, 143
Brummel, George B., »Beau«, Dandy (1778–1840) 156
Brynner, Yul, am. Schauspieler (1915–1985) 155
Bülow, Heinrich Freiherr v., preuß. Gesandter in London (1791–1846) 136, 151
Busch, Wilhelm (1832–1908) 302
Byron, George Gordon Noel, Lord, engl. Dichter (1788–1824) 146, 161, 206 f., 213

Callenberg, Georg Alexander Heinrich Hermann, Graf v., Großvater (1744–1795) 21 ff., 27, 90
Callenberg, Clementine v., s. Klementine
Campe, Johann Heinrich, Verleger (1746–1818) 276
Caraffa, ital. Kapitän 205
Carolath, Adelheid v., Stieftochter s. Pappenheim
Carolath, Graf, später Fürst 174, 183, 263, 264
Caron, Oberst 194 f.
Castlereagh, Lady, Gattin des Folgenden 111
Castlereagh, Robert Steward, Viscount, brit. Außenminister (1769–1822) 111
Chamisso, Adelbert v. (1781–1838) 273
Chateaubriand, François René Alphonse, Vicomte de (1768–1848) 193
Cohen, frz. Übersetzer 169
Coleridge, Samuel Taylor, engl. Dichter (1772–1834) 153
Colloredo, Franz Graf von Mansfeld (1802–52) 46, 48, 58
Contessa, Karl-Wilhelm, Dichter (1777–1825) 29

Conyngham, Lady 189
Cornelius, Peter v., Maler (1783–1867) 184
Cotta, Johann Friedrich Freiherr v. (1764–1832) 197
Crowe, Colonel, brit. Konsul in Patras 206
Crowe, Nina (eigentlich Catherine), (ca. 1800–1876) 206
Cruikshank, Georges, Karikaturist (1792–1876) 139
Cumberland, Ernest August, Herzog v. (1771–1851) 135, 137, 146, 160
Custine, Adam Philippe, Marquis v. (1770–1863) 193

Darnley, Henry Stuart, Lord, Cobham Hall, 4th Earl of (1791–1831) 140 ff.
Darnley, Lady 141
Dauphiné– 25, 37
Dehn, Johann Baptist Sigismund, Bankier 99, 100
Delmar, Baronin 193
Dickens, Charles (1812–1870) 140, 142, 287, 299
Dietrichstein, Moritz Graf von, Oberstkämmerer am Wiener Hof 242
Disney, Walt (1901–1966) 26
Dümmler, Ferdinand, Berliner Verlag 188
Duncker, Alexander, Verleger (1813–1897) 248, 257

Egremont, George O'Brien Wandham, Earl of, Petworth House (1751–1837) 142
Ehrhard, August, Biograph 27 f., 35, 80, 183, 252
Eichendorff, Joseph Freiherr v. (1788–1857) 17, 260, 304
Elgin, Thomas Bruce, Lord, 7th Earl of (1766–1841) 212
Elisabeth, Gemahlin Friedrich Wilhelms IV., Königin (1801–1873) 265
Elßler, Fanny, Tänzerin (1810–1884) 193
Ernst August, König v. Hannover, s. Cumberland
Ettersburg bei Weimar 248, 256, 279

Ferrari, Gräfin 242
Flitcroft, Henry, engl. Architekt (1697–1769) 76
Fontane, Theodor (1819–1898) 69
Förster, Friedrich, Schriftsteller (1791–1868) 92
Forster, Johann Georg, Naturforscher (1754–1794) 164
Fouqué, Friedrich Heinrich Karl, Baron de la Motte (1777–1843) 165
Fournier, frz. Verleger 169
Franckh, Friedrich Gottlob, Verleger (1802–1845) 161
Franz, Leopold Friedrich Fürst v. Anhalt-Dessau (1758–1817) 87, 115
Franz I., Kaiser v. Österreich (1768–1835) 45, 109
Freund, Dr., Leibarzt von Metternich 243 ff.
Freytag, Gustav, Schriftsteller (1816–1895) 72
Friederike v. Mecklenburg-Strelitz (1778–1841) 135
Friedrich August II., König v. Sachsen (Mitregent seit 1830, König 1836–1854) 271
Friedrich August III., Kurfürst v. Sachsen (1750–1827) 44
Friedrich der Große (1712–1786) 176
Friedrich, Prinz der Niederlande (1797–1881) 254, 278
Friedrich Wilhelm III. (1770–1840), 20, 43, 52, 66, 74 f., 80, 106 f., 109, 118, 121, 124 f., 152, 155, 165, 176, 230, 243
Friedrich Wilhelm IV. (1795–1861) 13, 66, 107, 122, 161, 165, 174, 176 f., 185, 227,

243, 249, 254, 263, 264, 265 ff., 269, 280, 281

Gail, Edmée Sophie, Sängerin u. Komponistin (1775–1819) 115 f.
Gallenberg, Julie, Gräfin v. 55, 57 f., 60
Gans, Eduard, Prof., Jurist (1798–1839) 157, 162, 185
Garibaldi, Giuseppe (1807–1882) 291
Gay, Delphine, verh. de Girardin (1776–1855) 115, 193
Gay, Isaure 115
Gay, Sophie, Schriftstellerin (1776–1852) 115 f., 122 f., 161, 169, 171, 192
Georg I., König v. Griechenland (1845–1913) 211
Georg I., König v. Großbritannien (1660–1727) 138
Georg II., König v. Großbritannien (1683–1760) 138
Georg III., König v. Großbritannien (1738–1820) 137 f.
Georg IV., König v. Großbritannien (1762–1830) 135, 137 ff., 156
Glaßbrenner, Adolf, Berliner Autor (1810–1876) 160
Gneisenau, August Neidhardt, Graf v. (1760–1831) 119, 172
Goethe, Christiane (1765–1816) 184
Goethe, Johann Wolfgang v. (1749–1832) 17, 18, 62 f., 76 f., 122, 134, 162 ff., 166, 168, 183, 185 f., 188, 206
Görres, Joseph v., Schriftsteller (1776–1848) 62, 139
Goltz, Gräfin v. d. 165
Goltz, August Friedrich Graf v. d., preuß. Botschafter in Paris (1765–1832) 114
Grävell, Maximilian Karl Friedrich Wilhelm v., Geheimrat (1781–1860) 243
Grillparzer, Franz, österr. Dichter (1791–1872) 241, 303
Grimaldi, Offizier, Mann Ludmilla Assings 287
Grimm, Jacob (1785–1863) 135, 145, 184, 188
Grimm, Wilhelm (1786–1859) 135, 145, 184
Gutzkow, Karl Ferdinand, Schriftsteller (1811–1878) 106

Haack, Ekhard, Germanist (geb. 1939) 176, 198, 200, 299
Hähnel, Frl. 112 ff., 118 f.
Händel, Georg Friedrich (1685–1759) 138
Hafis, pers. Dichter (um 1327–1390) 210
Hahn, Baron v. 57
Hahn-Hahn, Ida Gräfin v., Schriftstellerin (1805–1880) 277, 290
Hahnemann, Hofgärtner 91
Hallberger, Verlag in Stuttgart 175, 177, 181, 194, 197, 212, 215, 246, 252
Hamilton, Thomas Herzog v., Earl of Maddington (1780–1858) 275
Hamlet, Harriet, Juwelierstochter a. Birmingham 147 f.
Hardenberg, Christian v. 112, 114
Hardenberg, Karl August, Fürst v. (1750–1822) 86, 96, 105 f., 110 f., 116 ff., 177, 248, 265
Hardenberg, Charlotte, Fürstin v. (1772–1854) 112, 118 f.
Harrach, Auguste v., später Gräfin Liegnitz (1800–1873) 95
Hassan Bey 202
Hatzfeld, Franz Ludwig, Graf v. (1756–1827) 253
Hebbel, Friedrich (1813–1863) 283
Hegel, Georg Wilhelm Friedrich (1770–1831) 157, 162, 304
Heine, Heinrich (1797–1856) 15, 16, 161, 165 f., 168, 178, 275 ff., 299, 304
Heine, Karl, Bankdirektor 275 f.
Helmine, Stieftochter (um 1799–1846) 86, 95 ff., 103 f.,

107, 149, 171, 174, 243, 272, 295
Hempel, Hofgerichtsdirektor a. Muskau 25, 39 f.
Hensel, Geldverleiher 40
Hermannseiche 90
Herrnhuter 27 f.
Herwegh, Georg, Schriftsteller (1817–1875) 178, 302, 303, 304
Hesse, Hermann (1877–1962) 189
Hoare, William Henry II., Bankier a. London (1809–1888) 76
Hoare, Richard Colt, Sir (1758–1838) 77
Hochstedt, Marie v. 280
Hofer, Andreas, österr. Freiheitskämpfer (1767–1810) 45
Hoffmann, E. T. A. (1776–1822) 11, 16, 18, 29, 81, 104, 139, 191, 204, 298
Hofmann, Oberlandesgerichtsdirektor 174
Hohenthal, Graf v. 56
Holtei, Karl v. (1798–1880) 77, 151, 159
Homer (Ende des 8. Jh.s v. Chr.) 204
Houwald, Christoph Ernst, Freiherr v., Schriftsteller (1778–1845) 29
Hugo, Victor Marie (1802–1885) 16
Humboldt, Alexander v. (1779–1859) 13, 113, 145, 162, 177, 184, 262, 273, 281, 284
Humboldt, Karoline v. (1766–1829) 55
Humboldt, Wilhelm v. (1767–1835) 55

Ibrahim, arab. Koch 221
Ibrahim Bey, Sohn Mehemed Alis (1789–1848) 204, 218, 229, 236
Immermann, Karl Leberecht, Schriftsteller (1796–1840) 289, 299 ff., 304

Jacobi, Johann Georg, Philosoph (1740–1814) 184
Jäger, August, Pücklers Sekretär in Afrika 198 ff., 212
Jahn, Friedrich Ludwig, »Turnvater« (1778–1852) 139
Jannis, Page aus Kreta 221
Joladour, schwarzer Diener 237, 245, 251, 298

Kant, Immanuel (1724–1804) 263
Karl, Prinz v. Preußen (1801–1883) 52, 78, 130, 131, 248, 262, 267
Karl X., König v. Frankreich (1757–1836) 164, 199
Karl-August v. Sachsen-Weimar, Großherzog (1757–1828) 73 ff., 134
Kean, Edmund, engl. Schauspieler (1787–1833) 139, 152
Keller, Gottfried (1819–1890) 273, 287
Kemble, John Philip, engl. Schauspieler (1757–1823) 139
Kent, William, Gartengestalter (1684–1748) 16, 76, 89, 143
Kerner, Justinus, Arzt u. Dichter (1786–1862) 273
Khasnadschi, Ali Ben 198
Kielmannsegge, Gräfin v., Kusine 28 f.
Kiesewetter, Raphael, Wiener Musikwissenschaftler (1773–1850) 212
Kimsky, Frau s. Hähnel
Kirschner, General 70
Klein-Glienicke 52, 130, 248, 279
Klementine v. Pückler-Muskau, später v. Seydewitz, Mutter (1770–1850) 20, 23 ff., 31 ff., 39 f., 44 f., 49 f., 58, 69, 100 ff., 215, 256, 272
Klopstock, Friedrich Gottlieb, Dichter (1724–1803) 62
Koch, Dr., dtsch. Generalstabsarzt d. ägypt. Flotte 221, 246
Königsmarck, Hans, Graf v., preuß. Gesandter (1799–1877) 235

Königsmarck, Jenny, Gräfin v. (1811–1894) 234
Koreff, Dr. David (nach der Taufe: Johann) Ferdinand (1783–1851) 113 f., 118 ff.
Kracht, Auguste v. 24
Kretschmann, Adjutant 41
Kretschmer, Lehrer 35 f., 38
Kurssel, Oberst v. 182, 191 f., 193 ff.

Lamartine, Alphonse de, frz. Romantiker (17690–1869) 231 f.
Landsdowne, Mary Arabella, Marchoness of (1780–1863) 75, 133
Lanzendorf, Helmine v. – s. Helmine
Lassalle, Ferdinand v., Gründer der Sozialdemokratie (1825–1864) 273, 275
Laube, Heinrich, Schriftsteller (1806–1884) 106, 178 f., 245, 258, 262, 268
Lavacherie, Chirurg 194 f.
Lavater, Johann Kaspar, Philosoph (1741–1801) 238
Lenné, Peter Joseph, Gartengestalter (1789–1866) 87, 89, 249 f.
Lenormand, Marianne, Hellseherin 114, 115
Le Nôtre, André, frz. Gartenarchitekt (1613–1700) 88
Lesseps, Ferdinand, Vicomte de, Erbauer d. Suezkanals (1805–1894) 219
Leyser, Rittmeister 41
Lichnowsky, Felix Fürst v. (1814–1848) 267 f.
Liersch, Dr. med. in Cottbus 293 f., 295
Lind, Jenny, Sängerin (1820–1887) 152
Liszt, Franz v. (1811–1886) 241
Livingstone, David, brit. Forschungsreisender (1813–1873) 201
Löwenstein, Naphtal, Prinz v. (1775–1850) 46
Longleat 78
Lorenzo, Dolmetscher 208
Lorrain, Claude, frz. Maler (1600–1682) 92
Louis Marco, Halbbruder 31
Louis Philippe, »Bürgerkönig« (1773–1850) 164, 192, 194, 199, 234
Lucie, Fürstin v. Pückler-Muskau, geb. Hardenberg, gesch. Pappenheim, Frau Pücklers (1776–1854) 16, 86, 94–108, 120 ff., 124 ff., 131 f., 145, 153, 168, 177, 179, 181, 187 f., 190, 193 ff., 200, 208, 220, 226, 230, 232 ff., 236 f., 238 f., 242 ff., 248, 251, 252 f., 254, 256 f., 262, 269, 271, 272 f., 274, 277, 296
Ludwig I., König v. Bayern (1786–1868) 207, 208, 212
Ludwig XVIII., König v. Frankreich (1755–1824) 109
Luise, Königin v. Preußen (1776–1810) 20, 43, 52, 66, 95, 135
Luise, Großherzogin v. Weimar (1757–1830) 250
Lusi, Graf v., preuß. Gesandter in Athen 208 f.
Luther, Martin (1483–1546) 239
Lutter & Wegner, Berliner Weinkeller 11, 81, 298

Macchiavelli, Niccolò, Geschichtsschreiber (1469–1527) 219
Machbuba (ca. 1825–1840) 221 ff., 225 f., 228, 232 f., 237, 238–247, 250, 253, 298, 302
Mahmud II., Sultan (1785–1839) 236
Maison, Nicholas Joseph, General 73, 110
Maret, Konditor 98
Marlitt, Eugenie, eig. Eugenie John, Schriftstellerin (1825–1887) 277, 290 f.
Marx, Karl (1818–1883) 157, 178, 185
Masser, Billy, Liliputaner u. Hof-

marschall 245, 250, 251, 277, 281, 286, 288, 294, 295, 306
Mazzini, Giuseppe, ital. Freiheitskämpfer (1805–1872) 67, 284, 291
Mehemed (oder Mohamed) Ali (1769–1849) 216, 217–229, 230, 232, 235 f., 248, 259, 302
Mendelssohn Bartholdy, Felix (1809–1847) 259
Mensen, Ernst, Schnelläufer 251 f.
Merion, Dr., Arzt Lady Hester Stanhopes 231
Merveldt, Bertha Gräfin v. (1824–1860) 280
Mesmer, Franz Anton, bad. Arzt (1734–1815) 113
Metternich, Klemens Fürst v. (1773–1859) 106, 110, 112, 117, 139, 164, 210, 215, 236, 241, 243, 268, 271
Metternich, Fürstin Eleonore (1775–1825) 242
Meyer, Alfred Richard, »Munkepunke«, Schriftsteller u. Verleger (1882–1956) 298
Michelangelo Buonarroti (1475–1564) 63
Moltke, Hellmuth Graf v. (1800–1891) 235
Müller, Uhrmacher in Dresden 41
Muktar Bey 227
Mundt, Theodor, Schriftsteller (1808–1861) 179, 215
Muschwitz, v. Verhandlungspartner wg. Verkaufs von Muskau 236
Muskau 12, 15, 22 ff., 41, 60, 63 ff., 80 f., 87 ff., 89 ff., 94, 99 ff., 128 ff., 132, 147, 148, 172, 186 f., 195, 212, 230, 233, 234 f., 238, 240, 246 f., 248, 254, 260, 271, 273, 278, 279, 295, 304 f.
Musset, Alfred de, frz. Dichter (1810–1857) 193
Mustafa, maurischer Kammerdiener 200
Mustafa Sidi Bey (Reg. 1835–1837) 219

Nachtigal, Gustav, dtsch. Afrikareisender (1834–1885) 201
Napoleon I. (1769–1821) 43 f., 45, 56, 62, 69, 71 ff., 109, 140, 145, 165, 193, 217, 275, 297
Napoleon III. (1808–1873) 275, 292
Napoleons Bruder Jérôme – s. Bonaparte
Nicolai, Friedrich, Schriftsteller u. Verleger (1733–1811) 62
Niemeyer, Schuldirektor in Halle 29 f.
Nigmann, Lehrer 32 f.
Noailles, Gräfin de 193
Nostitz, General Johann Karl Georg Graf v. (1781–1838) 253, 255
Nürnberger, Joseph Christian Emil, Oberpostdirektor u. Erzähler (1797–1848) 252
Nürnberger, Dr. Woldemar, Arzt und Schriftsteller (1818–1869) 252

O'Connell, Daniel, ir. Politiker (1775–1847) 143, 205
Otto I., König v. Griechenland (1832–1862) 207 f.
Ovid, Publius Ovidius Naso, röm. Dichter (43 v. Chr.–ca. 17 n. Chr.) 32

Pädagogium Halle 29 f.
Pachelbl-Gehag, Marie v., geb. Gräfin Seydewitz 295
Pappenheim, Adelheid v., Stieftochter (1797–1849) 86, 95 f., 102, 116 f., 164, 174, 195, 271, 272
Pappenheim, Lucie – s. Lucie
Paul, Jean, eig. Jean Paul Richter, Romanautor (1763–1825) 62, 181
Perrault, Charles, Abbé (1628–1703) 32 ff.
Pestalozzi, Johann Heinrich, Erzieher (1746–1827) 62
Petrick, Landvogt 23
Petzold, Eduard, Parkdirektor

(1815–1891) 91 f., 94, 249, 254, 261, 275, 278, 288
Pfuel, Ernst v., General, Ministerpräsident (1779–1866) 106
Pitt d. J., William, brit. Premierminister (1759–1806) 230
Pius VII., Papst (1740–1823) 63
Pope, Alexander, engl. Dichter (1688–1744) 88
Portland, William Henry Cavendish Bentinck, Duke of (1738–1809) 141
Poussin, Nicolas, frz. Maler (1593–1665) 92
Prokesch-Osten, Anton Graf v., österr. Gesandter in Athen, Reiseschriftsteller (1795–1876) 209 ff., 212, 219
Prokesch, Irene Gräfin v. (1811–1872) 212
Pückler, Agnes, Schwester (1794–1837) 24, 33, 100
Pückler, August Heinrich Graf v., Großvater 21 ff, 44, 64
Pückler, Carl August v., Bruder 24
Pückler-Muskau, Erdmann Ludwig Johannes Karl, Graf v., Vater (1754–1811) 20, 23 ff., 31, 34, 36 ff., 40 ff., 57 f., 64, 68, 215
Pückler, Friedrich v., Vetter (1786–1856) 281, 283
Pückler, Reichsgraf Heinrich v., Vetter u. Erbe 288, 292, 295, 296
Pückler, Hermine Bianca, Schwester (1792–1846), verh. m. Prinz Karl v. Carolath-Beuther, zweite Ehe mit Graf Tauffkirchen-Guttenberg 33, 100
Pückler, Klementine, Mutter – s. Klementine
Pückler, Klementine, Schwester (1790 geb.), verh. v. Kospoth 24, 26, 52, 58, 100, 256
Pückler, Sylvius, Graf v., Onkel 125
Purzelchen, s. Seydewitz, Max v.
Radet, General 71
Ranke, Leopold v., Historiker (1793–1886) 145
Rastedt, Daniel, Gartengestalter Eutin (1761–1836) 91
Rauch, Christian Daniel, Bildhauer (1777–1857) 184
Rave, Paul Ortwin, Kunsthistoriker (1893–1962) 253
Récamier, Madame Julie, Pariser Bankiersgattin (1777–1849) 155, 149, 193
Redern, Wilhelm Friedrich Graf v. (1802–1883) 252
Rehder, Jakob Heinrich, Gartendirektor (1790–1857) 91, 94, 128, 148, 171, 254
Rehder, Paul Julius, Sohn Heinrich R.s 91, 254
Reichhard, Johann Gottfried, Aeronaut und später Professor für Physik 81–86, 176, 177
Renard, Graf v. 233, 238
Repnin, Nicolai Wassiljewitsch, Fürst v., russ. Generalgouverneur v. Sachsen (1734–1801) 72
Repton, Humphry, Gartengestalter (1752–1818) 16, 76, 126 f., 140
Repton, John Aday, dessen Sohn (1775–1860) 126
Rhodes, Cecil, Staatengründer in Afrika (1853–1902) 201
Richardson, Samuel, engl. Romanautor (1689–1761) 204
Richelieu, Herzog v. 112
Richter, Ludwig, Maler u. Zeichner (1803–1884) 299
Riha, Karl, Germanist 303
Rilke, Rainer Maria, Dichter (1875–1926) 189
Robespierre, Maximilian de (1758–1794) 62
Rochefoucauld, Rosamunde de la 254
Rohlfs, Gerhard, dtsch. Afrikaforscher (1831–1896) 201
Rossi, Carlo Graf v., sard. Gesandtschaftsattaché (1802–1864) 155, 157

Rossini, Gioacchino, ital. Komponist (1792–1868) 193
Rother, Christian, preuß. Minister (1778–1849) 192
Rothschild, Nathan Meyer, Baron de (1777–1836) 136, 146
Rumohr, Karl Friedrich v., Kunsthistoriker (1785–1843) 183
Ruysdael, Jacob van, holl. Maler (1628/29–1682) 92

Saint-Simon, Claude Henri Comte de (1760–1825) 13, 178 f., 216, 219
Saint-Sulpice, frz. General 69 f.
Sand, George, frz. Romanautorin (1804–1876) 193, 238
Savigny, Friedrich Karl v., Justizminister (1779–1861) 185
Schadow, Johann Gottfried, Bildhauer (1764–1850) 184
Schefer, Leopold, Verwalter Muskaus u. Dichter (1784–1862) 64 ff., 69, 74 f., 78 ff., 130, 133, 158, 167, 169, 173, 184, 187, 196, 254, 277
Schiller Friedrich v. (1759–1805) 184
Schinkel, Karl Friedrich, Baumeister (1781–1841) 16, 80, 129, 183, 211, 245, 257, 275
Schirmer, August Wilhelm, Zeichner (1802–1866) 127, 129
Schlegel, August Wilhelm v. (1767–1845) 181, 184
Schleiermacher, Friedrich, Theologe (1768–1834) 51, 183 f.
Schmidt, Julian, Literaturhistoriker (1818–1886) 72, 165
Schönaich-Carolath, Prinz v. 100
Schopenhauer, Arthur (1788–1860) 71, 291
Schrefeld, Gustav, Parkinspektor (1831–1891) 254
Schumann, Clara (1819–1896) 259
Sckell, Friedrich Ludwig v., Gartengestalter (1750–1823) 87
Scott, Sir Walter (1771–1832) 287
Selim, orientalischer Kammerdiener 212
Semper, Gottfried, Baumeister (1803–1879) 257 ff.
Seydewitz, Ida v., Tochter v. Max 280
Seydewitz, Klementine v. s. Klementine
Seydewitz, Kurt v., Reichsgraf 31
Seydewitz, Max v., Halbbruder 31, 45, 100, 272, 280
Shakespeare, William (1564–1616) 139, 161, 181
Sidi Mustapha Bey, ägypt. Großadmiral 202 f., 217
Soliman, Pascha in Jaffa (ehemals Oberst Sève aus Lyon) 235
Sontag, Henriette, Sängerin (1806–1854) 125, 149–157, 159, 274, 306
Soyan, Marquis de, Onkel 37
Springer, Robert, Schriftsteller (1816–1885) 179
Staël, Madame Anne Louise Germaine Baronne de (1766–1817) 63
Stanhope, Lady Hester (1776–1839) 230 ff., 302
Steppat, Fritz, Historiker (geb. 1923) 219, 236
Sterling, John, engl. Autor u. Kritiker (1806–1844) 169
Stifter, Adalbert (1805–1868) 298
Storm, Theodor (1817–1888) 252
Storehead, Landschaftsgarten in Wiltshire 76, 212
Stürmer, Baronin, Frau d. österr. Gesandten 234

Talleyrand, Charles Maurice Herzog v. (1774–1838) 110
Tankerville, Lady Julia (?–1860) 153
Thorvaldsen, Bertel, dän. Bildhauer (1768–1844) 63, 258
Tieck, Ludwig, Dichter (1773–1853) 16, 160, 181, 184
Tizian (ca. 1476/77–1576) 222

Toepffer, Rodolphe, Zeichner und Schriftsteller (1799–1846) 302 f.
Torlonia, röm. Geschlecht 63
Treskow, Ada v., Pseudonym: Günther v. Freiberg (1840–1918) 28, 67, 290 f.
Trinius, August, Schriftsteller 69, 89, 277, 294

Uhland, Ludwig (1787–1862) 184
Uhyst 27 f.
Ungern-Sternberg, Alexander Freiherr v., balt. Schriftsteller als Zeichner: Sylvan (1806–1868) 230, 320 f.

Vandamme, Dominique Réné (1778–1830), frz. General 70, 73
Varnhagen von Ense, Karl August (1785–1858) 72, 92, 106, 158 ff., 167, 184, 197, 204, 208, 215, 245, 265, 266, 268, 269, 273, 277, 281, 283 ff., 286
Varnhagen von Ense, Rahel (1771–1833) 92, 106, 117, 136, 158 f., 171, 173, 184, 193
Victoria, Königin v. Großbritannien (1819–1901) 242, 255
Viereck, Edwina, Schauspielerin (1826–1856) 277
Voltaire, eigentl. François-Marie Arouet (1694–1778) 33

Walpole, Sir Robert, brit. Politiker, Ministerpräsident (1676–1745) 138
Weber, Carl Maria v. (1786–1826) 151
Weisflog, Journalist 122
Wellington, Arthur Wellesley Herzog v. (1769–1852) 109 f.
Wesenfeld, Paul, Besucher auf Branitz 289, 291
Wichmann, Ludwig, Bildhauer (1788–1859) 157
Wieland, Christoph Martin (1733–1813) 62
Wilhelm, Prinz v. Dänemark – s. Georg I. von Griechenland
Wilhelm, Prinz v. Preußen, später Wilhelm I. (1797–1888) 249, 262, 269, 271, 280 f., 285
Wilson, engl. Verleger 168
Wittgenstein, Wilhelm Ludwig Georg Fürst zu Sayn-Wittgenstein-Hohenstein (1770–1851) 66, 107, 118 f., 165, 174 f., 192, 227, 265
Wörlitz 87
Wohlfahrt, Mesmer-Schüler 113
Wolff, Schloßintendant auf Muskau 32, 44 f., 47, 50, 52, 57, 64, 66, 75
Woolf, Virginia, engl. Schriftstellerin (1882–1941) 232
Wrangel, Friedrich Graf v., General (1784–1877) 267
Wulffen, Alexander v., Reisegefährte 52 ff., 56 f., 121, 177, 197
Wyse, Lätizia, Nichte Napoleons 145 ff., 149, 193
Wyse, Sir Thomas, Diplomat 145

Young, Charles Maine, engl. Schauspieler (1777–1856) 139

Zenobia, Septimia, Fürstin v. Palmyra (Fürstin von 266 bis 273 n. Chr.) 231

Heinz Ohff
Preußens Könige

Mit 39 Schwarzweißabbildungen. 389 Seiten. SP 3359

Der erste von Preußens Königen erklärte sich selbst zum König – zum Gelächter Europas. Der letzte von ihnen versuchte sich nach seiner Abdankung als Holzhacker. Heinz Ohff, der Meister der historischen Biographie, hat alle preußischen Könige porträtiert. Genauer gesagt, nicht nur die Herrscher von Friedrich I. bis Wilhelm II., sondern auch das Leben an ihren Höfen und ihr privates Umfeld, die offiziellen wie die inoffiziellen Königinnen eingeschlossen. Mit großem erzählerischen Schwung verbindet Ohff die Daten und Fakten der preußischen Geschichte von 1701 bis 1918 mit farbigen Anekdoten und klugen Deutungen. Dabei macht er eines klar: Ohne die bestimmende Rolle Preußens und seiner Könige hätte die deutsche Geschichte ganz anders ausgesehen.

Karl Friedrich Schinkel
oder Die Schönheit in Preußen

285 Seiten mit 38 Schwarzweiß-Abbildungen. SP 2965

In seinem kurzen Leben hat Karl Friedrich Schinkel die Schönheit Preußens erfunden. Es gibt nichts, was Schinkel nicht gebaut hätte: staatliche Gebäude, Akademien, Kirchen, Kasernen, Repräsentationsbauten. Wer Berlin und Brandenburg heute bereist, stößt überall auf seine Spuren. Der große Biograph Heinz Ohff erzählt mit der ihm eigenen Leichtigkeit Schinkels Leben für und mit der Architektur. Der Bogen spannt sich über eine politisch bewegte Zeit von den Napoleonischen Kriegen bis in die Mitte des 19. Jahrhunderts mit dem Vordringen von Wissenschaft und Technik.

SERIE PIPER

SERIE PIPER

Biographien

Joan Haslip

Maria Antoinette

Ein tragisches Leben in stürmischer Zeit. Aus dem Englischen von Christian Spiel. 436 Seiten. SP 1743

Marie Antoinette, jüngste Tochter der österreichischen Kaiserin Maria Theresia, war ein Opfer der Politik. Um einen alten Erbfeind als neuen Verbündeten zu gewinnen, wurde sie völlig unvorbereitet mit vierzehn Jahren an den späteren König Ludwig XVI. verheiratet. Das unpopuläre Bündnis und die Heirat stießen in Frankreich auf bittere Ablehnung. Königin Marie Antoinette war den Intrigen bei Hof nicht gewachsen und geriet schnell ins politische Abseits. Sie übersah die Zeichen der Zeit und beschleunigte die tragischen Ereignisse. Die Französische Revolution bedeutete das Ende der absolutistischen Monarchie, das mit der öffentlichen Hinrichtung des Königspaars besiegelt wurde. Joan Haslip zeichnet ein einfühlsames Bild dieser widersprüchlichen Herrscherin.

Friedrich Weissensteiner

Franz Ferdinand

Der verhinderte Herrscher. 246 Seiten mit 77 Abbildungen. SP 1532

Eine bekannte Figur auf der geschichtlichen Bühne ist Franz Ferdinand vor allem durch seinen Tod. Die Schüsse von Sarajewo haben den Plänen ein gewaltsames Ende gesetzt, die dieser markanteste Kopf der ausgehenden Donaumonarchie für sein Land entworfen hatte.

Die rote Erzherzogin

Das ungewöhnliche Leben der Tochter des Kronprinzen Rudolf. 288 Seiten mit 27 Abbildungen. SP 1527

Große Herrscher des Hauses Habsburg

700 Jahre europäische Geschichte. 384 Seiten mit zahlreichen Abbildungen. SP 2549

Biographien

Vincent Cronin

Katharina die Große

Biographie. Aus dem Englischen von Karl Berisch. 423 Seiten. SP 2319

Vincent Cronin porträtiert die schillernde Persönlichkeit der russischen Kaiserin, ihr ereignisreiches Privatleben und ihre großen Leistungen als Regentin – gerade auch bei der Verwirklichung weitreichender Sozialreformen.

»Cronins Werk ist *das* Musterbeispiel einer geglückten Lebensbeschreibung überhaupt.«
Die Welt

Prinz Roman Romanow

Am Hofe des letzten Zaren

1896–1919. Herausgegeben von Prinz Nikolai und Prinz Dimitri Romanow. Aus dem Dänischen von Lothar Schneider. 480 Seiten mit 32 Seiten Abbildungen. SP 2460

Eine interessante Innenansicht der prächtigen, streng abgeschirmten, fast mystischen Welt der Zarenfamilie.

Henri Troyat

Rasputin

Eine Biographie. Aus dem Französischen von Yla Margrit von Dach. 224 Seiten mit 14 Abbildungen. SP 2858

Wunderheiler oder Scharlatan, Heiliger oder Wüstling, bauernschlauer Intrigant oder klug taktierender Politiker? Der Faszination dieses düster dreinblickenden Charismatikers mit dem stechenden, etwas irren Blick kann man sich auch heute nur schwer entziehen. Wie war es Rasputin, dem analphabetischen Bauernsohn aus der entlegensten sibirischen Provinz, möglich gewesen, eine solche Macht über den Zaren und seine Gattin und damit in einem Riesenreich wie Rußland zu gewinnen? – Henri Troyat zeichnet ein fundiertes Bild dieser schillernden Persönlichkeit, ihrer Ausschweifungen, ihres Machtinstinkts und ihrer hellseherischen Gaben.

SERIE PIPER

SERIE PIPER

Biographien

Bruno Keiser

Adelheid Königin, Kaiserin, Heilige

Ein Leben in bewegter Zeit. 272 Seiten. SP 2995

Daß auch Frauen Geschichte machen, beweist Adelheid (931 bis 999), Königin von Italien (947) und als Gemahlin Ottos des Großen Kaiserin des Römischen Reiches (962). Sie entwickelte schon damals ein Konzept von Europa und wirkte mit bei der Gestaltung und Bewahrung des entstehenden Reiches. Mit Hartnäckigkeit und Machtbewußtsein, mit Charme und Diplomatie setzte sie ihre Ziele durch. Ihr Leben spielte sich nicht nur in Palästen und Pfalzen ab, sondern auch im Kerker, auf Feldzügen und Reichstagen. Als Gründerin eines Klosters in Selz im Elsaß wurde sie 1097 heiliggesprochen. Das anschaulich erzählte Lebensbild einer klugen und tatkräftigen Herrscherin zur Zeit der letzten Jahrtausendwende läßt zugleich ein faszinierendes Bild der Zeit entstehen.

Jacqueline Dauxois

Der Alchimist von Prag Rudolf II. von Habsburg

Eine Biographie. Aus dem Französischen von Annette Meyer-Prien. 335 Seiten. SP 2764

Er fühlte sich immer von der dunklen und unheilvollen Seite des Universums angezogen: Sechsunddreißig Jahre herrschte Kaiser Rudolf II. über das Römische Reich Deutscher Nation. Er war einerseits ein kluger, den Künsten und den neuen Wissenschaften zugewandter Herrscher, ein leidenschaftlicher Sammler und Kunstmäzen, andererseits ein mißtrauischer, einsamer, in abstruse Phantasien eingesponnener Mensch. Rudolf II. verlegte den Hof von Wien nach Prag, das unter seiner Führung zu einer europäischen Metropole von Rang aufstieg, und umgab sich mit den besten Wissenschaflern der Zeit.

»Eine farbige Gestalt, die auch der heutigen Regenbogenpresse sehr zupaß käme.«
Stuttgarter Zeitung

SERIE PIPER

Biographien

Martha Schad

Bayerns Königinnen

407 Seiten mit 4 Abbildungen. SP 2596

Über die aus dem Hause Wittelsbach stammenden Monarchen gibt es zahlreiche Veröffentlichungen. Doch wer waren die Frauen an der Seite dieser kunstsinnigen Herrscher? Bayerns Königinnen stammten alle aus führenden Dynastien Europas, waren schön und hochgebildet. Sie wirkten vor allem in ihren Familien, engagierten sich aber auch auf sozialem und kulturellem Gebiet, sie förderten Toleranz, Frömmigkeit und Liberalität im jungen Königreich, erlebten politische Niederlagen genauso wie privates Glück. Für ihre biographischen Studien zog Martha Schad bisher unerschlossene Briefe und Tagebücher aus dem Geheimen Hausarchiv der Wittelsbacher heran und schildert eindrucksvoll und kurzweilig das öffentliche und private Leben der bayerischen Herrscherinnen.

Helga Thoma

»Madame, meine teure Geliebte...«

Die Mätressen der französischen Könige. 251 Seiten mit 11 Porträts. SP 2570

Die Herrscher des 17. und 18. Jahrhunderts konnten zwar ungehindert Kriege führen, Abgaben eintreiben und Schlösser bauen, beim Heiraten aber mußten sie sich der Staatsräson beugen: Fürstenehen hatten den dynastischen Erfordernissen zu entsprechen, der Repräsentation zu diesen und Thronerben hervorzubringen. Fürs Herz hielten sich insbesondere die französischen Könige Mätressen: geistreiche, schöne, sinnliche Frauen, die mit Intelligenz und diplomatischem Geschick erheblichen Einfluß auf die Staatsgeschäfte der Monarchen gewannen. Daß sie keineswegs nur genußsüchtige, eitle und verruchte Geschöpfe waren, zeigt Helga Thoma in sieben Porträts berühmter Mätressen der französischen Könige, und sie bricht eine Lanze für diese Frauen, die beim Volk verhaßt, aber bei Hof von großem Einfluß waren.

SERIE PIPER

Biographien

Brigitte Hamann

Elisabeth

Kaiserin wider Willen. 660 Seiten mit 57 Fotos. SP 2990

Das übliche süße Sisi-Klischee wird man in diesem Buch vergeblich suchen: Elisabeth, Kaiserin von Österreich, Königin von Ungarn, war eine der gebildetsten und interessantesten Frauen ihrer Zeit; eine Königin, die sich von den Vorurteilen ihres Standes zu befreien vermochte. Häufig entfloh sie der verhaßten Wiener »Kerkerburg«, weil sie nicht bereit war, sich von den Menschen »immer anglotzen« zu lassen. Statt dessen war sie monatelang auf Reisen, lernte Sprachen und trieb – im Rittersaal der Hofburg! – Sport. Schon vor dem Attentat war sie eine legendäre Figur geworden.

Meine liebe, gute Freundin!

Die Briefe Kaiser Franz Josephs an Katharina Schratt aus dem Besitz der Österreichischen Nationalbibliothek. Herausgegeben und kommentiert von Brigitte Hamann. 560 Seiten mit zahlreichen Abbildungen. SP 2228

Rudolf

Kronprinz und Rebell. 534 Seiten mit 35 Abbildungen. SP 800

»... ein Buch, das keineswegs nur historisch interessierte Leser fesseln kann, sondern auch eine reiche Fundgrube für psychologisch Interessierte bedeutet, weil Rudolfs späteres unglückliches Schicksal hier ganz klar und eindeutig aus den katastrophalen äußeren Umständen seiner Kindheit und Erziehung erklärt wird.«

Wochenpresse, Wien

Kronprinz Rudolf »Majestät, ich warne Sie...«

Geheime und private Schriften. Herausgegeben von Brigitte Hamann. 448 Seiten. SP 824

Diese Schriften geben einen aufschlußreichen Einblick hinter die Kulissen der k.u.k. Monarchie.

»Hier kommt der Kronprinz unmittelbar zu Wort... Es spricht ein erschütternd wirkender Zeuge für eine sich ausweglos abzeichnende Lage, die der sensible Prinz offenbar schon sehr früh erkannt hatte und nicht ändern konnte.«

Die Presse, Wien

Biographien

Thea Leitner

Habsburgs verkaufte Töchter

272 Seiten mit 16 Abbildungen. SP 1827

Thea Leitner bringt in den Biographien Habsburger Prinzessinnen eine unbekannte Seite der europäischen Geschichte zur Sprache. Obwohl von Kindesbeinen an über sie verfügt wurde, waren sie als erwachsene Frauen keineswegs passive Opfer ihrer Herkunft.

Habsburgs vergessene Kinder

288 Seiten mit 34 Abbildungen. SP 1865

Thea Leitner verfolgte die Spuren von Nachkommen des Erzhauses, die von der Geschichtsschreibung bislang kaum beachtet wurden. Dabei stieß sie auf Menschen »mit ihren Ängsten und Leidenschaften und Verstrickungen, ihren heroischen Höhepunkten und ihren abgrundtiefen Nöten«.

Die Männer im Schatten

An der Seite berühmter Herrscherinnen. 260 Seiten mit 35 Abbildungen. SP 2324

Skandal bei Hof

Frauenschicksale an europäischen Königshöfen. 320 Seiten. SP 2009

Vor dem Hintergrund europäischer Politik eröffnen diese erschütternden Tragödien ein Gesellschaftsbild, das die Skandale heutiger gekrönter Häupter als harmlose Geschichten erscheinen läßt.

Fürstin, Dame, Armes Weib

Ungewöhnliche Frauen im Wien der Jahrhundertwende. 352 Seiten mit 38 Abbildungen. SP 1864

Die sechs hier porträtierten Frauen aus dem Wien der Jahrhundertwende stammen aus höchst unterschiedlichen sozialen Kreisen. Kennzeichnend für sie ist jedoch die Tatsache, daß jede dieser Frauen das ihr vorgezeichnete Lebensmuster modifizierte oder sogar sprengte – auch um den Preis der Gefährdung der eigenen Person.